春潮入海

——厦门大学环境科学的成长

袁东星　李　炎　洪华生　编

厦门大学出版社　国家一级出版社
XIAMEN UNIVERSITY PRESS　全国百佳图书出版单位

图书在版编目（CIP）数据

春潮入海：厦门大学环境科学的成长 / 袁东星，李炎，洪华生编. -- 厦门：厦门大学出版社，2023.3
ISBN 978-7-5615-8940-3

Ⅰ．①春… Ⅱ．①袁… ②李… ③洪… Ⅲ．①厦门大学－环境科学－学科建设－文集 Ⅳ．①G649.285.73－53

中国版本图书馆CIP数据核字(2023)第038903号

出 版 人	郑文礼
责任编辑	李峰伟
美术编辑	李嘉彬
技术编辑	许克华

出版发行　厦门大学出版社

社　　址　厦门市软件园二期望海路 39 号
邮政编码　361008
总　　机　0592-2181111　　0592-2181406(传真)
营销中心　0592-2184458　　0592-2181365
网　　址　http://www.xmupress.com
邮　　箱　xmup@xmupress.com
印　　刷　厦门集大印刷有限公司

开本　787 mm×1 092 mm　1/16
印张　30.5
插页　2
字数　565 千字
版次　2023 年 3 月第 1 版
印次　2023 年 3 月第 1 次印刷
定价　208.00 元

厦门大学出版社
微信二维码

厦门大学出版社
微博二维码

序 一

我国的环境保护工作起步于 20 世纪 70 年代。至 80 年代，环境保护成为我国的基本国策，环境科学作为一门新兴的学科应时而生。环境是人类生存的基本条件，也是社会经济发展的重要基础，环境质量影响到地球生命的健康。因此，我当时就意识到，环境科学的发展是一件大事，于是萌发了建设环境科学专业的想法。1972 年，我们创立了北京大学技术物理系环境化学专业；在此基础上，1982 年我组建了北京大学环境科学研究中心。如今，我国很多高等院校都有了环境科学专业和相应的学院或系。

厦门大学是我接触到的也是我国最早建立环境科学学科的高校之一。我与厦门大学的关系源于共同合作的国家"七五"重点科研项目"我国沿海新经济开发区环境的综合研究——福建省湄洲湾开发区环境规划综合研究"（以下简称"湄洲湾项目"），以及后来与厦门大学环境科学研究中心洪华生教授等的接触与交往。

1988 年，"湄洲湾项目"由国家教委、国家环保局和福建省科委共同下达，北京大学环境科学研究中心牵头，协同福建省环科所、厦门大学、北京师范大学、清华大学共同承担，是首个大区域、新开发区的环境综合规划。在外场综合观测项目的实施中，北京大学与厦门大学并肩作战，分别负责大气环境和海洋环境的监测研究。项目以预防为主、协调环境与发展为指导思想，提出环境承载力的概念并实践应用，奠定了环境规划学的理论基础，推动形成了高校环境学科的环境影响评价"联合体"，也因此共同获得 1993 年度国家教委科技进步奖一等奖。

1992 年，厦门大学环境科学研究中心在环境科学研究所的基础上扩建，自此快速发展。环境科学研究中心发挥厦门大学面向海洋的特色，大力发展海洋环境学科。1999 年，其承办首期"全国环境科学研究生暑期学校"，洪华生教授专程到北京和我商量，提出海洋科学、大气科学及环境污染学等学科的交叉授课思路；北京大学也派出栾胜基、胡敏等几位老师，积极参与暑期学校的授课。首期暑期学校成效显著，达到了"拓宽基础，了解前沿，联系实际，促进交流"的目的，拓宽了学生的知识面，促进了环境科学领域教师之间的交流，成为后续暑期学校的典范，更是增进了厦门大学与北京大学的友谊。

在环境科学学科建设的历程中，厦门大学重视科研平台的建设，筑巢引凤。2005年1月，科技部组织专家对厦门大学"近海海洋环境科学国家重点实验室"的建设计划进行可行性论证，我是专家组成员之一，并担任组长。在听取实验室建设负责人洪华生教授关于建设计划的汇报后，我非常支持厦门大学环境科学向海洋环境方面发展，我觉得厦门大学的海洋特色非常重要。该实验室顺利地通过系列评估，最终获得科技部的批准，而后的发展非常迅猛。2017年又建成了自己的"嘉庚"号科考船，有了更好的海上科研平台，如虎添翼。近海海洋环境科学国家重点实验室在我国海洋环境保护和生态安全需求方面取得创新性成果和突破，为我国海洋环境和生态保护提供科学基础和科技支撑，形成了重要的国际影响力，我为此感到高兴。

厦门大学环境科学研究一路走来，风风雨雨40年，人才辈出，近海海洋环境科学国家重点实验室成为海洋环境科学教育和研究的重要基地。事业的蓬勃发展，必将为我国生态文明建设和碳中和目标的实现做出更大的贡献。在全球经济高速发展的局势下，解决环境问题刻不容缓，保护生态环境义不容辞，环境科学任重而道远。祝愿厦门大学环境学科再创辉煌！

唐孝炎

2022年6月

（注：唐孝炎，中国工程院院士、北京大学教授。）

序 二

　　联合国于1972年6月5—16日在瑞典首都斯德哥尔摩举行人类环境会议，这是世界各国政府共同讨论当代环境问题，探讨保护全球环境战略的第一次国际会议。会议通过了《联合国人类环境宣言》，呼吁世界各国政府和人民为维护和平，改善人类环境，造福全人类，造福后代而共同努力。这是人类环境保护史上的第一座里程碑。在这个大会上，中国政府代表团代表中国向世界做出了庄严承诺：中国政府与中国人民将为保护人类环境，保护地球这一人类的共同家园，做出自己的积极贡献。

　　厦门大学是一所从创办之日起就把图中国富强、求人类进步视为自己崇高使命的大学。因此，在联合国人类环境会议后的第二年，厦门大学化学、海洋、生物等学科的教师就展开了积极而系统的、多学科协同的环境问题研究，虽然此刻大学还处于大动乱的余震之中。经过近10年的发展，厦门大学环境科学的研究与教学已是国内的一支重要力量。厦门大学的领导富有远见，审时度势，于1982年9月正式成立了厦门大学环境科学研究所，把分散在各学院的力量集中起来，以更好地促进这一学科的建设与发展。应该说这是极有远见的一个战略决策，标志着厦门大学环境学科的正式建立。我们今天纪念厦门大学环境科学研究所成立40周年，是一件非常有意义的事情。

　　厦门大学环境科学研究所成立之后，虽然人不多，钱不多，条件也简陋，但是成绩斐然，奠定了厦门大学环境学科此后快速发展的基础。

　　又经过10年的建设与发展，新一届的厦大领导班子一张蓝图干到底，在学校资源极为有限的情况下，对环境学科在已有的基础上给予更多的支持。1992年4月，学校决定将厦门大学环境科学研究所扩建为厦门大学环境科学研究中心，从人、财、物等各方面都给予这个中心力所能及的更大投入。特别值得一提的是，当时的厦大领导做出了一个极其正确的决定，要求这个研究中心对标国际一流的同类研究机构，力争建成一个有国际水准的研究中心。在1992年，这是一个非常有前瞻性的决策。在具体举措上，学校把一批年富力强、学术造诣深、事业心强、国际视野开阔的优秀中青年教师推到中心的领导岗位上，全力支持他们按照国际的先进模式运行这个中心。这些优秀的中青年教师不负众望，尽自己的最大所能对中心的体制、机制进行大胆的改革与创新，尽自己最大努力去争取各种办学资源，尤其重视优秀学术文化的建设。一时，这个中心成为厦大这座争奇斗艳的百花园中一个令人瞩目的人才高地，吸引了包括厦大当今多位海洋与环境学科的杰出人才在内的优秀教师到这个中心工作。

此后的10多年，厦大环境及相关学科在科学研究、人才培养、社会服务等各方面取得了一个又一个的突出成绩，学科建设进入了一个新的快速发展期。1995年，经国家教委批准，成立了"厦门大学海洋生态环境国家教委开放研究实验室"；1997年，在厦门市政府的大力支持下，成立"厦门海岸带可持续发展培训中心"；1999年，厦门大学海洋生态环境国家教委开放研究实验室更名为"厦门大学海洋环境教育部重点实验室"；2001年，厦门大学海洋环境教育部重点实验室列入厦门大学"211""985"工程重点建设行列；2004年，在厦门大学海洋环境教育部重点实验室的基础上整合厦大相关学科力量，组织申报科技部国家重点实验室；2005年3月，科技部批准建设"近海海洋环境科学国家重点实验室（厦门大学）"，厦门大学从此成为中国乃至世界最为重要的海洋环境与生态问题研究基地之一；2005年9月，在联合国有关机构的大力支持下，"厦门大学海洋与海岸带发展研究院"成立。

1996年，作为厦门大学"211工程"建设的一项内容，学校以海洋系和环科中心为基础，组建了厦门大学海洋与环境学院，使得厦大环境学科的发展特色更鲜明，同时有更宽厚的发展基础。此后，2011年，学校听取并接受了环境、海洋、生态、生物等学科学术带头人及多数教授们的意见与建议，为了更好地适应新时期中国及世界对环境与生态保护问题的要求，从而为应对日益严峻的环境与生态问题更好地贡献厦大力量，在已有学科基础上进一步调整了学科布局，组建了海洋与地球学院和环境与生态学院，两院组成地球科学与技术学部。学校对两院加强了建设的力度，从大力引进优秀人才到翔安校区新科研教学大楼的投入使用，从科考船的建造到野外观测站的建设，厦大的环境及相关学科的建设与发展进入又一个新阶段。

从1982年成立厦门大学环境科学研究所算起，厦大环境学科走过了整整40年。这40年是不平凡的40年，是硕果累累的40年，是值得永远记忆及传承与弘扬的40年。当谈及这40年学科发展与进步的原因，文集中有作者在回忆文章中说到就是"天时、地利、人和"6个字。天时是紧紧抓住了世界及中国加强环保意识、重视环境保护的大好时机；地利是充分发挥和利用了厦大多学科的资源优势，富有前瞻性地及时组建科研及人才培养平台；人和是找准了人，用对了人，这些人始终把干事创业放在第一位，不计较个人的得失，只求学科的发展、事业的发展。我完全赞同这样的分析与归纳。但是，我认为天时、地利、人和3者中最重要的是人和。从唯物辩证法的原理上看，天时和地利是事物变化的外因，人和是事物变化的内因，外因通过内因而起作用；外因是事物发展的条件，内因则是事物发展的根据。我在学校工作多年，环境学科老、中、青3代学术带头人多数都熟悉。这些人在我眼中都是谦谦君子，都是学术有造诣、人品有格调，极具事业心和团队协作精神的人。学校很多部门的同志都有和我一样的感觉，即每次到环科中心都十分愉快，因为一到那里你就感觉到干事创业的激情，感受到人际关系和谐的氛围。我想，这就是环境学科40年的发展能取得今天如此不凡成就的主要原因。

为纪念厦门大学环境学科建立40周年、厦大环科所成立40周年及厦大环科中心成立30周年，一批厦大环科中心的老教师发起编写"厦门大学环境科学发展史"文集，"希冀借助此文集，将我校环境科学蓬勃发展的那段激情燃烧的岁月记载下来，将融入我们生命中、骨子里的'环科精神'展示出来，将珍藏在我们心底的环科所和环科中心的故事呈现出来，以铭记历史，传播后人"。这部名为《春潮入海——厦门大学环境科学的成长》的文集编撰负责人希望我能为文集写个序，我开始没有答应，主要是因为我对环境科学是个门外汉，担心说出外行话。后来被负责人的真诚和热情，特别是对环境学科的爱所感动，加上我确实对厦大环科中心有一份特殊的感情，便遵嘱写了上面这些话，以表达我对所有为了厦大环境学科的发展和进步付出辛劳、做出贡献的老师们、同志们的一份由衷敬意。

祝厦大"环科精神"代代相传，发扬光大！

朱崇实

2022 年 7 月

（注：朱崇实，厦门大学原校长。）

前　言

　　2021 年 4 月，编写完毕、出版了我校早期的海洋学科史——《启航问海》之后，我身边的老伙伴和小伙伴们，兴高采烈地催促着我编写我校的环境学科史。他们毫不留情地揭发道，我在退休前定下的计划是编写海洋与环境史，编写了海洋的，只算完成了一半。貌似讲得很有道理，对我这种计划性很强的人很有说服力。

　　20 世纪 70 年代，环境科学在"只有一个地球"的理念下在全世界兴起。天时、地利、人和，厦门大学的环境科学，萌发在改革开放的春天，蓬勃成长于我国社会经济高速发展的时代。厦门大学临海的地域条件，深厚的海、化、生的学科基础，支撑起极具海洋特色的环境学科。数十数百个热爱事业的拼搏者，把握时机，驾驭着航船进发。硕士点、博士点、重点学科……赶潮人搏击起一个又一个向前伸展的学科浪涛；省部重点实验室、国家重点实验室……航行者再接再厉地奔向一个又一个可眺望更宽广海天的科研平台。

　　如同潺潺流水汇聚成入海江河，每个环科人、每个环科故事，都是江河中的一排波浪，都是一道由水滴编织的折光彩虹，都是奉献给大海的一朵浪花。环境科学发展的篇章，蕴含的不仅是学科进取的绚丽精华，亦是铭刻在个人事业生涯中的闪光亮点。正因此，一年前我们发出《关于编写厦门大学环境科学发展史的倡议书》，获得满满的热烈回应；一年后，我们终于把这本书稿付梓，回馈给那些仍然在环科、曾经在环科、一直关心环科的所有朋友们。

　　编写《启航问海》，只需专心埋头于故纸堆，小心翼翼把远逝的人和事从史海中勾起。而在这本描述环科发展历程的书中，涉及的绝大部分人和事依然是如此鲜活，静心时甚至可以听到他们的鼻息。既然鲜活，就有交流，少了一些图书馆和档案馆的材料，多了大量日夜不分的电子邮件和微信。一年来单是相关的邮件和微信，就有 4 万多字之巨。不再是单向地我编写后呈现给读者，更常见的是多向性——我拟稿后多人补充，你成稿后多人修订。

我校环境科学研究中心（环科中心）的大佬洪华生老师和李炎老师挺身参与编写，不仅坐镇决策，更亲自动笔撰写并指导其他作者编写。在职老师们欣然拨冗，退休老师们不辞辛劳，献上了交织着艰苦创业和欢乐收获的篇章。还有那难却心念的校友们，把记忆深处的精彩瞬间掏出来分享。无论是略显枯燥的述史长篇，还是幽默风趣的回忆记录，抑或一张惊艳岁月的老照片，都是构筑这本书的重要组成。最终，本书凝集了团结奋斗的平台建设篇、创新开拓的团队贡献篇、凌峰演武的众人回忆篇，虽然难以一应俱全，但力求真实再现关键点面。

亲历者如老环科所成员，认真回忆每个历史细节，精心打磨每句描述；关心者如各级领导，帮忙审稿并提出宝贵建议。唐孝炎院士、朱崇实老校长的精彩序言；何坚、魏毅、杨坚等人的供图；陈蕾的封面设计；袁亮的书名题字；曾鹏的老照片修复；诸姮的旧资料扫描，都为本书增色。图书馆和档案馆的老师们，一如既往地提供了热情帮助。更有武平县蓝启林慈善教育基金会、厦门大学环境与生态学院、近海海洋环境科学国家重点实验室（厦门大学）和厦门市金桥科教拥军促进会的资助，最终促成了本书的出版。应致谢的对象难以枚举，未能在此列出名字的也请接受我不减一分的感激之情。

记得 2002 年 4 月，环科中心成立 10 周年之际，鬼差神使，我读到赫赫有名的英国哲人和文学家罗素的一段话："人的一生应该像一条河。"更鬼差神使的是，我写了一首诗《你是江河》，献给环科中心的 10 岁生日。庆祝晚会上，我的 4 名研究生，还上台朗读了这首诗。日月如流，又是 20 年过去，在环科中心成立 30 周年之时，我想了又想，赶走鬼差神使，压下发表这首诗的念头。

但是，我的脑海里总还是有这么一则动画：从云朵到春霖，从涓流到河海；从巍巍之高山，到荡荡之汪洋。在大海中水珠得以升华，在大海中浪潮得以孕育。话不休的热爱，说不尽的追求，道不完的相互成就，数不赢的荣辱与共。

感谢朱水涌老师，他最终为这本书定名——《春潮入海》。

2022 年 7 月

目　录

团结奋斗

平台建设篇

春天的序曲

——厦门大学 1973—1982 年的环境科学研究

◎ 袁东星

1978 年 3 月 18 日，全国科学大会在北京隆重举行。会上，改革开放的总设计师邓小平深刻地阐述了"科学技术是生产力""知识分子是工人阶级自己的一部分"等重大而深远的论断。长达 10 年的"文革"破坏了科学的发展，阻挠了历史的进程，而这次科学大会的召开，标志着"科学的春天"到来。自此，我国科技事业全面复苏，科学园地百花齐放。这其中，环境科学更是以其新兴科学的形象，争先沐浴着春天的阳光。1978 年 6 月，"教育部直属高校环境科学第一次学术讨论会"在南京举办，开创了高校环境科学研究的欣欣向荣局面。

（一）向海而生的厦门大学环境科学研究

厦门大学，向海而生，向海而荣；厦门大学的环境科学研究，亦是向海而起，向海而兴。早在 20 世纪 70 年代，厦门大学海洋学系、化学系和生物学系就开展了环境科学研究。"1973 年开始，参加全国三省一市（编者注：浙江省、江苏省、福建省和上海市。）的两江口（长江口和钱塘江口）和东海污染调查，参与《海洋污染调查规范》的编写工作，嗣后又开展了长江口、闽江口和九龙江口的环境污染专题调查与基础理论研究。先后研制成功各种监测仪器，并开展了微生物生态学和生物对毒物的降解作用以及环境植被和河口区红树林生态学的研究……在教学工作方面，各有关的系先后为本科生开设了'海洋环境化学'、'环境分析化学'、'环境科学概论'、'污染生态学'、'海洋高等植物生态学'和'分离方法与水处理技术'等课程。"[①]

---

① 王隆发、吴瑜端：《环境科学研究所》，载于刘正坤、杨菊卿、郑文贞：《厦门大学院系馆所简史（1921—1987）》，厦门大学出版社 1990 年版，第 336～338 页。

1. 海洋环境化学研究

海洋环境化学方面的工作，由海洋学系的吴瑜端领衔。1975 年，国家海洋局《海洋调查规范》出版，其中第三分册《海水化学要素的测定》即是由厦门大学负责的[①]。海洋学系吴瑜端、胡明辉、王隆发、陈于望等人，编写了《海洋调查规范》中的第二章盐度和氯度、第四章 pH 和第五章碱度；化学系刘文远、张荣坤、王尊本等人，编写了第三章溶解氧、第六章活性硅酸盐和第七章活性磷酸盐[②]。1979 年，厦门大学参与编写若干重金属检测部分[③]的国家海洋局《海洋污染调查暂行规范》出版。

1976 年，吴瑜端等人在《厦门大学学报（自然科学版）》上发表《河口海域水质调查方法验证》一文；1978 年，吴瑜端等人在《海洋与湖沼》及《环境科学》上发表关于长江口海域有害重金属转移机理的论文两篇；并发表多篇关于海洋环境保护研究的介绍。[④]"长江口重金属污染物质转移机理研究的论文报告，从理论上分析污染物质的迁移变化规律，全国环保学术会议认为'这是环保研究中的一个重要方向'。"[⑤]"长江口海域有害重金属转移机理"的研究成果，获得1979年福建省科技成果四等奖。[⑥]

2. 海洋环境监测仪器和环境分析仪器

20 世纪 70 年代，厦门大学成功研制了一些海洋环境监测仪器和环境分析仪器。海洋环境监测仪器包括：海洋学系郭一飞、曾明德等人 1975 年研制完成的 HY–752 型船用分光光度计；洪家珍、郭锦宝、林玉明等人 1975 年研制完成的 HSD1 型船用 pH 计；陈明贤、张金城、邱清风、田中群、朱维平等人 1979 年研

---

① 国家海洋局：《海洋调查规范 第三分册 海水化学要素的测定》，中国标准出版社 1975 年版，前言页。

② 厦门大学：《厦门大学科学技术成果选编：1949—1980》，厦门大学出版社 1981 年版，第 103～104、168 页。

③ 厦门大学：《厦门大学科学技术成果选编：1949—1980》，厦门大学出版社 1981 年版，第 168 页。

④ 蔡阿根、魏嵩寿、陈慈美：《吴瑜端教授海洋环境化学论文选集：纪念吴瑜端教授卓越的工作》，厦门大学出版社 1996 年版，第 IX 页。

⑤ 《厦门大学 1978 年自然科学研究工作总结》，厦大校科字〔1979〕7 号，1979 年 1 月 19 日，厦门大学档案 B79-21。

⑥ 厦门大学：《厦门大学科学技术成果选编：1949—1980》，厦门大学出版社 1981 年版，第 165 页。

制完成的水质分析仪器，即 KD-771A 型库仑电位滴定仪、HSD1 型船用 pH 计（改进型）、TY 型精密 pH 计和 HSC1-2 型船用 pH 计（后 3 款仪器已由厦门第二分析仪器厂生产）。①

厦门大学在 1978 年工作总结中肯定："研制成功第一台船用 KD-771 库仑电位自动滴定仪和 TY 型精密酸度计，经省机械局组织鉴定合格，性能指标达到国内先进水平，SF-1 型水声释放器经国家海洋局组织鉴定，达到国内先进水平，填补了我国海洋调查仪器的空白。"②

化学系亦研发了多款环境分析仪器，主要有：杨孙楷、黄会良等人 1980 年研制完成的汞膜电极极谱分析系统；黄会良、杨孙楷、李秀辇、陈国颖等人 1975 年研制完成的 75-3A 型和 1980 年研制完成的 JP-H78 型快速极谱仪；张荣坤、罗颖华、万桢、蔡维平、朱海坤、庄栋良等人 1980 年研制完成的 SY-1 型海水溶解氧测定仪；黄贤智、朱海坤、许金钩、周灼标等人 1980 年研制完成的数字式荧光分光光度计；季欧、颜章昆、倪可信、冯文瑶、郑元、黄应生、庄道英等人 1980 年研制完成的 ZP-2 型单聚焦质谱计。值得一提的是，75-3A 型快速极谱仪于 1976 年投产，并被推广应用，曾连续 3 届作为新产品在广交会上展出，并在 1978 年全国科学大会和 1980 年福建省科技大会上获奖。③ 化学系的其他环境分析仪器研发情况，可参见本文"厦门大学环境保护分析仪器和方法研究室"部分。

3. 厦门大学布局多学科协作研究机构

1978 年，厦门大学的环境科学研究在国内已有一定的影响力。1978 年全国科学大会召开前夕，教育部在北京制定环境科学规划，指定北京师范大学为组长单位，厦门大学为副组长单位。④

厦门大学及时指出："开展多学科协作是实现科技现代化的一个战略措施。就以我校承担的国家重点科研任务来看，许多任务也多是综合性的，如固氮、催化理论、光合作用、海洋科学、环境科学等，单靠一个系一个学科的科研力量是不能解决的，一定要组织多学科联合作战。综合性大学，学科比较齐全，有利于

---

① 厦门大学：《厦门大学科学技术成果选编：1949—1980》，厦门大学出版社 1981 年版，第 180～182 页。

② 《厦门大学 1978 年自然科学研究工作总结》，厦大校科字〔1979〕7 号，1979 年 1 月 19 日，厦门大学档案 B79-21。

③ 厦门大学：《厦门大学科学技术成果选编：1949—1980》，厦门大学出版社 1981 年版，第 104、109～112 页。

④ 杨孙楷、吴瑜端：《关于成立环境科学研究所的建议》，厦门大学档案 B82-10。

开展综合性的研究和边缘学科的研究。"①

为了整合全校力量，厦门大学党委于 1978 年 11 月和 12 月间召开了全校理科 5 个系的科研协作会议，在经费设备分配、科研成果署名等方面，都进行了协调和规定。在此基础上，又狠抓组织落实，成立协作组，酝酿协作项目和协作方式，制订工作计划。成立了 6 个协作组，"环境科学"即为其中之一。②

"在全国科学大会精神鼓舞下，为加快科研工作的发展，把我校办成'两个中心'（编者注：指的是 1978 年 12 月中共十一届三中全会上提出的'全国重点高等院校更应当努力办成教育中心和科学研究中心'。），根据我校原有的科研基础和特色，积极筹建和恢复一批科研机构。在我校第七次科学讨论会上，党委宣布恢复、扩建、新建的研究机构有：物理化学研究所、海洋科学研究所、生物科学研究所、数学研究所、物理研究所、环境保护分析仪器与方法研究室和自然辩证法研究室。其中物理化学研究所、海洋科学研究所、生物科学研究所，教育部拟同意批准列为部直属研究所，已按要求报送计划任务书，配备了所（室）的领导班子。另外，环境保护分析仪器与方法研究室、物理研究所中的发光物理研究室，也已填报计划任务书，申请列为部属研究室。"③

（二）厦门大学环境保护分析仪器和方法研究室

1. 化学系先行先试

环境保护分析仪器和方法研究室在一些文献中亦称为"环境保护分析仪器与方法研究室"或"环境科学仪器与分析方法研究室"或"环境科学分析仪器和（与）方法研究室"或"环境分析仪器和方法研究室"。该室是"根据全国环境保护科学技术规划的要求，以及 1978 年 6 月教育部直属高校环境科学学术讨论会（编者注：参见本文'教育部直属高校环境科学学术讨论会'部分。）会议纪要的精神，结合我校化学系分析化学专业原有的基础和条件，申报建立"④的。厦门大学办公室编的《厦门大学（概况）》中记载："化学系设物理化学专业和化学专业。有催化化学、电化学、物质结构化学、分析化学、有机化学和无机化学六个教研室……环境保护分析仪器和方法研究室于 1978 年 8 月建立，负责人季欧副教

①②③　《厦门大学 1978 年自然科学研究工作总结》，厦大校科字〔1979〕7 号，1979 年 1 月 19 日，厦门大学档案 B79-21。

④　《厦门大学环境保护分析仪器和方法研究室 计划任务书》，1978 年 11 月 10 日，厦门大学档案 B78-11。

授……（本系）招收催化理论、仿生催化、多相催化、近代电化学、金属电沉积机理、量子化学、配位化学、现代分析化学和环境分析化学等方向的研究生。"①

由此可见，1978年8月衍生于分析教研室的环境保护分析仪器和方法研究室，是厦门大学最早设立的环境科学方面的研究机构，已计划招收环境分析化学方向的研究生。环境分析化学堪称最为基础的环境科学分支学科之一，皆因分析方法及仪器是环境调查的首要技术手段，而环境调查尤其是污染调查又是环境科学的基本方法。因此，厦门大学环境保护分析仪器和方法研究室从化学系分析教研室衍生，顺理成章。

2. 方向和队伍

在1978年11月10日提交的上述《厦门大学环境保护分析仪器和方法研究室 计划任务书》②中，综述了该研究室当时正承担的科研项目，拟定了研究方向及主要任务：

"今后研究的主攻方向、奋斗目标和主要课题、任务：

拟以环境分析、监测仪器的研制和痕量污染物质的分离、分析方法的研究为主攻方向。仪器研制方面，侧重发展光学式、电化学式、质谱式和色谱－质谱联用式分析仪器。方法研究方面，拟开展大气、水质、食品、土壤、生物中痕量无机和有机污染物、致癌物、农药及其他毒物的分离、分析方法的研究。

奋斗目标：三年内，配备必要的科技人员与实验仪器，开展痕量污染物分析方法的研究，并进行：（1）脉冲式汞膜电极快速极谱仪，并投入小批生产；（2）单分光式和双光栅式荧光分光计；（3）气相色谱与质谱联用仪研究；（4）新型质谱计离子源；（5）等离子体源发射光谱仪。八年内配齐研究人员，更新实验室设备，［在］开展光学式、电化学式、质谱式和色谱－质谱联用式环境分析仪器与污染物的分光光度法和电化学的分析方法研究方面，达到国内先进水平，力争接近国际先进水平。"

在组织结构方面，环境保护分析仪器和方法研究室有专职科研人员11名，

① 《化学系、物理化学研究所、环境科学研究所》，载于厦门大学办公室：《厦门大学（概况）》，1982年3月，第33～34页。

② 1978年11月10日，厦门大学档案 B78-11。

兼职9名；主任由季欧担任（拟升副教授已报省待批）；主要专职人员有李玉桂、颜章昆、黄会良（均为讲师）；主要兼职人员有季欧、黄贤智、刘文远、张荣坤、郑朱梓、杨孙楷（除季欧为待批副教授外，其他均为讲师）。该计划任务书还带有附件，报告了现有房屋、设备等情况，以及申报的经费预算等。[①]

季欧（图1-1-1）1957年9月毕业于厦门大学物理系，1974年调回母校，在化学系任教，是我国第一代质谱仪器和质谱分析专家，系国家科委环境保护专业组成员[②]；也是中国环境科学学会的第一届理事，且是当年厦门大学在中国环境科学学会的唯一理事[③]。

1978年6月，在南京举办的"教育部直属高校环境科学第一次学术讨论会"上，季欧和陈舒平提交了题为《环境分析仪器的若干进展》的综述[④]，季欧做了大会报告。作为季欧的第一个研究生，陈舒平参加了检索文献、装订论文小册子的工作（编者注：当年的会议论文需要作者自行印刷，在现场分发。）。他至今仍清楚地记得，铅印了共200本小册子，文中穿插着很多图和表格，其中有一张表是用8开纸印刷的，需要人工一张张地把它折叠入一本本小册子中。[⑤]

图1-1-1 季欧
（1935—2000）
（1995年）

（何坚供图，黄水英修图）

3. 工作及成果

环境保护分析仪器和方法研究室"在全国自然科学基础学科规划中，承担现代分析方法及分析理论研究项目的4个研究课题。还承担一机部、二机部、国家海洋局下达的质谱技术研究、镭原子量测定，某国防工程中 NO_2^-、NO_3^- 的检测和其他分析仪器的研制；还开展质谱仪的研制和招收质谱分析的学生（目前国内尚无其他学校培养质谱分析学生），参加国产双波长分光计的设计方案探讨。进行

---

①② 《厦门大学环境保护分析仪器和方法研究室 计划任务书》，1978年11月10日，厦门大学档案B78-11。

③ 杨经纬、王燕清：《中国环境科学学会：当代中国环境科技社团》，中国环境科学出版社1992年版，第9页。

④ 载于会议学术组：《教育部直属高等学校环境科学第一次学术讨论会论文集》，东北师范大学出版社1980年版，第103～108页。

⑤ 引自陈舒平与袁东星的邮件，2021年12月。

水质、土壤、作物、食品、大气污染物质分析机理和方法的研究"[1]。

1980年4月于厦门举办的"教育部直属高等学校环境科学第二次学术讨论会"上，环境分析仪器和方法研究室提交了数篇会议论文，分别是季欧的《质谱仪器研制报告》和《质谱法及其在环境科学研究中的应用》，黄贤智、朱海坤的《荧光分光光度计的组装及在环保中的应用》，以及黄贤智、李少霞、周灼标、薛光荣等人的《水中油分的荧光分析法》。[2]

1981年，万桢、杨孙楷、黄会良等人，以"环境分析仪器和方法研究室"为署名单位，发表了题为《天然水及污水中痕量镍的示波催化极谱测定》的期刊论文[3]。

环境保护分析仪器和方法研究室及化学系分析化学教研室研发的其他环境分析仪器，可参见本文"海洋环境监测仪器和环境分析仪器"部分。

（三）教育部直属高校环境科学学术讨论会

20世纪"70年代末期我国13所综合性大学无不投入环境科学的研究工作，成为我国环境保护工作的一支生力军。1977年底至1978年初，在全国科技〔学〕大会召开的前夕，教育部部属高等院校在北京制定科学规划时，环境科学即作为独立的一门新学科制定规划，当时委托北师大（组长单位）、厦门大学（副组长单位）、南京大学（秘书单位）负责编制。确定每两年召开一次部属（编者注：彼时"部属"与"直属"通用。）高校的环境科学学术讨论会。1978年与1980年分别由南京大学与北师大，以及厦门大学与中山大学负责，先后在南京和厦门举行了第一、二次学术讨论会，深得国务院环办的重视"[4]。

教育部直属高校环境科学学术讨论会不仅对于厦门大学，对教育领域乃至我国环境科学领域来说，都是体现早期环境研究进展和布局的学术盛会。故此，本

---

① 《厦门大学环境保护分析仪器和方法研究室 计划任务书》，1978年11月10日，厦门大学档案B78-11。

② 载于会议学术组：《教育部直属高等学校环境科学第二次学术讨论会，论文摘要汇编》，1981年版，分别为第19～20、20～21、46页。

③ 载于《厦门大学学报（自然科学版）》1981年第20卷第2期，第231～236页。

④ 杨孙楷、吴瑜端：《关于成立环境科学研究所的建议》，1982年3月7日，厦门大学档案B82-10。

节对相关历史文献做了详细摘录。

1. 教育部直属高校环境科学第一次学术讨论会

在南京举办的教育部直属高等学校环境科学第一次学术讨论会上，应邀做大会报告的报告人及其报告题目[①]包括：《环境科学的展望》（云南大学曲仲湘）、《环境问题的系统分析》（北京师范大学刘培桐）、《对环境科学几个基本理论问题的初步看法》（北京师范大学王华东）、《森林生态系统与环境保护》（南京林产工业学院熊文愈）、《区域环境质量综合评价》（中山大学唐永銮）、《空气污染的气象学问题》（南京大学湍流组）、《光化学烟雾形成的机制》（北京大学唐孝炎）、《污染水力学研究的动态》（华东水利学院张书农）、《环境分析化学的现状》（南开大学戴树桂）、《环境分析仪器的若干进展》（厦门大学季欧　陈舒平）、《国外废水处理微生物学研究动态》（南京大学丁树荣）、《国外水环境系统工程最优化技术》（清华大学傅国伟）。上述报告人均是我国环境学界的前驱和泰斗，他们奠定了我国环境科学的基石，拓展出蓬勃发展的后继事业。

南京会议上，确定了环境科学的 4 个主攻方向，分别为："一、深入开展污染物在环境中存在形态、迁移转化规律的研究，着重加强转化机制和环境分析化学中痕量有机污染物分析方法的研究，发展环境化学。二、积极开展污染生态及环境毒理学的研究。三、大力开展环境质量评价工作，突出预断评价的研究。四、建立和发展环境系统工程学。"[②]

2. 教育部直属高校环境科学第二次学术讨论会的筹备

教育部根据南京第一次环境科学学术讨论会纪要，发出〔79〕教技厅字 013 号文，决定由厦门大学和中山大学共同主持在厦门召开教育部直属高等学校环境科学第二次学术讨论会。厦门大学极为重视这个会议，从会议筹备到会后的总结汇报，从会议研讨的组织到会议及代表的后勤保障，均配备了精干强壮的阵容，给予足够分量的投入。

"两校于 1979 年 8 月 26 日至 28 日在厦门大学召开第一次筹备会议，具体研究了教育部'直属高等学校第二次环境科学学术讨论会'的有关问题。""决定于 1980 年 3 月在厦门召开大会。"筹备组邀请了南京大学和北京师范大学参加，北

[①] 载于会议学术组：《教育部直属高等学校环境科学第一次学术讨论会论文集》，东北师范大学出版社 1980 年版，目录页。

[②] 《教育部直属高等学校环境科学学术讨论会第二次会议筹备工作汇报》，1979 年 9 月，厦门大学档案 B79-23。

京师范大学的代表因工作忙不能参会，但寄来了书面意见。厦门大学党委书记兼校长曾鸣和中山大学副校长黄水生共同主持了筹备工作会议。会上，南京大学介绍了第一次环境科学讨论会的经验与体会。①

"环境科学学术讨论会筹备组"将"筹备工作汇报"于 1979 年 9 月 5 日提交教育部，明确了"第二次直属高校环境科学讨论会的中心内容是：（一）检阅与交流南京会议上所提出的四个主攻方向（编者注：参见前文。）所取得的成就与经验。（二）邀请国内外环境科学专家及有关领导作发展动态报告，并介绍这方面的突出成果。（三）讨论一年多来环境科学科研工作中出现的共同关心的问题。进一步明确高校在今后环境科学研究方面的任务、主攻方向、协作关系以及具体措施，加强薄弱环节，为早日实现四个现代化做出应有的贡献"②。

计划中，第二次直属高校环境科学讨论会的会期长达 10 天。第一阶段为大会报告交流，时间为 2～3 天。除了请国务院环境保护办公室和科学院领导介绍环保发展动态，建议教育部邀请的大会报告专题和专家有：环境系统工程（同济大学胡家骏）、环境教育（北京师范大学刘培桐）、环境质量评价（北京师范大学王华东）、环境毒理学（南京大学丁树荣）、环境与癌（上海医科大学杨教授）、大气污染（中山大学唐永銮）、农药污染（浙江农业大学）、理论环境学（中山大学董汉飞）、环境监测分析方法与仪器研制（厦门大学季欧）、海洋环境化学（厦门大学吴瑜端）、重金属污染（科学院环化所），以及环境本底问题（科学院地理所）等。第二阶段为分科专题报告与交流。拟以南京会议提出的 4 个主攻方向（编者注：参见前文。）按学科分类开展分组讨论，计划时间为 4～5 天。第三阶段将着眼于今后的任务，根据国家和教育部在环境科学方面对高校的要求进行讨论，辨明主攻方向，制定措施，并对第三次学术讨论会拟出具体建议。③

会议筹备组的正副组长分别由厦门大学和中山大学的一位副校长担任。学术组共有 17 人，负责论文摘要的评审工作，正副组长分别是中山大学的唐永銮和厦门大学的季欧；学术组成员还包括傅国伟（清华大学）、郑长聚（同济大学）、邢□□（编者注：原文缺失。）（同济大学）、徐厚恩（北京医学院）、陈秉恒（上海医学院）、高维真（华东水利学院）、周家义（山东海洋学院）、董汉飞（中山大学）、张展霞（中山大学）、丁树荣（南京大学）、徐鸥泳（南京大学）、杨孙楷（厦门大学）、吴瑜端（厦门大学）、杨淑专（厦门大学）、王华东（北京师范大学）。④

①②③④ 《教育部直属高等学校环境科学学术讨论会第二次会议筹备工作汇报》，1979 年 9 月，厦门大学档案 B79-23。

1980 年 4 月 4 日，厦门大学科技处向学校提交了《关于开好部属高校环境科学第二次学术讨论会议有关问题的报告》[①]。报告中提及，继第一次筹备会议后，又开了第二次筹备会议，由厦门大学副校长和中山大学副校长主持。1980 年 3 月 27 日，厦门大学潘懋元副校长还主持召开厦门大学的筹备组成员会议，成立了大会筹备组（组长潘懋元）及下设的秘书组（组长吴修华）、学术组（副组长季欧）和后勤组（组长刘昌新），明确了机构成员和职责。

3. 教育部直属高校环境科学第二次学术讨论会

1980 年 4 月 15—23 日，教育部直属高等学校环境科学第二次学术讨论会在厦门召开。1980 年 5 月 7 日，厦门大学向教育部科技局提交了厦大校科字〔1980〕43 号文件，即《教育部部属高等学校环境科学第二次学术讨论会纪要》[②]。纪要中回顾了这次盛会：来自 23 所部属高校、15 所兄弟院校，以及应邀的科研系统及环保系统等有关单位的 124 名代表出席了会议，其中正式代表 78 人，列席代表 46 人。厦门大学副校长潘懋元在开幕式上致开幕词，教育部科技局、福建省环保局、广东省环保局、科学院海洋研究所和北京大学的代表，都在开幕式上做了发言。会议期间，几位专家向大会报告了国内外环境科学研究的进展；国务院环境保护办公室副主任苏民介绍了我国环保工作的形势和今后的规划；中山大学副校长黄友谋在闭幕式上致闭幕词。

这次会议共收到论文 251 篇，其中综述性论文 7 篇，环境化学 14 篇，环境监测仪器和分析方法 82 篇，环境地学 67 篇，环境生物学与医学 51 篇，环境工程学及其他 30 篇。论文"不仅数量多，且学术水平比两年前也有较大的提高。经会议学术组审议，认为中山大学等的《广东茂名地区大气污染及其排放标准》、南京大学等的《渡口地区环境污染研究及其评价》、清华大学等的《北京东南郊水污染控制系统分析》、北京大学的《NO_2 光化学反应模拟试验研究》、同济大学的《噪声污染研究》、兰州大学的《臭氧对植物毒害的研究》、北京工业大学的《多环芳烃及其衍生物结构 - 定量活性关系的分子轨道理论探讨》、吉林师范大学的《手算模拟城市大气污染扩散规律》、厦门大学的《环境分析监测仪器》和《河口污染物的迁移规律》十篇论文，是比较好的成果，反映了高校的特色"[③]。

"会议开得成功，达到了预期的目的，圆满地完成了各项任务。"会议展示

---

①② 厦门大学档案 B80-92。

③ 《教育部部属高等学校环境科学第二次学术讨论会纪要》，厦大校科字〔1980〕43 号，1980 年 5 月 7 日，厦门大学档案 B80-92。

了各高校在环境科学方面研究的成绩，并初步拟定了今后的主攻方向，提出"通过各院校的紧密协作，促进各学科间的相互交叉和渗透，以便进一步建立起综合的、具有我国特色的环境学理论。"还提出在全国进行广泛的环境教育工作、加速培养骨干力量、举办各类讨论班，以及尽快确定第三次会议的主持单位等建议。[①]

值得指出的是，在这两次部属高校环境科学研讨会上，厦门大学提交了 42 篇论文，占会议论文总数的17%，且论文质量高，受到大会好评[②]。除了上述的第二次会议评出的分别为季欧等人和吴瑜端等人撰写的两篇优秀论文，在第一次大会上，吴瑜端等人的《河口有害重金属的转移机理》被评为优秀论文[③]。

4. 部分重点高校环境科学小型仪器座谈会

在教育部直属高校环境科学第二次学术讨论会之前，还有一段小插曲。为配合此大会并提供参考信息，经教育部科技局批准[④]，厦门大学于 1980 年 1 月 15—18 日，在厦门市鼓浪屿宾馆召开了"部分重点高校环境科学小型仪器座谈会"，会期 3 天。会议由化学系承办，邀请了北京大学、南京大学、复旦大学、上海师范大学、南开大学、武汉大学、山东大学、兰州大学、武汉工学院等单位的代表参会。[⑤]

小型仪器座谈会的目的是："交流第一次部属重点高校环境科学讨论会以来各校环境科学仪器研制、生产、使用情况；讨论发展环境科学仪器的初步意见，提供第二次部属重点高校环境科学讨论会参考；讨论如何加强校际学术联系与协作关系，加速发展环境科学仪器研制工作。"[⑥]

（四）厦门大学的红树林生态研究

20 世纪 70 年代末，"环境科学"与"生态学"之间的关系尚未清晰，故生态

---

① 《教育部部属高等学校环境科学第二次学术讨论会纪要》，厦大校科字〔1980〕43 号，1980 年 5 月 7 日，厦门大学档案 B80-92。

② 王隆发、吴瑜端：《环境科学研究所》，载于刘正坤、杨菊卿、郑文贞：《厦门大学院系馆所简史（1921—1987）》，厦门大学出版社 1990 年版，第 336～338 页。

③ 蔡阿根、魏嵩寿、陈慈美：《吴瑜端教授海洋环境化学论文选集：纪念吴瑜端教授卓越的工作》，厦门大学出版社 1996 年版，第 VI 页。

④ 教育部科教二第 035 号文，1979 年 11 月 16 日。

⑤ 厦大校科字〔1979〕107 号，1979 年 12 月 29 日，厦门大学档案 B79-23。

⑥ 厦大校科字〔1979〕100 号，1979 年 12 月 14 日，厦门大学档案 B79-23。

研究并未列入上述的两次部属高校环境科学讨论会的议题之中。尽管如此，厦门大学的生态研究亦乘着改革开放的春风全面开展，其中最具特色的便是红树林生态研究。

1. 20 世纪 70 年代红树林生态研究情况

20 世纪 70 年代，生物学系生态组的何景、林鹏等人调查了我国红树林的科、属、种分布，发现"我国红树林有 12 科 15 属 24 种，福建沿海常见的有 5 科 6 属 6 种"。他们研究了红树林在海岸生态系统中的功能，指出红树林"可以保护生态平衡，还有利于底栖生物生长及经济鱼类和对虾产卵迴游栖息"。这些研究成果发表在《科学通报》等刊物上，并作为"第二届国际红树林生物学和管理及热带浅水群落学术讨论会（1980 年 7 月）"和"亚洲红树林研究与管理会议（1980 年 8 月）"的会议论文。①

2. 成立中国红树林委员会和开展红树林研究的建议

1980 年 9 月，林鹏"在参加第二届国际红树林生物学和管理及热带浅水群落学术会议后，写了一份简要汇报，以厦大校科〔80〕77 号文报送部外事局，在此汇报中的第六点，已建议我国必须争取参加国际红树林委员会，并把国内有关单位组织起来协作成立'中国红树林委员会'"②。

同一时期，华东师范大学建议成立我国的红树林海岸研究小组，提出"开展我国红树林海岸研究的初步意见"。尚不清楚教育部的外事局和科技局之间的沟通是否有一定时间差，1980 年 10 月 16 日，教育部科技局致函厦门大学，指出华东师范大学的"我国红树林海岸研究"是"一项有意义的建议"，并将其附件转发给厦门大学，希望"研究后将意见函告"。于是，生态组立即进行讨论，11 月 12 日呈交了书面报告，陈述前期工作，解释"我国红树林海岸研究"是"中国红树林研究"的一部分，并提出"中国红树林研究"的补充建议。1980 年 11 月 24 日，厦门大学乃以厦大校科字〔1980〕103 号文的形式，转达了生态组的意见："希望教育部主持召开有关协作会议，制订科研计划，并尽早送交联合国教科文组织'人与生物圈'委员会，以便与他们联合制订国际性统一计划，和取得经费资助以及有关学术交流等事宜。"同时附上"关于成立红树林委员会和开展红树

---

① 厦门大学：《厦门大学科学技术成果选编：1949—1980》，厦门大学出版社 1981 年版，第 144 ～ 145 页。

② 厦大校科字〔1980〕103 号，1980 年 11 月 24 日，厦门大学档案 B80-86。

林研究的补充建议"和"参加第二届国际红树林生物学和管理及热带浅水群落学术讨论会的简要汇报"①。

这份题为《关于成立红树林委员会和开展红树林研究的补充建议》由林鹏起草，主要内容如下②：（编者注：部分标点为编者所加。）

"一、红树林海岸研究：1. 红树林的地貌特点与海岸演变；2. 红树林区的地质特点；3. 海滩冲淤动态；4. 红树林对防洪护堤的效应等。

二、红树林生态系统的理论研究：1. 生境研究（①淤泥的物理化学特性，②海水的温度和盐度，③林区气象因子测定等）；2. 红树林生态系统的物流、能流和信息研究；3. 红树植物的生态生理学研究。

三、红树林自然保护区和资源开发研究：1. 建立自然保护区（海南岛琼州县东寨港和福建云霄县竹塔港）；2. 地植物学研究（包括种类成分、群落特点等）；3. 生物资源开发利用研究（包括海岛、贝类、鱼虾养殖及藻类的开发利用和高产优质研究）。

四、人工栽培和经营管理研究：1. 各省、地沿海栽培种类的适应性研究；2. 栽培方法、规格和经营管理方法的研究；3. 海滩垦殖和滩涂养殖的综合研究等。"

（五）厦门大学环境科学协作组

1978 年年底，厦门大学召开了全校理科 5 个系的科研协作会议，成立了"环境科学"协作组③。之后，协作组成员努力开展了一些工作。

1980 年 8 月 29 日，教育部科技局发出"教技二字第 036 号文"致厦门大学科研处，称"最近国务院环境保护办公室正在制订环境科学长远计划。为把我部所属院校环境科学技术研究列入国家计划，请您校把近几年在这方面研究的主要成绩和近五年（至八五年，包括正在进行）研究主攻方向拟开展的研究课题于九月底前报我局"④。

---

① ② 厦门大学档案 B80-86。
③ 《厦门大学 1978 年自然科学研究工作总结》，厦大校科字〔1979〕7 号，1979 年 1 月 19 日，厦门大学档案 B79-21。
④ 厦门大学档案 B80-92。

于是，杨孙楷组稿，周绍民审稿，以环境科学协作组的名义，1980 年 10 月 10 日递交了《厦门大学环境科学研究情况及今后五年环境科学研究的初步规划》。[①] 这份报告对厦门大学 1973 年至 1980 年的环境科学研究，尤其是海洋环境科学以及环境监测方法及仪器两方面的研究进行了总结，将已经完成和正在进行的课题做了汇总，并结合厦门大学近海的地理优势和工作基础，提出了 1981—1985 年环境科学的主攻方向及研究计划。其中的很多内容，从 40 多年后的角度看，仍然具有先进性和引领性。

1980 年 10 月 14 日，厦门大学向教育部科学技术局递交了回应"教技二字第 036 号文"的"厦大校科字〔1980〕94 号文"[②]，并抄送国务院环境保护办公室。

从以下摘录的该报告内容及本文"向海而生的厦门大学环境科学研究"部分可以看出，1973 年厦门大学海洋学系就参加了全国"三省一市"的"两江口"和东海的污染调查，1975 年参与编写了《海洋调查规范》；1975 年化学系用于检测水中重金属的 75–3A 型快速极谱仪已经问世（编者注：型号的第一组数字代表年份。）。因此，厦门大学早期的环境科学研究，至少应追溯至 1973 年。

1. 厦门大学 20 世纪 70 年代环境科学研究情况

《厦门大学环境科学研究情况及今后五年环境科学研究的初步规划》[③] 是厦门大学 20 世纪 70 年代环境科学研究的珍贵资料，特摘录如下：（编者注：部分标点为编者所加。）

"几年来，我校根据多学科的特点，为了发挥多学科之间相互配合作用，在成立环境保护分析仪器和方法研究室的基础上，又成立了环境科学协作组，组织化学、海洋、生物三个系有关力量对国内某些重点区域的环境保护问题，开展科学研究，作了大量的调查工作，把环境科学有关的理论研究同应用技术研究紧密结合起来。如参加了官厅水系洋河段的污染调查，着重研究重金属转移机理；参加了我国三省一市的东海污染调查及资料整理；台湾海峡 – 九龙江河口海区生物体某些重金属及有机农药毒害物质的调查；闽江口水域环境质量评价；以及开展海洋营养要素调查的方法的研究；参加编写海洋调查规范等。同时进行了若干基础理论与有关规律性的探讨。这些研究成果分别在我国有关学术会议上交流介绍，受到了欢迎和较好的评价。

①③　1980 年 10 月 10 日，厦门大学档案 B80–92。
②　1980 年 10 月 14 日，厦门大学档案 B80–92。

近年来的主要研究成果及当前正在开展的工作有：

一、环境污染调查及基础研究

1. 长江口海域有害金属转移机理研究

I. 转移规律的调查研究

II. 粘土矿物对重金属吸附作用的热力学与动力学

III. 收支平衡理论计算

2. 河口重金属转移机理

I. 河口海域铬的转移机理

II. 河口海域铜的转移机理

III. 河口海域汞的转移机理

3. 官厅水系洋河段重金属转移机理

4. 海洋环境化学若干理论问题

5. 东海及闽江口、九龙江口环境污染问题

I. 闽江口水域环境质量评价

II. 三省一市东海污染调查及资料整理

III. 闽江口海区和东海污染调查

IV. 九龙江口海区中 Hg、Cu、Pb、Zn、Cd 等有害金属在生物体中含量的调查

V. 九龙江口有机氯农药对生物体有害作用的调查

VI. 翡翠贻贝对镉的吸附与排放初步研究

VII. 厦门港污染的调查（正在进行）

二、海洋中金属与有机物污染对海藻生态的影响规律及测试方法研究

三、海洋中污染物的测试方法研究及仪器的研制

1. 海洋船上溶解氧测定仪研制（SY-2 型溶解氧测定仪已向中央申报发明奖）

2. 快速极谱仪的系列研究（其中 75-3A 型快速极谱仪曾得到全国科学大会奖励）

3. TY 型精密 pH 计及 HSC1-2 型船用数字 pH 计研制

4. KD-771 库仑电位滴定仪及 ZD-781 自动电位滴定仪研制

5. 质谱仪器研制及其在毒气检测中应用（进行中）

6. 荧光分光光度计研制及其在环境保护中的应用

7. 电子捕获气相色谱测定天然水中有机氯农药

8. 海水中油分污染的荧光分析法

9. 汞膜电极催化极谱研究海水中镍的测定

10. 天然水中痕量镍的示波极谱测定

11. 天然水中痕量钛的催化极谱测定

12. HJD-79 型恒电流自动滴定仪研制及水中硼的测定

13. 纸浆污水及罐头中重金属阳极溶出法测定

14. 动力学法研究：海水中钼的分析

15. 编著《海洋环境化学》一书

16. 编写《海水痕量元素分析》一书（正在进行）

17. 编写《海洋污染调查暂行规范》（若干重金属检测部分）（编者注：指吴瑜端等人编的第一章水质分析中的铜、铅、镉、锌的测定；以及第二章底质分析中的铜、铅、镉、锌的测定。①）

四、污染水域中的微生物研究

1. 用醋酸分解菌监测工业废水毒性强度的方法研究

2. 纤维细菌分解利用造纸废渣的初步研究

3. 醋酸分解菌在不同污水区的类群及分布的初步调查"

2. 厦门大学环境科学研究的 5 年规划

关于 20 世纪 80 年代前 5 年的环境科学研究计划，《厦门大学环境科学研究情况及今后五年环境科学研究的初步规划》② 提出：

"鉴于我校地处东海之滨，与祖国宝岛——台湾只有一水之隔的特殊地理条件，我校自建校以来就开展了海洋科学研究，有一定的基础；近年来较长时期从事海洋环境科学研究工作，具有海洋化学、分析化学、海洋生物和分析仪器研制等多学科的教学科研力量。为此，本着扬长避短的精神，我校拟定以海洋环境科学，特别是以台湾海峡的环境科学问题作为长期的研究对象，1981—1985 年间选定'台湾海峡河口海域环境污染与生态系的关系'作

---

① 国家海洋局：《海洋污染调查暂行规范》，1979 年版，第 34～61、173～191 页；厦门大学：《厦门大学科学技术成果选编：1949—1980》，厦门大学出版社 1981 年版，第 168 页。

② 1980 年 10 月 10 日，厦门大学档案 B80-92。

为主攻方向，开展研究工作，主要课题有：

一、台湾海峡河口海区重金属普查及污染问题的研究。包括（1）河口海区 Cu、Pb、Zn、Cd、Cr、Ni、Co、Ag、Li、Rb、Mo、V、Ti 等的测试方法研究；（2）重金属入海途径、迁移机理和转化规律、污染的负荷、地球化学收支平衡和净化容量。

二、河口海区有机物对重金属污染的效应研究。包括（1）不同分子量范围的腐殖质不同构型和不同功能团有机物对重金属地球化学的效应；（2）有机污染物快速测试方法研究并建立新的有机污染指标；（3）有机污染物质对碱性磷酸酶活性的影响及对生物体内富集的生态影响。

三、河口海区污染物的自动、快速监测仪器的研制及现代分析方法的研究。包括（1）色谱－质谱联用测定污染物质；（2）船用自动测定溶解氧、盐度及有害物质仪器研究；（3）微生物、动物、植物作为污染监测指标的研究。

四、应用综合测试结果进行质量评价，系统研究有关污染物质对生态系统的影响。包括（1）对潮间带高等植物的影响；（2）对海洋藻类的影响；（3）对海洋动物的影响。"

（六）厦门大学环境科学研究所的筹建

1.成立环境科学研究所的建议书

1982 年 3 月 7 日，杨孙楷和吴瑜端向学校递交了《关于成立环境科学研究所的建议》[①]。该建议书由杨孙楷执笔，洋洋洒洒3000多字，从国际上的环境科学发展形势谈到我国的环境科学发展势态，再谈到我校环境科学的前期工作和优势：（编者注：部分标点为编者所加。）

"……我校环境科学研究工作起步较早，70 年代初期，化学与海洋两系就已投下力量开展厦门本岛与海域的环境污染调查工作，开展无毒电镀研究，处理军工生产污染，积累了较丰富的经验。往后，化学、海洋与生物系等单位还参加了长江口、闽江、九龙江以及海湾的环境污染调查与理论上研

---

① 厦门大学档案 B82-10。

究工作。

1978 年全国科学大会后，经校党委正式宣布成立了'环境科学仪器与分析方法研究室'，1979 年受教育部委托还负责召集北大、南大、兰大、复旦、武大等部属 10 多所重点大学在厦门举行了环境监测仪器研制学术讨论会（编者注：1980 年 1 月召开。），并被推选为组长单位。此外，发表了不少有关的科学论文，应邀参加北京、黄渤海、上海等重大项目的鉴定会，或做专题报告、讲学、专家顾问等活动，做出了一定的贡献，在国内有较好的影响。

季欧同志由国家科委任命为全国环境科学专业组成员及选为环境科学学会理事，吴瑜端同志推选为中国水环境学会及中国海洋环境学会常务理事，周绍民教授任福建省环境学会副理事长，杨孙楷同志被选为该学会常务理事兼副秘书长。这些同志经常应邀外出做专题报告或专门顾问。

国内学术界对我校在海洋环境、环境分析、监测仪器、土壤植被、微生物等方面环境科学研究均有较好的评价，寄予颇大的期望。国务院环办正副主任几次来校，均提出殷切的希望。"

建议书中以大量实例说明，在我国尤其是厦门特区的经济发展中，科研项目越来越多，同时，环境保护要求越来越高，但我校无实质性的对应机构，难以在人力物力方面保证任务顺利执行。因此，杨孙楷和吴瑜端明确提出，建立厦门大学环境科学研究所势在必行，并建议：（编者注：部分标点为编者所加。）

"1. 以海洋系海洋环保组及化学系环境监测仪器及分析方法小组为基础（这也是当前我校在环保方面的特色），抽调有关人员作为环保所专职科研骨干（最好把原来协作组成员抽归环保所），逐步补充年青人员，由近及远，由少到多，由易到难，开展有关科研工作及承担一定任务。并请经济、法律等文科科系积极做好考虑，一旦确定下来，即可与环境科学院挂钩联系，争取合办成立文科有关的研究室（如武汉大学环境法律研究室），并着手研究其他学科的配合和充实。

2. 建所初期的设备由上述两组现有的设备为基础，集中到统一办公地点，学校再给一定经费支持，即可立即开展工作。在工作中向外承担一定任务，争取些经费逐步补充研究的开支。

3. 学校委派专职所长一人（最好还有情报、后勤人员），具体领导研究所工作。

4. 各系科有兼职教师作为研究所的科研人员。

5. 研究所专职人员仍然可以兼任原来系科的教学任务，教学上主要力量最好放在培养研究生工作上。目前海洋及化学已招有环境科学方面的研究生，可转由研究所负责培养。

6. 争取一二年之后研究所在经费上能够达到独立核算，教学上能招收环境专业学生。"

1982年3月8日，厦门大学办公室将《关于成立环境科学研究所的建议》转发给校常委和副校长审阅，并附上报告，请领导在近期审议："一、鉴于我校环境科学研究和工作的基础，以及今后需要，是否同意将原公布的'环境科学仪器与分析方法研究室'改称'厦门大学环境科学研究所'，以便适应多学科配合，调动各有关专业力量，共同承担任务，开展工作。二、如何充实人员，切实开展工作，包括所或室负责人的确定，专职工作人员的配备、经费及办公地点的支持等。"[1]（编者注：部分标点为编者所加。）

2. 环境科学研究所筹备组

在1982年3月之后的4个月里，学校组建了"环境科学研究所筹备组"，策划成立环境科学研究所事宜。

此时，厦门大学还积极筹建科学仪器工程系，于1982年3月11日成立了"科学仪器工程系筹备组"，3月17日向教育部递交了"厦大校教字〔1982〕56号"文，申请"设置科学仪器工程专业"。[2]（编者注：厦门大学科学仪器工程系于1983年正式成立，季欧任首任系主任。）显然，原来挂靠在化学系的环境保护分析仪器和方法研究室，已经无法应对环境科学和科学仪器两个学科发展的需求。

另外，生态研究室被考虑纳入环境科学研究所的构架。

1982年7月初，环境科学研究所筹备组撰写了《关于成立"厦门大学环境科学研究所"的请示报告（初稿）》。该报告指出："环境科学［研究所］是多学科、跨学科的综合性研究机构，它包括化学、生物、海洋、数学、经济及法律等各方面的专业人员。研究所设所长一人，建议由周绍民教授兼任。副所长拟定由吴瑜端、杨孙楷、林鹏三位副教授担任。"[3]

---

[1][2][3] 厦门大学档案 B82-10。

校领导几番请化学系的周绍民出任环境科学研究所所长，但周绍民婉拒。1982年7月17日，周绍民在给校领导的便函里写道："本人一再表示，因校内外兼职多，工作负担过重，无论从能力和时间考虑，都不适宜再兼任新的职务。为保证环科所工作更好地开展，不必要给我挂个'所长'的空名。请校领导考虑请合适的同志担任所长职务。"①

在上述的请示报告（初稿）中，组织构架中将"环境科学仪器与分析方法研究室"设计为环境科学研究所下属的研究室，与拟建的科学仪器工程系协办；并设有挂靠生物系的"环境生态学研究室"。1982年7月18日和7月19日，林鹏两次致函潘懋元副校长，提出将"环境生态学研究室"改为"生态及微生物学研究室"，"成立三个研究组（红树林和自然保护区研究组、农业规划研究组、微生物研究组）"。②

几经磋商后，1982年7月底，环境科学研究所筹备组向学校递交了《关于成立"厦门大学环境科学研究所"的请示报告》的正式版③。在此正式报告中，去除了所长、副所长人选的建议，并将"环境生态学研究室"更改为"生态及微生物学研究室"。

该请示报告介绍了筹备过程，概括了厦门大学的历史条件和工作基础，提出研究所的方向定位："侧重海洋环境科学、环境化学和生态学等方面研究，积极开展三废治理、环境质量评价、环境管理和环境经济方面的研究，成为既研究科学、技术问题，又研究社会管理问题、政策问题的综合性的环境科学研究所。"

在组织机构方面，研究所下设：

"环境化学研究室（挂靠化学系）

生态及微生物学研究室（挂靠生物系，包括微生物、农业区划、红树林和自然保护区研究组）

海洋环境研究室（挂靠海洋系）

环境科学仪器与分析方法研究室（直属所，与科学仪器［工程］系协作）

三废治理和综合利用研究室（直属所，与海洋、化学、生物系微生物专业协作）

---

①②③ 厦门大学档案 B82-10。

环境管理研究室（直属所，与经济学院有关科系协作）。

此外，还准备在法律、数学系相应成立环境保护法、环境评价等研究组。"

在人员方面，"目前暂时先由以下人员兼职：

研究所负责人：吴瑜端、杨孙楷、林鹏

环境化学研究室：杨孙楷、安丽思、苏循荣、林美丽、林金华、林竹光、颜长明

海洋环境研究室：吴瑜端、陈于望、王隆发、陈慈美、章增浩、周慈由、陈金泉、陈绍铭、傅子琅

生态及微生物学研究室：林鹏、张娆挺、连玉武、杨淑专、庄钦［铁］城、黄光明、黄庆辉、郑逢中"

针对环境科学研究所的运行经费问题，该请示报告提出"边承担科研任务，边筹措经费"，并建议"所成立后，即报部备案，并争取列入部属科研机构，拨给人员指标，以便今年内配备专职研究人员五名，一九八三年配备七名，一九八四年配备七名，一九八五年至一九九零年每年配备十名"。①

3. 环境科学研究所获批成立

沉谋研虑之后，厦门大学于1982年9月29日发出"厦大校办字〔1982〕25号"文《关于批发"（成立）环境科学研究所的请示报告"》②，批准成立厦门大学环境科学研究所：

"经校办公会议讨论通过，校党委研究同意成立厦门大学环境科学研究所，研究所由吴瑜端、杨孙楷、林鹏三位同志负责。研究所下设若干研究室，研究室实行挂靠系与研究所双重领导。研究所对外代表各室承担有关环境科学研究任务，对内组织协调和检查各单位执行任务情况。现将'关于成

① 环境科学研究所筹备组：《关于成立"厦门大学环境科学研究所"的请示报告》，1982年7月，厦门大学档案 B82-10。
② 厦门大学档案 B82-10。

立厦门大学环境科学研究所的请示报告'转发给各有关单位，望认真贯彻实施。"

这，便是厦门大学环境科学学科在春天中鸣奏的序曲，传递着方兴未艾的信息，呈现出朝气蓬勃的生机。

鹭海闽山

——厦门大学环境科学研究所的十年（1982—1992）

◎ 袁东星

    1982 年 9 月，厦门大学成立环境科学研究所（以下简称环科所），正式开启了环境科学研究、学科建设、社会服务的崭新篇章。1982 年至 1992 年，是环科所打开局面、努力奋进的 10 年。

（一）白手起家求发展

    环科所有 3 位副所长，分别是来自海洋学系的吴瑜端、来自化学系的杨孙楷和来自生物学系的林鹏。3 位老所长独到地预见国内外环境科学的万里前景，在白手起家的艰苦条件下四处呼吁，谋求厦门大学环境科学的发展。他们各率领一个方向，响应国家与地方经济建设和环境保护的召唤，向着鹭海闽山进发。

    吴瑜端（图 1-2-1）1926 年 9 月出生于福建省连江县。1953 年毕业于厦门大学化学系，先后在厦门大学化学系、海洋系任教。1982 年 9 月至 1992 年 4 月兼任厦门大学环境科学研究所第一副所长[①]，1992 年 4 月起兼任厦门大学环境科学研究中心顾问，1993 年担任联合国开发计划署东亚海洋污染预防与管理厦门示范区综合组组长。1995 年 5 月因病去世。

图 1-2-1　吴瑜端（1926—1995）

（魏毅供图）

---

    ① 陈萱、陈旭华：《厦门大学校史资料 第 5 辑 组织机构沿革暨教职员工名录 1921—1987》，厦门大学出版社 1990 年版，第 87 页。

· 25 ·

杨孙楷（图 1-2-2）1932 年 10 月出生于福建省福州市，原籍福建省晋江市。1955 年毕业于厦门大学化学系，随后在厦门大学化学系任教。1982 年 9 月至 1992 年 4 月兼任厦门大学环境科学研究所副所长，1992 年 4 月起兼任厦门大学环境科学研究中心顾问。

林鹏（图 1-2-3）1931 年 12 月出生于福建省晋江市，原籍福建省龙岩市。1955 年毕业于厦门大学生物学系，随后在厦门大学生物学系任教。1982 年 9 月至 1992 年 4 月兼任厦门大学环境科学研究所副所长，1992 年 4 月起兼任厦门大学环境科学研究中心顾问。2001 年当选为中国工程院院士。2004 年任厦门大学近海海洋环境科学国家重点实验室建设委员会顾问。2006 年 9 月公职期间发生车祸，经全力组织抢救无效，2007 年 5 月逝世。

图 1-2-2　杨孙楷（1932—　）

（杨坚供图）

1982 年 9 月环科所成立伊始，除了兼职的 3 位老所长，研究人员来自校内的 3 个系。张珞平毕业于海洋学系，李小波毕业于化学系，郑文教和郑逢中来自生物学系（人事关系于 1983 年正式转入）。1983 年 8 月，林鹏的研究生卢昌义从生物系毕业，林庆扬从化学系毕业（后调往华侨大学），留校加盟环科所；1984 年 8 月，李云毅从化学系毕业后入

图 1-2-3　林鹏（1931—2007）

（王文卿摄）

职（后自费出国留学）；1985 年 8 月，黄建东从华东师范大学地理系研究生毕业后加盟。同年年底，王隆发从海洋学系正式调入，任环科所办公室主任，兼环科所海洋室主任；郑元球从校科研处调入，任环科所党支部书记。1986 年，共有 3 位研究生毕业后留校入职环科所，分别是：吴瑜端的研究生郑志宏（海洋学系，后公派出国留学），杨孙楷的研究生许荣达（化学系，后公派出国留学），林鹏的研究生林光辉（生物学系，现在清华大学任职）。环科所的 10 年期间，人员有进有出，基本上维持在 7～9 人。校内海洋学系、化学系和生物学系均有一些教师在环科所兼职，如海洋学系的陈慈美、蔡阿根和陈于望，化学系的苏循荣，生物学系的连玉武等。他们经常参与环科所的项目，与环科所人员一起做了大量研究和

实验（参见本书《春天的序曲》）。环科所朝气蓬勃的人员，如图1-2-4至图1-2-6
所示。

图1-2-4　环科所的几员大将（约为1990年）（卢昌义供图）

（左起：卢昌义、王隆发、杨孙楷、吴瑜端、林鹏，摄于环科所二楼办公室）

图1-2-5　环科所人员合影（约为1985年）（李小波供图）

（前排左起：郑逢中、王隆发、郑元球、杨孙楷、吴瑜端、办公室助理、苏循荣、李小波。
后排左起：李云毅、郑文教、黄建东、林庆扬、林鹏、张珞平、卢昌义）

图 1-2-6　欢送许荣达出国留学时环科所人员在环科所实验楼前合影（1990 年 12 月）

（卢昌义供图）

（第一排左起：林鹏、吴瑜端、许荣达、杨孙楷、苏循荣。第二排左起：郑逢中、黄建东、张珞平、卢昌义、李小波、郑元球、王隆发。第三排左起：郑文教、郑志宏）

　　组织构架上，除了 3 位兼职的老所长，王隆发任海洋室主任，化学系的苏循荣兼任化学室主任；生态室主任最初由生物系的连玉武兼任，后由卢昌义担任。

　　环科所成立伊始的第一次会议在映雪楼一楼的海化实验室（办公室）举行。初期的环科所没有自己的办公室，借用了囊萤楼一楼东侧朝南的第一间作为办公室。后来，环科所搬迁到映雪楼三楼办公。直至位于海边的环科所 - 抗癌中心小楼（参见图 1-2-6）1985 年落成后，才有了一个独立的大本营。

（二）为治理筼筜湖献策

1. 昔日筼筜湖

　　厦门市的"筼筜湖位于厦门岛西部，旧称筼筜港，原是一片天然的港湾。涨潮时海水可达江头，港湾面积约 10 平方公里（东西长 6.3 公里，南北宽约 1.6 公里），每当夜幕降临，停泊在港湾内的渔船灯光闪闪，形成厦门八大景观之

——'篔筜渔火'。那时的篔筜港，拥有活化石之称的文昌鱼、国家一级保护动物中华白海豚及中国鲎、白鹭、红树林等珍稀海洋物种。20世纪70年代初，为围海造田，修建了西堤（编者注：即篔筜港海堤。），使篔筜港变成一座基本封闭的死湖（编者注：实际上是人工泻湖。），改称篔筜湖，篔筜湖的面积由原来的10平方公里减少至2.2平方公里（1988年数据，其中包括约1.0平方公里的滩地）"[1]。

"篔筜港海堤建成后，篔筜湖仅靠四周约35平方公里汇水面积的降水给予补充。旧市区大部分污水原来通过合流沟渠从南向北排入篔筜港。80年代以来，特区建设给篔筜湖带来了欣欣向荣的景象，栋栋高层建筑和新的住宅小区已沿湖栉次鳞比建成。目前，篔筜港流域人口已发展到20万人。但是由于旧市区和新建区大量的生活污水和工业废水未经处理就向湖中排泄，虽然在海堤背面，有一个四孔节制闸（每孔宽3.5 m），每天可在退潮时排出少量污水，但大量的有机污染物仍在湖内积累，超过了湖水的自净能力，导致水体变黑发臭，生物绝迹。"[2]

20世纪80年代的篔筜湖，是"海上花园"厦门的疮痍和伤心之地。"那时的湖区，垃圾成堆、杂草丛生、污水溢流、水体黑臭、蚊蝇滋生；恶劣的环境破坏了湖区的生态平衡，致使鱼虾绝迹、白鹭离去；路人经过，无不掩鼻而过；沿湖居民，每天都不得不接受臭味的'熏陶'，人人怨声载道。"[3]市民反应强烈，欲投资厦门经济特区的外商也退避三舍。

2. 篔筜湖的纳潮排污

厦门市篔筜湖的整治始于20世纪80年代。各界先后提出一些整治方案，市政府也采取了相应措施，比如建设南北两大系统污水管网和南岸污水处理厂，并进行篔筜湖清淤。但由于当时科学技术水平和资金投入较低，初期的治理收效甚微。

"纳潮排污"的概念和建议，是以吴瑜端为首的厦门大学环科所人员在1983

---

①③　谢小青、张斌：《厦门篔筜湖综合整治情况介绍》，载于卢昌义、谢小青：《从篔筜港到篔筜湖》，厦门大学出版社2003年版，第3～8页。

②　洪朝良：《厦门市篔筜湖纳潮搞活水体的机制和效果》，载于《水利科技》1991年第2期，第16～24页。

年6月率先提出的;1983年7月,厦门市水利学会也提出了同样的建议①。纳潮排污指的是把原有的筼筜湖排洪挡潮闸的单向运行闸改造成双向运行闸,在此基础上,涨潮时将新鲜海水纳入筼筜湖,退潮时将污染湖水排入西海域。此举旨在充分利用海洋的自净能力,达到搞活水体、治理筼筜湖的目的。

纳潮排污这一提议在涉海部门研讨会上受到众多的质疑和反对,批评者普遍认为这种做法会污染厦门西海域的海洋环境。顶着极大压力的吴瑜端回到学校,请教陈金泉等物理海洋学专业的教师,形成了以涨落潮流路分离式双向运行闸为核心的试验性改建方案②。最终,市政府同意试行这一方案,拨了25万元(另一说是20万元)对排洪挡潮闸进行改建,使原来只能排洪的单向闸门改为可排可纳的双向闸门,并增设闸内侧消能池与引水渠等水工建筑物。

张宗旺在其《改建筼筜湖排洪挡潮闸进行纳潮排污试验的水环境效益》③一文中记载:"该工程由厦门市水电局组织力量实施,1984年1月7日动工,9月底基本完成。2月底(编者注:次年。)水下工程完成后,于4月3日开始纳潮排污。""市水电局和筼筜湖水闸运行班负责纳潮排污的运行调度和水力要素的观察测定;厦门大学环境科学研究所负责水质跟踪监测。试验进行了近二个月。"图1-2-7所示是1985年筼筜湖首次纳潮排污水质跟踪监测实验的现场照片。

图1-2-7 筼筜湖首次纳潮排污水质跟踪监测实验现场(1985年)

(由远到近:张珞平、郑元球、王隆发、郑逢中)

(载于《厦门大学报》复刊第1004期,2012年11月12日,LIB-009-0649-0147)

环科所就纳潮后新鲜海水和污染湖水的混合情况、纳潮排污后湖内水质变化

①③ 张宗旺:《改建筼筜湖排洪挡潮闸进行纳潮排污试验的水环境效益》,载于《水资源保护》1988第C1期,第26～33页。

② 据潘伟然、商少平回忆。

情况、纳潮排污对西海域海水水质的影响 3 个方面进行了监测，结果显示：

（1）纳潮后海水和湖水的混合较充分，有较好的排污效果。一般纳潮后几个小时内，海水和污水就能得到比较充分的混合。新鲜海水纳入后，在消能池中形成强烈的脉动。强烈脉动的水流经引水渠冲入筼筜湖，在湖的南岸受到顶阻，水流折冲转向西北，形成环流。这股环流引起的强烈紊动使新鲜海水和污水相互扩散和交换，从而得到较充分的混合。

（2）在湖内设置了 5 个采样点，纳潮排污前，5 个点的溶解氧为零，化学需氧量平均 87.8 mg/L，最高达 170.2 mg/L，水为黑色，发臭。经过 4 月 3 日至 4 月 24 日 20 天的纳潮排污后，溶解氧为 1.30 mg/L，化学需氧量为 22.2 mg/L，黑臭现象大为减轻。细菌总数前后大致相同，约 10^6 个 /mL，但细菌的组成有较大的变化，大肠杆菌明显减少，有的站位减少近 3 个数量级，厌氧及兼性厌氧菌大大减少，而好氧菌相应增加。

（3）在西海域设置了 15 个站位，于 4 月 13 日和 5 月 8 日两次采样。筼筜湖大量纳潮排污期间，西海域的水质仍处于良好状态，基本符合一类海水水质标准，个别站位的化学需氧量介于一类和二类水质标准之间，说明纳潮排污对西海域水质影响不大。

值得指出，张宗旺此文所引用的文献仅有两篇，均为厦大环科所的报告，即《充分而合理地利用厦门西海域的自净能力综合治理筼筜湖的积污》[1]和《开闸纳潮排污期间筼筜湖水质变化调查报告》[2]。现今已找不到当年的报告原文，但借助张宗旺的论文，厦大环科所的工作得以较详细记载。

筼筜湖的纳潮排污实践并非一次性工作，而是一个长期的大工程。自 1985 年第一次纳潮排污试验至 1988 年，3 年内市政府投资近亿元治理筼筜湖，数度对纳潮排污设施进行改造，数次进行大规模试验，不断推进纳潮排污的理论深化和工程优化。至 1988 年，筼筜湖外湖水质得到一定改善。但由于海水与湖水的交换局限于靠近闸门的不大区域，总体交换效果并不理想；且厦门经济特区的建设日新月异，治理多年积污的速度跟不上高速的城市建设速度。

1988 年 3 月 30 日，时任厦门市副市长的习近平主持了"综合治理筼筜湖"的会议，提出：①统一思想，加强领导；②依法治湖；③市财政今明两年每年投入 1000 万元经费；④同意综合筼筜湖治理方案；⑤市委要求各部委支持筼筜湖

---

[1] 厦门大学环境科学研究所，王隆发执笔，吴瑜端校阅，1983 年 11 月。

[2] 厦门大学环境科学研究所，王隆发、陈慈美、吴瑜端，1986 年 10 月。

治理工作。①

"1988 年 7 月，市环保局受市建委之托，牵头组织国家海洋局第三海洋研究所、厦门大学环科所、鹭江大学环境工程研究室、市环境监测站、市污水治理工程筹建处等 7 个单位成立筼筜湖纳潮排污试验协调小组，并于 7 月底进行本底监测，8 月 2 日至 11 月 11 日在筼筜湖和西海域进行纳潮排污的跟踪观测。"②据卢昌义的工作笔记记录，环科所于 1988 年 8 月 2 日开始开展筼筜湖纳潮排污的跟踪观测。8 月 2 日这天，吴瑜端、杨孙楷、王隆发、郑元球与卢昌义一行，乘厦大抗癌中心的汽车绕湖岸观察湖中纳潮情况。8 月 3 日上午 8 点 45 分，开闸排放湖内污水与纳潮海水混合后的水体，环科所研究人员乘"海洋 1 号"在厦门西海域进行了一天的海域监测。8 月 5 日，有关人员又到厦门污水厂开会，交流这些天实验的情况，进一步研究筼筜湖纳潮排污方案。

"1989 年 5 月，筼筜湖纳潮排污搞活水体及其对西海域影响试验总结报告，由市环保局、海洋三所、鹭江大学、厦大环科所、市环境监测站及市污水治理工程筹建处共同完成。"总结报告中包括 5 个成果报告，厦大环科所提交的报告题为《筼筜湖纳潮排污期间水体、沉积物和植被环境参数跟踪监测报告》。③

为了彻底治理筼筜湖，厦门市政府于 1989 年 4 月 14 日发文上报国家环境保护局，将筼筜湖列为第二批全国污染限期整治的项目，并列为厦门市重点工程项目，明确提出了 1989—1992 年的 16 字整治方案，即"截污处理、搞活水体、清淤筑岸、美化环境"。具体一点，是对沿湖企业限期整治，并完善污水截流管道及污水处理厂；引潮入湖，搞活水体，改善湖水水质；清挖湖底淤泥，扩大湖区库容；沿岸进行绿化，美化湖区景观。④

3. 治理成效

鉴于学科方向和技术力量限制，厦大环科所参与的筼筜湖整治任务均为监测观测项目。但是，吴瑜端等人出谋献策的"纳潮排污"提议，无疑率先为筼筜湖的科学治理推出了关键思路。"吴瑜端教授为主提出了'筼筜湖纳潮排污'方案，并于 1985—1988 年筼筜湖纳潮排污试验期间不断开展筼筜湖纳潮排污的海域同步

---

① ② 《厦门市筼筜湖（港）记事》，载于卢昌义、谢小青：《从筼筜港到筼筜湖》，厦门大学出版社 2003 年版，第 254 页。

③ 《厦门市筼筜湖（港）记事》，载于卢昌义、谢小青：《从筼筜港到筼筜湖》，厦门大学出版社 2003 年版，第 255 页。

④ 谢小青、张斌：《厦门筼筜湖综合整治情况介绍》，载于卢昌义、谢小青：《从筼筜港到筼筜湖》，厦门大学出版社 2003 年版，第 3 ～ 8 页。

跟踪监测和湖内环境监测，终于确立了筼筜湖纳潮排污的科学方案，为 1988 年基本解决筼筜湖的黑臭问题提供了科学的解决方案。""这是一个社会效益、经济效益和环境效益协调统一的应用典范……该方案的实施一直延续至今，也成为中国特色解决人工泻湖环境污染的典范。"[①]

至 1992 年，筼筜湖的综合治理已初有成果。随着科技的发展，一系列更为科学的整治措施出台并得以实施。同时，市政府治理资金大量投入，各界治理经验逐步积累，筼筜湖的综合整治越来越见成效。在综合整治的同时，还开发建设了白鹭洲，此为后话。

1993 年 11 月 7 日，"市政府下达关于重奖有突出贡献科技人员奖励的决定，'筼筜湖综合治理及开发利用'项目获得一等奖，获奖单位有：厦门市污水治理工程筹建处、厦门市公用事业局、厦门市环保局、厦门市建委、国家海洋局第三海洋研究所、厦门大学、厦门鹭江大学、厦门市规划局"。厦门大学的获奖人员为吴瑜端和王隆发。[②]

（三）福建省和厦门市土壤环境背景值研究

1. 课题来由

1985 年，国家将"全国土壤环境背景值调查研究"列为"七五"期间的重点科技攻关课题，"专题编号是 75-60-01-01，由中国环境监测总站、北京大学地理系、中国科学院沈阳土壤生态所为组长单位，有各省、市、自治区的监测科研单位、大专院校和中国科学院有关研究所共计 60 余个单位参加联合攻关。其调查范围包括除台湾省外的 29 个省、市、自治区和 5 个开放城市……大连、温州、厦门、深圳、宁波等"。

"项目的研究目标是：

（1）提出全国主要土类 4000 个剖面 Cu、Pb、Zn、Cd 等 12 种元素的土壤环境背景值及 800 个主剖面 Li、Rb、Cs、Be、Sr、Ba、Sc、Y、La 等 40

① 王隆发、张珞平、卢昌义：《环科所成立后十年所做的主要工作》；张珞平：《我国海洋环境的保护者——缅怀我校环境科学学科奠基人吴瑜端教授》，载于《厦门大学报》复刊第 1004 期，2012 年 11 月 12 日，LIB-009-0649-0147。

② 《厦门市筼筜湖（港）记事》，载于卢昌义、谢小青：《从筼筜港到筼筜湖》，厦门大学出版社 2003 年版，第 258 页。

余种元素的土壤环境背景值。

（2）提出土壤环境背景值区域分异规律的研究报告。

（3）完成我国土壤元素环境背景值系列图件的编制。

（4）提出土壤环境背景值在土壤标准中的应用及对地方病、农业生产影响的报告。"[1]

项目验收时统计，此项调查工作"共采集 4095 个典型剖面样品，测定了 As、Cd、Co、Cr、Cu、F、Hg、Mn、Ni、Pb、Se、V、Zn 以及 pH、有机质、粉砂、物理性粘粒、粘粒含量等共 18 项；还从 4095 个剖面中选出 863 个主剖面，加测了 48 种元素……"[2]（编者注：主要包括非放射性的碱金属元素、碱土金属元素、第三主族元素、稀土元素、类金属元素、部分过渡金属元素。参见下一节。）。

这是我国历史上第一次大规模的土壤环境背景值调查，动用了大量人力物力。1987 年 6 月至 1990 年 6 月，环科所以及海洋学系、化学系和生物学系的相关教师，作为福建省和厦门市的骨干单位，参与了"全国土壤环境背景值调查研究"中的"福建省土壤环境背景值研究"和"厦门市土壤环境背景值研究"。厦门大学的工作主要由吴瑜端和杨孙楷负责。

2. 福建省土壤环境背景值研究

按照全国土壤环境背景值调查研究专题 75-60-01-01 合同书的规定，福建省设主剖面 13 个，样点为 87 个。福建"省内自筹资金，增设了 36 个样点，计 123 个剖面"，"每个剖面一般有上中下三个层次。分析样品 368 个，必测项目 19 项（含粒度分级 3 项）；另外 13 个国家主剖面分析选测项目 47 项，共获得 7487 个分析测试数据。此外还有大量的样点基本情况原始资料"[3]。

19 个必测项目包括 14 个元素（Pb、Cd、Co、Ni、Cu、Zn、Mn、V、Cr、As、Hg、Se、F、Ti）和 5 项土壤理化参数（pH 值、有机质、3 项粒度分级）。选测元素 47 项，分别为 La、Ce、Pr、Nd、Sm、Eu、Gd、Tb、Dy、Ho、Er、Tm、Yb、Lu、Y、K、Na、Ca、Mg、Al、Fe、Li、Be、Sr、Ba、Ga、Br、Cs、Hf、Rb、Sb、

---

[1] 国家环境保护局、中国环境监测总站：《中国土壤元素背景值》，中国环境科学出版社 1990 年版，第 3～4 页。

[2] 李天杰：《土壤环境学：土壤环境污染防治与土壤生态保护》，高等教育出版社 1996 年版，第 34 页。

[3] 福建省土壤环境背景值研究课题组：《福建省土壤环境背景值研究报告》，1990 年版，第 15 页、第 58 页。

Sc、Ta、Th、U、Zr、B、Bi、Te、In、Tl、Ge、Ag、W、Mo、Sn、I。①

"参加单位有福建省环境监测中心站，厦门大学环科所。协作单位有福建省农学院土化系，福建省测试技术研究所和中国环境监测总站选测项目分析实验室。"样品测试分析分 3 个分析室进行，A 分析室是"福建省环境监测中心站监测室，负责 Cd、Ni、Pb、Co、Hg、As、粒度、有机质和 pH 的分析测试"。B 分析室是"厦门大学环科所，负责 Cu、Zn、Cr、Mn、V、Se、F、Ti、粒度、有机质和 pH 的分析测试"。C 分析室是中国环境监测总站测试分析室，负责选测项目的分析。②

"分析测试组主要骨干和质控员参加了总技术组举办的分析技术协调班，严格地执行分析协调班统一的方法和规范。承担 14 项元素必测项目分析的实验室，接受总技术组分析考核，达到技术要求后，经认可方能开始土壤样品的分析，在分析过程中又不定期接受总技术组考核。"③为规范采样、测定、数据处理等过程，国家环保局组织了全国性的各类培训。环科所的李小波和海洋系的郭一飞等人到合肥参加分析测定方法培训，黄建东到北京参加数据处理方法培训。培训考核合格后，发给证书（参见图 1-2-8），方能持证上岗。

图 1-2-8　李小波的实验室质量考核合格证书（1989 年 1 月）（李小波供图）

采集土壤样品通常是卢昌义、连玉武一组（图 1-2-9），黄建东、郑元球一组。李小波负责样品预处理，因环科所的实验室通风效果不好，于是到化学楼南楼二楼苏循荣的实验室里做处理。样品处理完毕，直接送到化学楼北楼一楼海洋系郭一飞的实验室测定重金属。

黄建东负责粒度分析，后期还到位于福州的福建省环境监测中心站，负责

图 1-2-9　卢昌义参加土壤环境背景值调查采样（约为 1988 年）（连玉武摄）

①③　福建省土壤环境背景值研究课题组：《福建省土壤环境背景值研究报告》，1990 年版，第 40 页。

②　福建省土壤环境背景值研究课题组：《福建省土壤环境背景值研究报告》，1990 年版，第 17、19 页。

将全部数据录入数据库，以形成报告。郑文教负责描绘相关采样点的土壤元素环境背景值图件。当年根本没有绘图软件，所有的图都需要用硫酸纸描绘，颇需要时间和耐心。

1992 年，《福建省土壤环境背景值研究》一文发表在《环境科学》上 [1]，前 3 位作者是福建省环境保护科学研究所的，后 3 位作者（吴瑜端、杨孙楷、卢昌义）是厦大环科所的。论文摘要中说明："研究采用网络和系统分层法，在全省范围内布设 123 个典型剖面，获得福建省 61 种元素土壤环境背景值。结果发现，福建省 15 种稀土元素土壤背景值高于全国土壤背景值。与全国若干元素土壤背景值比较，福建省亲硫元素、亲铁元素背景值较高……文中还探讨了影响福建省土壤环境背景值的主要因素，提出福建省土壤资源合理开发利用建议。"论文汇总了福建省土壤环境背景值调查研究数据。据环科所人员回忆，厦门大学的分析测定工作包括：李小波和郭一飞采用电感耦合等离子体发射光谱法测定铜、锌、铬、锰、钒、钛（钛为福建省自选元素）；许荣达采用荧光光度法测定总硒；张珞平和蔡阿根采用离子选择电极法测定氟；陈于望和陈慈美采用重铬酸钾容量法测定有机质、采用电位法测定 pH；黄建东采用比重法测定颗粒组成。其他项目的测定则由福建省环境监测站和厦门市环境监测站的人员负责。所有分析测试人员均经过本单位、省环境监测站和国家环境监测总站的三级考核。

1990 年 6 月，福建省土壤环境背景值研究课题组编写了《福建省土壤环境背景值研究报告》（图 1-2-10）。从资料中可见，环科所是课题承担单位之一，吴瑜端是课题组副组长，也是成果报告的副主编；杨孙楷、卢昌义、黄建东、王隆发均是课题组主要成员。参加课题的工作人员还有厦门大学的郭一飞、张珞平、许荣达、连玉武、陈慈美、陈于望、郑逢中、郑志宏、郑元球等。林鹏、郑文教、王隆发为主编写了第一章；卢昌义为主编写了第三章；杨孙楷为主和李小波等编写了第四章；吴瑜端编写了第八章。杨孙楷是附件一《福建省土壤环境调查研究分析方法汇编》的编写人；黄建东位于"数据处理"人员的第二位；郑文教位于"图件绘制"人员的第一位。值得一提的是，虽然海洋学系蔡阿根的名字没有出现在参与人员名单中，实际上他全程参与了所有样品的土壤氟含量测定。

---

[1] 陈振金、陈春秀、刘用清等：《福建省土壤环境背景值研究》，载于《环境科学》1992 年第 13 卷第 4 期，第 70 ～ 75 页。

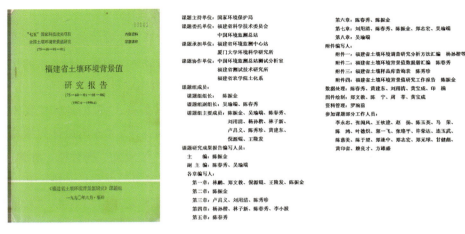

图 1-2-10 《福建省土壤环境背景值研究报告》封面和署名页（1990 年）

（福建省土壤环境背景值研究课题组，1990 年）

3. 厦门市土壤环境背景值研究

"厦门市土壤环境背景值研究"是"全国土壤环境背景值调查研究"的分课题，列入厦门市科委"七五"重点攻关科技项目；合同编号为 75-60-01-01-32，承担单位为厦门市环境监测站和厦门大学环科所。"厦门市作为四个典型城市之一，作为一个分课题参加国家重点攻关课题，在设计时应有明确的指导思想。其一，本分题是全国课题的一个棋子，应有一盘棋思想，在设计总体方案、操作规范及任务目标等方面应符合总课题的要求。其二，本分题应从厦门经济特区的实际情况出发，为厦门经济特区的开发建设服务，并为今后的进一步开发利用研究打好基础。"[1]

计划中，分课题起止时间为 1987 年 1 月至 1989 年 12 月；做出了 10 万元的预算，其中 5 万元由委托单位中国环境监测总站拨给，另外 5 万元由厦门市科委和承担单位拨付。根据国家总课题的目标要求，分课题决定加大采样密度，进行比较深入详细的土壤环境背景值调查研究。"根据我市土壤类型和成土因素，在全市 1516 km^2 范围内（含同安县）采用变化网络的方法共布设 102 个剖面，每个剖面采集 3 个层次的样品，研究项目为 Cu、Zn、Pb、Cd、Ni、Cr、Hg、As、Se、F、Mn、Co、V、Fe、B、Mo、Zr、Ti、Ag 19 种元素和 pH、有机质、粒度

---

① 厦门市土壤环境背景值研究课题组：《厦门市土壤环境背景值研究总体方案》，1987 年 6 月，第 1～2 页。

3 项土壤理化指标，可获得 306 个样品和 6732 个有效测试数据。"[1]

吴瑜端是分课题的负责人之一，王隆发为分课题秘书，环科所的参与人员有林鹏、杨孙楷、黄建东、卢昌义、苏循荣、李小波、张珞平，此外，海洋系的郭一飞也是参与者。子课题中，"厦门地区土壤植被与土壤环境背景值关系的研究"由林鹏、卢昌义，以及市环境监测站的吴建河和黄道营负责；"厦门地区主要土类合理开发利用研究"由吴瑜端和王隆发负责。具体分工上，"方案设计与编写组"中有吴瑜端、王隆发；"技术协调组"中有吴瑜端、王隆发、杨孙楷、林鹏、郭一飞；"质量控制组"中有杨孙楷、郭一飞；"分析测试组"中有杨孙楷、郭一飞、苏循荣、李小波、张珞平；"样品采集加工组"中有黄建东、卢昌义；"数据处理组"中有杨孙楷、黄建东。[2]

厦门市土壤环境背景值研究的时间及内容与福建土壤环境背景值研究的基本一致，环科所的参与人员和分工内容也基本相同，故两个课题的样品经常是一起处理和分析的。历时 3 年多，环科所团队采集、处理、分析了包括密码样和平行样等质控样在内的上千个样品，并对数据进行了处理和汇总分析。至今，他们对于当年的艰苦条件及烦琐细致的工作，依然记忆犹新。

4. 环科所载誉

"福建省土壤环境背景值研究"于 1992 年获得福建省科技进步二等奖（图1-2-11）。环科所的获奖人员有吴瑜端和杨孙楷。

专题成果"中国土壤环境背景值"，获得"国家'七五'科技攻关重大成果奖"。该项专题"……获得了在全国范围内全部土类、各种主要土壤母质母岩类型等 97 个统计单元的土壤环境背景值，正式出版了《中国土壤元素背景值》一书，共获得有效原始数据 40 余万个，建成了中国土壤元素背景值样品库和数据库……首次在全国范围内（台湾省除外）编制了 61 种化学元素土壤中的含量分布图，选择 4 组 187 幅成果图件，编辑成《中华人民共和国土壤环境背景值图集》。建立了系统的土壤环境背景值制图信息库，并研究开发了土壤环境背景值计算机制图的软件系统……"[3]。该重大成果奖和国家环保局的环境保护科学技术进步一

---

[1] 厦门市土壤环境背景值研究课题组：《厦门市土壤环境背景值研究总体方案》，1987 年 6 月，第 5、9～10、13 页。

[2] 厦门市土壤环境背景值研究课题组：《厦门市土壤环境背景值研究总体方案》，1987 年 6 月，第 11～13 页。

[3] 国家计划委员会编，姜均露、辛希孟主编：《国家"七五"科技攻关项目重大成果简介选编》（下册），化学工业出版社 1993 年版，第 292～293 页。

图 1-2-11 "福建省土壤环境背景值研究"项目获奖证书（1992 年）（杨坚供图）

等奖的获奖人员中，有厦门大学环科所人员的名字（图 1-2-12），环科所在这个全国性的大工程中做出了积极的贡献。

图 1-2-12 杨孙楷参加"中国土壤环境背景值"项目和获奖的证书（1991 年，1993 年）

（杨孙楷供图）

（四）福建省湄洲湾开发区环境规划综合研究

1. 课题由来和任务分工

"我国沿海新经济开发区环境的综合研究——福建省湄洲湾开发区环境规划综合研究"，是由国家教育委员会、国家环境保护局和福建省科学技术委员会于

1987年立项的国家"七五"重点课题，由北京大学唐孝炎牵头。"本项课题任务由国家教委、国家环保局和福建省科委共同下达，由北京大学环境科学中心牵头，协同福建省环科所、厦门大学、北师大环科所、清华大学环境工程系共同承担，历时三年半完成的。整个课题划分为七个子课题：（1）基础调查与环境现状分析；（2）大气扩散规律及其在环境规划中的应用研究；（3）海域污染物迁移扩散自净能力及其在环境规划中的应用研究；（4）开发区生物生态及滩涂养殖业的发展趋势研究；（5）开发区水资源、土地资源和人口问题分析研究；（6）规划区环境污染综合整治对策研究；（7）开发区环境规划研究。"[①]

这是国内首项大区域、新开发区的环境综合规划。一个高校系统的环境影响评价"联合体"，在福建省蓄势待发的深水良港集结。按研究领域分工，具体为：北京大学负责大气环境和社会经济专题以及环境规划方法，北京师范大学负责陆地生态，清华大学负责环境技术，厦门大学负责海洋环境，福建省环境科学研究所负责现场调查、环境监测和数据收集。

厦门大学由环科所联合海洋学系，组成当时国内最强的海洋环境研究队伍。海洋学系负责海洋水文调查与监测、水质模型建立、自净能力研究及其利用、排污口优选等；环科所负责海洋水化学的自然降解模型研究；海洋学系和环科所共同完成排污水质预测和排污总量控制方案规划。

2. 研究成果和奖励

"基础资料的调查、收集、整理和大量的外场观测、实验工作为整个研究课题的进展奠定了良好基础。各子课题的工作分别都从各个不同的侧面对开发区的环境规划提供了不可缺少的科学依据和重要的规划建议，如大气子课题指出秀屿与肖厝有可能出现污染叠加的问题，提出了秀屿不建钢厂、肖厝控制石油化工规模的建议。海洋生态综合整治子课题提出了七个优化排污口的建议，得出了这七个排污口对海域环境质量影响的浓度响应系数，并明确提出了七个排污口的优劣排序。生态子课题提出了防止赤潮可能出现的控制指标及具体的指标值，同时明确提出了滩涂养殖业在湄洲湾地区工业发展中的协调对策。水、土子课题指出湄洲湾地区陆域有大量适宜于工业开发用的土地，同时还指出该地区水资源短缺是发展的一大限制因素，对拟定的

---

① 崔凤军：《"湄洲湾开发区环境规划研究"课题通过鉴定》，载于《城市环境与城市生态》1992年第4期，第30、34页。

三期开发规模采取适当的调水措施。规划子课题提出了环境规划的理论出发点——环境承载力的概念、定义和表示方法，并在此基础上把各微观研究成果有机地统一起来，从而对该地区环境－经济的协调发展提出了充分、实用性强的决策建议和在福建省可以实行的、能保证规划目标实现的管理政策和措施建议。"①

1991年5月18日，该项目在北京通过国家级鉴定（图1-2-13）。鉴定专家组认为，该项目"把'环境'和'人类活动'分别作为一个整体，以预防为主、协调'环境'与'发展'间矛盾的指导思想是对头的，坚持'发展'与'环境'的可协调性，并通过合理安排开发方向、规模、布局，使之与环境相匹配的设计思路是正确的，为我国东部新开发地区摆脱'先污染后整治'的老路，而在经济发展的酝酿筹划阶段，合理安排好人类的社会经济行为提供了一条切实可行之路。同时环境承载力概念的提出与应用，奠定了环境规划学的理论基础，为今后环境规划学的发展指明方向"②。

图1-2-13　"福建省湄洲湾开发区环境规划综合研究"国家级鉴定会（1991年）

（邹霆：《前景可观的福建湄洲湾》，载于《现代中国》1991年第8期，第51～52页）

1991年，子课题三的成果"湄洲湾海域污染物迁移扩散自净能力及其利用研

---

①②　崔凤军：《"湄洲湾开发区环境规划研究"课题通过鉴定》，载于《城市环境与城市生态》1992年第4期，第30、34页。

究"获得国家教委科技进步二等奖,厦门大学为第一获奖单位,陈金泉为第一获奖人;1993年,项目成果"福建省湄洲湾新经济开发区环境规划综合研究"获得国家教委科技进步一等奖,北京大学为第一获奖单位,唐孝炎为第一获奖人,厦门大学为第三获奖单位。[①]

(五)梅花山自然保护区科考

1. 福建梅花山自然保护区

1981年2月24日,国务院发布《关于在国民经济调整时期加强环境保护工作的决定》,指出:"管理好我国的环境,合理开发和利用自然资源,是现代化建设的一项基本任务。""要做好自然保护区的区划工作,建立和扩大各种类型的自然保护区,使我国有代表性的自然生态系统、珍贵野生动物植物原产地、重要的自然史迹地和风景名胜地等自然环境,得到妥善保护。各地区、各部门要加强对所属自然保护区的建设和管理。"

据记载,"福建梅花山国家级自然保护区于1985年4月经福建省人民政府批准建立,1988年5月经国务院批准列为国家级森林和野生动物类型自然保护区,保护区地处福建西南部,是武夷山脉南段与博平岭之间的玳瑁山的主体部分,为上杭、连城、龙岩三县(市)交界地带,俗称'梅花十八洞'……土地总面积为22168.5公顷……梅花山自然保护区地处中亚热带南缘,气候具有从中亚热带向南亚热带过渡的特点,是福建三大水系闽江、汀江、九龙江的发源地,被称为'八闽母亲山'。由于地理位置和气候环境独特,不仅形成龙岩中心城市冬暖夏凉的优越气候,有闽西'天然空调'之称,而且是闽西生物多样性最为丰富的地区,蕴藏着极为丰富的野生动植物资源,荟萃许多珍贵的生物物种和新种,被中外生态学专家誉为'北回归荒漠带上的绿色翡翠'、'野生动物避难所'、'生物物种基因库'"[②]。

在成立梅花山自然保护区的同时,福建省政府决定把梅花山的综合调查研究列为福建省的"七五"期间重点课题,即"闽西梅花山自然保护区及其毗邻地区综合科考",旨在为梅花山自然保护区的建设和发展提供科学依据。该课题由福

---

① 福建省地方志编纂委员会:《福建省志·环境保护志》,福建人民出版社2008年版,第223页。

② 福建省林业局:《福建梅花山国家级自然保护区》,http://lyt.fujian.gov.cn/bmsjk/zrbhq/202012/t20201208_5477312.htm,下载日期:2022年1月2日。

建省科委组织实施，历经 4 年半，共有 300 多位专家学者参加①。

2. 为科学上下求索

1987 年至 1990 年，福建省科委组织科研人员进行梅花山科考和调查。厦门大学环科所和生物学系承接了生态考察的任务。1987 年 9 月至 1989 年 6 月，多次前往梅花山科考。②每一次科考，环科所生态室的人员均全体出动。

1987 年 9 月，生态室人员第一次去梅花山回来时就遇上车祸。当时，厦门大学部分人员与福建师范大学、龙岩林业局、梅花山保护区等人员合乘一辆 2.5 吨的工具车从梅花山至龙岩。上午 9 点多在小池乡境内盘山公路下山时，工具车与一辆上山大客车对撞，发生了严重的交通事故。工具车极度变形，多人受伤。林鹏的伤势严重，手臂和脚部多处骨折。伤员经当地卫生院简单处理后，被救护车送到龙岩医院，后又转回厦门的医院。林鹏因这个车祸，在医院和床上躺了两年并动了多次手术。③

即便全身仅左臂能动，林鹏在病床上完成了专著《海洋高等植物生态学》书稿的修改。病情略轻后，他还在床上面试当年的博士生人选④，批改学生论文，指导博士和硕士研究生。

后来，生态室人员又多次去梅花山考察。1988 年 7 月，郑元球、郑逢中、史洋洋（环科所临时聘用人员）及一个梅花山保护区的职工，带了两包饼干和雨衣，打着绑腿上了磨盘岭（图 1-2-14）。山上雾大，大伙儿一不小心迷了路，转来转去老是回到原地，深山老林里无人救助。当晚，众人只好在一条小溪中的一块大石头上过夜。深夜阴森，黑山寒林，人烟不闻，野兽为伴，令人感受到死亡的威胁。第二天一早，天转晴朗，可望见山头，4 人商议先爬到山顶，登高望远以便看路。10 点多到达山顶后，发现远处有一个小村庄，众人遂欢呼起来，艰难下山朝那个方向走去。翻过一个小山头，方看到一条约 30 厘米宽的小路。午后一点多才到达那个小村庄，其离出发地点还有 10 多里路。至此众人已经 24 小时没有进食了。事后，较真的郑元球不服输，他想弄明白为什么迷路，为什么走不出山。

① 陈居成、吴幼恭、黄义雄：《梅花山自然保护区特征分析》，载于《福建师范大学学报（自）》1998 年第 14 卷第 1 期，第 98～103 页。

② 丘喜昭、林鹏：《闽西梅花山自然保护区的常绿阔叶林》，载于《厦门大学学报（自然科学版）》1989 年第 28 卷第 4 期，第 406～409 页。

③ 据郑文教回忆。

④ 卢昌义、林光辉、李振基等：《上下求索，诠释南方之强——缅怀林鹏老师》，载于《我的厦大老师》，厦门大学出版社 2021 年版，第 128 页。

于是郑元球又带人去探路，但这次出行顺利，老天爷没有再派"鬼推磨"。[①]

图 1-2-14　梅花山磨盘岭科考（1988 年）（郑元球摄）

（左起：史洋洋、保护区职工、郑逢中）

　　梅花山自然保护区的生态科考圆满结束，1990 年夏季，在福州市召开了植被生态分课题科考成果验收鉴定会（图 1-2-15）。林鹏的伤势好转，亲临了验收鉴定会。1992 年，"福建梅花山国家级自然保护区综合考察报告"获福建省科技进步三等奖[②]。

图 1-2-15　梅花山自然保护区植被生态科考成果验收鉴定会（1990 年）（卢昌义供图）

（左 1 郑元球、左 2 连玉武、左 4 曾定、左 6 林鹏）

---

① 据郑逢中回忆。

② 福建省地方志编纂委员会：《福建省志·环境保护志》，福建人民出版社 2008 年版，第 229 页。

（六）环境影响评价

环科所的大部分环境影响评价项目由王隆发和张珞平承接，厦门天马山高尔夫球场的环评则是郑元球承接的。关于环境影响评价的机构和工作，参见本书《学院派建设实录——厦门大学的环境影响评价平台》。

1984 年在全省首次开展"厦门众达钢厂环境影响初评"。1985—1986 年由环科所牵头负责，海洋系、化学系、生物系相关教师参加完成的"福安拆船厂环境影响评价"工作获得有关专家和领导的一致好评。此项工作是当时福建省环保系统一项举足轻重的科学工作，挽救了一家企业，并保护了官井洋黄花鱼产卵场自然保护区。1986 年为厦门大学获得第一批环境影响评价乙级证书。1991 年开展"厦门珍珠湾花园环境影响评价"，该报告书 1998 年获"福建省环保局优秀环境影响报告书三等奖"。此后至 1992 年 7 月主持了 16 项、参加 2 项环境影响评价工作，积极为地方经济建设服务，为协调经济发展与环境保护奠定了良好基础，也为环科所获得了足够资金以支持科学研究和正常运转。[①] 图 1-2-16 所示为在福安拆船厂调研的现场照片。

图 1-2-16 福安拆船厂调研现场（卢昌义供图）

（左起：杨孙楷、卢昌义、福安厂人员、张珞平、王隆发）

（七）自主选题科学研究

通过文献的检索，可知环科所在 10 年期间，在 3 位老所长的引领下，科研

① 王隆发、张珞平、卢昌义：《环科所成立后十年所做的主要工作》，载于《厦门大学报》复刊第 1004 期，2012 年 11 月 12 日，LIB-009-0649-0147。

工作主要集中在海洋富营养化和污染物研究、水环境分析方法和分析仪器研发，以及红树林生态研究 3 个研究方向上。10 年间正式发表学术论文 40 多篇，这个产出在 20 世纪 80 年代至 90 年代初期，可认为是较高水平的。

吴瑜端主持和参与的科研项目，除上述的"厦门筼筜湖纳潮排污及其对西海域的影响"、"福建省土壤环境背景值调查"和国家"'七五'重点课题——福建湄洲湾开发区环境综合规划"外，还有"长江口海域有害重金属的转移机理研究""厦门港重金属污染与海域生产力关系研究"等。她参与组织的"厦门海域污染现状调查"，是我国第一个海洋污染现状调查，在方案设计中起了决定性的作用[①]。海洋团队的吴瑜端、张珞平、郑志宏等人，在海洋富营养化和污染物尤其是海洋石油烃的迁移转化研究方面，以环科所为署名单位，发表了 10 多篇论文（编者注：参见本章附件。）。

吴瑜端、卢昌义和黄建东等人开展了"红树林区的沉积地球化学"的研究。卢昌义与黄建东共同组织野外采样，黄建东还负责沉积物粒度分析和所有的数据分析及模型建立。他们从九龙江河口生长有 5 大种类红树林植物的地区采集了沉积物样品，分析稀硝酸提取的铜、铅、汞、锰、铁、硫及总碳，测定了沉积物的粒度结构参数。采用多变量统计分析法对实验数据进行评估，指出利用红树林生态系统处理低含量重金属的工业废水的可行性。1986 年，该研究工作在厦门市环境科学学会年会上发表，后来投稿至在日本举办的会议，吴瑜端前去做了报告。而后，该论文于 1988 年发表在国际英文期刊上并为 SCI 收录[②]。

杨孙楷带领的环境分析化学团队，主要从事分析方法和分析仪器研发方面研究。杨孙楷与许荣达等人以环科所为署名单位，发表了 10 多篇论文（编者注：参见本章附件。）。针对环境样品中重金属检测的需求，研发的主要仪器为多功能 EA-1 型微机化电化学分析仪，以及适用于电位溶出法的高灵敏碳纤维微电极；引入了计算机技术，开发了分析软件，达到高速采集数据、提高分辨率的目的。该仪器可按实际工作需要更换软件，选择用于断续溶出伏安法、方波伏安法或多扫描电位溶出法，检测镉、铊、铅、铜、铋等；还可与流动注射分析仪联用，测定镉和铅。

① 张珞平：《我国海洋环境的保护者——缅怀我校环境科学学科奠基人吴瑜端教授》，载于《厦门大学报》复刊第 1004 期，2012 年 11 月 12 日，LIB-009-0649-0147。

② WU Y D, LU C Y, HUANG J D et al.: Removal of heavy metals from sediments by mangroves in Jiulong Estuary, Xiamen Harbour, China, *Water Science and Technology*, 1988, Vol. 20, No. 6-7, pp. 49-54.

林鹏带领的生态团队在红树林生态研究方面显示了强劲的发展势头，"以当年的环科所和生物学系研究人员为主的红树林课题组在广泛调查全国主要红树林分布区基础上，选择了3个有代表性的红树群落，从动物、植物、微生物的整体上进行生态系统结构与功能的最长时间和生态系统定位研究；从南到北，跨越6个纬度，涉及热带、亚热带，直到北半球大陆分布的北缘，是世界上其他国家和地区都无法做到的；在对能流、物流的长时间大量系统研究的基础上，首次总结提出了红树林的'三高（高生产力、高归还率和高分解率）'等理论，为中国红树林的研究和生态恢复工程起到奠基作用。2001年林鹏教授也因为他在中国红树林研究中的突出贡献被评为中国工程院院士，从而确立了我校在全国红树林研究的领先地位"[①]。10年间，卢昌义、郑文教、林光辉、郑逢中和林鹏一起，以环科所为署名单位，发表了10多篇研究论文（编者注：参见本章附件。）。

本章附件

以环科所为署名单位发表的论文：

1. 杨孙楷、陈立义：《海水中超痕量钨及痕量钼的极谱催化波连续测定》，载于《海洋学报》1985年第7卷第1期，第40～47页。

2. 杨孙楷、林建东：《海水中可溶铬的监测及其化学形态研究》，载于《环境化学》1985年第4卷第1期，第41～46页。

3. 杨孙楷、李小波：《磷酸盐的2.5级微分电分析法研究》，载于《福建环境》1985年第4期，第22～24页。

4. 张珞平、吴瑜端：《石油的海洋地球化学行为》，载于《海洋环境科学》1986年第5卷第2期，第53～61页。

5. 林鹏、郑文教：《中国红树植物秋茄、海莲的生长量研究》，载于《植物学报》1986年第28卷第2期，第224～228页。

6. 林鹏、苏辚、林庆扬：《九龙江口红树林研究Ⅱ.秋茄群落的钾、钠累积和循环》，载于《生态学报》1987年第7卷第2期，第102～110页。

7. 苏循荣、杨孙楷、许荣达：《硒－矾体系中锡的催化波测定》，载于《分析测试通报》1987年第6卷第4期，第29～32页。

8. 许荣达、黄忻、杨孙楷：《微机化断续电位扫描伏安仪研制》，载于《厦门

---

① 卢昌义：《厦大环科所——我国红树林生态系统研究的摇篮》，载于《厦门大学报》复刊第1004期，2012年11月12日，LIB-009-0649-0147。

大学学报（自然科学版）》1987 年第 26 卷第 6 期，第 728 ～ 734 页。

9. 张珞平、王隆发、吴瑜端：《河口港湾海水中石油烃的自然风化模式》，载于《海洋学报（中文版）》1988 年第 10 卷第 1 期，第 117 ～ 121 页。

10. 张珞平、王隆发、徐继林、江星：《海水中分散石油烃的自然风化及其影响因素》，载于《厦门大学学报（自然科学版）》1988 年第 27 卷第 1 期，第 122 ～ 124 页。

11. 林光辉、林鹏：《海莲、秋茄两种红树群落能量的研究》，载于《植物生态学与地植物学学报》1988 年第 12 卷第 1 期，第 31 ～ 39 页。

12. 黄建东：《两种概率分布函数的样条逼近》，载于《厦门大学学报（自然科学版）》1988 年第 27 卷第 2 期，第 234 ～ 236 页。

13. 黄建东：《几种沉积物粒度参数间的相关关系》，载于《台湾海峡》1988 年第 7 卷第 3 期，第 282 ～ 289 页。

14. 吴瑜端、郑志宏、王琰：《污水海水混合中磷形态转化及其与中肋骨条藻生长关系》，载于《厦门大学学报（自然科学版）》1988 年第 27 卷第 4 期，第 448 ～ 453 页。

15. WU Y D, LU C Y, HUANG J D, LIN Y L（吴瑜端、卢昌义、黄建东、林月玲）: Removal of heavy metals from sediments by mangroves in Jiulong Estuary, Xiamen Harbour, China. *Water Science and Technology*, 1988, Vol. 20, No.6-7, pp. 49-54.

16. 卢昌义、郑逢中、林鹏：《九龙江口秋茄红树林群落的掉落物量研究》，载于《厦门大学学报（自然科学版）》1988 年第 27 卷第 4 期，第 459 ～ 463 页。

17. 卢昌义、林鹏：《两种红树植物落叶分解速率的研究》，载于《厦门大学学报（自然科学版）》1988 年第 27 卷第 6 期，第 679 ～ 683 页。

18. 黄建东：《应用样条函数整编水文测验资料》，载于《台湾海峡》1989 年第 8 卷第 1 期，第 8 ～ 11 页。

19. 吴瑜端、曾继业、郑志宏、骆肖红：《生活污水的肥度和河口港湾的富营养化》，载于《海洋学报（中文版）》1989 年第 11 卷第 5 期，第 576 ～ 580 页。

20. ZHENG Z H, LIU S Z, WU Y D（郑志宏、刘志中、吴瑜端）: Toxic chemistry of heavy metals on hochrysis galbana (parke) in inshore water. *Acta Oceanologica Sinica*, 1989, Vol.8, No.2, pp. 237-251.

21. WU Y D, ZENG J Y, ZHENG Z H, LUO X H（吴瑜端、曾继业、郑志宏、骆肖红）: Fertility of domestic sewage and eutrophication in estuarine harbor. *Acta*

Oceanologica Sinica, 1990, Vol. 9, No. 2, pp. 277-282.

22. 卢昌义、林鹏：《利用红树植物监测海岸油污染方法初探》，载于《生态学杂志》1990年第9卷第1期，第57～59、66页。

23. 林鹏、卢昌义、王恭礼、陈焕雄：《海莲红树林的生物量和生产力》，载于《厦门大学学报（自然科学版）》1990年第29卷第2期，第209～213页。

24. 许荣达、洪丽娟、陈庆绸、黄忻、杨孙楷：《微机化多功能电化学分析仪的研制》，载于《分析仪器》1990年第2期，第35～39页。

25. 郑金树、张珞平、J.G.奎恩：《厦门港重油污染源的脲重结晶正构烷烃指纹鉴别》，载于《海洋环境科学》1990年第9卷第4期，第1～5页。

26. 郑文教、林鹏：《盐度对秋茄幼苗的生长和水分代谢的效应》，载于《厦门大学学报（自然科学版）》1990年第29卷第5期，第575～579页。

27. 洪丽娟、许荣达、杨孙楷：《方波断续溶出伏安法同时测定镉、铊、铅》，载于《厦门大学学报（自然科学版）》1990年第29卷第6期，第658～662页。

28. 卢昌义、林鹏：《秋茄红树林的造林技术及其生态学原理》，载于《厦门大学学报（自然科学版）》1990年第29卷第6期，第694～698页。

29. 林鹏、卢昌义、王恭礼、陈焕雄：《海南岛河港海莲红树林凋落物动态的研究》，载于《植物生态学与地植物学学报》1990年第14卷第10期，第69～74页。

30. 林光辉、林鹏：《红树植物秋茄热值及其变化的研究》，载于《生态学报》1991年第11卷第1期，第44～48页。

31. 郑元球：《论植被是防治土地退化的重要物质基础》，载于《生态科学》1991年第1期，第111～115页。

32. 张珞平、林杰：《厦门港海面微表层对海水中石油烃的富集作用》，载于《海洋环境科学》1991年第10卷第1期，第17～20页。

33. 许荣达、黄忻、杨孙楷：《多扫描电位溶出分析软件的开发》，载于《分析仪器》1991年第2期，第35～38页。

34. 许荣达、黄忻、杨孙楷：《微机控制的流动注射－电位溶出分析系统的研制与应用》，载于《仪器仪表学报》1991年第12卷第2期，第136～141页。

35. 杨孙楷、许荣达、黄忻：《碳纤维微电极的研制及其在MPSA中应用》，载于《分析仪器》1991年第3期，第25～29页。

36. 郑文教、林鹏：《红树植物秋茄和海莲幼苗过氧化物酶对栽培盐度条件的反应》，载于《植物生态学与地植物学学报》1991 年第 15 卷第 3 期，第 234 ～ 239 页。

37. 林鹏、郑文教：《福建省 1 : 2,500,000 植被图编制及其说明》，载于《武夷科学》1991 年第 8 卷，第 227 ～ 236 页。

38. 郑文教、林鹏：《盐度对红树植物海莲幼苗的生长和某些生理生态特性的影响》，载于《应用生态学报》1992 年第 1 期，第 9 ～ 14 页。

39. 林鹏、尹毅、卢昌义：《广西红海榄群落的生物量和生产力》，载于《厦门大学学报（自然科学版）》1992 年第 31 卷第 2 期，第 199 ～ 202 页。

40. 张珞平、陈伟琪：《厦门西港赤潮成因的探讨》，载于《海洋环境科学》1992 年第 11 卷第 3 期，第 71 ～ 74 页。

41. 张珞平、王隆发、李小波、陈伟琪：《石油烃在海洋微表层中的富集作用》，载于《厦门大学学报（自然科学版）》1992 年第 31 卷第 6 期，第 674 ～ 676 页。

42. 郑逢中、林鹏、郑文教、庄峙厦：《秋茄对镉的吸收、积累及净化作用的研究》，载于《植物生态学与地植物学学报》1992 年第 16 卷第 3 期，第 220 ～ 226 页。

43. 郑文教、林鹏：《广西红海榄红树群落的氯钠动态》，载于《植物学报》1992 年第 34 卷第 5 期，第 378 ～ 385 页。

44. 陈振金、陈春秀、刘用清、吴瑜端、杨孙楷、卢昌义：《福建省土壤环境背景值研究》，载于《环境科学》1992 年第 13 卷第 4 期，第 70 ～ 75 页。

45. 张珞平、曾继业、吴瑜端：《河口港湾水体污染物迁移转化模式——厦门港石油烃有限水体迁移和风化混合模型》，载于《海洋学报》1994 年第 16 卷第 1 期，第 44 ～ 50 页。

叠翠掩处起凌峰

——环境科学研究中心的建立

◎ 袁东星

　　"朋友，你可曾到过环科中心？你可知道这个蒸蒸日上的集体，了解她所追求的目标和从事的教学科研吗？在厦大专家楼和工学院之间（编者注：现在的圣诺楼和科学楼之间。），年轻而茂盛的榕树庇护着一圈绿地，相拥着一座三层楼房——凌峰楼，这便是环科中心的所在。白日里校园课钟悠扬可亲，暮晚间普陀寺钟隐约可闻。余音缭绕之际，你愿意听听环科中心的故事吗？"

　　上述这段话，是为纪念厦门大学环境科学研究中心（以下简称环科中心）成立5周年，刊登在1997年3月30日出版的《厦门大学报》上的一篇回顾文的首段。1992年4月，环科中心的成立，堪称是顺应了天时、地利、人和。多年后，让我们追溯环科中心的起源，再叙这段故事吧！

（一）布　局

　　1972年6月，联合国在瑞典首都斯德哥尔摩召开了人类环境会议，提出了保护环境的口号：只有一个地球。自此，环境保护活动和环境科学研究在世界各国蓬勃发展。1982年，厦门大学不失时机地成立了环境科学研究所，而成立环科中心，则是1992年的事。

　　时任校长林祖庚是成立环科中心的倡议人。林祖庚的老家在泉州市，回老家时常经过磁灶镇（现为晋江市磁灶镇）。磁灶镇是我国的陶瓷发源地之一，该地的陶瓷制品负有盛名。20世纪90年代初起，磁灶镇大力发展土法烧制陶瓷，村镇里小窑炉遍地，烟囱密布，烟囱里喷出的全是黑烟，令人触目惊心。林祖庚在英国访问时，看到一份《泰晤士日报》，上面有两张对比的照片，一张是20世纪90

年代初磁灶镇林立的烟囱及滚滚的黑烟，另一张则显示英国 20 世纪 50 年代初的伦敦烟雾，报纸由此宣扬：中国落后英国 × × 年。30 年后林祖庚谈及此事，依然如鲠在喉。[1]

1991 年，林祖庚萌发了在厦门大学大力发展环境科学的设想，拟在环境科学研究所的基础上成立环科中心。他在校领导会议上谈及此，其他校领导也纷纷表示支持。审时度势，厦门大学开始了规划布局。

在确定环科中心的办公和实验地点方面，恰逢另一机遇。20 世纪 80 年代改革开放后，世界银行为我国多所高校提供贷款，用于购置分析仪器，建设实验中心或分析测试中心。厦门大学也建有世界银行贷款资助的分析测试中心。约 10 年后仪器开始老化，但维修经费无从延续，其他高校的分析测试中心纷纷解体或重组，厦门大学的分析测试中心也在寻找出路。因此，学校决定将分析测试中心所在的三层小楼——凌峰楼作为环科中心的大本营，将分析测试中心的分析仪器划拨给环科中心管理、使用、维护。

（二）选　才

1. 领导班子

人是最重要的。考虑到环境科学的发展应多学科融合，学校着手在校内各系物色合适的领导成员和学科带头人。为了引进国际环境学科领域的先进理念和方法技术，拟从归国博士中寻找环科中心领导候选人。先拟定由海洋系的洪华生担任主任，再找到化学系的袁东星，拟任副主任，后来又从海洋系选出郑天凌，也拟任副主任。海洋系的郑微云被推荐任直属支部书记。2021 年夏季，时隔 30 年后再访林祖庚，他仍然记得组建这个班子的事，他说："很高兴地看到，这个班子团结、融洽、执着。"

1991 年秋季，时任校长林祖庚亲自找到洪华生，要求她领衔组建环科中心。洪华生自 1985 年获得美国海洋学博士学位回国后，一直在海洋系从事教学和科研工作，此时已成功组建了一支团队，也已经是厦门大学亚热带海洋研究所（隶属国家教委）的副所长，各项工作的局面已经打开。组建新的研究机构，对洪华生来说是一个新的挑战。但洪华生看到了国际环境学科发展的前景，意识到发展

---

[1] 据林祖庚回忆。

海洋环境交叉学科的重要性，经过认真考虑，挑起了组建环科中心的担子。①

　　袁东星于 1989 年从美国获得博士学位回国，与王小如、杨芃原一起，在化学系黄本立先生麾下做博士后。至 1991 年，博士后期满，准备出站留在化学系任教。她回忆道："此时消息传来，学校拟成立环境科学研究中心，由洪华生老师挂帅主任，指定要从我们这三个博士后中调一个过去当副主任。可是，谁也不想去。好不容易打下一片小天地，刚刚站稳脚跟；好不容易有几个志同道合的伙伴和一个后来成为中科院院士的学术带头人，队伍强壮；为什么要到一个新单位去重打基础……但后来，挡不住学校再三催促，我权衡了三个博士后的情况，想想毕竟他们两个是科班出身的原子光谱学家，留在黄本立先生身边更是正理，那还是我出去吧。"②

　　郑天凌留学法国，1987 年获法国尼斯大学博士学位，专业领域是环境微生物学。与洪华生和袁东星两位女性相比，郑天凌显得更为儒雅。提名郑天凌为副主任，除了其归国博士的头衔，专业基础也是考虑的要素。洪华生的研究领域属于海洋学，袁东星的是化学，郑天凌的则是生物学，3 人在学术上可以"优势互补"。

　　1992 年 4 月 2 日，厦门大学发布"厦大人字〔1992〕26 号"文③："经校党委常委、校行政领导研究决定：洪华生同志任厦门大学环境科学研究中心主任；袁东星同志任厦门大学环境科学研究中心副主任；郑天凌同志任厦门大学环境科学研究中心副主任。"

　　1992 年 6 月，中共厦门大学直属环科中心支部建立，郑微云任支部书记④。郑微云在海洋系工作了十几年，是海洋生物生理学团队的骨干，学术根基也很扎实。他为人谦和，曾在校党委政治部任职，善于做师生的思想工作，有一定的党务工作经验，故此被洪华生推荐任直属支部书记。但他如果只身调离海洋系，却不可能带走原团队的科研仪器设备，只能是"净身出户"。为此他甚为犹豫，到化学系与袁东星商量过好几次。洪华生鼓励他"豁出去干"，他最后决定从海洋

　　① 黄水英、许晓春：《碧海生命乐章：首位归国海洋学女博士洪华生传》，厦门大学出版社 2021 年版，第 176～177 页。
　　② 袁东星：《梦圆凌峰》，载于黄水英、许晓春：《碧海生命乐章：首位归国海洋学女博士洪华生传》，厦门大学出版社 2021 年版，第 388～389 页。
　　③ 厦门大学档案 1992-XZ10-1#23。
　　④ 中共厦门大学委员会党史编委会：《中国共产党厦门大学组织史简编》，厦门大学出版社 1996 年版，第 167 页。

系来到环科中心。

2. 组织队伍

环科中心人员组成大致可归为三路人马：原环境科学研究所（环科所）大部分人员、分析测试中心的部分人员、化学系的袁东星，以及海洋系的洪华生团队和郑天凌、郑微云。其时，洪华生在香港科技大学做访问学者，她自己的团队尚容易召集和指挥。郑天凌和郑微云都是一个人的调动，也相对简单。其他两路人员的去留，是来环科中心，还是到校内的其他单位，采用的是后来很时兴的"双向选择"方式。时任校长林祖庚承担起环科所人员的梳理；而袁东星出国留学前即在分析测试中心的前身实验中心工作（1982—1985），认识那里的大部分人，对环境和仪器也比较熟悉，故从分析测试中心调动部分人员到环科中心的任务，乃至后来安排交接仪器和实验室的工作，就自然而然地落到了她身上。

原环科所的人员，根据自愿的原则，选择到环科中心，或到学校的其他系所。1992年3月18日上午，林祖庚在学校办公室接见了环科所生态室的4人（卢昌义、郑元球、郑文教、郑逢中），提供两个去向选择：环科中心或生物系。4人均选择到环科中心。生态室的林光辉于1988年8月底即已经由"单位公派"出国攻读博士学位，于是把他也转入环科中心。除了生态室的4+1人，王隆发、张珞平、黄建东，也均决定加入环科中心队伍。李小波则选择去了化学系。从环科所到环科中心的人员共有8位。3月21日上午10点，林祖庚召开环科所全体人员会议，宣布了人员调动等人事事宜。3月24日上午，袁东星和郑天凌到环科所，与准备调入环科中心的几位一同开了座谈会。[①]

根据学校的部署，分析测试中心的部分人员可划归环科中心。袁东星先向分析测试中心成员了解他们加入环科中心的意向，如愿意加入，再进行深谈；不愿意或不适合加入环科中心的，由学校另行安排到校内其他岗位。袁东星还清楚地记得，当时为了联系工作需要经常打电话，而她家所在的北区住宅小区只在传达室有一部电话，她在传达室打电话时，经常因为占时太长而遭到其他等候人的白眼，甚至被掐断通话。最后，从分析测试中心调到环科中心的有李玉桂、曹守镜、薛雄志、林良牧、林庆梅、方金妹、庄峙厦、吴兵、林鸣红、陈进顺、张天福11人。

1992年3月21日，在分析测试中心召开了全体人员大会，由袁东星介绍环科中心的筹建和分析测试中心的改组计划，并安排下一步的交接工作。基本确定

① 据卢昌义的工作笔记。

要加盟环科中心的分析测试中心人员，会收到一个由学校物资与实验管理办公室发出的通知："某某同志：经讨论决定，您将成为校环境科学研究中心成员。如有异议，请尽快反映。"

1992年3月底即开始进行仪器的交接工作，根据安排，每台仪器的交接人员均落实到位。具体交接工作由方金妹和一位从分析测试中心借用的人员林妹珠协助，她俩参加了所有仪器的交接清点。清点交接的东西包括：主机、附件、备件、说明书、资料等。清单由移交者、接收者、方金妹和林妹珠签字后，一式三份，分别由移交者、接收者和办公室保留。仪器交接后，即由接收者负完全的管理责任。

洪华生在海洋系的原团队成员包括陈敬虔、洪丽玉、郭劳动、黄邦钦等人，随洪华生来到环科中心。海洋系的郑天凌和郑微云也一同到来。

就这样，来自学校不同单位的部分人员（环科所8人、分析测试中心11人、海洋系7人），加上化学系的袁东星，还有刚落户厦门的朱博士夫人李云霞，组成了一支28人的队伍，分为3个研究室，一是评价监测室，二是环境生态室，三是环境海洋室。值得一提的是卢昌义带领的生态室，出现了"四郑围卢"（郑天凌、郑元球、郑文教、郑逢中、卢昌义）的佳境，在叠翠掩处别有洞天的凌峰楼，拉开了一场创新创业奋斗的帷幕，奏响了一曲高昂激越的华章。

图1-3-1左所示为通往凌峰楼的车道，以及掩没在重重绿荫之中的凌峰楼；图1-3-1中为凌峰楼近景；图1-3-1右为凌峰楼大门口，左上角是环科中心的铭牌；门上方的"艰苦奋斗、求实创新、止于至善"几个字，是郑文教写在大纸上，用单面刀片刻下来，大家帮忙一起贴上去的。郑文教和袁东星都记得，当时现场有好几个人，有的粘胶水，有的递大字，有的扶梯子，还有人专门在前面观察，叫喊着贴得正不正的。

图1-3-1　叠翠掩盖的凌峰楼（1994年）（袁东星摄）

环科中心成立时的组织构架如下：（编者注：根据1992年10月10日上报给

学校的《环科中心情况和问题汇报》整理。)

顾问：吴瑜端、杨孙楷、林鹏

主任：洪华生　副主任：袁东星、郑天凌

直属支部书记：郑微云

工会主席：卢昌义

办公室：主任暂缺，由郑微云兼任；秘书2人（方金妹、李云霞）；维修人员2人（陈进顺、张天福）

评价监测室：主任王隆发；副主任李玉桂；人员10人（王隆发、李玉桂、曹守镜、袁东星、薛雄志、林良牧、庄峙厦、林庆梅、吴兵、林鸣红）

环境生态室：主任卢昌义；人员6人（卢昌义、郑天凌、郑元球、郑文教、郑逢中，另林光辉挂靠）

环境海洋室：主任郑微云；人员8人（郑微云、洪华生、陈敬虔、洪丽玉、郭劳动、黄邦钦、张珞平、黄建东）

情报资料室：主任郑元球；人员2人（兼）（郑元球、林鸣红）

图1-3-2所示是某次集体活动后环科中心人员在凌峰楼前的合影。

图1-3-2　环科中心人员合影（1993年）（袁东星供图）

（第一排左起：彭荔红、郑逢中、张珞平、黄邦钦、薛雄志、郑文教。第二排左起：林庆梅、洪丽玉、林鸣红、方金妹、洪华生、李云霞、袁东星、吴兵。第三排左起：郑微云、林良牧、曹守镜、李玉桂、黄建东、卢昌义、郑天凌、王隆发）

1992年，环科中心还没有硕士点，1993年，新成立环境海洋学硕士点还没来得及制订招生计划。因此，1992年和1993年环科中心的硕士研究生是分别挂靠在海洋系、化学系和生物系招生的；而博士生是挂靠在海洋系招生的。环科中心早期的研究生不多，却异常活跃，他们与教师一同参加各项学术活动和社会活动，一同打扫卫生，一同聚餐。图 1-3-3 所示是 1993 年秋季研究生们的合影。

图 1-3-3　环科中心早期的研究生（1993 年）（袁东星摄）

（前排左起：刘琼玉、杨玻莉、洪静、商少凌、彭兴跃。后排左起：李权龙、戴家银、王海黎、叶勇、哈里德、邓永智、鄢庆枇）

（三）立　业

1992 年 4 月 2 日，厦门大学发布"厦大人字〔1992〕24 号"文[1]，宣告厦门大学环科中心的成立：

"关于建立厦门大学环境科学研究中心的通知

经研究决定建立厦门大学环境科学研究中心，撤销厦门大学环境科学研究所。厦门大学分析测试中心与实验办脱钩，挂靠厦门大学环境科学研究中心。

特此通知。"

然而，"撤销"环科所这个句子，令老环科所的人员感觉不适。于是，袁东星写了一张便笺给校领导，建议修改通知中的相关陈述："为发展环境科学学（科），决定将原厦门大学环境科学研究所扩建更名为厦门大学环境科学研究中

①　厦门大学档案 1992-XZ10-1#21。

心。"学校领导采纳了该建议，于 1992 年 4 月 8 日发布了修改后的"厦大人字〔1992〕24 号"文件："为发展环境科学学（科），经研究决定，将原厦门大学环境科学研究所，扩建更名为厦门大学环境科学研究中心。厦门大学分析测试中心与厦门大学物资与实验管理办公室脱钩，挂靠厦门大学环境科学研究中心。"①

1992 年 4 月初环科中心成立之时，便刻制了新公章。但张珞平等人意识到，原环科所的公章还不能马上作废上交，因为厦门大学的乙级"环境评价证书"的持证单位是环科所，更换持证单位必须申请和走程序，可能需要半年时间，而在这期间，环评项目不能停止。鉴于此，4 月 6 日袁东星向学校递交了环科中心的第一份报告："由于新成立的校环科中心需要一定时间来承接原校环科所的业务，请批准让原校环科所的印章及环境评价证书的有效行使时间延至 1992 年 10 月 1 日止。请行文。"②

1982 年 4 月 11 日，厦门大学发布"厦大办字〔1992〕18"号文，宣布"从一九九二年四月十二日起，启用'厦门大学环境科学研究中心'公章壹枚。因工作需要，对原'厦门大学环境科学研究所'公章延期使用至九二年九月卅日止作废，并统一交校办处理"③。

1992 年 4 月 25 日，环科中心再次向学校报告："原校环境科学研究所已扩建更名为环境科学研究中心。原环科所持有的'环境质量评价证书'亦应相应地更改持证单位名称。请校有关单位致文省环境保护局，说明这一情况，申请证书更名，并附上学校有关扩建环科中心的 24 号文件，以利尽快办理有关手续。"④

1992 年 4 月 30 日，厦门大学向福建省环境保护局发出"厦大综字〔1992〕32 号"文。文称："为发展环境科学研究事业，原厦门大学环境科学研究所已扩建更名为厦门大学环境科学研究中心。原厦门大学环境科学研究所持有的'环境质量评价证书'（乙级）需要更改为'厦门大学环境科学研究中心环境质量评价证书'。请省环境保护局批准办理有关更名事宜。附：厦大人字〔1992〕24 号文。"⑤

环科中心成立伊始，就树立起"面向海洋、内联外合、培养人才、服务社会"的宗旨。在学科建设方面，也及时提出了短期和中期的计划。1992 年 10 月 10 日上报给学校的《环科中心情况和问题汇报》明确提出了以下规划：

（1）1992 年年底建立环境海洋学硕士点，计划每年招收不同方向的硕士生。

①②③　厦门大学档案 1992-XZ10-1。
④⑤　厦门大学档案 1992-XZ09-2#28。

（编者注：其时有洪华生、郑微云、袁东星、郑天凌、卢昌义 5 人可以招收硕士生。）在环境海洋学硕士点未成立之前，招收的硕士生暂挂靠在海洋、生物、化学各系。

（2）1995 年或 1996 年申报环境海洋学博士点。在这之前，每年由洪华生与兼职博士生导师凯斯特（美国籍）合招海洋化学博士生一名。争取将洪华生增补为海洋化学博士点的博士生导师，为环境海洋学博士点的成立创造条件。

（3）引进一批不同专业的中青年学术带头人。希望学校在职称名额上给予倾斜支持。优先考虑补充人员的方向有环境工程、信息处理及模式、有机分析。

值得欣慰的是，环境海洋学硕士点（1993 年）和环境海洋学博士点（1995 年）均如愿设立（1997 年，学科专业目录调整为环境科学），具体可参见本书《我和环科中心砥砺前行》。

创业初期，困难重重。尽管彼时环科中心已经成立半年，但学校原计划分配给环科中心的凌峰楼一楼和三楼的部分实验室，仍然由原单位在使用，还未能腾出来，导致原环科所团队和海洋系团队的人员无法搬入凌峰楼，环科中心的人员无法集中，影响工作的正常开展。当然，实验室搬迁从来都是一环扣一环的复杂工程。对此，校级领导提出了把原环科所的实验室与凌峰楼的占用实验室对调的调整方案。直至 1993 年春季，环科中心的四路人马才真正会师凌峰楼。

凌峰楼，终将以焕然一新的面貌，在层绿中拔萃！

春华秋实

——近海海洋环境科学国家重点实验室

◎ 李　炎

（一）抓住机遇

厦门大学以"侨、台、特、海"为办学特色，海洋环境科学与海洋生物科学是学校重要的特色学科，具有深厚的积淀和坚实的基础。1992年厦门大学环境科学研究中心成立后，发扬传统，引进人才，开拓进取，逐渐打造成厦门大学海洋环境学科重点建设基地。1995年，在国家教委和厦门大学的共同支持下，成立了"厦门大学海洋生态环境国家教委开放研究实验室"；1999年，开放研究实验室更名为"厦门大学海洋环境科学教育部重点实验室"，洪华生担任实验室主任，国家海洋局第二海洋研究所苏纪兰院士任学术委员会主任。2000年，教育部和福建省共建成立侧重区域问题研究的"教育部、福建省海洋环境科学联合重点实验室"，洪华生任实验室主任，阮五崎和戴民汉任实验室副主任。当时，厦门大学每年为实验室拨款20万元作为运行和开放费用，2001年起又为实验室设立科研奖励基金。通过"211工程"建设、"985工程"建设，以及与福建省和厦门市共建等多种方式，落实数千万元资金，投入重点实验室的建设。

2004年7月，科技部发布《关于组织申报新建国家重点实验室的通知》（国科基函〔2004〕16号），拟在海洋领域建设国家重点实验室。拥有长期海洋学科积累的厦门大学"举全校之力"（时任厦门大学党委书记王豪杰之语），以海洋环境科学教育部重点实验室为基础，联合化学化工学院黄本立院士、生命科学学院林鹏院士、海洋学系李少菁和黄奕普等领衔的多支优秀科研团队，根据提前一年的预先研讨，适时提交了定位于"以多学科理论交叉为基础，研究技术创新为动力，台湾海峡及其毗邻海域为典型研究区域，主攻海洋生物地球化学循环与海洋生态系统相互作用"，下设"海洋生源要素生物地球化学过程和机制""海洋微型生物生态过程""近海污染物来源、迁移转化及其生态与毒理效应""滨海湿地生态系统的结构功能及其对全球变化和人类的响应活动""台湾海峡及毗邻海域环境变动及生态系统响应"5个研究方向的《海洋环境科学国家重点实验室建设申请报告》。2004年10月科技部通知，原则同意厦门大学海洋环境科学国家重点实验室的建设申请，并将对该实验室组织国家重点实验室建设计划进行可行性论证。厦门大学遂召开"厦门大学国家重点实验室建设工作会议"，讨论筹建国家重点实验室相关事宜，会议就国家重点实验室建设思路、组织落实、实验室运行机制及其条件保障等问题进行了充分的研讨。2004年11月，厦门大学"为做好近海海洋环境科学国家重点实验室的建设工作，力争两年后顺利通过国家验收并正式挂牌，经研究决定，成立厦门大学近海海洋环境科学国家重点实验室建设委员会，组成人员如下：

主任委员：洪华生

顾问（以姓氏笔画为序）：李少菁、林海、林鹏、黄本立、黄奕普

副主任委员：戴民汉、袁东星、焦念志、江云宝、龙敏南

委员（以姓氏笔画为序）：龙敏南、江云宝、李炎、杨圣云、张勇、林昌健、林培三、郑海雷、洪华生、袁东星、焦念志、戴民汉"[①]。接着又提名22位国内外同行组成重点实验室学术委员会，邀请中国科学院海洋研究所胡敦欣院士出任重点实验室学术委员会主任（图1-4-1）。

图 1-4-1　近海海洋环境科学国家重点实验室第一届学术委员会第一次会议合影（2005 年 1 月）（林孟妹供图）

（第一排左2王小如，左4起袁业立、孙世刚、胡敦欣、苏纪兰、林海。第二排左2起洪华生、黄奕普、李少菁、李永祺、周名江、王辉、施平、李立）

① 《关于建立厦门大学近海海洋环境科学国家重点实验室建设委员会的通知》（厦大办〔2004〕37 号）。

2004 年 11 月，厦门大学提交了《近海海洋环境科学国家重点实验室建设计划任务书》。2005 年 1 月，科技部基础司腾绵震副司长率专家组一行莅临厦门大学，对依托厦门大学的"近海海洋环境科学国家重点实验室"建设计划进行可行性论证。由北京大学的唐孝炎院士、中国科学院海洋研究所的胡敦欣院士等 9 名专家组成的专家组，在听取该实验室建设负责人洪华生所做的建设计划汇报和实地考察各功能实验室后，充分肯定并一致通过了该实验室的建设计划。专家组认为，该实验室在海洋生物地球化学过程及其生态与环境效应研究方面具有长期的学科积累和良好的研究基础，所提出的科研平台建设计划、运行机制建设计划可行，建议科技部批准实施。厦门大学校长朱崇实表示，学校将按照科技部新建国家重点实验室的要求，给予该实验室力所能及的政策扶持和制度保障。

根据专家组听取实验室建设计划报告，与建设单位进行讨论后形成的论证意见，明确厦门大学近海海洋环境科学国家重点实验室的定位是"瞄准与全球变化有关的重大科学问题，直面国家对海洋环境保护和生态安全的重大需求，以多学科交叉为基础、以技术创新为动力、以台湾海峡及其毗邻海域为典型研究区域，主攻海洋生物地球化学过程及其与海洋生态系统相互作用，深入研究在自然变化和人类活动影响下的海洋生态系统对环境变化的响应和反馈，为我国海洋环境和生态保护提供科学基础和科技支撑，使实验室在国际海洋生物地球化学研究领域占有一席之地，成为对外开放、具有国际影响力的海洋环境科学的基础性研究和人才培养与聚集的重要基地"[①]。

（二）正视差距

2005 年 3 月，科技部批准建设"近海海洋环境科学国家重点实验室（厦门大学）"（英文：State Key Laboratory of Marine Environmental Science，缩写 MEL，以下简称实验室或国重室）。厦门大学遂向国内外公开招聘实验室主任，同时采纳建设委员会洪华生的建议，任命戴民汉、焦念志、江云宝、李炎担任副主任。12 月 2 日，洪华生致信厦门大学王豪杰书记和朱崇实校长，希望"12 月底将举办国重实验室学术委员会会议暨挂牌仪式，最好同时正式宣布国重室领导名单。建议人选：实验室主任戴民汉教授；副主任焦念志教授、江云宝教授、李炎教授"。学校采纳了建议，报请教育部推荐戴民汉出任近海海洋环境科学国家重点实验室主任。

---

① 《近海海洋环境科学国家重点实验室建设申请书》，2005 年，实验室内部资料。

早在 2004 年 12 月 2 日，科技部发出通知（国科金计函〔2004〕82 号）："根据《国家重点实验室评估规则》和《关于做好 2004—2008 年实验室评估工作的通知》（国科基函〔2003〕15 号）及科技部下达的 2005 年度国家和部门重点实验室计划评估清单（附件 1），国家自然科学基金委员会将组织专家对数理和地球科学领域的国家和部门重点实验室进行评估。"据此通知，厦门大学需以新组建的"近海海洋环境科学国家重点实验室"的名义，由原有海洋环境科学教育部重点实验室平台，接受 2005 年 4 月进行的地球科学领域的国家重点实验室评估。这不亚于一场遭遇战，虽然教育部重点实验室成员们全力以赴，但是北京传来的评估排序消息，暴露出与优秀重点实验室差距之大，令人扼腕。后来，洪华生和戴民汉在年度总结的序言中回顾到："此项评估让我们感到了前所未有的压力。首先，海洋科学作为中国的'弱势学科'，发展历史短，整体研究实力与国际同行差距较大，与较为成熟的国内地学界相比也相形见绌；其次，国重室刚刚启动建设，我们只有以教育部重点实验室的阵容和积累迎接评估，万幸之中，评估结果为'良好'。此次评估也让我们深刻地体会到，国家重点实验室必须具有国际视野并按国际规则运作，才有可能提升竞争力、在国际学术界占有一席之地，因此我们必须加快国际化的进程。由此，实验室于 2005 年 6 月召开首次由境外华人学者构成的国际评估及建议会，效果显著。"[①]

国际评估小组由重点实验室学术委员、美国欧道明大学黄天福教授领衔的 8 位境外科学同行组成，可比较公正地组织第三方评估。2005 年 6 月，国际评估小组对重点实验室现有设备进行了检查，并与实验室的研究人员、行政管理人员及技术人员等进行了细致深入的交流和探讨，从国际化视角衡量近海海洋环境科学重点实验室，之后建议：[②]（编者注：编者略有删改。）

"1. 国重室在海洋领域的定位：从国际的层面上，国重室应努力成为东南亚地区海洋生物地球化学的学术和研究中心……国重室必须瞄准起码要成为中国南方的海洋生物地球化学研究的领导这一目标。另外三个海洋研究单位是南海海洋研究所和国家海洋局二所和三所，但此三单位都没有以海洋生物地球化学作为他们的研究焦点。

① 《厦门大学近海海洋环境科学国家重点实验室 2005 年度报告》，https://mel.xmu.edu.cn/info/1006/4040.htm，下载日期：2022 年 6 月 8 日。

② WONG G T F (Coordinator): A report to the President's Office of Xiamen University from the International Review Group, June, 2005，实验室内部资料。

2. 国重室在厦门大学的定位：作为一个跨学院并要成为有国际地位的研究中心，国重室主任的地位必须至少要等同于一个学院的院长（亦即是国重室至少要被作为一个学院来对待）。在实验室内部他（她）必须具有人事决定权（雇佣、解除、晋升、薪水等）和资源分配权（人员、空间、设备等）。个别研究员承担教学任务、上课的负担、教学评估的方法以及教学在个人评估中的分量必须经由实验室主任首肯且和相关学院的院长协商解决。

3. 海洋设备：国重室应筹建一艘新的符合国际标准上用于海洋生物地球化学研究的船，这艘船应能够航行到南海的任何海域甚至到西太平洋作业。它必须有足够的空间与排水量而且足够洁净，这样才能满足海洋生物地球化学研究以及支持来自其他国家的科学家开展合作研究的需求。它必须具有专属自己的码头、储藏和支撑的岸上配套设施，这艘船可以由厦门大学、福建省或其他一些单位共同建造、保养维持和运行。厦门大学应尽快成立一个筹备委员会去考察研究船的设计、其建造和运行费用与财源以及必需的相关的支撑设备。

4. 厦门大学海洋力量的集中化：国重室成员散布在学校的多个地方，为了鼓励研究人员之间的交叉互动以凝聚建构大型并且多学科的交叉研究计划，从长期来说，所有的国重室成员、码头建筑物和调查船的支撑设备应重新定位，集中布局在一个地方。"

2005 年 12 月，科技部领导和厦门大学校长为近海海洋环境科学国家重点实验室（厦门大学）举行了揭牌仪式（图 1-4-2）。2006 年 7 月，教育部正式任命戴民汉为近海海洋环境科学国家重点实验室主任。2007 年

图 1-4-2　近海海洋环境科学国家重点实验室（厦门大学）揭牌仪式（2005 年）（林孟妹供图）

（左科技部腾绵震副司长、右厦门大学朱崇实校长）

6 月，科技部基础研究司组织验收会议（图 1-4-3），以汪品先院士为组长的专家组认为，近海海洋环境科学国家重点实验室全面完成了建设任务书规定的各项建设要求，一致同意通过验收。2010 年和 2015 年科技部组织的两次地球科学领域

国家重点实验室评估中，近海海洋环境科学国家重点实验室均获得优秀。

图 1-4-3　近海海洋环境科学国家重点实验室验收会（2007 年）（施薇供图）

　　国际评估组建议的后两条是中长期计划和百年大计，需筹集大量资金，要有社会稳定发展等大环境逐步推动。2007 年落成的思明校区海洋楼二期约 6000 平方米的实验室大楼，2012 年完工的翔安校区约 65000 平方米的地学部建筑群，显示厦门大学海洋力量布局正按计划集结。2005 年 6 月厦门大学海洋研究调查船座谈会聚焦"以边缘海生地化研究为主要使命的中型海洋研究调查船"；2006 年 9 月提交《关于海洋研究调查船建造进展的汇报》；2009 年 5 月成立王海黎领衔的海洋科学考察船论证小组，7 月确定《厦门大学科考船功能定位及设计需求》，10 月报送《厦门大学大洋级海洋科学综合考察船项目建议书》；2012 年 5 月厦门大学与美国 Glosten 公司签订初步技术合同，启动初步设计，11 月厦门大学与中国船舶工业集团公司第七〇八研究所签订详细设计技术合同；2014 年 2 月厦门大学与广船国际签署船舶建造合同；2015 年 3 月厦门大学"嘉庚"号海洋科考船（全球级无限航区的 3000 吨级海洋科学综合考察船）开工建造，2016 年 5 月下水、命名，2017 年 4 月正式交付使用并入列国家海洋调查船队（图 1-4-4）。[①]感谢朱崇实、戴民汉、王海黎等领军人物的坚持，感谢厦门大学广大师生和校友的支持，特别感谢部委省市各级专项扶持，磕磕碰碰历经 12 年，越滚越大的厦门大

①　《"嘉庚"号海洋科考船建造历史》，https://ships.xmu.edu.cn/jghkkc1/jzls1.htm，下载日期：2022 年 6 月 8 日。

学造船梦终于实现。

国际评估组的前两条建议涉及重点实验室发展方向与运行机制的改革。旗帜鲜明的方向性改革困难重重。记得几乎每年的学术委员会都会就重点实验室的名称争论一番，一种意见想要去掉"近海"两字，

图 1-4-4　厦门大学"嘉庚"号海洋科考船（2021 年）

（https://ships.xmu.edu.cn/jghkkc1/jzls1.htm，下载日期：2022 年 6 月 8 日）

另一种意见是直接聚焦，命名以"海洋生物地球化学"，但最后都不了了之。到了 2015 年，实验室的定位仍然为"实验室瞄准与全球变化有关的重大科学问题，直面国家对海洋环境保护和生态安全的重大需求，立足基础研究，以多学科交叉为基础、以技术创新为动力，主攻海洋生物地球化学过程及其与海洋生态系统相互作用，关注在自然变化和人类活动影响下的海洋生态系统对环境变化的响应和反馈。实验室以走国际化道路、凝聚高水平人才、做高水平研究、培养高层次人才为宗旨，努力建设成为具有重要国际影响力的海洋环境科学研究和创新性人才聚集的基地"[①]。将典型研究区域从近海调整到边缘海，集中力量主攻海洋生物地球化学基础研究。另外，从 2004 年 12 月的《关于厦门大学近海海洋环境科学国家重点实验室运行机制建设的请示》，一直到 2011 年 10 月的《近海海洋环境科学国家重点实验室运行机制调整设想及提请学校解决的问题》，重点实验室一再向学校领导争取运行机制改革，寻找在现有高校体制下落实科技部国家重点实验室科研实体要求的新路，却始终不得要领。只能摸着石头过河，临时采用诸如重点实验室主任与学院书记"绿色通道"约定，或者重点实验室主任和院长双肩挑等适应性措施。

于是，如何发挥国家重点实验室国拨运行经费的杠杆作用，改善内部科研创新环境，一步步地落实人才、装备、后勤保障机制的改革，成为可以在一到两个评估周期内，抓住当时较好的国际环境机遇，迅速提升我国海洋生物地球化学基础研究水平的有效途径。

---

① 《近海海洋环境科学国家重点实验室评估总结报告》，2015 年，实验室内部资料。

（三）创新机制

重点实验室始终把国际化人才队伍建设放在首位，将聚集人才方式着重于从一流实验室选拔具有学缘多样性的青年人才，希望他们能够在第一聘期内成长为海洋生物地球化学过程及其与海洋生态系统相互作用高水平研究的生力军。厦门大学拥有较为完备的海洋科学和环境科学教育环境，争取优秀毕业生留校的人才引进方式，具有团队传承优势，但也带来学缘近、创新点少等弊病，搞不好还会滋生一言堂和排外情绪等负面氛围。2006年3月，重点实验室室务委员会开始采纳国际一流大学惯例，明确"从下一个招聘年度开始，实验室对国内获博士学位的应聘科研人员，增加需有1.5～2年的海外博士后工作经历的条件"[①]。焦念志团队的张瑶、王克坚团队的杨明，还有黄邦钦团队的陈纪新等，成为重点实验室最后一批进入新聘科研人员面试程序的本实验室应届博士毕业生。

为了保障研究团队实验技术体系的可持续发展，重点实验室启动了科研团队混合体制化探索，提出"如实验室无多余的技术人员编制，但实验室固定成员又有需要并急于聘用的，可以采用 Soft Money 的形式，由实验室经费支付三金及该技术人员工资的30％，其余70％由课题组自行支付"[②]，并于2006年4月明确"聘用对象含科研人员、技术人员、行政人员"，其待遇"享受与厦门大学同等级别人员待遇（工资、岗位津贴、'三金'、午餐补贴、住房补贴）"[③]。该措施得到各研究团队，特别是新组建团队的积极响应。尽管因预算有限，实验室经费支付部分一降再降，但"2006年以来，实验室以 Soft Money 形式共聘用了20余名的研究助理，目前年均聘用人数为10人。经过三年的执行，收到了很好的效果，Soft Money 形式的聘任为我实验室的科研任务提供强有力的专业队伍支持。另一方面，研究助理工作经历使这批年轻人成长为我实验室和其他海洋单位急需的科技工作者，也为选择继续深造的研究助理提供了宝贵的专业经历"[④]。2009年7月，重点实验室还将 Soft Money 形式的聘任扩大到高级科研人员，设立 Research

---

① 《近海海洋环境科学国家重点实验室室务委员会会议纪要》，2006年3月3日，实验室内部资料。

② 《近海海洋环境科学国家重点实验室工作月报》，2006年3月，实验室内部资料。

③ 近海海洋环境科学国家重点实验室：《聘任 Soft Money 人员管理细则》，2006年4月，实验室内部资料。

④ 近海海洋环境科学国家重点实验室：《关于进一步发挥科技支撑作用应对国际金融危机的对策》，2009年5月，实验室内部资料。

Scientist 岗位，申请对象为已出站的博士后或具有同等科研工作能力的博士学位获得者，享受副教授级别的待遇（含户口、工资、岗位津贴、"三金"及住房货币化补贴等）[①]。到了 2011 年 10 月，重点实验室 Soft Money 聘任人员 45 名，加上 27 名在编技术人员[②]，研究人员与研究助理比例已经接近令国内同行惊叹的 1：1。

近海海洋环境科学国家重点实验室建设之初，大型仪器主要继承自原教育部重点实验室。为了保证正常运行，按照大学实验室的惯例，大型仪器一般由各申请团队实验室专人管理，以委托测试服务方式共享，并按学校制定的标准收费。沿用 2004 年 6 月的《厦门大学海洋环境科学教育部重点实验室暂行管理条例（征求意见稿）》，近海海洋环境科学国家重点实验室也制定了《仪器管理条例》，主要关注安全管理与共享收费方式，并为新购入的大型仪器公布内外有别的收费标准。随着近海海洋环境科学国家重点实验室的快速发展，国家投入大量经费支持购买大型仪器，提高了科技研究竞争能力，但也带来诸如：①缺乏统筹规划，重复购买；②缺少规范的管理系统，大型仪器使用率低及功能未能充分利用；③本位主义严重，大型仪器的共享程度低；④技术人员缺乏专门培训等问题。

类似"暴富"情景也在香港回归前后的大学实验室出现过，深有感触的香港大学生物系实验室主管陈荔博士曾经萌生大学实验室仪器共享体制智能化改革设想，但很难在香港的大学体制下实现。他向戴民汉毛遂自荐，希望以重点实验室为试点推进仪器共享体制改革。2008 年 1 月室务委员会会议同意聘请陈荔博士为首席技术顾问，帮助建立符合发展需求的仪器管理系统，培养重点实验室技术主管[③]。经两校技术人员加班加点的合作调研，2008 年 5 月陈荔向室务委员会提交《关于完善公共平台管理的提案》，"委员们详细阅读了首席技术顾问陈荔博士关于公共平台管理的建议书，一致认为该系统（如仪器预约、共享、收费，技术人员要为公共平台服务、师友计划等）很好，理论上可行，但实际操作还是有一定难度，建议先从一个类型的功能实验室群开始推行，如五楼的功能实验室群先试行，试行好后再不断推广"[④]。2008 年 6 月，陈荔向负责跟踪预审的公用平台管理

---

① 近海海洋环境科学国家重点实验室:《Research Scientist 管理规定》, 2009 年 4 月, 实验室内部资料。

② 近海海洋环境科学国家重点实验室:《运行机制调整设想及提请学校解决的问题》, 2011 年 10 月 29 日, 实验室内部资料。

③ 《近海海洋环境科学国家重点实验室会议纪要（2008）2 号》, 2008 年 1 月, 实验室内部资料。

④ 《近海海洋环境科学国家重点实验室会议纪要（2008）3 号》, 2008 年 5 月, 实验室内部资料。

工作组提交了《关于建立"海洋与环境大型仪器和技术服务中心（COMET）"的报告》及《COMET两年开支预算（2008.7.1—2010.7.1）》，希望利用重点实验室资金杠杆，借COMET撬动仪器共享体制的智能化改革，使科学家和技术人员两方面积极性都得以充分发挥，成为线下和线上相结合的"科技共同空间"。陈荔在报告中提出：

"近海海洋环境科学国家重点实验室（以下简称海洋国重室）为了更好地完善公共平台仪器和工程技术人员的管理，迎接2010年地学类国家重点实验室的评估，使其更加正规化、系统化和国际化，特此提出建立与学校大型仪器管理系统兼容的仪器管理体制：'海洋与环境大型仪器和技术中心'[Centre Of Major Equipment and Technology (COMET)]，整合现有的大型仪器设备，提高大型仪器的使用效率及技术人员的专业素质，达到充分发挥现有大型仪器功能之目的。

COMET是厦门大学海洋与环境学科的科技共同空间，提供海洋生物、海洋化学、海洋物理、物理海洋、环境科学相关科技服务，开放本学科师生使用，目前已经在海洋国重室建成数个平台。COMET除仪器分析服务，也强调平台之软件咨询服务，协助使用者接洽胜任的校内外仪器中心，或可靠的厂商。海洋与环境学科各功能实验室之仪器，若有愿意提供为共同使用，将纳入服务清单，COMET负责仪器更新及其维护。

海洋国重室为海洋与环境COMET之核心，建立公用的'核心平台'，提供各种尖端科技服务平台。每一平台不只设有关键仪器，对该平台主题的上中下游实验，也有全面性的咨询服务，每［一］平台由一位主持人负责，并有协助人员（科学主任、技术主任或约聘助理），平台主持人主导尖端技术的建立，以及贵重仪器的购置，COMET负责仪器更新及其维护。COMET将协助学科各系所及研究室培养第一线研究技术支撑人才，享有方便、快速、新颖、可靠的检测分析方法，期能大幅驱动本学科在现代海洋生物、海洋化学、海洋物理、物理海洋和环境科学之卓越教学与研究产出。"

报告设计了包括仪器管理、实验室安全和技术人员培训3个系统的COMET组织架构。仪器管理系统由线上的资产数据库和仪器维护系统、仪器预约系统、耗材数据库，以及线下的仪器维护管理区及耗材配送中心构成。为在线用户提供了包括仪器分类、设备分级、使用资格认证、仪器操作层级、收费系统、申请与使用流程、使用规则、违规罚则、申请使用须知、门禁及使用管理规则、服务成果评鉴等功能界面。

2008 年 6 月，室务委员会审议通过了 COMET 运行经费预算："国重室提供 COMET 试行一年 60 万元的运行费（不包括公共平台所产生的电费）……仪器管理系统试点包括与碳和微型生物相关的实验设备。实验室安全系统和人员培训系统可全面运行。"[1] 紧接着于 7 月宣布成立厦门大学海洋与环境大型仪器与技术服务中心。[2]

2008 年 11 月的中期汇报会议上，来自学校大型仪器办公室、院系和重点实验室的反馈都是正面的，同意纳入预约系统的仪器进行虚拟收费试运行。2009 年 3 月，杨昕林代表 COMET 向室务委员会汇报历时半年的试运行情况：参加 COMET 共享的 45 台仪器价值 1324 万元，平均使用率 67.5%。使用率最高的前 3 名，有机碳功能实验室共享仪器使用率为学校大型仪器额定工作量的 153.85%，色谱功能实验室 136.48%，光谱功能实验室 109.43%；据此，显然需要增加这类仪器的拥有量。未参加 COMET 共享的 33 台仪器价值 1371 万元。未参加 COMET 共享的原因，一是从功能实验室自身发展考虑，二是非通用或非成熟仪器。榜样的力量是无穷的，微型生物生态功能实验室很快找到将自身建设与重点实验室集体建设相结合的方式，参加了 COMET 共享系统。但是，室务委员会也发现："大型仪器的维修费问题现在已越来越显露出他［它］的问题所在，MEL 需较为准确地预算目前到底每年可以预留多少仪器经费？如何才能做到保障大型仪器维修经费的可持续支持？如果 MEL 预算无法支持，需及时上报学校，协调解决。MEL 大型仪器的收费制度亟待出炉。请 COMET 调研并拿出方案。主要注意两点：COMET 的维修如何可持续？如何与学校的收费系统挂钩？"[3] 而后经过 3 个月虚拟测试，COMET 终于找到这个问题的解决途径。COMET 提出的成本收费结算方法，通过了 2009 年 6 月室务委员会的审议："根据一年来 MEL 公共平台的运行成本情况，估算出 COMET 成本收费标准：对内服务按照学校收费标准的 10% ～

---

① 《近海海洋环境科学国家重点实验室会议纪要（2008）5 号》，2008 年 6 月，实验室内部资料。

② 《厦门大学近海海洋环境科学国家重点实验室 2008 年度报告》，https://mel.xmu.edu.cn/info/1006/4037.htm，下载日期：2022 年 6 月 8 日。

③ 《近海海洋环境科学国家重点实验室会议纪要（2009）1 号》，2009 年 3 月，实验室内部资料。

60%，平均值为 33%；对外服务同学校的收费标准。根据此收费标准，COMET 估计一年可收回 80 万元用于支出 COMET 的耗材及仪器维修费用。建议试行 COMET 成本收费结算，MEL 办公室 / 委员会核定收费标准，COMET/MEL 办公室制定管理规定，2009 年度实施。"①

如今，近海海洋环境科学国家重点实验室（厦门大学）正进入她的第四个五年计划。当年形成的国际化人才招聘原则、Soft Money 聘任机制、COMET 仪器管理系统等，仍然持续发挥着它们的影响。这是近海海洋环境科学国家重点实验室科研创新环境中不可或缺的一部分，也映射出担当近海海洋环境科学国家重点实验室建设主力的那一代环科中心人的智慧。

---

① 《近海海洋环境科学国家重点实验室会议纪要（2009）2 号》，2009 年 6 月，实验室内部资料。

走向深蓝

——海洋生物地球化学过程与机制创新研究群体

◎李 炎

（一）引 子

有一种海洋科学史观，将 1872—1950 年视为"站在陆地看海洋"的经典海洋科学发展阶段，海洋学在物理海洋学、海洋化学、海洋生物学、海洋地质学等分支学科框架下发展，称为"英式海洋学"。20 世纪 50 年代后，"站在海洋看全球"的美式海洋学崛起，以板块构造理论、全球气候模型、全球深海观测体系为前导，引领出全球化时代基于多学科交叉的地球系统科学发展框架。[①] 启航于 20 世纪 20 年代的厦门大学海洋学科，正是一代代接受现代海洋科学教育的知识精英们前赴后继，展现出的一部从陆地、海洋到全球视野的学科追赶史。

厦门大学百年海洋学科历史中，曾涌现出 4 个重要的学科融合发展时期，每个时期都有一个校内教学机构和一个在校共建的国家级科研平台为代表。她们分别为：私立时期的生物学系和海洋生物研究场、国立时期的海洋学系和中国海洋研究所、新厦大时期数度调整而复建的海洋学系和中国科学院华东海洋研究所、新千年的海洋与环境学院和近海海洋环境科学国家重点实验室。更重要的是，这些时期由一群"睁眼看世界"的学界风云人物所引领。私立时期有索尔·莱特、秉志、伍献文、陈子英、曾呈奎等为代表的海洋生物学开拓群体；国立时期有唐世凤、郑重等带领的海洋学教育体系创建群体；新厦大时期有以郑重、金德祥、李法西、陈国珍、何恩典、丘书院、吴瑜端、许天增、李少菁等为核心，经院系调整和"文革"两次冲击、两次重聚锤炼成的海洋科学及其分支学科研究群体；新千年的洪华生、戴民汉、焦念志等，又凭借环境科学研究中心及其多学科交叉与国际合作的开放氛围，发展出面向全球变化研究领域的海洋生物地球化学过程与机制创新研究群体。

[①] 高抒、贾建军、于谦：《从海洋科学历史阶段划分、发展逻辑与未来趋势看本科课程建设》，载于《大学地球科学课程报告论坛论文集 2018（网络版）》，第 323～325 页。

当然，经典体系惯性很大，研究视角特别是学科发展框架的转换相当艰难。"20世纪80年代初，碳循环问题、营养盐循环等问题已经被提出来了，美国一些学者提出了生物地球化学的研究专题，开始了全球海洋通量联合研究这样的大计划。从这些实际问题出发，很多科学家迫切地感觉到非常需要学科交叉，也期盼各学科之间的相互渗透，成为当代海洋科学发展的巨大动力……当时国内还是比较注重海洋化学、海洋物理、海洋生物等传统学科。因而当洪华生在业界率先提出要发展海洋生物地球化学时，一开始却遭到了许多的不理解，甚至是质疑和反对。"①

改革开放洗礼下的厦门大学领导层，显然察觉到经典学科群内推动学科发展之难，不失时机地鼓励既年富力强又不断进取的洪华生，通过海洋环境科学这一新兴交叉学科，发展面向未来的海洋学科力量。"1996年，以环科中心和海洋学系为支撑单位，厦门大学与福建省政府共建了'海洋与环境学院'，洪华生为首任院长……通过'211工程'，给厦大海洋学科的发展助了一大把力，所以当时林校长都笑着对洪华生说：'你是曲线救了海洋。'洪华生马上回答：'这是我们的共同事业。'"②厦门大学海洋生物地球化学过程与机制创新研究群体的申请和培育，就是这个"共同事业"中漫长且曲折的一幕。

（二）集　结

2000年，国家级人才类高级别资助项目创新研究群体科学基金在国家自然科学基金会框架下设立。"创新研究群体项目支持国内外优秀学术带头人自主选择研究方向、自主组建和带领研究团队开展创新性的基础研究，攻坚克难，培养和造就在国际科学前沿占有一席之地的研究团队。"③当时，海洋科学是中国的"弱势学科"，整体研究实力与国际同行差距较大，与较为成熟的国内地学界其他学科相比，竞争力也相形见绌。

至2002年，厦门大学环境科学研究中心逐步形成一支有望"培养和造就在国际科学前沿占有一席之地"的海洋生物地球化学与微型生物生态研究团队。团队

---

① 黄水英、许晓春：《碧海生命乐章：首位归国海洋学女博士洪华生传》，厦门大学出版社2021年版，第107～108页。

② 黄水英、许晓春：《碧海生命乐章：首位归国海洋学女博士洪华生传》，厦门大学出版社2021年版，第189～190页。

③ 国家自然科学基金委：《创新研究群体项目》，http://www.nsfc.gov.cn/publish/portal0/xmzn/2020/09/，下载日期：2022年6月8日。

的核心是 1984 年回国的美国罗德岛大学海洋学博士洪华生；洪华生师从 Kester 教授，因专攻铁的海洋生物地球化学行为而知名。主攻碳循环的海洋生物地球化学明星，是 1998 年被洪华生"喊回来"厦门大学的长江学者、杰出青年基金获得者戴民汉；戴民汉师从法国巴黎高师 Martin 教授，是巴黎第六大学地球科学博士，曾任美国 Woods Hole 海洋研究所 Buesseler 教授团队的博士后和兼职研究员。主攻海洋微型生物生态学的明星，是 2000 年加盟厦门大学的长江学者、杰出青年基金获得者焦念志；焦念志是青岛海洋大学博士，曾任中国科学院海洋研究所博士后和研究员、东京大学博士后、美国 MIT 访问学者、日本国立环境研究所研究员。

第一份创新研究群体科学基金推荐书是 2002 年 4 月提交的。群体的研究方向平行地冠以"海洋生物地球化学与微型生物生态过程"，即"生源要素和有机物的生物地球化学、微型生物生态过程及其资源环境效应以及两者的交叉与融合点：海洋碳循环的关键生物地球化学与微型生物生态过程，该交叉点也是群体的主攻方向"。群体学术带头人是戴民汉和焦念志，主要成员有黄邦钦、郑天凌、张勇、袁东星、王大志、商少凌、蔡平河、徐立、胡建宇，还邀请了专注海洋碳循环和海洋酸化研究的厦门大学海外兼职教授、美国乔治亚大学蔡卫君作为外援。群体聚集了海洋生物地球化学、有机分析化学、有机地球化学、同位素地球化学、海洋遥感、海洋动力学模型，以及海洋微型生物、海洋微生物、赤潮生物学等方向的 12 位年青的教授、副教授。领军的洪华生仅放在申请书正文中表述。经历了漫长的评审季，等来的却是未出线的函评意见。

第二份创新研究群体科学基金推荐书是 2003 年 5 月提交的。群体研究方向仍是平行部署的"海洋生物地球化学与微型生物生态过程"，但主要研究方向进一步集中到"碳等生源要素和有机物的生物地球化学、微型生物生态过程及其资源环境效应，以及两者的交叉与融合点：海洋碳循环的关键生物地球化学与微型生物生态过程，该交叉点也是我们研究的突破点"。群体学术带头人戴民汉和焦念志，主要成员黄邦钦、郑天凌、张勇、袁东星、王大志、商少凌、蔡平河、王克坚、胡建宇，还有 2002 年刚获国家杰出青年基金 B 类资助的蔡卫君。新加盟的王克坚是师从殷震院士的分子生物学博士。推荐书试将"近海碳以及其他营养要素的生物地球化学过程及其与全球变化的关系"、"海洋微型生物生态过程及其资源环境效应"和"微型生物在海洋初级生产过程和碳循环过程中的作用"3 大类 17 小类研究积累，聚焦到"近海碳循环关键生物地球化学和微型生物生态过程"主攻方向，但陈述的拼盘感仍很明显。

函评结果终于出线，群体第一次得以面对 24 位专家组成的评审团进行答辩！

可惜投票排名第四，名落上榜的 3 个推荐群体之后。不甘名落孙山的戴民汉，在 2003 年 9 月 28 日的电邮中继续给群体同行们加油："无论如何，我们是一个真正的研究群体，坚持群体精神就能终获成功。一些评审组专家建议我们调整申请与答辩策略，展示更为聚焦的整合研究方向，值得我们明年申报时考虑。"①

两次冲击失利，迫使申请群体重新审视从经典海洋学继承下来的分支学科，放下包袱，精选学科交叉热点，轻装上阵。2004 年 4 月提交了第三份创新研究群体科学基金推荐书。此时群体研究方向已经聚焦到地学旗下的"海洋生物地球化学过程与机制"，主要研究方向凝练到"近海碳循环的关键生物地球化学过程与机制"，并且重点表述"本群体以海洋地球化学与海洋微型生物两个学科组的交叉融合为特色，以海洋'碳生物泵'为突破口，以方法技术创新为创新灵魂，通过对现场观测和对关键过程的深入研究，探讨中国近海碳循环过程及通量，阐明关键生物地球化学过程的机制，为边缘海碳循环格局研究提供依据"。既注意发挥各分支学科优势，又明确共同目标。群体学术带头人戴民汉和焦念志，主要成员黄邦钦、郑天凌、张勇、袁东星、王大志、商少凌、蔡平河、胡建宇、蔡卫君、洪华生。根据教育部重点实验室学术委员们的建议，团队核心人物洪华生列为群体主要成员，并在申请书正文中强调"洪华生教授是本群体的形成核心，凝聚了团队的力量"。主要学术成绩、创新点及其科学意义部分，也改按"方法体系的建立"、"近海碳和营养盐的生物地球化学过程"和"海洋微型生物生态过程及其在碳等生源要素生物地球化学循环中的作用"的结构进行陈述，突出了交叉学科的融合感。

函评再次顺利出线。其中，第一位同行专家的评语相当有代表性："该申请的学术带头人戴民汉和焦念志是我国出色的青年海洋学家。他们在 40 岁以前都获得了 3 项以上自然科学基金的资助，这在我国海洋界是少有的。这个群体的主要成员都是具有博士学位、比较年轻的教授或副教授，以生物地球化学为中心，在专业上结构比较合理。这是一个研究力量很强的群体。群体成员在过去一直有很好的合作，有不少共同发表的文章，是一个有机结合的研究群体。"6 月底，两位学术带头人信心满满地参加答辩。可带回正在召开的国家重点实验室申请书编制工作会议现场的，却是戴民汉一句"屡战屡败，屡败屡战"的感慨。研究规模相

---

① 原文：At any event, I believe we are a true group and we'll be funded sooner or later as far as we keep the spirit of a group. Yet I was suggested by a few panel members to change our presentation strategy (both for written material and oral presentations) to show a more focused research direction and integration. We shall discuss this in order to compete again next year.

对薄弱的海洋科学和环境科学，需要积蓄更多能量，才能在地质科学与气象科学占据传统优势的中国地学界崭露头角。

时间到了 2005 年，厦门大学已经获批建设近海海洋环境科学国家重点实验室，蔡卫君和戴民汉合作的题为 "Comment on 'Enhanced open ocean storage of CO_2 from shelf sea pumping' by Thomas et al." 的论文也在 *Science* 上发表[①]。第一次按自然科学基金申请书标准表格填写的第四份创新研究群体科学基金申请于 2005 年 4 月提交。群体研究方向还是"海洋生物地球化学过程与机制"。申请书用了一长段追溯群体的历史传承："陈国珍、金德祥、郑重、李法西等老一代科学家的研究为本群体积淀了深厚的基础"；洪华生"带动了厦门大学海洋环境科学研究的快速发展，吸引了一大批有志之士，并在国内率先开展了海洋生物地球化学领域的研究工作，在台湾海峡上升流区的宏观过程和以微型生物、微食物环等为突破口的机制研究方面进行了深入系统的多学科交叉研究，并培养了一批骨干"；"以戴民汉、焦念志为代表的青年科学家在这些研究的基础上，进行了更深层次的交叉和综合研究，使群体的研究潜力和水平快速提高，逐步形成了目前的研究群体"。接着明确提出，"本群体以海洋地球化学与海洋微型生物两个学科组的交叉融合为特色，以方法技术创新为创新灵魂，以陆架边缘海'碳的关键生物地球化学过程与机制'为突破口，通过对现场观测和关键过程的深入研究，探讨中国近海碳循环过程及通量，阐明关键生物地球化学控制机制，揭示陆架边缘海在全球碳循环中的作用"。其中，主要研究方向的限定词从 2004 年的"近海"调整为"陆架边缘海"，显示出向全球变化研究领域争得一席之地的信心。经反复比较与商榷，最后确定戴民汉出任该群体学术带头人，主要成员有焦念志、洪华生、黄邦钦、郑天凌、张勇、袁东星、王大志、商少凌、蔡平河、胡建宇、蔡卫君等，组成包括洪华生领衔的海洋地球化学研究，焦念志领衔的微型生物生态研究，以及袁东星、张勇、胡建宇的方法技术手段支撑 3 支学术梯队。

基金委的函评又出线。再经过一场场校内预演与推敲，7 月，戴民汉、焦念志和洪华生 3 人同赴创新研究群体科学基金答辩会。在地学界知名专家面前，戴民汉的答辩比之前的预演更为自如出色，终于跻身 2005 年候选创新研究群体！"2005 年 10 月，实验室通过创新群体现场考核小组的评估，该创新群体于 12 月正式获批，实验室在团队建设方面的耕耘终成正果，也深感来之非易。"[②]（图 1-5-1）经过 4 年申请，3 次答辩，群体方得同行认可，争到珍贵的 360 万元研究经费资

---

① 2004，Vol. 306，No. 5701，pp. 1477-1477.

② 《厦门大学近海海洋环境科学国家重点实验室 2005 年度报告》，https://mel. xmu.edu.cn/info/1006/4040.htm，下载日期：2022 年 6 月 8 日。

助。那一年，戴民汉 40 岁，焦念志 43 岁，洪华生 61 岁，黄邦钦 41 岁，袁东星 50 岁，张勇 43 岁，王大志 36 岁（图 1-5-2）。

图 1-5-1 "海洋生物地球化学过程与机制"创新研究群体考核会
现场（2005 年 10 月）（林孟妹供图）

（图中为考核组长李曙光院士）

图 1-5-2 "海洋生物地球化学过程与机制"创新研究群体部分
成员与作者合影（2006 年 3 月）（林孟妹供图）

（前排左起：商少凌、焦念志、洪华生、戴民汉、王大志、袁东星。后排左起：张勇、郑天凌、蔡平河、胡建宇、李炎）

2008年，"海洋生物地球化学过程与机制"创新研究群体以优异成绩通过答辩，得到450万元后续研究经费支持[①]。2011年，以戴民汉及焦念志为学术带头人的"海洋生物地球化学过程与机制"创新研究群体（图1-5-3）又顺利完成二期研究，于2011年获得国家自然科学基金委600万元的第三期延续支持[②]。

图 1-5-3 "海洋生物地球化学过程与机制"创新研究群体合影（2011年）（施薇供图）

［左起：杨爽（秘书）、翟惟东（新增）、蔡平河、胡建宇、王大志、商少凌、洪华生、戴民汉、焦念志、郑天凌、袁东星、黄邦钦、张勇、张瑶（新增）］

从申请、立项，到两期延续支持，前前后后历时13年有余，群体获得1410万元项目经费，并得到近海海洋环境科学国家重点实验室和"985""211"等平台建设经费的共同支持。继20世纪20年代至30年代间生物学系旗下以厦门湾文昌鱼研究为先导的海洋生物学开拓研究群体，20世纪50年代至80年代间海洋学系或各专业教研室旗下，以台湾海峡西部海湾、河口和上升流渔场营养体系与经典生态系统为研究特色的海洋学科研究群体之后，厦门大学又培育出一支聚焦边缘海生物地球化学过程与机制的海洋学科创新研究群体，一支全球变化时代的学科交叉研究群体。

---

① 《厦门大学近海海洋环境科学国家重点实验室2008年度报告》，https://mel.xmu.edu.cn/info/1006/4037.htm，下载日期：2022年6月8日。

② 《厦门大学近海海洋环境科学国家重点实验室2011年度报告》，https://mel.xmu.edu.cn/info/1006/4034.htm，下载日期：2022年6月8日。

（三）攀 登

成功闯关的第四份创新研究群体科学基金申请书上，其"主要学术成绩、创新点及其科学意义"一节开篇宣示："群体在碳等生源要素的海洋生物地球化学过程和机制研究方面取得了显著的成绩，已成为我国从事海洋生物地球化学研究的中坚力量之一……群体的成长过程，正是不断地从地学观测研究中发现和探索新方法，又不断地将新方法在地学观测中应用与示范的螺旋上升。秉承群体的研究足迹，本节内容将从方法体系的建立开始介绍，简述群体在生物地球化学的宏观过程以及机制研究等方面的研究成果。"

申请书梳理了生物地球化学基本参数的现场、实验室测定方面的工作积累，在测定仪器和系统的研发方面，建立了：①大气与表层海水二氧化碳分压（pCO_2）走航式连续观测和现场原位传感系统；②高精度、自动化的溶解无机碳、pH 和总碱度测定系统；③海洋中二甲基硫 / 二甲基巯基丙酸 / 二甲亚砜（DMS/DMSP/DMSO）的高灵敏检测系统；④高光谱现场探测系统与二类水体水色遥感信息提取系统。在海洋有机化合物的分离、富集、降解和表征的技术与方法方面，建立了：①基于切向超滤技术的海洋 / 地下水大分子有机物或胶体的分离与富集方法；②有机磷化合物的膜萃取 – 气相色谱高灵敏检测法；③海洋有机污染物降解产物的检测技术。在微型生物的生理、生态表征技术的研发方面，建立了：①国际上首批对原核自养生物、原核异养细菌以及真核单细胞生物进行流式细胞（flow cytometry，FCM）同步观测技术；②赤潮生物流式图像监测的方法技术及颗粒谱技术；③"好氧不产氧光合异养细菌（aerobic anoxygenic photoheterotrophic bacteria，AAPB）"的表面荧光显微镜 – 红外摄像技术（epifluorescence microscope– infrared photography，EFM–IRP）；④微型生物膜电位测定技术，膜电位模型，提出了膜电位参数；⑤原位荧光杂交技术，并应用于浮游植物（和赤潮生物）的检测；⑥浮游植物对磷的生物地球化学循环研究的同位素示踪和酶学方法，以及新生产力 / 输出生产力研究的综合平台，总计 4 大类 14 小类的优势方法体系。

申请书接着总结出 3 大类"近海碳和营养盐的生物地球化学过程"观测研究成果积累，分别是：系统深入地研究了台湾海峡上升流的成因、变动及其与中心渔场的关系，上升流区生态系结构和功能及其在碳和营养盐生物地球化学循环中的重要作用；较为系统地开展了南海碳的源汇格局及其控制主因研究；研究了河口和近岸陆架海域不同有机碳形态（胶体、溶解态、颗粒态）之间的迁移转化以及输出。在"海洋微型生物生态过程及其在碳等生源要素生物地球化学循环中的作用"主题下，展示了微型生物及其生态地位的认知、微型生物在海洋初级生产过程和碳循环过程中的作用两大类微型生物生态机制的研究积累。

如何将这些分散的技术与科学创新点聚成"真正的"创新群？申请书是这么规划的："群体将进一步依托原位和在线监测技术、现代分析和表征技术、分子生物学技术及信息技术等新技术、新手段的开发与应用，寻求关键技术的突破，搭建更为扎实、更具原始创新潜力的技术与方法平台；进一步发挥海洋生物与海洋化学深层次交叉与综合研究的优势开展边缘海碳循环过程中的关键生物地球化学过程和机制研究，提供具有国际水平的研究成果……由此，本群体拟重点解决两个与海洋碳循环密切相关的科学难题：（1）定量研究中国南部陆架边缘海碳循环的宏观过程与通量，突破不同时空尺度的定量问题；（2）从生物泵角度探索微型生物对碳循环的调控机制与过程。"将创新研究群体科学攻关的主力，摆在海洋碳循环高精度体系化观测，以及碳代谢结构功能探索两条前锋线上。

具体技术路线上，申请书瞄准"基于群体已有的基础，我们拟通过不同时空尺度上的时间序列观测、大面积走航、过程研究、遥感遥测、模式模拟手段，定量碳循环中在海气界面、初级生产、初级生产产品的转化、输出生产等关键过程，以中国南部海区为重点，探索中国陆架边缘海 CO_2 源、汇格局及其对全球变化区域响应的信号与时空变动图景。同时，将以微型生物食物网结构与功能及其在碳循环中的作用（包括原绿球藻、AAPB 等）为重点，以光合固碳、营养代谢等功能基因为突破口，深入阐释与碳循环有关的过程与机制，并力争在陆架生物泵过程和效率及控制机理方面开展微观和分子水平的研究"。那么，究竟什么样的系列航次，可以培育出申请书瞄准的上述目标？

垂向看海洋，上层海洋是碳循环最为活跃的"震中"，源汇格局一类净通量观测的代表性及其统计误差控制代价过大，远离"震中"长期承接上层海洋碳输出的深层海洋及深海沉积，也存在时间空间分辨率限制，抽样传递函数过于复杂等弊病。于是上层海洋下界面的弱光层，以及反馈通道恰好跨越上层海洋的上升流与中尺度涡结构，成为剖析碳循环及碳代谢"信号与时空变动图景"垂向结构的合适对象。同理从平面看海洋，河口是陆地－海洋界面碳循环最为活跃的"震中"，源汇格局和碳埋藏的时空动态范围也难以界定。突出界面的河口羽流，突入界面的上升流，以及它们之间生境梯度极大的相互作用带，成为剖析碳循环及碳代谢"信号与时空变动图景"水平结构的最佳区间。

2006 年 1 月 18 日，戴民汉、焦念志和洪华生一起召集了创新研究群体实施方案研讨会，并邀请黄天福和李炎两位作为顾问。大家很快认识到，设计围绕着共同科学目标的系列航次，是融合技术创新，实现体系化观测的关键。研讨会为群体制订了一个进取心很强的实施方案，"组织 3 次大规模的现场调查，结合大面观测与过程研究，强调现场观测与卫星遥感技术相结合，过程研究则抓住碳输送和迁移的关键过程，揭示控制碳通量的关键过程与机理"。首先沿用南海海盆东北部 SEATS 站（东南亚时间连续站）为洋控边缘海基准，接着向海盆边缘拓展吕宋西北上升流和越南以东上升流的组合断面观测，最后连接南海北部陆架的珠江河口羽流－粤东沿岸上升流、九龙江河口羽流－东山沿海上升流、长江河口羽流－浙东沿海上升流等传统断面群。一套每次历时一个多月，聚集 60 位以上现在与未来海洋科学家参与的系列航次设计，终于确定下来了。

2006 年 11 月 20 日至 12 月 27 日，海洋生物地球化学过程与机制创新研究群体首次冬季航次由"东方红 2"号船实施。历时 39 天的海上综合性调查，范围包括南海北部、南海西部和吕宋以西海域，走航观测区域覆盖南黄海、东海陆架等海域。该航次在南海北部陆架、南海西部、吕宋区域针对上升流区域碳动力学和生态结构开展研究，实现了海洋生物地球化学、海洋微型生物生态学、生物海洋学、物理海洋学、大气科学各学科的优势互补、延伸融合，并为新方法新技术提供应用和尝试的平台。 参加该航次的研究人员共计 69 人，包括群体成员及其所指导的研究生、"东方红 2"号船实验室技术人员，还有来自中国海洋大学、中科院南海海洋研究所、海洋研究所、香港科技大学、香港大学、中国气象局气象科学研究院、北京大学 7 所高等学校和研究机构的科研人员，戴民汉担任首席科学家，翟惟东和张瑶担任首席科学家助理。航次调查中共投放温盐深仪（conductivity temperature depth，CTD）113 次，作业 44 个站点，共 9 个断面。观测项目包括物理海洋、海洋气象、化学海洋、生物海洋、微型生物，进行现场培养等实验 70 余项，充分体现了本群体多学科交叉，联合攻关的优势。

航次遭遇 3 场少见的 12 月台风（11 月 30 日—12 月 5 日的"榴莲"、12 月 10—14 日的"尤特"，以及 12 月 17—19 日的"谭美"），受迫不断南行北调避风。12 月 18 日"东方红 2"号船被逼到吕宋岛西侧库里毛港近岸避风，紧急电告洪华生联系菲律宾驻厦领事馆协助沟通，避免出现外交问题。幸好"谭美"台风很快衰亡，有惊无险。虽未能完全实施原计划，但因此赢得"引风人"尊称的戴民汉在近海海洋国家重点实验室 2006 年年报中仍然充满信心："海洋生物地球化学创新群体冬季首航对中国南海、越南近海、吕宋区域针对碳循环、生态系统结构进行海上调查研究，注重各学科的交叉与集成，实现了海洋生物地球化学、海洋生物学、海洋微型生物、物理海洋学、大气科学各学科的优势互补、延伸融合，并为新方法新技术提供应用和尝试的平台。"（编者注：这个航次中留守岸上的群体成员与船上人员同心同德的故事，参见本书《同一方天空共一片海》。）

2007 年夏季执行的南海航次分为 3 个航段，第一和第二航段都是搭载国家"863"计划 2007 年质量控制与规范化海上试验的航次，海洋生物地球化学过程与机制创新研究群体共派遣 40 余人参加，主要在南海东北部以及北部海盆区域开展综合科学考察和现场研究。第三航段（8 月 14 日—9 月 14 日）是创新研究群体的现场研究航次，参加合作调查的人员共计 85 人，包括项目组成员、"东方红 2"号船实验室技术人员，还有中国海洋大学、中科院海洋研究所、香港科技大学、香港大学 4 所高等学校和研究机构的科研人员。在第三航段 CTD 下放 314 次，作业 102 个站点，其中包括 9 个纬向断面，一个十字断面，两个时间序列站。观测项目包括物理海洋、海洋气象、化学海洋、生物海洋、微型生物、甲板培养实验等 70 余项。两个逼近的台风都拐到台湾海峡去了，一直在副热带高压控制之下的南海，一片艳阳和风。第三航段顺利地取得了调查海区包括两个不同强度的中尺度冷涡、上升流、羽流等不同物理过程下碳的生物地球化学和生态系统结构、海洋生物泵效率的观测数据。

2009 年度冬季东海、南海北部联合观测航次于 2008 年 12 月 23 日—2009 年 1 月 10 日由"东方红 2"号船实施。来自厦门大学、华东师范大学、中国海洋大学和香港科技大学等单位的 56 位科研人员参与了科学考察，首席科学家由厦门大学翟惟东担任。航次获取了冬季中国近海较为系统也非常难得的资料。

2011 年 8 月提交的《2006—2011 年创新研究群体项目实施情况工作报告》中，戴民汉和焦念志高度肯定了系列航次将技术创新融入体系化观测的重要作用："过去六年中，群体围绕上述重大科学问题，完成了从跟踪国际前沿到原始创新的积累阶段，在新技术新方法、科学认识以及创新理论等创新潜力方面得到了显著的提升，已经具有了较强的国际影响力。目前，群体拥有 'state- of- the- art'（编者注：尖端的。）的工具积累和若干创新方法与技术的基础。这些方法和技术包括高频、准确测定海洋 CO_2 系统，高分辨定量海洋新生产力，同步测定海洋超微型生物，时间序列数字化自动红外摄像显微技术等。"

报告以"建立一系列与国际接轨或国际创新的研究方法和技术"为题，列举了这些支撑着碳循环体系化观测的，融合蔡平河、黄邦钦、袁东星、戴民汉、蔡卫君、商少凌、王大志、焦念志等研究组的技术创新：

"（1）生物泵效率定量新途径。基于生物泵结构'two-sinking particle assemblage'概念模型的提出，对海区颗粒物整个粒级谱的同时分析成为解答生物泵结构的关键。因此，同时应用两个核素对（^{234}Th：^{238}U 和 ^{228}Th：^{228}Ra）成为测定 POC 输出通量粒径分布的新方法，将为了解生物泵的结构与效率提供更多的信息。目前我们的研究主要集中在寡营养盐海区，并在其他典型海洋环境（中营养盐或富营养盐海区）也进行了初步研究，研究表明该方法具有更好的应用和发展前景。

（2）在海水中超痕量营养盐分析领域开展了较系统的研究工作，已经开发出活性磷和亚硝氮的现场分析方法及其相应仪器系统，并试用于海洋现场研究……借助流动注射技术，将营养盐和各种试剂反应生成的大分子化合物，分别在线富集于 SEP-PAK C18 小柱上，从而避免了海水高盐基底干扰并浓缩了目标物……2006 年夏季和冬季分别在台湾海峡和南海进行表层海水监测和剖面监测，现场获取活性磷和亚硝氮浓度数据。由于测定灵敏度的提高，站位剖面营养盐浓度的细微变化可被观察。又因本法的测定速度快，使现场连续监测成为可能……上述工作成果在海洋生物地球化学循环研究中的意义重大，并极具深入研发和推广应用的前景。

（3）实现了水中超痕量铁的流动注射-催化分光光度法测定。建立了反相流动注射-催化分光光度法，用于测定海水中超痕量 Fe。以 N, N-二甲基对苯二胺（DPD）的醋酸铵缓冲液（pH=6.3）与过氧化氢溶液的反应为化学体系，利用 Fe 对该反应的催化作用测定 Fe……同时建立了正相流动注射-催化分光光度法，将本法与之同时用于测定海水样品和标准海水样品，所得结果无显著性差异；但本方法具有检测限更低、基线稳定、试剂消耗少、分析时间短等优点。

（4）开发了现场高精度、快速响应的海水 CO_2 传感技术；在海-气 CO_2 通量的遥测技术方面取得进展；建立了适用于南海夏季的经验算法。

（5）建立了高通量的、基于鸟枪蛋白质组学方法的海洋有机碳蛋白质组成和表征方法体系，结合生物信息学分析，成功运用于南海 POC 和 DOC 中蛋白质组成和功能研究，并对其分子功能和参与的生物学过程进行了研究，为从分子水平上揭示海洋颗粒有机物的生物地球化学过程与机制奠定了方法学基础。

（6）此外，还发展了碳循环敏感类群 AAPB 准确定量的 TIREM 技术、微型生物利用碳源的 Biolog 检验技术、Micro-FISH 技术以及固碳基因监测技术、POC 附着 CF 细菌监测技术，为微型生物的碳循环生理生态机制研究提供了关键技术与认识。"

引进新技术与严格质量控制体系的海洋碳循环高精度体系化观测，让群体的科学家们共享一系列（特别是在弱光层，在上升流、中尺度涡与河口羽流等结构上）当时国际同行们所追求的洋控边缘海碳循环高清晰度图像。在此基础上，《2006—2011 年创新研究群体项目实施情况工作报告》自信地宣布：

"在科学积累方面，通过六年的联合攻关，对海洋碳循环，特别是在边缘海碳循环以及微型生物在碳循环的作用机制方面取得了具有广泛国际影响的成果。

……基于前期的积累和本项目历时六年的研究，我们基本摸清了中国南海及邻近海域年平均碳源碳汇格局。

……本项目六年的研究在陆架生物泵结构、生物泵效率的定量、群落结构与输出通量的关系、特殊微型生物与碳循环之间的关系等方面取得了突出进展。

……本项目聚焦南海上升流区、中尺度冷／暖涡区、珠江冲淡水区等关键区域，加强物理、化学、生物多学科交叉的过程研究，现场与遥感遥测的结合，及模型与观测的结合，在生物地球化学过程机制研究的以下 5 个方面取得了突出进展：（1）南海近越南海域冷涡三维水文结构的现场观测……（2）南海浮游植物群落结构及其对中尺度物理过程的响应……（3）南海中尺度涡动过程中的原核生物群落（细菌、古菌）结构和功能……（4）南海海域细菌分布、主要酶活性特征及其在碳循环过程中的作用研究……（5）南海颗粒有机碳（POC）和溶解有机碳（DOC）的蛋白表征及再矿化机制研究……"

2013 年 5 月，戴民汉等在地学顶级期刊 *Geophysical Research Letters* 发表题为《为什么一些边缘海是大气二氧化碳的源？》的研究论文[①]。这篇为国际碳循环

---

① DAI M H, CAO Z M, GUO X H et al.: Why are some marginal seas sources of atmospheric CO$_2$? . *Geophysical Research Letters*, 2013, Vol. 40, pp. 2154-2158.

学术界广泛认同，又被戴民汉自选为"河口和陆架边缘海碳的源汇格局与调控机理"创新成果第一代表作的论文，"基于南海碳循环的系统研究，提出一种物理－生物地球化学、无机碳－营养盐耦合分析和定量解析新方法，建立了大洋主控型边缘海（Ocean-dominated Margin，OceMar）碳循环理论框架，以此解析 OceMar 系统 CO_2 通量。成功诊断典型 OceMar 系统——南海、加勒比海和俄勒冈－加利福尼亚上升流区域 CO_2 源汇格局，预测的 CO_2 通量得到实测数据验证；台湾学者 Chou 和俄罗斯学者 Tishchenko 等直接沿用 OceMar 定量解析方法，验证 OceMar 理论；OceMar 碳循环理论还得到南海古海洋数据印证"[1]。其中，被称为"OceMar 定量解析方法"的"物理－生物地球化学、无机碳－营养盐耦合分析和定量解析新方法"的首批验证数据集，正是构建在碳循环体系化观测的"现场高精度、快速响应的海水 CO_2 传感技术"和"海水中超痕量营养盐分析仪器系统"两项技术创新之上。

2015 年，苏纪兰院士主编的《中国海洋学学科史》肯定了戴民汉领衔的海洋生物地球化学过程与机制创新研究群体多年来的努力，"2008 年，围绕碳循环及其生态效应问题，科技部启动了以戴民汉为首席科学家的'973'项目'中国近海碳收支、调控机理及生态效应研究'，重点针对中国近海碳通量季节和年际尺度上的分布格局及其变化、主要控制过程与机理，海洋酸化演化历史及其对近海典型生态系统的影响，全球气候变化下的中国近海碳循环及海洋酸化生态效应变化趋势的预测分析等方面开展研究。通过研究，获得了中国近海海－气界面碳通量的季节分布模式及中国近海 CO_2 的源汇格局，建成了参数较为齐全的中国海洋碳循环数据库。获得了中国边缘海初级生产力、新生产力、输出生产力、浮游生物群落结构及微型食物环的空间分布模式，为深入解析陆架边缘海生物泵结构、运作效率及其控制机制奠定了基础"[2]。

（四）新　知

2011 年 8 月提交的《2006—2011 年创新研究群体项目实施情况工作报告》，将焦念志提出的"微型生物碳泵"（microbial carbon pump，MCP）理论框架，视为

---

[1]　"河口和陆架边缘海碳的源汇格局与调控机理"，2018 年国家自然科学奖二等奖提名项目介绍，https://www.rd.sdu.edu.cn/__local/F/FD/EF/8D29726FA6F4BB8AAA29677D2B3_E9440A8B_78E5A.pdf?e=.pdf，下载日期：2022 年 6 月 9 日。

[2]　苏纪兰：《中国海洋学学科史》，中国科学技术出版社 2015 年版，第 177 页。

创新研究群体在国际碳循环研究前沿厚积薄发的范例：

> "在创新理论方面，提出了'微型生物碳泵'的理论框架，发表在 *Nature Reviews Microbiology* 上，被 *Science* 评论为'巨大碳库的幕后推手'。国际海洋研究委员会（SCOR）为此设立了 WG134 科学工作组，由我国领衔、12 个国家的 26 名科学家为成员。业已开展了一系列国际学术活动，最近 *Science*/AAAS（美国科学促进会）出版了 *Microbial Carbon Pump in the Ocean* supplement to Science。"

提出"微型生物碳泵"理论之前，焦念志已是我国海洋微型生物生态学的急先锋。2003 年 3 月 26 日，著名海洋藻类学家曾呈奎院士在为焦念志《海洋微型生物生态学》一书的手稿所拟的序中，是这么评价这位后来人的："说到这些实际研究，使我想起 10 多年前的情景，焦念志博士提出要在中国海区研究原绿球藻，并致力于建立'海洋微型生物生态学'学科。当时，原绿球藻刚发现不久，国际上的相关研究也主要限于清洁的大洋海区。陆架边缘海的研究还未见报道，甚至原绿球藻的有无还是个谜。生态学研究需要大量的人力、物力，特别是在国内不具备高精度仪器设备的情况下，开展工作的难度之大可想而知，而且研究的不确定性也使许多人却步，也许几年努力下来一无所获。但焦念志博士矢志创新，决意一搏……从原绿球藻特征色素在我国东海的发现，到后来证明原绿球藻在我国海区的大量存在，再到后来几十个航次对中国海区的现场调查和生态学实验查明原绿球藻分布界线和生态地位，他凭着对事业的执着追求和不懈探索的创新勇气一步一步地闯过来了。直到他和他领导的研究小组把研究领域从原绿球藻辐射开来，到真核超微藻，以及古细菌、好氧不产氧光合异养菌等。今天，看着他厚厚的书稿，我真的放心了，我国在该领域的研究没有落于人后，这实在让人欣慰。"[1]

2002 年第一份创新研究群体科学基金推荐书的"海洋微型生物主要功能类群的资源环境效应研究"一节，焦念志的用词还是"特别注重原绿球藻在营养盐分馏中的作用（如，某些 STRAIN 不吸收 NO_3^-）；古菌与环境问题的关系（如，产甲烷菌、硫酸盐还原菌、嗜热菌、嗜盐菌等）以及它们在深海生物圈（古菌占深海生物量的绝对优势）的特殊作用；病毒粒子的数量变动机制、在侵染其他细胞种群数量中的作用、影响生物地球化学和生态过程、影响初级和异养细菌的二次生

---

[1] 焦念志：《海洋微型生物生态学》，科学出版社 2006 年版，序言页。

产力及两者间的量值和比例、生态系统的呼吸，粒级分布和沉降率、细菌和藻类的种类分布和多样性、赤潮 / 藻华的控制等"。到了2005年4月，第四份创新研究群体科学基金申请书的"微型生物在海洋碳循环中的作用与机制"一节，焦念志的视野已经拓展到"AAPB在海洋碳循环中的作用"，将"寻找AAPB的自养–异养开关"，剖析"溶解有机碳（DOC）对AAPB有多重调节与反馈作用"选为潜在创新研究方向。另外，他也开始注意到"研究不同环境条件（如大气CO_2分压与营养盐水平）对微型生物种类组成和数量变动的影响以及微型生物主要类群的响应和反馈，探讨微型生物在碳循环中的作用，并为'碳循环驱动的气候变化假说'提供可参考的现代过程参数"。

然而，此时焦念志追踪的AAPB研究方向正面临着同行权威们的严苛考验：[1]

"焦念志带领课题组通过细致入微的反复实验，却发现荧光显微方法中长期存在一个常规理念误区……国际通用方法实际上只适合实验室内纯种培养等典型情况。而实际海水样品中遮蔽效应远比猝灭效应严重。怎样解决'遮蔽效应'与'猝灭效应'这对矛盾，就成了一个解决问题的关键。焦念志教授带领课题组经过系统的研究实验，终于建立了时间序列红外荧光显微数字化技术（TIREM），从而实现了对AAPB的准确定量。运用这一新方法对中国主要海区、太平洋、大西洋以及印度洋典型海区AAPB分布和变动规律进行了大范围的系统研究，第一次从全球海洋尺度上研究了AAPB的生态地位，确定了AAPB丰度全球分布规律；揭示了AAPB与叶绿素之间存在密切关系，提出了AAPB生物量受浮游植物协同制约的观点。

当焦念志和他的学生们满怀希望地把这一重要发现投稿到 *Nature*、*Science* 时，尽管有很高的评价，却因有人提出苛刻的挑剔而导致最终被退稿。焦念志没有气馁，决定据理一争。在2005年联合国教科文组织巴黎总部的由美国海洋学会（TOS）发起的国际会议上……焦念志本着靠事实说话的信念，明确指出了常规理念中存在的误区和权威文章中的严重误差。大庭广众下公开向国际权威的挑战，反而使他成功了。本领域顶级期刊 *Environmental Microbiology* 很快发表了焦念志的研究成果，并被 *Nature China* 遴选为研究亮点。"

---

① 《见微知著的海洋科学家——访1979级校友焦念志》，载于张静：《海阔扬帆中国海洋大学校友访谈录 第1辑》，中国海洋大学出版社2014年版，第160～161页。

在这篇题为《全球海洋 AAPB 丰度和多样性的不同分布模式》的论文中，焦念志旗帜鲜明地指出："我们在各种海洋环境中观察到的 AAPB 和浮游植物之间的密切联系为 AAPB 的丰度依赖于有机基质的可用性提供了证据，这在海洋中 AAPB 丰度的分布模式上似乎比光照更具决定性。文献中关于 AAPB 沿环境梯度的地理分布模式的相反结论（Kolber et al., 2001; Schwalbach and Fuhrman, 2005; Cottrell et al., 2006; Masin et al., 2006; Sieracki et al.,2006; Yutin et al., 2007），可能是调查规模、方法和其他具体因素的影响。"①

可能是小同行圈子内修正权威结论之难，也可能是从创新研究群体集结过程中开拓出来的大视野，焦念志的注意力从海洋微型生物生态学前沿追踪研究，转到全球变化研究领域的"海洋微型生物碳泵"理论框架上。"通过大量调查、取证、比对，逐步构建、丰富着自己的理论体系。即便是在 2005 年最初提出这个概念却应者寥寥时，他也绝不放弃。随着焦念志教授在国际学术大会上的一个又一个报告，'海洋微型生物碳泵'理论的重要性被越来越多的科学家所认同。"②

采访将"微型生物碳泵"理论框架诞生的原点定位在 2005 年，也就是创新研究群体申报成功的那一年。"微型生物碳泵"理论框架第一次正式发表在焦念志所著、2006 年 12 月出版的《海洋微型生物生态学》上。曾任中国科学院水生生物研究所所长的陈宜瑜院士在为此书写的序中，对焦念志书中提出的"微型生物碳泵"理论的早期版本"非沉降生物泵"大加推荐："特别值得一提的是，本书体现了作者科学研究工作督导的视角和创新的思维。例如，提出了'非沉降生物泵（Non-sinking biological pump）'的观点、'海洋光能生物利用和碳循环新模型'等。类似的新观点，不胜枚举。这不仅有利于我们认识微型生物在海洋系统中的作用过程和机制，而且也引导出新的研究方向。"③

到了 2008 年，"微型生物碳泵"理论框架的英文论述，才在美国《生物海洋学研究趋势》论文集上正式发表④。此时，焦念志的理论框架得到海洋微型食物环

① JIAO N Z, ZHANG Y, ZENG Y H et al.: Distinct distribution pattern of abundance and diversity of aerobic anoxygenic phototrophic bacteria in the global ocean, *Environmental Microbiology*, 2007, Vol. 9, No.12, pp. 3091-3099.

② 陈浪：《从海洋微型生物到全球气候变化 记我校新当选的中国科学院院士焦念志教授》，载于葛海霞：《学府纪闻 福建高校校报好新闻作品选 2010—2015》，厦门大学出版社 2016 年版，第 88～90 页。

③ 焦念志：《海洋微型生物生态学》，科学出版社 2006 年版，序言页。

④ JIAO N Z, ZHANG C L, CHEN F et al. : Frontiers and technological advances in microbial processes and carbon cycling in the ocean. In MERTENS L P: *Biological Oceanography Research Trends*, Nova Science Publishers, Inc. USA, 2008, pp. 217-267.

发现者 Azam 教授的高度关注。2009 年，焦念志和 Azam 教授一起牵头向海洋研究科学委员会（Scientific Committee on Oceanic Research，SCOR）申请为"微型生物碳泵"问题设立的 WG134 科学工作组（SCOR WG134 on "Microbial Carbon Pump in the Ocean"）正式成立。2009 年 WG134 在中国厦门召开了第一次工作会议。紧接着，2010 年焦念志和 WG134 科学工作组在 *Nature Reviews Microbiology* 上共同发表了重要观点论文《惰性溶解有机质的微型生物生产：全球海洋中的长期碳储存》[①]。同年，"微型生物碳泵"被 *Science* 评论为"巨大碳库的幕后推手"[②]。

8 年后，地球科学同行已经可以这么介绍焦念志的"微型生物碳泵"理论：[③]

"2010 年，厦门大学焦念志教授发表了一篇开创性的论文（Jiao 等，2010）。在这篇文章中提出了一个海洋储碳的新机制——'海洋微型生物碳泵'（Microbial Carbon Pump，MCP）理论框架，即微生物驱动把生物可利用的活性有机碳转化为 RDOC 的微型生物生态过程。MCP 的基本内涵验证了一个事实，即海洋中超过 95% 的有机碳是 DOC，且将近 95% 的 DOC 是 RDOC，难以被微生物降解，可以在深海保存数千年，构成了海洋的长期储碳，这改变了我们对海洋微型生物活动的生态功能的认识……MCP 的这一概念被越来越多的科学家所认同，焦念志教授 2010 年的文章（Jiao 等，2010）在过去 6 年被引用 500 多次。更重要的是，该理论为海洋生物地球化学的研究提供了新的视角和思路……焦念志教授等人联合国际同行发起了海洋生物地球化学'戈登科学前沿论坛'（Gordon Research Conference，GRC），且此论坛被 GRC 批准设立为永久论坛。"

尽管从"理论框架"到可计量的"长期碳储存"，还需海洋学家们的协作与努力，但前方的曙光已现。

---

① JIAO N Z, HERNDL G J, HANSELL D A et al.: Microbial production of recalcitrant dissolved organic matter: long-term carbon storage in the global ocean, *Nature Reviews Microbiology*, 2010, Vol. 8, pp. 593-599.

② The invisible hand behind a vast carbon reservoir, *Science*, Vol. 328, No. 5985, pp. 1476-1477.

③ 张传伦：《微型生物碳泵——海洋生物地球化学研究的新模式》，载于《中国科学：地球科学》第 48 卷，第 805～808 页。

同一方天空共一片海

——2006 年 12 月创新研究群体首个航次的岸上工作日志

◎ 袁东星（整理）

编者按

2006 年冬季，戴民汉任首席科学家，带领创新研究群体部分成员和学生搭乘"东方红 2"号科考船，执行群体的首个航次。船行至南海，风云变幻，"榴莲""尤特""谭美"3 个台风接踵而至，科考船在风浪中艰难前行。在通信技术和预报技术还不甚发达的 2006 年，岸上的群体成员调动各种资源，尽显神通，在邮件里探讨风情走势，为科考船的行程提供决策的数据支持，提出建议措施，再通过传真送达"东方红 2"号。在置于凌峰楼一楼至二楼的楼梯拐角的黑板上，每天用白粉笔抄报的"东方红 2"号信息，传送着关切和牵挂。

本文整理了当年的邮件，编者略有修订，人名的缩略语已经全部更改。科研的艰辛，成功的喜悦，更有创新研究群体成员的心心相系，昭然纸上。

递交给厦门大学管理部门的信息

厦门大学：51 人，4 名教师，47 名研究生

其他联合科考单位：7 人

科考人员：共 58 人

租用：中国海洋大学东方红 2 号科考船

船上联系电话：00873–34129×××

联系传真：00873–34129×××

船长：张建平

陆地负责人：海大船舶中心范洪涛主任

发件人：东方红 2 号船

发件时间：2006 年 12 月 3 日 8:00

船位：0902N/11015E

漂泊避台风

风力：NE7 级

气压：1013HPA

海浪：大浪、大涌

发件人：焦念志

发件时间：2006 年 12 月 3 日约 10：00

民汉 et al, Sorry to hear that the Taifeng LiuLian（编者注：台风"榴莲"。）is finally affecting our cruise and the survey is interrupted. I can imagine people on board would suffer a lot. Safety is first. Whatever happens wherever you are... please take good care.

发件人：商少凌

发件时间：2006 年 12 月 3 日 10：34

查地图，像是漂在越南外海避风，那是怎样的景况呢？为海上的各位祈福吧！

发件人：洪华生

发件时间：2006 年 12 月 3 日 11：24

除了祝愿外，建议：

1. 你们应尽量及时提供遥感和比较大尺度范围气象水文动力变化的信息，以帮船上民汉他们决策。

2. 记得小胡用高度计的资料分析过南海的台风影响，是否也可以提供经验？

3. 小江和小万善于收集和分析国外的资料，是否也可以发挥专业的作用？

发件人：袁东星

发件时间：2006 年 12 月 3 日 11：41

相信民汉和东方红 2 号船长。他们好像在避风的同时走航观测。应该会再向东南走。我们的兄弟姐妹必胜。

发件人：胡建宇

发件时间：2006 年 12 月 3 日下午

这几天我们一直密切关注台风的情况及船位，并通过文舟、德文及时提供台风信息。从目前的情况看，民汉的南征北战策略是对的。因此，如有近期高度计的图片，请发给我，以帮助分析吕宋冷涡的位置。祝愿一切平安、顺利。

发件人：施薇

发件时间：2006 年 12 月 3 日 20:23

这是我根据戴老师的"线索"找到的一个地址：

http://argo.colorado.edu/ ～ realtime/gsfc_global-real-time_ssh/

已经有了 12 月 1 日的数据图像，已给戴老师传真过去，图见附件 PDF 文件。

向各位通报：非专业人士寻图，如果不对，请老师们指正。

发件人：商少凌

发件时间：2006 年 12 月 4 日 9:38

我们的施薇实在聪明，还懂得 chose option 做出适合 fax 的 contour，佩服！

从图上看，12/1 日以前一周内无甚变化，12/2 日的看上去则有些奇怪。晶晶已上传到航次网站。请施薇传真到船上，并确认今后需要每日发传真给 SSHA 否？晶晶注意，航次期间没有周末，需要随时到岗。

发件人：东方红 2 号船

发件时间：2006 年 12 月 4 日 8:00

船位：0839N/11014E

航向：30 度

航速：15 节 / 小时

风力：NE7 级

气压：1013HPA

海浪：大浪、大涌

发件人：商少凌

发件时间：2006 年 12 月 4 日 9:38

建宇，all the altimeter data we obtained recently are on the cruise webpage. Pls ask 张君 for its address and the account. Thanks,

洪老师，我们会注意，尤其是周末的值班制度。昨日同学们庆祝毕业答辩，只有我一人在岗，疏忽了，对不起！

发件人：洪华生

发件时间：2006 年 12 月 4 日中午

谢谢，大家辛苦了。我认为家里和船上应该是一个作战的大团队，后方及时提供信息对船上来说是非常重要的。不仅是保证安全，而且是要使航次取得最大的成功，愿大家共同努力。

发件人：杨爽

发件时间：2006 年 12 月 4 日中午

小商老师、胡老师，中午接到东方红 2 号的传真，详细如下：根据海面高度资料显示，目前在中南半岛东南海域存在一个冷涡，其中心位于 111.3E，11N，范围 2°×2°。现需要微波 SST 资料图像支持，微波 SST 资料可由 http://www.ssmi.com 获取。烦请两位老师协助提供资料。谢谢！

发件人：胡建宇

发件时间：2006 年 12 月 4 日 16:57

此冷涡（111.3E，11N）可能是南海南部冬季气旋式环流的中心，在高度计资料可看到，但 SST 有时难以看到，如果船经过该处，应考虑实施观测。

至于彩云所提到的 115E，12N 的冷涡则有可能由台风引起的，如能观测这个，也很有意义。

发件人：商少凌

这下船上要忙死了，南北跑？ ^-^

发件人：张彩云

发件时间：2006 年 12 月 5 日 7:10

杨爽，这是早上我查到的最新图像，南海中心的冷水区非常清楚（可能是台风影响），我用黑色圆圈标了出来，你可将整张图像打印出来（记得包括黑色圆圈）后发给戴老师，供他们参考，谢谢！

发件人：商少凌

发件时间：2006 年 12 月 5 日上午

杨爽，传真时请附上以下我的建议，谢谢！

民汉，彩云下载的 TMI SST 清楚显示在大约 14N 冷涡的出现，等会儿会让风琴下载数据另作图以便更好地观察。这个冷涡很可能是台风引起（有关此问题建宇已发表文章），4 月 workshop 上报告的 01 年 eddy pumping case，前段时间发现实际上也很可能是台风的产物，从我收集到的 case 以及台湾林依依 03 年的 GRL 文章看，它对叶绿素的影响是巨大的，可惜这几天没有 chla 图像。迄今的文章，包括我正在写的，都缺乏多学科多参数现场数据，不够丰满，很多东西只能猜，如果这次你们做出来，一定很漂亮！强烈建议穿过此涡走十字布站实施综合观测。祝一切顺利！

杨爽，pls fax the attached message to 民汉. Thanks. And be sure to keep touch with

彩云，updating any RS information if available.

发件人：张彩云

发件时间：2006 年 12 月 5 日下午

今天（12 月 5 日）TMI 过南海的轨道还没出来，凤琴读取出来的数据应该是截止到 12 月 4 日的数据。今天 TMI 过南海的数据要晚上迟些时候或明天一大早才能出来。

发件人：商少凌

发件时间：2006 年 12 月 5 日 22:38

中午等到 1 点多凤琴才处理出全部结果，并给我两组数据，分别是截至 12/4 日和 12/5 日的，所以请凤琴务必回查确认，是不是错位了一天？时间不能有错！

发件人：孙凤琴

发件时间：2006 年 12 月 6 日

TMI 网站上的文件是全球范围的，只要当天有轨道数据，就会有当天的文件存在。可能这时的文件，还没有我们所要区域的轨道数据。这是 3 天平均的数据，在该区域就是前两天的平均。文件会根据新增加的轨道而更新。因此，在关注的区域，可能要次日早晨才会有比较齐全的数据。我会不时察看南海区域数据，及时处理。谢谢商老师的提醒！

发件人：杨爽

发件时间：2006 年 12 月 7 日 10:57

各位老师，早上好！

刚接到东方红 2 号发回来的传真，基本情况如下：

11N 冷涡作业基本结束，请每天将有关海面高度资料传真到船上，并尽量关注吕宋区的动态（SST、Chla、风、海面高度等），因为目前必须削减站位。

感谢各位的密切配合和大力支持！

发件人：李炎

发件时间：2006 年 12 月 7 日 12:15

彩云，巴士海峡北部的低 SSH 比较明显，SST 也出现不稳定的斑块；吕宋西侧的低 SSH 刚刚发育，但 SST 还是稳定的东北 – 西南走向（前几天东北大风的影响）。看来可注意吕宋西侧的低 SSH 的发展，以及所诱发的垂向交换。建议从历史遥感资料了解冬季东北大风后吕宋西侧的低 SSH 与高 chla 带的空间联系。

发件人：×××

发件时间：2006 年 12 月 8 日 10:55

转发台风信息。

热带风暴"尤特"在西北太平洋洋面上生成

今年第 23 号（国际编号：0622）热带风暴"尤特"（UTOR）于今天上午在菲律宾以东洋面上生成，上午 10 点钟风暴中心位于菲律宾马尼拉东南方大约 1210 公里的洋面上，即北纬 10.4 度、东经 131.3 度，中心附近最大风力有 8 级（20 米 / 秒）。预计风暴中心将以每小时 20 公里左右的速度向西北偏西方向移动，强度逐渐加强。今明两天，该风暴对我国近海无影响。

发件人：焦念志

发件时间：2006 年 12 月 8 日约 12:00

真没想到这个季节还有这么多台风，但愿它别向着我们的调查海区移动……尽管船上有接收气象信息，我们还是要及时将台风动向发给民汉他们，谢谢建宇诸位。杨爽你们请盯着，辛苦了！

发件人：李炎

发件时间：2006 年 12 月 8 日 12:29

彩云，这是很典型的锋面 – 双扩散 – 水华带。东北大风期过后的恢复过程，北边被堆高的冷水沿等密面长程滑回到高温的低洼海面上，出现蘑菇云状的交错，其大梯度带具有强烈的垂向交换，维持水华。这种现象在美国加州西部海域经常出现，水华可坚持到下一个大风期前。

发件人：张彩云

发件时间：2006 年 12 月 8 日下午

谢谢李老师。从 12 月 7 日的叶绿素图像看，该条带的叶绿素浓度已明显降低。

12 月 8 日下午吕宋海峡东北风比前日有所增强。另外，表层温度场与前日相似。5 日出现的高叶绿素带在 7 日已明显降低，8 日图像中该条带所在位置因受云影响无数据。

发件人：东方红 2 号船

发件时间：2006 年 12 月 11 日 8:00

船位：1754N/11324E

航向：23 度

航速：7 节 / 小时

风力：NE7–8 级

气压：1017HPA

海浪：大浪、大涌；Roll and Pitch。

发件人：东方红 2 号船

发件时间：2006 年 12 月 12 日 8:00

船位：2116N/11347E

航向：7 度

航速：10.5 节 / 小时

风力：NE6–7 级

气压：1020HPA

海浪：大浪

发件人：戴民汉

发件时间：2006 年 12 月 12 日 17:21

彩云 et al., Thanks a lot, I am planning to leave Guishan late tomorrow afternoon, heading to Luzon hoping that we can do a 1-2 day time series observation, and then do the mapping stations. If we have time, I'll cover S1 for a day. Thus please continue to closely watch the SST/Chla, sea levels et al. (in addition to the wave projections) since I have not yet decided the sampling stations off Luzon.

P.S> I want to, on behave of the team onboard thank you all for your extremely supportive efforts from land.

发件人：黄邦钦

发件时间：2006 年 12 月 12 日晚上

戴首席及诸位，大家辛苦了，虽然航次受台风的影响，没能完全按我们的原先计划实施，但看来还是不错的（还有意外的收获—台风前后生物地球化学和生态系统的变动），如果接下来的一周能做好 Luzon 的区域，那就基本完成航次的计划。

但愿接下来的一周能如愿，我们为你们祈祷！

发件人：商少凌

发件时间：2006 年 12 月 12 日 23:38

民汉，我们根据遥感及预报信息会商的结果，建议避风至少至 14 日，其间也不妨沿岸向东移动，可能的话顺带做些观测，对于沿岸流增加些实际认识。14日可能可以向 Luzon 进发，建议保障 Luzon，放弃 Seats，因为 Luzon 乃本研究主要目标，另一方面，Seats 靠西，到了 14 日可能仍受台风影响。然而一切决定仍然必须根据实际海况做出，我们将尽可能加大信息提供频度并扩大来源，但目前我们已知的海浪预报信息只能够是一天 2 次。

好好歇息两天吧，大家受苦了。

发件人：袁东星

发件时间：2006 年 12 月 13 日 8:08

民汉，谢谢你的电话和鼓励。我们组里也庆贺能够一炮打响，验证多年来严谨和辛勤的成果。

请打开附件，向海上的兄弟姐妹问候！

附件：

我们的兄弟姐妹必胜

2006.12.12

——庆战胜"榴莲"和"尤特"双台风，应民汉酒后所嘱，为东方红 2 上的出海兄弟姐妹而书

日跃日升，我问朝霞：可是你托起了海上的东方红？日儿微笑不语，用辉光涂饰晨风。

月圆月呈，我问吴刚：可是你邀来了高潮的时分？月儿微笑不语，令海杯把酒满盛。

于是我知道，天涯此时，我的兄弟姐妹与我餐饮共盏，呼吸同声。

你，低浓度营养盐，是否庆幸被富集染色，从而在世间现身？

你，热带的冷涡，是否感慨躲不过海陆空联手追踪，终究被度量了体能体温？

还有你们，挑战跃洋跑的"榴莲"和"尤特"，任凭尔等狂野善奔，我们的兄弟姐妹必胜！

发件人：戴民汉

发件时间：2006 年 12 月 13 日上午

东星 , Thanks, I am quite touched. We'll get there!

P.S. We'll be cruising out again late this afternoon. The sea is still high.

发件人：洪华生

发件时间：2006 年 12 月 13 日 17:49

各位辛苦了，很高兴家里能将信息比较及时地提供给船上。我相信不仅是对避风、航线及工作站位的调整，都有参考价值，同时对船上人员是个鼓舞，不仅是他们在战胜海上作业的辛苦和恶劣海况的考验，家里还有那么多人在牵挂。相信他们能战胜一切困难，胜利返航。

发件人：戴民汉

发件时间：2006 年 12 月 13 日 19:54

Thanks for the encouragement. Yes, it's been an extremely good team work among members onboard and between the sea and land-based members. We're now heading out to the Luzon region although the wind blows even in the Guishan Harbor, and I am expecting high seas during the cruising time, but we have no choice in order to get to Luzon by the 15th, when I am hoping to have better conditions.

Thank you all again for your support.

P.S> I have now another 911 CTD system (from Inst of Oceanology) set and running.

发件人：东方红 2 号船

发件时间：2006 年 12 月 14 日 8:00

船位：2154N/11531E

航向：126 度

航速：9 节 / 小时

风力：NE6-7 级

气压：1018HPA

海浪：大浪

发件人：东方红 2 号船

发件时间：2006 年 12 月 15 日 8:00

船位：2119N/11753E

航向：150 度

航速：13 节 / 小时

风力：NE6-7 级

气压：1019HPA

海浪：大浪

预计今日 21:00 抵达 Z99（19N/119E）站

发件人：李炎

发件时间：2006 年 12 月 15 日 21:26

孟妹，东方红 2 号船正好赶到强冷空气前面一点，相当艰难，可能避冷空气而再往南，限制在吕宋岛西侧活动。建议增加与海洋大学船舶中心的联系频次。同时今天向学校科技处送一个正式汇报。

另外，我今天到广州，估计 18 日回不来。这几天就焦老师在家，请你及时向他请示。

彩云，请注意强冷空气的动向。

根据 http://ccar.ust.hk/dataview/mm5/current/index.py 的数值预报，该前锋明日到达吕宋岛，风速 15 左右。东方红 2 号船正好赶到强冷空气前面一点，相当艰难，可能避冷空气而再往南。

发件人：张彩云

发件时间：2006 年 12 月 15 日深夜

对于天气图，我看得并非十分明白。不过从天气图可以明显看到冷高压的南移，预报说将在 17 号达到最强。已将李老师的意见放在附件里，请杨爽一并传给船上，谢谢！（图 1-6-1）

图 1-6-1　大浪拍船（左）之下齐心作业（右）（翟惟东供图）

发件人：东方红 2 号船

发件时间：2006 年 12 月 18 日 8:00

船位：1806N/12003E

航向：55 度

航速：1.5 节 / 小时

风力：NE8 级以上

气压：1013HPA

海浪：巨浪 4 ～ 5 米，大涌。现顶风抗浪。

因风浪太大，现已结束调查，准备返航。

发件人：杨爽

发件时间：2006 年 12 月 18 日 10:35

紧急需求新的台风信息！！！新的台风谭美已生成：目前情况如附件！

各位老师，今天上午东方红 2 号发来传真，目前急需最快提供台风路径预测与走势图，请综合多家预测。

船在 18°N/120°E 左右，遇到大风大浪，行驶相当缓慢，恐无法穿过海峡北上，必须考虑紧急避风方案。

敬请各位老师协助尽快提供信息给船上。谢谢！

发件人：商少凌

发件时间：2006 年 12 月 18 日约 11:00

彩云，我晚上才能回到厦门，胡老师也不在家，请急速组织文舟、德文两位查询信息，并保持与杨爽的联系。切切！

发件人：胡建宇

发件时间：2006 年 12 月 18 日 11:51

请彩云也尽快搜集吕宋海峡附近的海浪预报图。

发件人：张彩云

发件时间：2006 年 12 月 18 日 14:16

抱歉，我上午到漳州校区上课，下午 1:30 才回来。已将能收集到的所有信息放在附件里，请杨爽一并发给船上，祝他们好运！

发件人：焦念志

发件时间：2006 年 12 月 18 日下午

杨爽，请把刚获得的信息及时传送到船上供他们参考，另外，也拷贝给其他人以便有懂行的人帮助分析天气形势。谢谢。

发件人：杨爽

发件时间：2006 年 12 月 18 日 15:06

各位老师，下午好！

戴老师刚刚从船上发来传真说：目前船已经成功抵达菲律宾库里毛港（大约18°N），拟在此抛锚避风，待巴士海峡风浪减弱后返航。

请及时再给予台风、东北风、浪的形势分析。

万分感谢各位老师的大力支持！

发件人：杨爽

发件时间：2006 年 12 月 18 日 17:41

各位老师，海洋大学刚刚打电话过来通知，东方红 2 号于 17:10 在菲律宾库里毛港抛锚避风（图 1-6-2），离海岸大约 1.6 海里，风力约 6 级。

人员都安全，请各位老师放心，如遇更大风浪会驶往马尼拉避风。

图 1-6-2 "东方红 2"号和出海团队全体成员在菲律宾库里毛港避风（翟惟东供图）

（第一排左起：胡俊、林华、李志江、陈佳宁、刘进文、曹知勉、江宗培、林建荣、周宽波、陈炳章、陈君慧。第二排左起：朱钰、朱佳、蔡平河、郭心顺、戴民汉、翟惟东、张瑶、杨世民。第三排左 2 起：相卫国、王侠、林丽贞、黄水英、韩爱琴、甘晶、吴曼、许艳苹、孟菲菲、王丽、邹丽洁、姜学霞、宗睿、吴雅洁、李黎、陈瑶、王燚、贺志刚。第四排左起：汪文琦、黄秋、王蕴、蓝文陆。第四排左 6 起：谢乔中、杨进宇、孙振宇、胡安谊、洪宁、马剑。第四排第 13 起：高越、李强、栾青衫）

发件人：洪华生

发件时间：2006 年 12 月 18 日晚上

杨爽，请谢谢海洋大学刘主任，并同他保持联系。

发件人：东方红 2 号船

发件时间：2006 年 12 月 19 日 8:00

船位：1800N/12027E

抛锚避风

风力：NE4–5 级以上

气压：1017HPA

海浪：小浪

发件人：杨爽

发件时间：2006 年 12 月 20 日 15:58

各位老师，收到戴老师的传真。说目前海况很差，无法北上返航，还请继续给予风、浪分析预报。谢谢各位老师支持！

发件人：东方红 2 号船

发件时间：2006 年 12 月 21 日 8:00

船位：1757N/12020E

漂流工作

风力：NE7–8 级以上

气压：1016HPA

海浪：大浪、大涌

发件人：施薇

发件时间：2006 年 12 月 21 日 16:36

各位老师，收到王燊的传真，海上风浪很大，之前在吕宋附近一边避风，一边作业。

最新信息，东方红 2 号已于 12 月 21 日中午返航。

应戴老师嘱咐，特别提醒，在厦门卸船只是我们的预期，最后能否实现，取决于那时候天气和海况，尚不能定。

船上向大家问好！

发件人：胡建宇

发件时间：2006 年 12 月 21 日下午

遥祝东方红 2 号返航顺利！

发件人：商少凌

发件时间：2006 年 12 月 21 日下午

请施薇请示首席，我们是否需要保持信息服务，要哪些参数？

为海上的兄弟姐妹们祈福！

发件人：黄邦钦

发件时间：2006 年 12 月 21 日下午

请施薇保持联系，让他们尽可能提前告知是否在厦门卸船，以便尽早做好准备！

预祝顺利返航！

发件人：施薇

发件时间：2006 年 12 月 21 日下午

杨爽正在轮渡联系卸船事宜。我们会与东方红保持联系，有关信息提供，待与船上确认需求后，即告知各位。

发件人：东方红 2 号船

发件时间：2006 年 12 月 22 日 8:00

船位：1959N/11853E

航向：356 度

航速：9 节 / 小时

风力：NE7–8 级以上

气压：1018HPA

海浪：大浪

创新群体已经于 12 月 21 日下午 1 点启程返航，预计到达厦门的时间是 23 日晚或 24 日。

发件人：洪华生

发件时间：2006 年 12 月 22 日上午

根据海况，船可以在这期间随时到达，这两天正值周末，请提前作好接船的一切准备，届时可以马上调动力量。我明天还在福州参加福建留学生同学会议，晚上才能回。家里请念志、邦钦、少凌等组织一下。谢谢。

发件人：焦念志

发件时间：2006 年 12 月 22 日上午

1. 杨爽请跟踪船的行程，及早报告准确到港时间，以及在厦门港停船时间。码头泊位是否落实好了？请告知码头，东方红如果急着赶回青岛，我们就夜间卸船，请了解码头规定以及照明情况。

2. 孟妹、施薇协助落实接船车辆等情况。另外，可根据船上反馈考虑返回人员夜间用餐等其他情况（但出海人员接风需以后另外搞，即使是白天到港。先安置好样品、安顿好出海人员休息）。

3. 各实验室请安排足够人员到港接船，并根据样品需要准备相应设备。每个实验室确定一名负责人与杨爽保持联系。

我这两天因病在家，有什么急事打我家里电话或者手机。

谢谢大家配合。

发件人：洪华生

发件时间：2006 年 12 月 22 日上午

少凌，邦钦，因念志有病在家，是否根据他的建议，你们和孟妹、办公室等具体讨论分工落实。

念志，谢谢你的建议，多保重。

发件人：杨爽

发件时间：2006 年 12 月 22 日 17:27

各位老师，刚刚接到东方红 2 号发回来的传真，船预计明天晚 9 点在 4 号锚地抛锚。

目前已做以下迎接准备：

联系了木板交通船接船，商少凌老师和邦钦老师指挥带船去接货接人；

仪器搬运请 15 位白鸽钟点工运输；

接人的校车已经派好，请去码头接人的老师同学晚 8:20 在环科中心门口集合，一起去码头，联系人施薇；

泡沫箱和干冰请陈宝山和李勇斌运到第一码头。

按照焦老师建议，请每个实验室留 1 ～ 2 人明晚在实验室准备接样品。

以上如有未尽事宜，敬请指正。谢谢！

同舟共济

——教育部、福建省海洋环境科学联合重点实验室的发展

◎ 黄水英　黄邦钦

（一）历史沿革

创办于 1979 年的福建海洋研究所，拥有当时弥足珍贵的"延平 1 号"500 吨海洋科考船，在台湾海峡区域海洋学研究优势明显。1987—1990 年，厦门大学洪华生与福建海洋研究所阮五崎等共同主持国家教委、福建省科委重点项目"闽南－台湾浅滩渔场上升流区生态系研究"，利用"延平 1 号"（图 1-7-1），系统开展了 6 次闽南－台湾浅滩上升流系多学科的现场综合调查和 3 次渔业资源调查，通过双方精诚合作，取得了令人瞩目的成绩，出版了我国第一部渔场上升流区生态系研究专著，成果荣获国家科学技术进步三等奖。此后，厦门大学与福建海洋研究所围绕台湾海峡生态环境、减灾防灾领域开展紧密合作，同舟共济，从此结下了深厚的友谊。

图 1-7-1　福建海洋研究所"延平 1 号"科考船（刘四光供图）

1992 年环境科学研究中心成立。1995 年，在原国家教委的支持下，依托环科中心建立了"厦门大学海洋生态环境国家教委开放研究实验室"；1999 年，开放研究实验室更名为"厦门大学海洋环境科学教育部重点实验室"，以台湾海峡及其毗邻海域为典型的研究区域，科研积淀深厚，人才荟萃。

针对福建建设海洋大省发展的战略，为充分发挥厦门大学和福建海洋研究所各自科研积累以及队伍和设备优势，强强联合，更好地为福建海洋经济发展提供

科学与技术支撑，双方经过协商，提出由教育部、福建省共建海洋环境科学联合重点实验室的设想。

1. 教育部、福建省海洋环境科学联合重点实验室

2000 年 3 月，厦门大学向福建省政府、福建省科委转呈了洪华生的《关于福建省科委与教育部科技司共建"厦门大学海洋环境科学教育部重点实验室"的报告》；2000 年 4 月，福建海洋研究所也向福建省科技厅提交了《关于报请省政府与教育部共建教育部、福建省海洋环境科学联合重点实验室的报告》。2000 年 4 月 16 日，厦门大学正式向教育部提交了《关于报请教育部福建省共建"教育部、福建省海洋环境科学联合重点实验室"的报告》，表示"为充分发挥我校、海洋环境科学教育部重点实验室和福建海洋研究所各自的硬件设施条件的优势，合理配置资源和优化利用；通过科技攻关、科研创新和技术服务为福建省的海洋经济发展做出贡献；为加强、带动福建省海洋科学研究队伍的建设，我校与福建海洋研究所达成一致共识，希望在原有二十余年合作并取得显著成绩的基础上，以我校、海洋环境科学教育部重点实验室和福建海洋研究所为依托，由教育部和福建省共建'教育部、福建省海洋环境科学联合重点实验室'。通过共建，我们将努力使该实验室在不久的将来建成为国家级的海洋环境科学重点实验室，并使之成为我国海洋科学研究的中心之一"①。2000 年 5 月 17 日，教育部发出了《关于与福建省共建"海洋环境科学联合重点实验室"的批复》（教技函〔2000〕29 号）："同意以你校海洋环境科学教育部重点实验室和福建海洋研究所为依托，组建'海洋环境科学联合重点实验室'，由教育部和福建省共建；原则同意你校与福建省有关部门共同起草的实验室共建协议书和实施方案，厦门大学海洋环境教育部重点实验室的管理渠道和方式不变；希望在双方 20 余年合作的基础上，加强台湾海峡海洋环境科学的研究和促进福建省海洋科学研究事业的发展，早日将海洋环境科学联合重点实验室建设成为国家重点实验室。"

2000 年 5 月 22 日，教育部、福建省海洋环境科学联合重点实验室成立大会暨挂牌仪式在厦门大学召开（图 1–7–2），教育部与福建省人民政府正式签订了《教育部、福建省共建海洋环境科学联合重点实验室协议书》。教育部、福建省海洋环境科学联合重点实验室的成立，开创了国内省–部共建重点实验室的先河。

---

① 《关于报请教育部福建省共建"教育部、福建省海洋环境科学联合重点实验室"的报告》，厦大字〔2000〕□号。

图 1-7-2　教育部、福建省海洋环境科学联合重点实验室成立挂牌仪式合影（2000 年 5 月）（卢昌义供图）

（第一排左起：卢昌义、孙世刚、徐洵、蔡启瑞。第一排左 6 起：叶双瑜、陈传鸿。第一排左 10 起：省科技厅干部、袁东星、林昌健。第二排左起：田中群、彭兴跃、黄荣辉。第二排左 5 起：阮五崎、张海生、李少菁。第二排左 9 起：方少华、洪华生、廖鸿祥。第三、四排左起：李云霞、商少凌、张祖麟、焦念志、潘伟然、黄邦钦、黄奕普、林建清、胡建宇、张钒、李虹、陈岚、吴乔、余群、吴辉煌、刘岩、王桂忠、张勇、岳世平。最后排右一：戴民汉）

　　教育部、福建省海洋环境科学联合重点实验室（以下简称联合实验室）成立之后，其管理形式为"依托厦门大学和福建海洋研究所，实行'联合、开放、流动'方针，采用共同管理、政府协办的管理形式。人员分属原依托单位，进入共建实验室的固定人员原人事隶属关系不变。以'培养一批高水平的研究人才，尽快使该实验室达到国家级海洋环境科学重点实验室的水平。运用高新技术手段，建设福建省海洋资源、环境与开发的动态管理信息库及模式，同时将福建省建成我国海洋科学研究中心之一'为建设目标，以'福建近海（包括台湾海峡）、河口和港湾生态系统动力学研究及海洋资源开发和环境保护应用基础体系的建设'为研究方向"[①]。联合实验室主任由厦门大学海洋环境科学教育部重点实验室主任洪华生兼任，副主任由福建海洋研究所所长阮五崎和厦门大学海洋环境科学教育部

---

　　① 《教育部、福建省共建海洋环境科学联合重点实验室协议书》，2000 年 5 月 22 日，联合实验室档案。

重点实验室副主任戴民汉兼任。学术委员会以时任厦门大学海洋环境科学教育部重点实验室学术委员会委员为主组成，国家海洋局第二海洋研究所苏纪兰任主任，学术委员会委员包括：北京大学唐孝炎、中科院大气物理研究所黄荣辉、中国水产科学院唐启升、国家海洋局第三海洋研究所徐洵、中科院地球化学研究所万国江、青岛海洋大学李永祺、国家自然科学基金委地学部王辉、福建海洋研究所阮五崎、厦门大学王桂忠、中科院南海海洋研究所施平、北京大学朱彤、福州大学王钦敏、国家海洋局第三海洋研究所李立、厦门大学洪华生。增设联合重点实验室学术委员会顾问委员，邀请了 11 位国内外相关领域的著名专家：厦门大学蔡启瑞、厦门大学李少菁、厦门大学林鹏、美国罗德岛大学 D.R. Kester、意大利欧共体联合环境研究中心 J.M. Martin、美国伍兹霍尔海洋研究所 K.Q. Buesseler、台湾大学洪楚璋、香港城市大学黄玉山、香港城市大学胡绍燊、香港城市大学谭凤仪、香港科技大学谢显堂，可谓阵容强大。

在学术委员专家的指导下，联合实验室围绕"建成国家级的海洋环境科学重点实验室，将福建省建成我国海洋科学研究中心之一"的目标，明确定位服务福建海洋强省建设，坚持以台湾海峡及其邻近海域的生态环境为研究重点。联合实验室双方发挥海洋科研人才和设备优势，整合资源，优势互补，搭建区域公用调查船体系，建设近海科学科考基地，致力于台湾海峡及其邻近海域海洋环境科学研究与技术开发，在近海上升流生态系研究、海洋立体监测技术研发、海湾数模、海洋环境评价、海域使用论证、海岸带与海岛基础调查、海洋与海岸带管理国际培训等方面取得了卓越成果，同时凝聚和培养了一大批优秀人才，为国家重点实验室的建立奠定了坚实基础。

2005 年，联合实验室组织"海洋生物地球化学过程及其与海洋生态系统相互作用研究"的相关力量，成功推动了"近海海洋环境科学国家重点实验室（厦门大学）"获批建设，实现了"建成国家级的海洋环境科学重点实验室"的目标。而后，联合实验室中未列入国家重点实验室建设计划的福建海洋研究所"海洋环境监测"研究团队，以及与海西区域发展密切相关的厦门大学"海岸带可持续发展"和"海陆界面过程及其生态响应"研究团队，继续在联合重点实验室的框架下发展。

2. 福建省海陆界面生态环境重点实验室

2008 年 3 月，负责指导福建省重点实验室和科学数据共享等平台建设的省科技厅基础研究处领导来厦门大学调研科研平台需求，听取了联合实验室建设的汇报。4 月，福建省科学技术厅发布了《关于开展 2008—2010 年福建省科技创新平台建设规划需求调研的通知》（闽科计〔2008〕13号），要求组织开展科技创新平台建设任务需求建议调研，编写《福建省科技创新平台建设规划（2008—2010年）》。于是，2008年6月，联合实验室召开工作会议，洪华生主任主持了会议，回顾了共建8年来的发展，分析了现状和任务。因"建成国家级的海洋环境科学重点实验室"的目标已经实现，提出将教育部、福建省的联合实验室纳入福建省科技创新平台管理。2008年7月，联合实验室通过考核[①]，以"福建省海洋环境科学联合重点实验室"之名，正式纳入福建省科技创新平台的福建省重点实验室管理体系。"福建省海洋环境科学联合重点实验室"瞄准"将福建省建成我国海洋科学研究中心之一"的目标，明确定位服务海西经济建设，聚焦建设以区域环境海洋学为重心的"海洋与海岸带资源开发和环境保护应用基础体系"，致力于建设由福建海洋研究所新一代科考船"延平2号"（图1-7-3），台湾海峡海洋动力环境立体监测系统，"海洋资源开发、环境保护的动态管理"信息系统及动力模型为支撑的区域性海洋科技支撑平台，努力建成为国家级科技创新公用平台及能力建设示范基地。在新形势下，联合重点实验室创新运行机制，设置联合主任（co-director）负责制，推举厦门大学李炎和福建海洋研究所梁红星为实验室联合主任候选人，后出于各种因素，两位虽未获正式任命，但他们共同承担了很大部分的实验室主任工作。

图1-7-3　福建海洋研究所"延平2号"科考船（刘四光供图）

2011年,《国家"十二五"海洋科学和技术发展规划纲要》发布,要求推进海洋经济发展。作为海洋大省的福建,坚持把发展海洋经济作为海洋强省建设的重要基础,海洋经济成为推动福建省经济社会发展的重要引擎。2011年3月,"福建省海洋环境科学联合重点实验室"进一步凝练研究方向,突出解决在经济发展过程中的近海和流域环境与生态问题,体现海-陆统筹的思想,向福建省科技厅提交了《福建省海陆界面生态环境联合重点实验室》的福建省科技创新平台可行性论证报告。2011年7月,实验室组建以中国科协原副主席、中国工程院院士唐启升为主任,厦门大学洪华生为副主任的第二届学术委员会,委员包括:台湾海洋大学龚国庆、中科院海洋研究所孙松、福建省海洋与渔业厅刘修德、厦门市人民政府潘世建、福建海洋研究所阮五崎、中科院南海海洋研究所齐义泉、国家海洋环境预报中心刘钦政、中科院城市环境研究所俞慎、国家海洋局海洋发展战略研究所刘岩、厦门大学李炎、厦门大学林森杰。7月27日,实验室召开了第二届学术委员会第一次会议(图1-7-4),各位委员对实验室的定位和研究特色均给予高度肯定,建议实验室进一步发挥地缘优势,以服务海峡西岸经济区的建设和发展为宗旨,进一步凝练研究方向,聚焦新的研究热点,并尽快申请更名为"福建省海陆界面生态与环境联合重点实验室"。

图1-7-4 实验室第二届学术委员会第一次会议合影(2011年7月)(黄水英供图)

(第一排左起:黄邦钦、吴立武、吴奋武、刘红斌、李少菁、刘钦政、阮五崎、龚国庆、刘康克、唐启升、毛通双、洪华生、刘岩、林森杰、李炎、梁红星、张钒。第二排左起:王晶、张彩云、陈炳章、方秦华、黄凌风、陈伟琪、王德祥、彭本荣、张珞平、高爱国、陈能汪、曹文清、江毓武、陈岚、刘四光、王鑫煌、洪建胜、张跃平、王键、骆巧琦、黄水英)

2011 年 11 月 23 日，厦门大学向福建省科技厅提交了实验室更名申请（厦大科〔2011〕64 号）。2011 年 11 月 30 日，福建省科技厅批复"经研究同意将'福建省海洋环境科学联合重点实验室'更名为'福建省海陆界面生态环境重点实验室'"（闽科基函〔2011〕41 号）。2011 年 12 月，一直担任实验室主任的洪华生向学校申请辞去主任职务，希望将实验室交给年轻一代继续发展，并推举黄邦钦担任实验室主任，福建海洋研究所张钒和厦门大学陈能汪、张彩云担任副主任。

更名后的福建省海陆界面生态环境重点实验室（Fujian Provincial Key Laboratory for Coastal Ecology and Environmental Studies, CEES）（以下简称海陆界面省重室）在建设目标和研究方向做了相应调整："瞄准全球变化和人类活动等多重压力下近海－流域生态系统演变机制的重大科学前沿，同时针对国家与地方对近海－流域生态安全和防灾减灾的重大需求，主攻区域海洋生态环境演变研究与海陆统筹管理，以台湾海峡及其毗邻近海－流域为典型研究区域，开展海陆界面生态系统及环境演变、流域－近海生态环境立体监测和生态灾害预警预测研究，提高区域海洋与海岸带管理的科技服务能力，促进海峡两岸海洋生态环境领域的合作，为建设福建海洋强省、为海峡西岸经济区的可持续发展提供科学技术支撑。

实验室设立 3 个研究方向，部署 7 个研究重点，具体如下：

研究方向一：近海生态系统与环境演变

重点 1：近海浮游生态系统演变机理与环境效应

重点 2：亚热带底栖生物多样性及其保护利用

研究方向二：流域－近海生态环境动态监测与预测

重点 3：流域－近海生态与环境动态监测与信息服务系统

重点 4：流域－近海生态模型与预警预测技术

研究方向三：基于生态系统的流域与海岸带管理科学与技术

重点 5：海岸带生态系统可持续管理的技术支撑体系

重点 6：基于生态系统的流域－海洋综合管理

重点 7：受损生态系统修复理论与技术"

至此，开始了海陆界面省重室发展的新篇章。

2012 年 9 月，海陆界面省重室完成入驻厦门大学翔安校区的整体搬迁工作，为新一轮的发展提供了更为广阔的发展空间。2013 年 3 月，为促进学科交叉与融合，加强实验室内外学术交流，沿袭环科中心的"凌峰论坛"，海陆界面省重室围绕生态与环境领域，开设生态与环境论坛，因翔安校区背靠香山，故名"香山生态与环境论坛"（以下简称"香山论坛"）（图1-7-5）。

图1-7-5 "香山论坛"第一讲"台湾海峡生态系统与生物地球化学"开讲
（2013年3月25日）（黄水英摄）

（第一排左起：刘志宇、张文舟、李炎、胡建宇、黄晓舟、苏素红、王新红、黄邦钦、蔡毅华、王佳、周舒岚、连强、刘凯琳。后两排左起：陈兆云、柳欣、史大林、陈纪新、陈炳章、胡月雯、俞超超、曾阳、王娜、廖恩惠、王晋元、张彩云、卢文芳、廖俞、穆文华、邵明明、刘勇、郭锦霞、郭卫东）

2013年6月，海陆界面省重室设计了新的Logo形象，突出了台湾海峡研究和陆海统筹特色，提升了业界对重点实验室的认知度和辨识度（图1-7-6）。设计者倪钦彪对Logo的形象寓意做了说明："Logo抽象自台湾海峡地形图，表明实验室立足于台湾海峡区域；蓝、白和绿向西依次表示海洋、海岸和陆地，意在突出'服务海西'的主题，也体现'流域'、'近海'和'海陆界面'的特色；陆地颇似'福建'拼音首字母F；岸线则暗含实验室英文简称首字母C。F和C进而化成叶子和海藻，相得益彰，说明海、陆'生态环境'是统一体；留白涵括河口、海湾等，突

图1-7-6 福建省海陆界面生态环境重点实验室的Logo形象

出研究领域的复杂性，其形也如海岸浪涌，并借'后浪推前浪'表达人才辈出，成果丰硕之意。"

2016年7月，按实验室管理要求，组建第三届学术委员会，中国工程院院士

唐启升任主任委员、洪华生任副主任委员，委员包括：集美大学陈昌生、台湾海洋大学蒋国平、厦门大学李炎、国家海洋局海洋战略研究所刘岩、福建人大财经委刘修德、河海大学齐义泉、国家海洋局第一海洋研究所王保栋、福建海洋研究所张钒（图1-7-7）。同年，实验室管理团队也进行了微调，福建海洋研究所刘四光接替刚退休的张钒，任副主任。

图1-7-7　实验室第三届学术委员会第一次会议合影（2016年9月22日）（黄水英供图）

［第一排左起：黄邦钦、张钒、李炎、蒋国平、刘修德、洪华生、唐启升、梁红星、齐义泉、沈小平、毛通双、陈昌平。第二排左起：王键、洪建胜、郑连明、陈能汪、彭本荣、李杨帆、张珞平、骆巧琦、陈凯、林君卓。第三排左起：黄水英、张乐蒙、柳欣、傅婷婷、黄昆、陈岚、杜庆红（下一个台阶）、黄智伟、陈甘霖、张彩云］

2017年，福建省海陆界面生态环境重点实验室在福建省科技厅的考核评估中，从参评的57个实验室中脱颖而出，与其他10个实验室一同被评为优秀重点实验室。2021年，实验室在台湾海峡和厦门湾的长期观测和研究助力了国家级平台——"福建台湾海峡海洋生态系统国家野外科学观测研究站（厦门大学）"获批建设，实现了厦门大学野外台站的重要升级。

（二）只问耕耘

实验室自2000年成立起，传承厦门大学环科中心"艰苦奋斗、求实创新、止于至善"的优良传统，秉持"联合、开放、流动"的运行方针，始终坚持以海洋环境科学为研究特色和重点，以"延平2号"和"海洋2号"（图1-7-8）科考船为支撑，率先倡导区域公用调查船共享体系，长期深耕台湾海峡及其毗邻海域生态环境研究，拓展流域 – 河口 – 近海耦合系统研究，前瞻性地跨学科发展并实践了海洋与海岸带可持续发展理论研究，立足海西积极推动海峡两岸科技合作交流，为福建省海洋生态环境保护、防灾减灾以及海洋经济发展提供了重要的科学技术支撑，做出积极贡献。

图 1-7-8　厦门大学"海洋 2 号"科考船（2010 年）（李炎供图）

1. 台湾海峡及毗邻海域生态环境研究

台湾海峡地处中国东海和南海的交汇处，是我国最大的边缘海海峡，也是东海和南海物质和能量交换的关键通道。台湾海峡存在多种类型的上升流，为我国近海最为重要的上升流渔场之一，也是研究海洋生态系统响应气候变化和人类活动影响的理想区域。联合实验室聚焦台湾海峡及毗邻区域，在前期上升流生态系统与渔业资源变动研究的基础上，综合应用现场走航、定点观测、遥感、生物和化学示踪等多手段，持续开展台湾海峡上升流生态系统的生物地球化学过程及其对环境变化的响应机制研究（图 1-7-9），拓展了流域 – 河口 – 近海耦合系统研究，前瞻性地跨学科发展并实践了海洋与海岸带可持续发展理论研究。研究成果"台湾海峡初级生产力及其调控机制研究"获得 2003 年国家海洋局创新成果二等奖，"台湾海峡微型浮游生物生态研究"获得 2006 年教育部科技进步二等奖，"九龙江流域农业非点源污染机理与控制研究"获得 2008 年福建省科学技术二等奖。此外，基于台湾海峡和九龙口 – 厦门湾长期观测，集成多年台湾海峡和海陆界面研究成果，2011 年在 *Continental Shelf Research* 出版的专刊 *Upwelling*

Ecosystem in the Southern Taiwan Strait（《台湾海峡南部上升流生态系统》），2015年在 *Estuarine Coastal and Shelf Science* 出版的专刊 *River-estuary-coast Continuum: Biogeochemistry and Ecological Response to Increasing Human and Climatic Changes*（《流域－河口－近海连续体生物地球化学和生态对人类和气候变化的响应》），在业界引起很大反响。研究结果对于深入认识全球变化背景下流域－河口－近海系统的变迁规律、趋势以及调控机制、防灾减灾等提供了重要的科学基础，为流域－河口－近海水环境管理提供科技支撑，为国际相关研究提供了重要范例。

图 1-7-9　搭乘"延平 2 号"在台海海峡科学考察（2006 年 7 月）（黄邦钦供图）

（1.田皓洁，2.朱佳，3.林丽贞，4.王丹，5.黄邦钦，6.陈凯，7.朱彧，8.相卫国，9.孙璐，10.袁梁英，11.郭东晖，12.邵浩，13.周喜武，14.陈宝山，15.董强，16.胡建宇，17.杨位迪，18.郑连明，19.曹知勉，20.隋晓飞，21.胡俊，22.柳欣，23.王鑫煌，24.彭金贵，25.陈照章，26.蓝文陆，27.叶翔，28.阮五崎，29.王庆荣，30.张钒）

2. 推进区域公用调查船共享体系

实验室十分注重海上环境调查监测技术公共服务平台建设，积极倡导区域公共调查船共享体系，推进海上观测平台共建共享与海洋现场数据长期积累机制。这与 2010 年国家自然科学基金委提出的设立区域共享船时项目理念不谋而合。2010 年，实验室以"延平 2 号"科考船为支撑，由李炎担任首席科学家，首次承担国家自然科学基金委台湾海峡科学考察实验研究项目，历时16天，完成179个大面站的剖面和走航观测项目，获取了大量宝贵的第一手样品，为近海动力过程、海洋生物地球化学、海洋生物生态、海洋地质和海洋地貌动力学等10个自然科学基金项目提供服务，取得圆满成功（图1-7-10）。此后，实验室继续以"延平2号"为支撑，持续承担基金委台湾海峡共享航次项目。截至2022年7月，历任航次首席科学家的还有胡建宇、黄邦钦、刘志宇、蔡毅华、江毓武、柳欣等，针对台湾海峡生态环境演变及其对全球变化的响应等科学问题，为国家自然科学基金项目在该区域的实施提供支持与服务。如今，"延平2号"已成为国内台湾海峡和南海海洋调查与科研的重要平台，影响也日益扩大。

图1-7-10　台湾海峡共享航次出发前在厦门公务码头合影（2010年6月20日）

（刘四光供图）

（第一排左起：邵浩、陈丽丹、王磊、汪卫国、吴泽文、谢聿原、蔡毅华、陈文昭、林供，右1陶峰。第二排左起：雷发美、张璇、曹林丽、李欣、颜秀利、洪华生、刘志华、阮五崎、李炎、林文芳、莫钰、张钒、袁伟明、陈子辉。第三排左起：郭卫东、梁红星、陈照章。第三排左6起：刘建斌、张余得、袁凯瑞、林良师、卢阳阳、刘志宇）

2014年，海陆界面省重室以"海洋2号"科考船为支撑，启动九龙江口-厦门湾长期观测计划，设立九龙江口-厦门湾共享航次，按季节尺度开展综合观测和实验，搭建河海界面多学科交叉研究平台，推进河海界面生物地球化学过程、生态过程和环境效应等研究（图 1-7-11）。近 8 年来，九龙江口 - 厦门湾共享航次服务了厦门大学、中科院城市环境研究所、自然资源部第三海洋研究所、集美大学、厦门市海洋与渔业研究所等单位近 20 个课题组，共千余人次参加。该系列航次已成为实验室的工作亮点，海陆界面省重室因此于 2018 年 11 月受邀成为厦门海洋环境监测网络成员单位。

图 1-7-11　九龙江口 - 厦门湾共享航次首航（2014 年 2 月）（陈能汪供图）

（第一排左起：张雪莲、陈利雯、梁翠翠、吴小艳、黄晓舟。第二排左起：陈海阳、程鹏、雷学铁、张乐蒙、王磊、孙萍、陈能汪、黄丽颖、吴殷琪、胡安谊、周兴鹏。第三排左起：高越、谭巧国、卢水淼、谭萼辉、陈志刚、陈纪新、王弘杰）

3. 服务海峡生态环境保护

实验室充分利用自身优势，积极主动地承担地方社会、经济建设项目。多年来，实施与海西和周边地区生态环境建设密切相关的各类科研或工程项目，为福建省海洋防灾减灾及台湾海峡周边海域的环境安全、厦门市生态城市建设战略规划、厦门市环境监测与调查评估、生态环境修复及海洋与海岸带综合管理等方面提供科技支撑。

2001 年，科技部批复了在福建建立"十五""863"计划海洋监测领域重大专项"台湾海峡及毗邻海域海洋动力环境实时立体监测系统"示范区，实验室作为技术支撑单位，出任项目首席科学家、总工程师等重要职务，并承担与完成了项目总体设计以及船基监测系统、遥感监测系统、地波雷达监测系统、台湾海峡及其周边海区海流预报模型及应用系统、海流数值模型应用系统、海洋风暴潮灾害预警预报系统等关键任务，历经 10 年在台湾海峡及其周边海域建立了一个实用的、实时的、业务化运行的海洋环境实时立体监测系统，在福建海洋防灾减灾及台湾海峡周边海域的环境安全发挥了重要作用。（图 1-7-12）

图 1-7-12 "863"示范区首席科学家洪华生和总工程师商少平等到龙海现场验收大浮标（2007 年 7 月）(林法玲供图)

（左起：林海华、李民、洪华生、商少平、李炎、林法玲）

2017—2020 年承担"863"计划重点项目"高污染海洋浅水湿地生物修复的关键技术研究与示范"，首创"海水生态浮床技术"，应用于筼筜湖水环境治理与生态修复，成为生态修复技术的应用示范。2009—2012 年承担国家海洋公益性科研专项，完成"厦门湾海岸带主体功能区划"研究工作，践行"坚定不移实施主体功能区制度，建立国土空间开发保护制度，严格按照主体功能区定位推动发展"[1]的战略方针，为实现"美丽厦门战略规划"奠定了基础。2013 年制定《海湾围填海规划环境影响评价技术导则》国家标准，在评价内容、技术路线和方法等方面达到国际先进水平，填补了我国在海湾围填海规划环境影响评价技术标准的空白，对全国海洋规划决策的环境影响评价具有普遍的指导意义。此外，在海域生态补偿及海洋经济领域相关研究方面取得突出进展，建立了厦门海域使用金征收标准，拟定《海域增值费的征收管理办法》，制定厦门海洋生态损害补偿 / 赔偿标准及实施方案，提出了《促进厦门海洋经济高质量发展的政策》，上述标准和办法均被地方政府采纳[2]，为业务部门提供决策执法依据。

---

[1] 中国共产党第十八届中央委员会第三次全体会议：《中共中央关于全面深化改革若干重大问题的决定》，2013 年 11 月 12 日。

[2] 《厦门市人民政府关于印发厦门市海域使用金征收管理办法的通知》，厦府〔2006〕206 号；《厦门市人民政府办公厅关于印发厦门市海洋生态补偿管理办法的通知》，厦府办〔2018〕53 号；《厦门市人民政府关于印发促进海洋经济高质量发展若干措施的通知》，厦府规〔2020〕14 号。

4. 推动两岸科技合作

海峡两岸，一水之隔，一脉相承。实验室借助地处东南、毗邻台湾海峡的优势，立足海西，通过互访交流、联合培养学生、项目合作研究、打造海峡两岸学术交流平台等多种形式，积极推动海峡两岸科技合作与交流。

2009年10月，由厦门大学洪华生、台湾成功大学高家俊和台湾"中央大学"刘康克联合发起"海峡两岸海洋环境监测及预报技术研讨会"，由两岸轮流主办，旨在提升海峡两岸在海洋环境监测及预报技术的研究和应用能力，提升海峡两岸防灾减灾能力，为海峡两岸海洋经济发展提供生态环境安全保障，造福海峡两岸人民。十余年来，在厦门大学、台湾"中央大学"和福建省海洋与渔业局等的大力支持下，已分别在厦门、平潭、武汉、基隆、金门、澎湖等地举办了9届会议（图1-7-13）。随着两岸经贸交通往来与合作交流日趋频繁，会议研讨议题不断深化，包括了海洋环境、灾害监测与预报，两岸海洋经济发展之生态与环境安全保障，海洋环境大数据与人工智能等多个议题，涉及生态保护、经济发展、技术创

图1-7-13　第一届海峡两岸海洋环境监测及预报技术研讨会（2009年10月）（黄水英供图）

（第一排左起：谢燕双、李炎、蔡清标、黄世峰、洪华生、陈力文、许泰文、方天熹、林炤圭、魏艳、马腾。第二排左起：黄水英、邱云、江毓武、吴立武、高家俊、朱建荣、庄甲子、廖建明、何蕾、万莉颖、李艳春、刘桂梅、林孟妹。第三排左起：张文舟、曾银东、王培涛、县言宗、黄邦钦、林海华、李宝辉、吴雄斌、吴立中、钱桦、胡建宇、朱大勇、林毅辉、李伦）

新等多个领域，从区域性到全球性，从学术研讨到社会民生，紧密联结了两岸科研院校、政府部门、机关单位、企业公司等多方主体，科学研究不断推进创新，政府部门提供决策指导，机关单位配合应用落地，企业公司转化创新成果……极大深化了两岸同胞命运共同体的建设，并有效推动了"科学研究服务于实务应用，实务应用反哺科学研究"的良性循环，研讨会已成为海峡两岸海洋环境领域学术交流与"政产学研用"合作创新的重要平台。

2011 年，国家自然科学基金委员会与福建省人民政府共同设立促进海峡两岸科技合作联合基金，为促进海峡两岸科技合作和人才交流搭建了有利平台。实验室基于在台湾海峡的长期研究基础，围绕共同关心的研究区域和科学问题，与台湾同行合作申请联合基金。2011 年至今，先后获批 4 项联合基金，开展了相关研究。2012 年，洪华生与台湾"中央大学"刘康克围绕"极端天气下台湾海峡动力环境演变与生态响应"开展合作研究（图 1-7-14）；2014 年，胡建宇与台湾海洋大学何宗儒教授围绕"台湾海峡与吕宋海峡水体交换及相互作用研究"开展合作研究；2019 年，黄邦钦与台湾海洋大学蒋国平围绕"台湾海峡浮游植物群落演变及其对河口羽流 - 上升流耦合系统的响应"开展合作研究；2021 年，蔡明刚与台湾"中央大学"张木彬围绕"东南亚 - 闽台地区持久性有机污染物的跨境传输及

图 1-7-14　洪华生与台湾"中央大学"刘康克教授领衔的联合基金项目
学术交流会（2015 年 1 月）（黄水英供图）

（前排左起：郑艺妃、陶小琴、Ayu Ervinia、林锐、周红玉、姜雪敏、曾银东、刘康克、洪华生、江毓武、郭卫东、魏珈。后排左 2 起：吴杰忠、单宇杰、罗汉宏、倪钦彪、张文舟、郭东晖、周培、吴栢兆、廖泽良、傅军、张义敏、王志恒、黄水英）

其海洋调控"开展合作研究。这些海洋领域的联合基金的实施，对促进福建省海洋科技创新能力的提升做出了重要贡献。

　　总结过去，展望未来。福建省海陆界面生态环境重点实验室将继续携手并肩、同舟共济，以公用共享平台、项目合作研究等机制持续带动重点实验室高效运行和发展，树立运行管理模式典范，传承台湾海峡研究的科研事业，续谱服务海西经济建设华章。

　　黄水英，2005 年至 2008 年在厦门大学海洋与环境学院海洋学系就读，获硕士学位。2008 年至 2012 年在近海海洋环境科学国家重点实验室（厦门大学）从事特聘教授研究助理工作。2012 年就职于厦门大学环境与生态学院，现任高级工程师。

　　黄邦钦，1985 年和 1988 年分别获厦门大学理学学士和硕士学位。毕业后就职于厦门大学海洋学系、环境科学研究中心、海洋与环境学院。1995 年至 1999 年在环科中心攻读在职博士学位。现任厦门大学环境与生态学院南强特聘教授、福建省海陆界面生态环境重点实验室主任、福建台湾海峡海洋生态系统国家野外科学观测研究站站长。

国际化文理工交叉平台

——厦门大学海洋与海岸带发展研究院

◎ 方秦华

（一）1985 年：环境管理的启动

1992 年初夏，时任国务院总理李鹏率团出席了在巴西里约热内卢召开的联合国环境与发展大会。毫无疑问，这是人类历史上一次盛况空前的大会，183 个国家和地区派团参加，118 个国家的元首或政府首脑出席。会上，通过了具有划时代意义的《21 世纪议程》，标志着经过长达 5 年的发酵和酝酿，"可持续发展"真正从一个原则抽象的概念成为引领全球发展的实践议题。会上，李鹏总理代表中国政府签署了影响至今的《生物多样性公约》和《气候变化框架公约》。可以说，这次大会开启了中国环境保护事业发展的激情燃烧的年代。

厦门大学环境科学研究中心（以下简称环科中心）的成立正是厦门大学对国家环境保护基本国策的积极响应。基于 1982 年成立的厦门大学环境科学研究所（以下简称环科所）打下的坚实基础，环科中心从创建伊始就有一个全面的布局，除了环境化学和环境生态与毒理学方向，还由张珞平领头建立了环境管理组。而厦大环境管理研究的历史可追溯到 1985 年开始开展的环境评价和环境规划；后来，终于在 2000 年设立了环境管理方向，2003 年获批环境管理专业。可以说，正是厦大在环境管理方面实践和研究的不断探索，奠定了其后 20 年厦门大学环境学科在可持续发展方面的研究基础，从而催生了海洋与海岸带发展研究院等学科交叉平台。

（二）1994 年：国际项目的实践

几乎与此同时，有一位叫蔡程瑛（Chua Thia-Eng）的国际项目负责人正在寻找最合适的海洋污染预防和管理示范区，他手捧中国地图沿着海岸线自北向南看了不少地方，但几番比较之后仍无法确定示范区的选点，直到他完成了对厦门的考察，终于决定将全球环境基金（Global Environment Facility）/联合国开发计划署

（The United Nations Development Programme）/国际海事组织（International Maritime Organization）（GEF/UNDP/IMO）"东亚海域海洋污染预防与管理示范区项目"落户厦门，由此开始了后来称之为"东亚海环境管理伙伴关系区域组织（Partnerships in Environmental Management for the Sea of East Asia，PEMSEA）"的国际组织所推行的"海岸带综合管理"先进理念在厦门的连续实践。蔡程瑛本人不仅成了中国人民的好朋友（1997年获中国政府"友谊奖"），更成为一个"厦门郎"（2011年获厦门市荣誉市民称号）。

多年以后，当这个"厦门郎"被问及当年选择项目落地的理由时，他提到一系列的标准，除了海洋环境问题自身的典型性，还有地方政府领导的意愿，以及海洋科技支撑能力，等等。当时的厦门得改革开放风气之先，市政府领导的开明、开放，给他留下了颇为深刻的印象，让他对项目实施有了充分的信心。随后，他在厦门期间接触到洪华生并与之进行了深入交谈，这次谈话消除了他最后的疑虑。他相信，厦门拥有厦门大学等一批高校和科研机构，在海洋环境科学方面具有雄厚的基础，必将为项目顺利实施提供很好的支持和保障。

洪华生抓住这一国际项目最终落户厦门的难得契机，在5年（1994—1998）时间里，带领环境管理组的张珞平、薛雄志、江毓武等人，通过坚实的科学研究和坚持不懈的呼吁，紧锣密鼓地推动了厦门海岸带综合管理的构建和实践。厦门率先建立了海岸带综合管理协调机制，其中就包括成立海洋专家组以加强厦门海岸带综合管理的科技支撑，洪华生是第一任专家组长。在此期间，第一个大比例尺海洋功能区划、第一个地方性法规"厦门海域使用管理规定"、第一个"厦门市海域功能区划地理信息系统"等一系列以实现海岸带综合管理为目标的创新举措相继推出。环科中心不仅为厦门示范区的成功做出了重要贡献，更为厦门在东亚海区域海岸带综合管理近30年的发展历程中留下了浓墨重彩的一笔。

如果说，1992年环科中心成立时即重视环境管理方向的建设和发展是为厦门大学海岸带可持续发展研究描绘了蓝图，那1994—1998年"东亚海域海洋污染预防与管理厦门示范区项目"的实施则是为此奠定的第一块基石。此后，张珞平、薛雄志、彭本荣、方秦华、黄金良、陈能汪等人相继在海岸带综合管理体制机制、海岸带开发战略环境评价、海域有偿使用、海域–河口–海湾环境综合管理等方面取得研究成果，《厦门海岸带综合管理十年回眸》《海岸带生态系统服务价值评估理论与应用研究》《福建省海湾数模与环境研究——厦门湾》《九龙江流域农业非点源污染控制与机理研究》等著作相继出版（图1-8-1）。而在持续推动厦门海岸带综合管理发展的过程中，蔡程瑛也成为洪华生事业上的好朋友，成为后来厦门大学海洋与海岸带发展研究院（以下简称海发院）（Costal and Ocean

Management Institute，COMI）国际化发展的好伙伴。

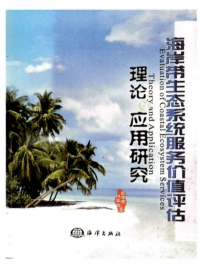

图 1-8-1　出版的海岸带综合管理研究部分书籍

（洪华生、薛雄志：《厦门海岸带综合管理十年回眸》，厦门大学出版社 2006 年版。彭本荣：
《海岸带生态系统服务价值评估理论与应用研究》，海洋出版社 2006 年版）

（三）1998 年：文理交叉的探索

　　环境管理团队经过 1994—1998 年"东亚海域海洋污染预防与管理厦门示范区项目"的淬炼而迅速地成长，具备了应用自己的专业知识为决策提供咨询和服务的能力。但在科学家与决策者更多的交流碰撞后，人们意识到，推动海岸带综合管理需要有效搭建科学和决策的桥梁，学科交叉成为其必然要求。

　　1998 年，加拿大国际发展署（Canadian International Development Agency，CIDA）资助，由加拿大的 Saint Mary's University, Dalhousie University, University of New Brunswick，Nova Scotia Agricultural College 以及中国的厦门大学、福建农业大学和越南的河内国立大学，三国七校共同开展的公众基础的环境保护管理（Community-Based Conservation Management, CBCM）国际合作项目，为促进厦大环境管理研究的文理交叉提供了难得契机。

　　CBCM 项目于 1998—2003 年实施，该项目的实施旨在加强大学在公众基础的保护管理领域的能力建设，提高大学的学科交叉能力。洪华生作为厦门大学项目负责人和张珞平一道，推动多学科交叉研究，引入国际上以公众为基础的环境管理先进理念，在能力建设、公众环境意识宣传教育、公众参与机制建设等方面积极作为，广泛汇聚厦大社会学系、会计系、高等教育研究所、网络中心等院系20多名老师为主要骨干力量，联合校团委、研究生会、学生环保协会等校内团体，以及厦门市妇联、科技中学、滨海街道等厦门市团体共同参与。在CBCM项目进行过程中，邀请了十几名包括城市规划、环境工程、环境经济、环境统计、环境社会、环境规划与评价、生物多样性保护、公众参与、性别研究、可持续发展等方面的外国专家来厦大讲学，并进行现场指导。与此同时，厦大先后派出10余名环境科学、经济学和管理学等专业的教师去加拿大进修、交流。这些教师均学成归来，并将自己所学充分应用到教学实践中，增开新课，调整、更新教学内容，对原有教学方法进行改革，显著提高了教学水平。通过项目实施，新开发了"环境规划与评价""GIS在环境管理中的应用""环境工程""海岸带综合管理""环境经济学""环境会计学""环境社会学"等13门研究生课程，其中6门获教育部网络课程立项（图1-8-2）。当年的这些前卫动作，为后来成立的以促进文理工交叉为宗旨的海发院打下基础。

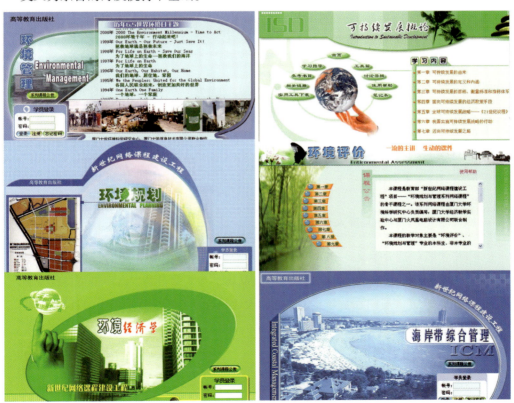

图 1-8-2　在教育部和 CBCM 项目支持下开发的环境规划与管理系列网络课程

［洪华生、张珞平：《环境规划与管理系列网络课程（厦门大学）》，教育部《新世纪网络课程》2002 年版］

与此同时，跨学科研究所催化产生的合力，让 CBCM 在提高人民大众和决策者的环境意识方面取得了可喜的成果。

作为 CBCM 的示范项目，对厦门岛东海岸区域开发规划的环境影响开展了战略环境评价，这是在国家尚无规划环境影响评价法定要求的情况下，厦大环科人的创新探索，研究成果为旅游资源的可持续利用提出了很好的建议。2000 年初，厦大 CBCM 项目组在 1999 年调研和战略环境评价的基础上，向厦门市政府有关部门提交《关于厦门岛东南海岸发展过程中存在的问题及建议》报告，引起高度重视。根据建议，环岛路二期工程防护林带进行了重新规划，环岛路三期工程路线及走向进行了修改，一时成为研究成果支持政府决策的美谈。日益扩大的社会影响，让环科人更坚定了走科学和管理相结合、多学科交叉融合发展道路的决心（图 1-8-3）。

图 1-8-3　CBCM 项目开展活动的撷影（2001 年）
（黄水英供图）

（四）2001 年：创新人才的培养

人才培养是大学义不容辞的使命，结合国际化和文理交叉的特色，能力建设和人才培养成为后来海发院的一块响亮品牌。为人瞩目的"海岸带可持续发展国际培训中心""厦门大学与美国旧金山大学联合培养环境管理硕士项目"，以及"海洋事务"硕士、博士国际项目相继诞生。

1. 海岸带可持续发展国际培训中心

在"东亚海域海洋污染预防与管理厦门示范区项目"实施过程中，深感地方官员的海洋意识和科学素质对于海岸带可持续发展的重要性，如何充分利用高校的人才培养优势更好地为厦门的建设和管理多做贡献，成了时任厦门海洋专家组长的洪华生经常思考的问题。这些思考最后凝结成为洪华生于 1996 年 12 月 8 日向厦门市政府提交的一份共建"海岸带可持续发展培训中心"的报告。这份报告 3 天之后就由时任副市长朱亚衍送到了市长洪永世的案头，5 天之后的 12 月 16 日，洪永世对报告做了批示："大好事，我赞成。"很快，厦门市（由海洋管理办公室杨本喜代表）和厦门大学（由洪华生代表）签署了《厦门市政府与厦门大学海洋与环境学院共建厦门海岸带可持续发展培训中心协议书》。

培训中心提出以"提高干部的科学素质和管理水平；促进科学更直接地为社会经济发展和管理服务，促进学科交叉与人才培养；推广厦门在海岸带综合管理和环境保护方面的经验，提高厦门在国内外的知名度；争取厦门成为国家有关部委和国际有关组织进行海岸带综合管理和环境保护培训的依托点，进而使厦门的管理达到国际水平"为宗旨，制订了共建 3 年的工作计划，具体包括"'海洋管理与 21 世纪'短期干部培训班""厦门示范区海岸带综合管理经验推广培训班""厦门示范区海岸带环境影响评价与监测技术培训班""在职专业技术和行政管理人员硕士课程培训班"以及国际组织在厦门举办的有关海洋和陆域环境保护的培训任务等。

培训中心刚成立就体现了做大事的气魄。这从主任、副主任的设置可见一斑：

主任：朱亚衍（厦门市委副书记，常务副市长）

常务副主任：洪华生（厦门大学海洋与环境学院院长）

副主任：蔡谋（厦门市人事局局长）、杨本喜（厦门市政府办公厅副主任、厦门市海洋管理办公室主任）

一个特区市政府和一个大学的二级学院共建培训中心，再由常务副市长亲自担任主任，在今天看来，并不合常理。这背后，是地方政府紧迫的求才、求知，是一切为了发展的为政担当；也充分体现了洪华生等环科人勇于担当、积极作为的"环科精神"。

1997 年 1 月 25 日上午 8:30，简短的揭牌仪式（图 1-8-4）之后，第一期培训开张了。在厦大凌峰楼二楼狭小的会议室里，挤满了市海洋管理协调领导小组成员、有关行政管理部门人员、专家和被吸引前来的记者。同时挤在人群里当学生的还有中心主任、厦门常务副市长朱亚衍，他没有按惯例在揭牌仪式结束后就离开，而是全程听完了讲课。第一课的主讲人来头不小，他就是时任全国人大环境与资源保护委员会主任委员曲格平。1997 年 1 月 26 日的《厦门日报》，以《厦门海岸带可持续发展培训中心成立》为题做了报道，其中写道："它是我国第一家教授人们如何在开发海洋资源的同时保护海洋的培训中心……挂牌仪式之后被誉为中华环保第一人的曲格平教授为与会者作可持续发展策略专题讲座。"

图 1-8-4　厦门海岸带可持续发展培训中心揭牌仪式（1997 年 1 月）（卢昌义摄）

（前排左起：杜明聪、林明鑫、朱亚衍、李少菁、张斌生、阮五崎。后排左起：郑微云、洪华生、林汉忠、郑天凌）

曲格平是当之无愧的"中华环保第一人"，他曾历任中国第一位常驻联合国环境规划署首席代表、第一任国家环保局局长、第一任全国人大环资委主任委员，也是中国第一个"联合国环境大奖"和"国际蓝色星球奖"获得者。"中华环保第一人"如何从北京走到了厦门大学环科中心的小教室？这次培训在厦门市广大干部心中激起了怎样的反响？这背后的故事在洪华生回忆起来仍然历历在目，但这个故事已不是这篇小文能够尽述了。

其他被邀请到这个小教室的专家及其报告也都不简单：国家环保局副局长张坤民主讲"环境管理与可持续发展"，国家海洋局战略研究所副所长杨金森主讲"中国海洋 21 世纪议程"，国家海洋局副局长陈炳鑫主讲"国际海洋法与海洋综合管理"，还有来自美国罗德岛大学、香港城市大学、英国北爱尔兰 Ulster 大学等境外一批教授也走上了讲堂。

2001 年 11 月，厦门海岸带可持续发展培训中心进一步得到国家海洋局和 PEMSEA 的支持，提升为四方共建的"海岸带可持续发展国际培训中心"（图

1-8-5）。从此，除了传播国际上先进理念的任务，国际培训中心又增加了总结厦门海岸带综合管理的成功实践和经验进行国际推广的新使命。可以说，环科人正是积极向国际社会讲好海岸带可持续发展的"中国故事"、提供"中国方案"的先行者。

图1-8-5　厦门海岸带可持续发展国际培训中心揭牌仪式（2001年11月）（黄水英供图）

（左起：薛雄志、王春生、李海清、潘世建、洪华生、蔡程瑛、陈传鸿、吴辉煌、杨本喜、余兴光）

2."厦门大学与美国旧金山大学联合培养环境管理硕士项目"（2003—2009）

在国际培训中心基础上，厦大环科人又迈向挑战更大的中外联合办学。2003年8月5日，教育部正式批准了厦门大学和美国旧金山大学联合培养环境管理硕士项目（中美班），开启了国内"环境管理"专业方向第一个中外合作培养的硕士生项目。从2004—2006年，中美班共招收3届学生计79人，这些统招入学的学生经过包括托福考试和专业学习在内的严格培养，最终都拿到了分别由厦门大学和美国旧金山大学授予的硕士学位证书。中美班培养的这一批毕业生中，涌现了不少环境管理的科学研究、行政管理或产业实践领域的专门人才，中美班也成为环科发展史上的难得记忆。

张珞平是这个国内外环境管理学科合作办学第一个项目的负责人，对于项目实施的艰难，张珞平有着切身的体会。但经过不懈的探索和努力，困难得以逐一克服。以下是项目运作的基本情况，也许可以为将来更多的中外合作办学提供参考和借鉴。

（1）高度重视在美实践教学和管理前沿。第一学年短学期旧金山大学教师到厦门大学用英文教授3门专业课程（"地表水和空气中的污染物运输""环境风险评估与管理""应用生态学"）。第二学年短学期学生前往旧金山大学进行为期3周的研学，在美国期间上1门专业课和1门实习课（"美国环境管理流程"和"专业实践课程"）。实习期间，学生前往不同部门进行参观，听取各个部门的学者现场授课，亲身感受美国环境管理理念和方法。3年学习过程中，除5门美方教师授课的课程外，学生还有机会听取大量专家讲座，涉及环境管理的广泛领域如气候变化政策和合作、能源、污水处理、环境管理ISO 14001、环境安全、美国环境法律、过程风险分析，等等。参观实习项目有加州科学馆、海湾模型、壳牌石油精炼厂设施及其公司环境管理、Keller城市垃圾填埋场、Crissy Field湿地系统、Muir Wood红杉保护区、海滨污水处理厂，等等。

（2）充分利用美方的学术资源。学生同时享有旧金山大学研究生的同等权益，可通过互联网使用该校的全部文献资源；学生通过互联网提交美国老师授课的课程作业和研究报告，与美国导师联系、接受论文指导。在这个过程中，加上托福考试要求（550分），学生的语言能力得到大幅提高，国际视野得到充分拓展。

（3）积极发挥我校多学科交叉优势。在项目进行过程中，充分利用我校其他院系资源，邀请如法学院、公共事务学院、管理学院、软件学院等多位外系教授作为中美班学生的导师，同时鼓励学生积极选修外系课程。学生课程体系文理交叉，有利于综合应用型人才的培养（图1-8-6）。

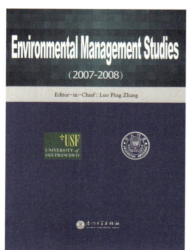 

图1-8-6　中美班论文集封面（左）和中美班2004级师生在美合影（右）（张珞平供图）

（右：前排左2 Paolo Ricci、第二排右1 张珞平）

3. 海洋事务国际研究生项目

厦大环科的特色是海洋，海洋强国战略的提出对海洋管理高层次人才提出了紧迫的需求。高瞻远瞩的环科人借 2004 年"全球八校联盟（GU8）"成立的契机，推动了海洋事务交叉学科研究生专业的设立。

全球八校联盟（GU8）创建于 2004 年，当时联盟成员由全球主要港口城市所在的大学组成，除了厦大，还有韩国仁荷大学，美国罗德岛大学、华盛顿大学，法国列阿佛尔大学，以色列海法大学等。由于这些学校位处沿海城市，海洋管理成为各方的共同兴趣。在 2004 年通过的 GU8 协议中，即将海洋事务教育和研究确定为联盟合作的重点。

2005 年 3 月 14—16 日，在厦门大学召开了 GU8 第二次联合教育委员会会议，建议由厦门大学与罗德岛大学和仁荷大学联合设立海洋事务本科双学位，要求提出具体框架供次年会议讨论。此后特别是当年 11 月起的半年时间里，厦门大学与罗德岛大学和仁荷大学开始了在 GU8 框架下建立多所大学海洋事务教育项目的密集讨论。2006 年 9 月，GU8 校长理事会第三次会议在美国罗德岛大学召开（图 1-8-7），张珞平、彭本荣在美国罗德岛与罗德岛大学和仁荷大学的代表会面，提出了多所大学联合开展海洋事务硕士研究生培养的计划，并提出先共同开发核心课程，其次扩大学生和教师交流，然后创建联合学位项目的三步走策略。2006 年 10 月 14 日，海发院第一届学术委员会会议成功召开，上述计划得到与会学术委员的充分肯定。11 月，北京传来好消息，中国第一个海洋事务硕士（Master of Marine Affairs, MMA）项目获得教育部批准，为两年学制，培养方向为海洋政策与法律、海洋经济和海洋与海岸带管理。12 月，MMA 项目成为厦门大学首批 6 个

图 1-8-7　全球八校联盟（GU8）校长理事会第三次会议在美国罗德岛大学召开（2006 年 9 月）（洪华生供图）
（左 2 朱崇实；每面国旗后面为本国代表）

国际硕士学位项目之一。一个日后在东亚、南亚、非洲声名远播、独具特色的学科交叉国际化研究生项目自此迈出了坚定的步伐。

2007年，厦门大学海洋事务国际硕士项目启动国内外招生。当年9月，13名不同专业背景的研究生踏入校园。值得一提的是，虽然时间仓促，国际招生宣传尚未完全启动，但已经有一名来自孟加拉国的留学生入学。此前，彭本荣也完成了他在罗德岛大学一年的博士后研究，经过Richard Burroughs等教授的"耳提面命"，作为海洋事务的年轻骨干说着英语走上了讲台。2008年7月罗德岛大学Richard Burroughs教授也来厦大授课。此后，在中国政府"海洋奖学金"等各类奖学金的支持下，海洋事务国际生招生稳步发展，国际生在教室里已经不再孤单。洪华生以身作则，亲自授课。在她的感召下，师资队伍也逐步扩大，法学院朱晓勤（以及后来的徐鹏），公共事务学院陈芳，海洋与地球学院张文舟、蔡明刚，环境与生态学院薛雄志、黄凌风、方秦华、黄金良、朱旭东等来自全校不同院系的老师先后为海洋事务专门开设课程。（图1-8-8）

图1-8-8　2007年海洋事务第一届海洋事务硕士研究生（左）和2008年7月罗德岛大学Richard Burroughs教授在校授课期间与师生合影（右）（叶亮英供图）

（右：前排左1洪华生、左2 Richard Burroughs、左4彭本荣）

招生5年后的2012年，按照国务院学位委员会、教育部关于二级学科和交叉学科设置文件的要求，海洋事务开展了二级交叉学科自主设置申报，成为厦大首批设立的三大交叉学科之一，获教育部批准成为依托海洋科学、环境科学与工程、法学、应用经济学和公共管理5个一级学科的自主设置交叉二级学科，同时具有博、硕士研究生招生资格。当时，办公室的曾鹏创纪录地在两天之内跑了6个城市，收集专家签字意见，及时把材料交到北京。多年以后，说起这段往事，曾鹏仍然记忆犹新。

2014 年开始，海洋事务正式启动博士生招生，同时招收理学与管理学两种学位类别的博士生，培养方向为海洋发展战略与政策、海洋法律、海洋经济学及海洋与海岸带管理。截至 2021 年 9 月，海洋事务专业共招收学生 247 人（硕士生 209 人、博士生 38 人），其中包含国际生 85 人（硕士生 76 人、博士生 9 人），他们分别来自英国、美国、哥斯达黎加、印尼、孟加拉国、巴基斯坦、韩国、柬埔寨、斯里兰卡、印度、菲律宾、泰国、伊朗、缅甸、越南、乌克兰、捷克、卢旺达、喀麦隆、尼日利亚、乌干达、摩洛哥等 29 个不同的国家，遍布"一带一路"沿线。全英文教学的国际化海洋事务专业，成为海发院的一张闪亮名片。

（五）2005 年：应运而生的海发院

一百年前，校主陈嘉庚先生亲自为厦门大学选址，不仅仅胸怀"要让外国的轮船来往厦门港的时候，能从海上一眼就看到一所壮观的学府"[①]的豪情壮志，还有让一代又一代厦大人在海风吹拂中种下海洋基因和特质的夙愿。面朝大海的厦大环科人也从来不缺乏拥抱海洋的勇气和魄力，在属于他们的时代更增添了海洋可持续发展舍我其谁的责任和担当。

经过差不多 10 年的发展，两大国际项目顺利实施奠定的基础以及深耕厦门的科研实践，一个基于环境管理的更宏大的发展目标在洪华生、张珞平等环科人心目中逐渐清晰起来：顺应国际发展趋势，创办多学科交叉的教学和科研平台。

2005 年上半年，张珞平利用参加国际会议的间隙先后访问了荷兰莱顿大学，美国哈佛大学、耶鲁大学和斯坦福大学等知名大学的环境科学研究所，调研多学科交叉机构的创办情况，特别是应邀前往美国莱斯大学的 Shell Center for Sustainability，调研该中心创办多学科交叉的教学和科研的成功经验。

2005 年初，洪华生在组织申报海洋环境国家重点实验室的同时，向朱崇实校长提出了建立可持续发展研究机构的建议，这一建议得到了校领导的积极响应。7 月 21 日，学校有关领导开会，提出以下要点：成立可持续发展研究相关机构有利于将现有几个松散的研究机构的力量更好地协调整合起来，以争取更大科研项目，寻求更多国际合作；该研究机构应该采取全新的管理体制和运行机制；学校将该研究机构纳入"985 工程"二期重点建设项目，给予为期 3 年的启动资金，但关键是要增强研究机构自身的造血功能；研究机构应妥善处理好与学校各有关学院之间的关系，人才培养工作仍以学院为主，该研究机构应发挥自身优势，帮

---

① 朱水涌：《厦大往事》，厦门大学出版社 2011 年版，第 55 页。

助各有关学院培养更多综合性、多元化、国际化的人才。

上述意见指明了新的研究机构的发展路径，其中以创新管理体制和运行机制、以科研项目促进学科交叉的先进思想最为显眼。毫无疑问，这既有受制于当时无法新增编制的现实原因，更有对标国际先进研究院创办理念的理想主义情怀。

9月6日，洪华生、张珞平等人正式提交了关于成立"厦门大学海洋与海岸带发展研究院"的申请报告。报告提出，研究院一方面"彰显厦门市与厦门大学面向海洋的特色，占领目前国内该研究领域的制高点"，另一方面"发挥厦门大学多学科的优势，加强与国际的合作，打造国际品牌"。同时"为地方可持续发展提供科技支持"，提出海发院四大宗旨："一是通过建立跨学科研究的平台，整合我校现有的教学与科研资源，发挥跨学科交叉研究的优势，发展新的边缘学科；二是进一步推动国际合作，形成强大的合作团队，创建我校的特色品牌；三是培养能够满足社会需要的高素质的复合型人才；四是通过多学科交叉研究，为企业、地方政府和国家决策和管理提供咨询和建议。"

9月30日上午，由朱崇实校长主持召开了2005年第十八次校长办公会议，"会议同意成立厦门大学海洋与海岸带发展研究院"。至此，海发院（COMI）正式取得了校内的出生证。

10月9日，朱崇实校长和远道前来参加"厦门国际海洋城市论坛"的联合国开发计划署（UNDP）和PEMSEA的客人，以及国家海洋局和厦门市政府的代表一道，参加了海发院揭牌仪式（图1-8-9）。承载着厦大环科人又一个希望和梦想的新型研究院在掌声中呱呱坠地了。

图1-8-9　海发院揭牌仪式（2005年10月）（林晓燕供图）

（左2潘世建、左3朱崇实、右1蔡程瑛）

（六）2011 年：更广阔的国际舞台

海发院的成立缘于全球可持续发展议程的召唤，缘于两大国际项目打造的基石，缘于与国际组织的长期合作，缘于国际化办学的不懈探索。毫无疑问，海发院的国际化是与环科人国际化视野的一脉相承，是其最为深刻的生命基因的表达。因此，成立之后的海发院必然在国际化的道路上越走越远。

1. 国际化的学术委员会

海发院一开始就成立了国际知名学者组成的学术委员会，构建了国际化的智囊团（图 1-8-10 ）。

图 1-8-10 海发院的 4 届学术委员会年会（叶亮英供图）

（左上：2006 年 10 月 14 日首届。右上：2007 年 11 月第二届。左下：2008 年 11 月第三届。右下：2009 年 11 月第四届）

海发院第一届学术委员会的专家个个大有来头：

Marc J. Hershman 教授，华盛顿大学海洋事务委员会首位主任，美国国家海洋政策委员会成员，美国总统海洋政策顾问；

Seoung-Yong Hong 教授，韩国仁荷大学校长，1999—2002 年担任韩国海事和渔业部副部长，韩国政府政策规划总统委员会和国家经济咨询委员会成员，全球八校联盟（U8）第一任主席。

此外，还有美国罗德岛大学的 Thomas A. Grigalunas 教授、担任荷兰瓦赫宁恩大学资源研究中心主任的 Ekko C. Van Ierland 教授、担任欧盟科技协会秘书长的 Hendrik Schlesing、美国维吉尼亚大学法学院的 John Norton Moore 教授、美国伍兹霍尔海洋研究所的 Di Jin 博士，以及来自国内的国家海洋局原局长王曙光。

这其中的每一个都是在国际海洋政策、海洋管理领域响当当的人物。2008年，厦门国际海洋周通过海发院邀请美国特拉华大学海洋政策中心主任，美国海洋政策委员会科学顾问、全球海洋论坛（Global Ocean Forum）创办人和联合主席 Biliana Cicin-Sain 来发表演讲，当时前来参加活动的国家海洋局的官员大为赞叹，连称"想不到"厦门大学能邀请到这么有国际影响的重量级专家。后来担任过海发院学术委员的国际知名人士还有很多，他们都为海发院的发展做出了重要的贡献。

受邀莅校的学术委员会的专家们不仅要参加海发院的学术年会、出席海洋周主论坛，还要见缝插针地走访厦门海岸带综合管理的示范现场，回到校园又马不停蹄地给海洋事务学生开讲座（图1-8-11）。在整个过程中，专家们乐此不疲，海发院的老师们也上紧发条，大家全程陪同、分工协作，直到把专家送回机场才能松口气。那时候的金秋时节，成了海发院的老师们一年中最为忙碌的时节。

图 1-8-11　Marc J. Hershman 教授在厦门大学为海洋事务师生做讲座（2007 年）
（叶亮英供图）

海发院不满足于专家们这种旋风式的做客，她更希望能有国际顶级的专家住下来，通过一段时间的朝夕相处，为还在蹒跚学步之中的海发院走得更快更好指引方向。2008年，海发院直接把蔡程瑛博士留在了厦门。经过3个月的深入调研之后，蔡博士向学校提交了一份海发院发展战略报告。

这份16页的英文报告站在国际前沿和发展的高度，检视了海发院取得的成就，"过去三年来，COMI在教育（例如新发展的国际研究生项目、海洋事务硕士项目和培训700多名国家和区域专家）、研究（例如流域沿海管理的跨学科研究）和外展（例如共同组织世界海洋周和国际交流活动）方面取得了一些重大成就"；但也毫不回避问题，在深入剖析的基础上，提出了海发院要有一个雄心勃勃的发展目标，即"建设成为海洋和沿海地区可持续发展的世界级研究和培训基地……发展成为沿海和区域卓越中心，促进流域、海岸、岛屿和海洋的可持续发展"；报告还锚定了海发院的战略发展方向为"促进发展国家和区域的海洋治理能力，并支持地方、国家、区域和全球各级在沿海和海洋管理方面的国家和国际努力；促进和开展跨学科、以生态系统为基础的跨部门综合管理的研究，以促进沿海和海洋资源的可持续利用，以及保护生物多样性和保护沿海和海洋生态系统的功能完整性，防止不受管制的人类活动；促进和发展方法和工具，以加强机构间和多部门的协调，以及各级治理的政策和职能一体化"。而要实现这些目标，海发院"在机构能力建设和提供与可持续沿海发展有关的产出方面要做出相当大的努力……需要一个强大的教职员工队伍和充满活力的领导团队来实施精心制定的、具有战略性的活动计划"。因此，"只有将海发院嵌入学校系统，通过及时和长期的投资，提供必要的财政和人力资源，创造有利环境，才能加速这一进程的实现"。尽管面临挑战，报告对海发院的发展还是寄予厚望，指出"一个成功的海发院将加强厦门大学在中国和世界的海洋研究和教育方面的领导地位"。

2. 厦门国际海洋周

成长起来的海发院骨干们有了越来越多在国际舞台上崭露头角的机会，他们用越来越流利的英语在每3年一次的东亚海大会、每年一次的东亚海岸带可持续发展地方政府网络（PEMSEA Network of Local Governments for Sustainable Coastal Development，PNLG）年会以及其他越来越多的国际会议上介绍厦门海岸带综合管理的研究成果和实践经验。但是如何让海洋管理的"中国智慧""厦门经验"更为世人所熟悉，"走出去"的宣传还不够，中国、厦门应该有参与全球海洋治理、开展海洋生态外交的自己的舞台，时代在召唤一个中国人搭建的世界级海洋盛会，国际人士也几乎在同时发出了呼吁。厦门国际海洋周便是环科人积极参与、不懈推动设立的这一盛事。

2004 年 10 月 12—15 日，由联合国环境署（UNEP）、国家环保总局（现为生态环境部）和厦门市政府联合主办，厦门大学海岸带可持续发展国际培训中心为主承办的"第二次技术创新与管理抉择国际环境会议"在厦门国际会展中心隆重举行。大会共有来自 23 个国家和地区的 350 多位专家学者参加。这次会议的成功举办，让从世界各地云集厦门的国际人士纷纷点赞厦门大学组织工作有序、厦门城市环境优美，他们建议在厦门召开年度性的沿海城市环境论坛。其中就包括当时参会的联合国环境署全球防止陆源污染行动计划协调人 Veerle Vandeweerd 博士。短暂的厦门之行给她留下了深刻的印象，她非常赞赏海岸带综合管理的"厦门模式"，提议可以借鉴瑞典斯德哥尔摩的"国际水周"（World Water Week）模式，在沿海城市厦门举办"国际海洋周"，更好地在国际上推介"厦门模式"。

这个倡议得到了厦门市政府的积极响应。2005 年 10 月，"厦门国际海洋城市论坛"成功召开，300 多名与会海洋城市市长及代表共同签署《厦门宣言》，共同探讨世界海洋城市的可持续发展途径。2006 年，再次成功举办"厦门国际海洋城市论坛"。2007 年，"厦门国际海洋周"（World Ocean Week in Xiamen）得到正式命名。

在洪华生的带领下，海发院积极参与了"厦门国际海洋周"的建立。自 2007 年开办以来，海发院代表厦门大学承担协办海洋周核心论坛——主论坛和科技论坛的组织工作，并为海洋周提供强有力的科技支撑与技术支持，积极主办和协办高水平的学术论坛。会前的主题研讨、议程确定、专家邀请，会中的主持、报告、记录，会后的总结、建议……"厦门国际海洋周"的每一个环节都活跃着海发院的身影。2011 年，在海发院的不断努力下，厦门大学正式成为"厦门国际海洋周"的 4 个主办单位之一。（图 1-8-12、图 1-8-13）

图 1-8-12　洪华生在"厦门国际海洋周"主论坛发表演讲（2010 年 11 月）（曾鹏供图）

图 1-8-13　海发院承办的"海洋周科技国际论坛"合影（2009 年）（叶亮英供图）

3. 走向未来

海发院重视国际交流合作网络构建，为国家"一带一路"倡议、海洋命运共同体构建贡献力量。利用地域优势，海发院与东亚海国家的科研单位开展广泛合作，积极与美国、荷兰、澳大利亚、韩国、日本、马来西亚、新加坡、印尼、哥斯达黎加等国家的大学和研究机构展开合作，与 PEMSEA、韩国海洋水产开发院（Korean Maritime Institute，KMI）、斯德哥尔摩国际水研究所（Stockholm International Water Institute，SIWI）等组织机构保持着紧密的合作关系。

2011 年，因为对 PNLG 发展的长期贡献，海发院被该组织吸纳成为第一批协作成员。该组织的正式成员都是这个区域的地方政府，海发院作为科研机构加入是对其科技实力的充分肯定。

2012 年，了解到 PNLG 正在整个区域的十几个国家中选址最佳秘书处驻地，洪华生立即协助时任厦门市市长刘可清写信给 PEMSEA 执行主任，表示厦门市政府愿意支持 PNLG 秘书处及其办事机构常设在厦门。因此，PNLG 秘书处得以永久落户厦门，成为东亚地区海洋与海岸带可持续发展的重要平台。海发院也成为 PNLG 秘书处的副秘书长单位，为秘书处运作提供大量的技术支持。

海发院国际化的道路越走越宽。2010 年，加入东亚海洋政策研究网络（Ocean Policy Institute Network in East Asian Region，OPINEAR）；2018 年，参与创办成立东亚海环境管理伙伴关系区域组织学习中心网络（PEMSEA Network of Learning Centers，PNLC）并担任共同主席单位；2019 年以来，与俄罗斯、肯尼亚等国家涉海科研机构、"丝路海运联盟"、"21 世纪海上合作委员会"等海洋相关组织陆续签署合作协议，点面结合的国际合作网络正在铺开。

2020 年 6 月，海发院经过严苛的国际审查和批准程序，终于被 PEMSEA 批准认定为"海岸带可持续发展领域的区域卓越中心（Regional Center of Excellence）"。在 PEMSEA 近 30 年的历史中，这样的"金字招牌"只发出去 4 块。

还记得 2008 年蔡程瑛为海发院提交的发展战略报告，其中"世界级研究和培训基地""区域卓越中心"这些滚烫的字眼，在当时看来似乎遥不可及。如今，海发院已经迈出了自己的脚步，发展道路总会有起有伏，但海发院秉承厦大环科人开创事业的勇气和使命、发展事业的智慧和胸怀，正坚定地走向更广阔的未来。

方秦华，2001 年至 2006 年在厦门大学环境科学研究中心就读，获博士学位。2006 年至 2009 年在厦门大学经济学院、公共事务学院、美国特拉华大学从事博士后研究。2009 年就职于厦门大学海洋与环境学院，现任环境与生态学院教授、海洋与海岸带发展研究院副院长。

学院派建设实录

——厦门大学的环境影响评价平台

◎ 张珞平　石晓枫

（一）评价机构沿革

1. 厦门大学环境科学研究所：1987 年获乙级环评证书

（编者注：本节资料除特别标注外，来自环境与生态学院档案室。）

　　厦门大学开展环境影响评价工作起步于 1984 年，经过两年的实践，已具备一定的工作基础。1986 年 8 月 10 日，厦门大学环境科学研究所（以下简称环科所）正式向福建省环境保护局提交了《建设项目环境评价证书申请表》。所填的申请评价证书类别或评价项目是"工程对生态和海洋的影响"。评价机构设置是"研究所设环境化学、环境分析、环境生态以及水文气象等研究室"。评价单位（机构）主要负责人为吴瑜端、杨孙楷、林鹏 3 位副教授，评价职工人数总计 24 人，其中具备高级技术职称的有海洋专业 2 人、化学专业 1 人、生物专业 1 人。主要设备有"原子吸收分光光度计二台，气、液相色谱仪各一台，扫描电子显微镜一台，极谱仪三台，荧光分光光度计二台，电子计算机等总价值约贰佰万元"。所填环境影响评价主要工作业绩包括"1. 福安拆船厂环境影响评价（负责单位，宁德环境监测站协作）；2. 厦门东渡二期工程环境影响初评（厦大环科、海洋三所、厦门环境监测站合作，以厦大为主）；3. 厦门涤纶厂环境影响预测（初评）（海洋三所、厦大环科、厦门环境监测站合作，以海洋三所为主）；4. 厦门炼油厂环境影响预测（厦大环科、海洋三所、厦门环境监测站合作，以厦大为主）"。其中，1986 年完成的"福安拆船厂环境影响评价"项目在福建省内影响较大。

　　1987 年 4 月 4 日，福建省环境保护局将《关于填报〈获准环境影响评价证书单位概况介绍〉的通知》（闽环保〔1987〕013 号）下发至厦门大学环科所，通知："经按《建设项目环境影响评价证书管理方法》审查考核，准于你单位承担福建省建设项目环境影响综合评价任务，评价工作种类限海洋、海岸工程。"

1987 年 4 月 6 日，福建省环境保护局下发了《关于颁发福建省第一批〈建设项目环境评价证书〉的公告》（闽环保〔1987〕监 014 号），文中宣布："根据国务院环境保护委员会、国家计划委员会、国家经济委员会（86）国环字 003 号文第十四条关于'对从事环境影响评价工作的单位试行资格审查制度'和国家环境保护局（86）环建字第 164 号文《建设项目环境影响评价证书管理方法》，经对省内各申请环境影响评价单位资格审查，现颁发福建省第一批建设项目环境影响评价证书，并决定从一九八七年五月一日起，福建省建设项目环境影响评价工作，均由持有《项目环境影响评价证书》的单位承担。"在公布的"福建省第一批项目环境影响评价证书持证单位及证书类别"中，"准于承担建设项目环境影响综合评价单位"的第五家单位即为"厦门大学环境科研所（限海洋、海岸工程）"。自此，厦门大学被确定为环评持证单位。

1989 年 10 月 27 日，福建省环境保护局下发《关于核发我省第一批建设项目环境评价证书乙级证书的通知》（闽环保〔1989〕监 051 号）。文中明确："根据国家环保局（89）环监字第 281 号文关于颁发《建设项目环境影响评价证书管理方法》的有关规定，原发评价证书自一九九〇年一月一日废止，今后承接环境影响评价的单位须持有新的评价证书。新的评价证书设甲、乙级两种。"甲级证书由国家环保局负责核发，乙级证书由省级环保部门核发。

1989 年 11 月 5 日，厦门大学提交了《建设项目环境影响评价证书持证单位考核登记表》。所填评价部门负责人为吴瑜端、杨孙楷、林鹏 3 位副所长，专题负责人有环化室主任王隆发、生态室主任卢昌义、分析室主任苏循荣（编者注：编制在化学系。）、水组负责人张珞平、外调组负责人陈于望等。评价部门的人员 30 人，包括厦门大学环科所的 3 位副所长和王隆发、郑元球、苏循荣、卢昌义、张珞平、郑志宏、李小波、许荣达、黄建东、郑文教、郑逢中 11 位专职人员，以及厦门大学海洋系、化学系、生物系，还有东南大学陈毓玲等 16 位兼职人员；其中，教授 4 人（吴瑜端、杨孙楷、林鹏、陈金泉），副高职称的 10 人。"评价工作开展情况"一栏，则登记了福安拆船厂、厦门港东渡二期、厦门利恒涤纶工程、厦门煤气厂、厦门高集大桥、嵩屿火电厂、鹭涌油码头油库、漳州糖厂新扩建工程、杏林污水厂等项目。

经审查合格，福建省环境保护局 1990 年为厦门大学环科所核发了乙级《建设项目环境评价证书》，证书编号为国环评证字第 1468 号、闽国环评证字第 004 号。

2. 厦门大学环境科学研究中心：1994 年获甲级环评证书

（编者注：本节资料除特别标注外，来自环境与生态学院档案室。）

1992 年 4 月，厦门大学环科所扩建为厦门大学环境科学研究中心（以下简称环科中心），人员和仪器配备得到加强，"除学科建设、科学研究外，还有能力承担更大更多的环境评价工作，而我们目前持有的乙级证书（编者注：当时乙级证书仅限于省内使用。）已不能适应形势的要求，况且福建省目前持甲级证书单位数量较少，与当前建设项目多和新技术水平高、环评时间需快捷的形势不相适应。为此，我们认为有必要申请升格成持甲级环评证书的单位"[1]。于是，厦门大学遂紧锣密鼓地组织甲级《建设项目环境评价证书》的申报工作。

1993 年 6 月 1 日厦门大学环科中心填报了《建设项目环境影响评价证书申请表》。评价机构设置是"研究中心设环境影响评价室"，负责人王隆发，专职成员包括王隆发、卢昌义、张珞平、薛雄志、彭荔红、郑文教、庄崎厦和黄建东等。评价职工人数总计 28 人，其中，高级技术职称的有水环境专业 5 人、生态环境专业 5 人。主要设备填报了色 – 质联用仪、气相色谱仪、高效液相色谱仪、荧光分光光度计、紫外分光光度计、红外光谱仪、元素分析仪、原子吸收光谱仪、扫描电镜和电子计算机等。所填报的环境影响评价业绩（1991—1993）主要包括漳州糖厂扩建工程、厦门圣源金属制造公司展示架生产工程、晋江维丰织造漂染公司工程、厦门天马文化村建设项目、厦门集美北部工业区、厦门杏林西 – 南工业区、永安市建材公司粉煤灰技改工程、永安吉鑫水泥厂、泉州东海滨城工程等项目。

1993 年 4 月 19 日，国家环保局下发"环监〔1993〕210 号"文，即《关于对持有〈建设项目环境影响评价证书〉单位进行考核的通知》，要求各省（区）环保局负责对甲级和乙级证书持有单位进行考核，在当年 8 月底之前完成。1993 年 7 月 31 日，国家教委环境保护工作领导小组办公室以"教环办〔1993〕5 号"文转发了这个通知。这次考核，是对环科中心持有乙级证书资格的考评，更是对环科中心是否有能力争取甲级证书的检验。1993 年 7 月 22 日至 28 日，环科中心经受了这场福建省环保局组织的全面考核，在"7 月的由福建省环境保护局进行的乙级证书定期考核中各项成绩良好"[2]。

1993 年 8 月 26 日，厦门大学环科中心致函厦门市环境保护局，函请审核上

---

① 厦门大学环境科学研究中心：《关于申请持甲级环评资格证书的报告》，1993 年 8 月 12 日。

② 厦大综〔1993〕74 号，1993 年 11 月 5 日。

报的甲级《建设项目环境影响评价证书》申请；8 月 28 日，厦门市环境保护局批复"同意上报"。9 月 1 日，福建省环境保护局审核并将《关于转报厦门大学环境科学研究中心申请甲级环评资格证书的报告》，以"闽环保〔1993〕监 013 号"文转报国家环境保护总局。文中称：环科中心"从人员素质、学科配备、仪器监测能力等方面看，能够胜任较大难度的环评工作。自 91 年批准持乙级证书以来，已独立或为主牵头承担环评项目共 11 项，所编制的环评报告书有较高水平，受到环保部门、专家、建设单位的好评。在今年的乙级证书定期考核中各项成绩较好，已基本上达到甲级持证单位的要求。鉴于上述情况，我局同意厦门大学环科中心申请甲级环境影响评价证书的报告并予以转报，请国家环保局给予考核。"

1993 年 8 月 12 日，环科中心通过厦门大学向国家教委报告了甲级环评资格证书的申请，"请教委将我们的申请报告审查批复后上报国家环保局"。在获知福建省环境保护局审核同意并向国家环保局转报环科中心的申请后，11 月 5 日，厦门大学发出"厦大综〔1993〕74 号"文，请国家教委"对我校环科中心持甲级环评资格证的申请予以审查，并转报国家环保局批准"。11 月 12 日，国家教委向国家环保局发出《关于请批准厦门大学环境科学研究中心申请甲级环境评价资格证书的函》（教技〔1993〕39 号），称："经考核，我委同意厦门大学环境科学研究中心申请甲级环境影响评价证书。现请你局予以考核、批准。"

1994 年 4 月 12 日至 18 日，国家环保局派人前来环科中心，再次进行了全面考察。考察项目包括："（1）现场实地考核，首先考核人员素质、结构、专业、职称编制等情况，然后考核了仪器设备；（2）考核了近几年来的环境评价报告书质量、数据、方法，特别是审阅了专家鉴定意见；（3）考核样品，当即交给环科中心铜、铅、COD 等 7 个样品，要求在 4 天内交出测试数据。由于环科中心近年来重视质量监测，狠抓了质量控制，顺利通过了国家环保局的考核。"①

1994 年，厦门大学获得国家环境保护局核发的《建设项目环境影响评价资格证书（甲级）》②，证书编号国环评证甲字第 2203 号，为福建省第三家甲级证书环评单位。2003 年 6 月，厦门大学进入《国家环境保护总局关于公布规划环境影响评价推荐单位名单（第一批）的公告》（环发〔2003〕104 号）的名单。

① 《校环科中心注重抓质量上水平　通过国家环保局晋升甲级环评证书考核》，载于《厦门大学报》第 301 期，1994 年 5 月 18 日，LIB-009-0615-0027。

② 张明智、李庆顺：《厦门大学环境与生态学院院史》，厦门大学出版社 2021 年版，第 82 页。

3. 厦门大学环境影响评价中心：2006 年接轨规范化环评市场

厦门大学环境影响评价中心于 2001 年成立时，仍为厦门大学环科中心下设评价机构，负责人为彭荔红。2005 年 10 月，厦门大学海洋与海岸带发展研究院成立。2005 年 11 月 30 日，根据学校的安排部署，原挂靠于环科中心的"环境影响评价中心"移交给海洋与海岸带发展研究院。2006 年 4 月，学校成立厦门大学环境影响评价中心，挂靠厦门大学海洋与海岸带发展研究院管理①。石晓枫受命出任厦门大学环境影响评价中心主任，全力加速"管理体制完善化，日常工作正规化"建设，以适应日趋规范化的环评市场需求。2006 年顺利通过国家环境保护总局组织的甲级建设项目环境影响评价资质延续的考核后，厦门大学环境影响评价中心升级为厦门大学环境影响评价执行机构。2016 年，厦门大学环境影响评价中心改由厦门大学环境与生态学院直接分管。

厦门大学环境影响评价中心拥有环境科学、生态学、环境工程、海洋科学、环境规划与管理、环境分析、遥感与地理信息系统等专业的教授、专家及工程技术人员数十名，已完成 500 多项环境影响评价工作（其中报告书 300 多项），在战略规划、区域开发规划、轻工纺织、火电、港口码头、环境治理工程、海洋工程建设项目环境影响评价等方面具有优势地位，特别是在战略/规划环境影响评价和生态环境保护规划方面。厦门大学是福建省最早从事规划环评的单位且已走在全国前列，为地方政府、开发区和企业提供高品质服务，获得主管部门和业界的广泛认可，相关工作处于全国领先，为促进福建省及其周边区域的社会经济发展和环境保护做出了应有的贡献。同时，也为厦大的环境科学与环境工程的本科、研究生培养与教育提供了良好的平台。

2005 年国家实施环境影响评价职业工程师制度以来，厦门大学环境影响评价中心先后有 15 人获得"环境影响评价工程师证书"，并建立了完善的环境影响评价管理制度，培养了多名环境影响评价专业的硕士生。他们毕业后进入省市环境保护行政管理部门、环评机构等单位，现已经成为省内环境影响评价的骨干。

2017 年环境保护部下发《关于建立国家环境保护培训师资库的通知》（环办人事〔2017〕74 号），厦门大学环境影响评价中心石晓枫进入国家环境保护培训（环境影响评价类）师资教师库，多次承担全国环评工程师培训、环境保护行政

---

① 张明智、李庆顺：《厦门大学环境与生态学院院史》，厦门大学出版社 2021 年版，第 82 页。

管理干部培训的授课任务，并参与《建设项目环境影响评价培训教材》[1]的编写工作。

（二）开创战略环境评价研究和实践

除了积极开展项目环境影响评价工作，在《中华人民共和国环境影响评价法》2003 年出台以前，厦门大学就在国际组织的支持下开展了战略环境评价研究，如"厦门经济发展的生态与社会经济影响评价"（1995—1996，UNDP项目）[2]和"厦门岛东南沿岸区域发展规划战略环境评价"（1999—2000，CBCM 项目）[3]；2000 年在福建省计划委员会的支持下开展了"厦门湾港口总体规划战略环境评价"（2000—2002）[4]。这些项目为福建省乃至全国的战略环境评价提供了有效的研究成果和实践经验。

《中华人民共和国环境影响评价法》2003 年 9 月 1 日实施后，福建省环保局为了落实和执行《中华人民共和国环境影响评价法》，于 2006 年拟在福建省开展流域综合规划的环境影响评价。鉴于厦门大学在战略环境评价领域所做的研究和实践，而全省其他评价单位均未实践过规划环境影响评价，福建省环保局特要求厦门大学率先开展"九龙江流域综合规划环境影响评价"（2006—2007），为全省开展流域规划的环境影响评价做示范。此后，厦门大学环境影响评价中心主持完成的规划环境影响评价 20 余项，主要包括厦门市城市总体规划（2010—2020）环境影响评价、三明市城市总体规划（2010—2020）环境影响评价、元洪经济开发区总体规划环评、福清江阴海港新城总体规划（2012—2030）环评、泉州台商投资区总体规划环评、厦门海沧分区规划环评、厦门同安分区规划环评、厦门翔安分区规划环评、厦门翔安南部片区规划环评、福建省湄洲湾石化基地发展规划环评、泉惠石化工业区产业发展规划环评、三明台商投资区总体规划环评、泉州台商投资区总体规划环评、九龙江流域综合规划环评、漳州港总体规划环评等。

---

① 环境保护部环境工程评估中心：《建设项目环境影响评价培训教材》，中国环境科学出版社 2011 年版、2014 年第二版。

② 东亚海域海洋污染预防与管理厦门示范区执行委员会办公室：《厦门海岸带综合管理》下册，第 XV 篇，海洋出版社 1998 年版。

③ 刘岩、张珞平、洪华生：《厦门岛东海岸区开发规划战略环境评价的基本原理与方法》，载于《厦门大学学报（自）》2002 年第 41 卷第 6 期，第 786 ~ 790 页。

④ 陈彬、张珞平：《港口规划的战略环境评价实践》，载于《上海环境科学》2003 年第 22 卷第 12 期，第 1013 ~ 1016 页。

（三）重要的战略环境评价案例

我国于 20 世纪 90 年代中期引入战略环境评价（Strategic Environmental Assessment，SEA）的概念。2002 年 10 月颁布、2003 年 9 月 1 日起实施的《中华人民共和国环境影响评价法》已明确将规划的环境影响评价列入法律范畴。1995 年起，厦门大学环科中心在相关国际组织的支持下，先行在厦门市进行 3 个不同层次的战略环境评价案例实践，对评价对象、评价内容、评价方法的差异以及评价介入时间及其效果等进行了比较研究。

1. 厦门海岸带综合管理的案例（1995—1996）（厦门市城市总体规划 SEA）

"全球环境基金（GEF）、联合国开发计划署（UNDP）和国际海事组织（IMO）共同资助的五年（1994—1999）区域计划——'东亚海域海洋污染预防和管理区域计划'，选择中国厦门和菲律宾 Batangas 湾作为海岸带综合管理（ICM）的示范区。厦门大学承担了'厦门经济发展的生态与社会经济影响评价'子项目，实质是评价厦门城市总体规划实施后对厦门海域及其社会经济的影响。该子项目除了评价海域现状的环境状况外，更重要的是评价区域发展规划实施后可能产生的环境影响，因此是一个战略环境评价项目。

……评价中发现的主要环境问题为：（1）海域和岸线资源利用冲突严重；（2）海岸工程对海域生态环境影响大；（3）同安湾的海水品质短期内将恶化……为此提出主要的管理指南（建议）如下：（1）完善海洋相关立法，开展海域功能区划；（2）建立海岸带综合管理机制和机构；（3）控制并禁止围海造地，重新规划岸线利用；（4）调整同安湾周边的工业布局，建设同安污水处理厂；（5）建立海洋珍稀动物自然保护区，修复和补偿红树林区；（6）制定水产养殖规划；（7）打开马銮海堤增加纳潮量。

以上建议大多数都得到采纳，多数已实施，取得了极佳的效果"[①]。

2. 厦门岛东南沿岸区域发展规划战略环境评价（1999—2000）

第二个案例是 1999—2000 年的"厦门岛东南沿岸区域发展规划战略环境评价"。该项目是由加拿大国际发展署（CIDA）资助的加拿大、中国和越南三方合作的"以公众为基础的环境保护管理"项目，选择"厦门岛东南沿岸区域发展规

---

① 张珞平、洪华生、陈伟琪等：《海岸带战略环境评价研究》，载于《中国科学基金》2004 年第 2 期，第 19～24 页。

划战略环境评价（1999—2000）"作为示范项目。

"……评价区域是即将开发的厦门岛东南沿岸最具开发潜力的'黄金海岸'。评价对象是刚刚草拟出、尚未送交审查的该区域的发展规划（控制性详细规划）。

……评价方法如下：（1）通过公众参与了解开发进程中可能存在的社会与生态环境问题；（2）编制 SEA 大纲（scoping），以规划可能产生的影响因子和公众关心的环境因子，通过矩阵分析确定评价因子；（3）用旅行费用法（TCM）和或然价值评估法（CVM）通过公众调查及其支付意愿（WTP）确定区域的旅游价值；（4）用机会成本法进行区域资源适宜性分析，通过公众参与确定区域开发目标及其替代方案；（5）评价开发规划的环境和社会经济影响；（6）替代方案的环境影响及其环境经济损益分析；（7）提出区域旅游环境容量和生态旅游概念性规划框架，指导开发规划修订；（8）公众反馈及政府听证。

……主要成果为：（1）区域控制性详细规划的调整，强调海洋和海岸带资源和环境保护；（2）提高公众的环境和参与意识，促进公众参与机制的建立，形成以科学家为桥梁的公众与政府对话的初步态势，改善决策方法；（3）政府部门采取补救措施恢复规划区内被破坏的滨海生态环境，如重建沿海防护林、滨海环岛路绿化的重新规划建设、拆除占滩建筑等；（4）政府对当地居民的就业安排；（5）未建环岛路计划调整，路线走向后撤 80～120 m 以保护沙滩和防护林。"[1]

3. 厦门湾港口总体规划战略环境评价（2000—2002）

第三个案例是 2000—2002 年的"厦门湾港口总体规划战略环境评价"。

"为了更有效地开发和利用厦门湾的深水岸线资源，保证港口的持续发展，国家交通部和福建省政府要求开展'厦门湾港口总体规划'工作……由厦门大学和国家海洋局第三海洋研究所合作承担'厦门湾港口总体规划战略环境评价'。

---

[1] 张珞平、洪华生、陈伟琪等：《海岸带战略环境评价研究》，载于《中国科学基金》2004 年第 2 期，第 19～24 页。

　　……评价范围为规划所涉及的海域，几乎包括整个厦门海域；评价的特点是评价在规划的前期介入，与规划同步进行……指导并帮助了规划的形成，避免了规划决策中在环境问题上可能产生的失误，减少了规划决策与环境评价之间的矛盾……在海洋环境累积性效应评价、公众参与和预警原则的应用上也取得了良好的结果。

　　……主要成果如下：（1）提出环境保护原则性规划框架，指导并帮助规划的形成，避免规划决策在环境问题上可能产生的失误；（2）港口规划对海域水环境和生态环境可能产生的累积性效应评价；（3）公众参与的红树林自然保护区的保护及其替代方案、应用生态修复原理的白礁红树林补偿替代方案、应用预警原则的浔茂洲潜堤的替代方案、应用可持续发展原则的大屿岛白鹭保护区深水岸线资源保留的替代方案，以及这些替代方案的环境经济损益分析。"[①]

　　战略环境评价对于提高决策的透明度、避免决策在海岸地区环境保护和持续发展方面的失误、改善政府与民众的关系等方面都是极其有效的。在实践中，科学家成为联系政府与公众的桥梁，促进决策向科学化和民主化推进。战略环境评价在厦门的成功实践对推动厦门的海岸带综合管理机制的建立、强化海洋资源与环境的保护、促进海岸带社会经济的持续发展起了重要作用，也为我国实施《环境影响评价法》提供了宝贵的经验。

　　1995 年 11 月，厦门市人民政府海洋管理协调领导小组成立。1996 年 3 月，厦门市海洋专家组成立，成员由计划、经济、法律、海洋、工程、水产、环保等专家组成，厦门大学洪华生担任组长。1997 年 2 月，具有行政执法主体资格的厦门市人民政府海洋管理办公室成立。2000 年 4 月，国家级海洋珍稀物种自然保护区成立。2001 年 11 月，厦门市政府与国家海洋局、厦门大学合作共建的"厦门海岸带可持续发展国际培训中心"正式挂牌。[②]

4. 福建省海湾数值模拟与环境研究项目（2005—2007）

　　"福建省拥有大小海湾 125 个……围填海项目大多发生在半封闭的、非淤积型海湾的滩涂区。围垦导致海湾面积缩小、海水交换能力下降、新的淤积发生，

---

① 张珞平、洪华生、陈伟琪等：《海岸带战略环境评价研究》，载于《中国科学基金》2004 年第 2 期，第 19～24 页。

② 丁国炎：《厦门经济特区年鉴》，载于编辑委员会：《厦门经济特区年鉴 2003》，中国统计出版社 2003 年版，第 139～141 页。

甚至最终导致海湾的消失，并将严重制约港口航运业的发展。同时，海湾面积缩小还会减弱海水自净能力、加剧海湾的污染累积和赤潮的频发。围垦对渔业资源（尤其是鱼、虾、贝类的产卵场或索饵场的海湾水域）破坏严重，还使一些沙滩消失，破坏滨海旅游资源……严重的态势已引起福建省领导的高度重视……要求省海洋开发管理领导小组办公室用数学模型结合海洋环境等综合研究方法，科学合理地保护港口资源和海洋生态资源的可持续开发利用，同时还要结合省情，为社会经济发展规划出可供开发的空间，为重点海域的经济发展、环境综合整治规划与实施、生态环境保护提供决策和技术支持。"[①] 该项目的实质是海湾围填海规划的环境影响评价，由于在一个海湾内有众多单位的围填海需求，而没有一个统一的围填海规划，因此评价单位必须对所有的围填海需求进行汇总，由评价单位拟定围填海规划及其规划工况。

2005 年，福建省海洋与渔业局邀请包括厦门大学的十多家科研机构和高校成立联合研究课题组，邀请包括厦门大学环科中心洪华生、张珞平、李炎等十余位专家组成专家组，通过调研和论证，将研究确立为"海湾数值模拟与环境研究项目"。项目分设 13 个重点海湾研究课题，厦门大学环科中心张珞平牵头厦门湾和福清湾两个研究课题，厦门大学海洋学系潘伟然领衔深沪湾研究课题。"2007 年 4月，项目通过了中国科学院刘瑞玉院士和中国工程院袁业立院士等专家组成的项目成果评审验收组的总评审和验收。验收组对研究成果给予高度评价……这次研究有三个突出特点：一是首次全面、系统、科学地分析总结福建省海洋资源开发利用和生态环境保护的经验教训，研究规划未来发展方向。二是首次以实施重大科技项目、整合国内一流海洋科技力量的方式开展研究，实现福建省科技创新直接服务海洋强省战略实施、政府科学决策，使海洋科技在关键领域达到国际先进水平。三是突出了'发展主题'、'保障重点'和'因地制宜'的围填海原则，着力协调处理好海洋开发中的海洋自然属性与社会属性、局部与全局、近期与远期的关系。目前，研究成果已广泛应用到省、市两级的涉海规划和环评项目，其科学性、实用性在理论和实践省都得到了充分的印证。"[②]

以厦门湾研究课题为例（图 1-9-1），项目在开展主要围填海项目对海洋资源、海洋生态环境及社会经济等影响的回顾性评价基础上，采用数值模型方法模拟预测海湾港口建设和围填海项目的实施对海湾水动力条件、悬沙运移、海床冲

---

① 张珞平、江毓武、陈伟琪等：《福建省海湾数模与环境研究：厦门湾》，海洋出版社 2009 年版，第 1～2 页。

② 张珞平、江毓武、陈伟琪等：《福建省海湾数模与环境研究：厦门湾》，海洋出版社 2009 年版，序言页。

淤、纳污能力的影响，剖析海洋动力条件改变导致的生境变化及生态影响、海湾纳污能力改变的生态学影响，开展围填海项目的生态环境经济损益分析与综合评价。最后进行综合评价，提出合理的围填海规划方案，为海洋功能区划修编及编制《福建省海洋功能区环境质量控制规划》提供科学依据。"研究结果表明，各围填海工程对海域的水动力、环境容量、生物生态、珍稀物种等均产生了不同程度的影响，且随着各工况的不断叠加，产生的累积效应不断增强。一个项目的环境影响往往是可接受的，但5个项目、10个项目的累积性效应却往往无法承受。这是本项研究与一般的项目环境影响评价的本质区别⋯⋯从围填海工况被否定的原因看，主要有3种类型，即因动力条件否定、因环境容量否定或因生态影响否定。因此，为改善海域环境质量，为社会经济腾出发展空间，应采取综合对策，多管齐下，并分别针对不同情况，有所侧重。"[1]

图 1-9-1 《福建省海湾围填海规划环境影响回顾性评价》和
《福建省海湾数模与环境研究——厦门湾》专著封面

（张珞平等：《福建省海湾围填海规划环境影响回顾性评价》，科学出版社 2008 年版。张珞平、江毓武、陈伟琪等：《福建省海湾数模与环境研究：厦门湾》，海洋出版社 2009 年版）

该项目超前地构建海湾过程数值模型虚拟平台，筛选反映当前及潜在海湾利益相关方博弈的9个围填海组合工况，组织动力学和统计学框架下的"兵棋推演"，力求"坚持'在保护中开发，在开发中保护'的总方针，以保持海湾港航等主要资源和生态环境基本不变，实现海洋资源环境可持续利用为总体目标，以

---

① 张珞平、江毓武、陈伟琪等：《福建省海湾数模与环境研究：厦门湾》，海洋出版社 2009 年版，第 212～213 页。

海湾自然属性和社会属性相结合、海湾资源综合开发与保护相协调、科学合理性与需求可行性相统一为总的要求，以海湾围填海活动全面回顾性科学评价为基础，综合评估未来需求与海湾的可围填潜力"[①]，更为客观地将人类活动的累积性生态效应纳入海湾开发规划的环境影响评价体系之中。

基于"福建省海湾数值模拟与环境研究项目"注重回顾性评价和累积效应评价的成功经验，福建省海洋与渔业厅、厦门大学、国家海洋局第三海洋研究所、国家海洋局海洋战略研究所、中国海洋大学、福建海洋研究所、国家海洋局第一海洋研究所、福建海洋环境与渔业资源监测中心、河海大学等单位联合起草的国家标准《GB/T 29726—2013 海湾围填海规划环境影响评价技术导则》于 2013 年 9 月 18 日正式发布，2014 年 1 月 1 日开始实施。

5. 福建九龙江流域综合规划环境影响评价（2006—2007）

2006 年 8 月 10 日，福建省发展与改革委员会联合福建省环保局和福建省水利厅下达"流域规划环境影响评价"任务。针对福建省水利规划院 2006 年提交的《福建省九龙江流域综合规划修编报告》，厦门大学张珞平牵头承担了"福建九龙江流域综合规划环境影响评价"项目，对已建和在建工程进行了环境和经济损益分析的回顾性评价。其中费用分析包括工程投资及运营费用和生态环境与资源损失。生态环境与资源损失涵盖：①农田损失；②陆域生态系统服务功能价值损失；③水生生态损失。效益分析包括：①经济效益（发电、供水）；②社会效益（防洪、灌溉）；③环境效益。通过回顾性评价，对资源和生态系统服务功能价值评估和环境经济损益分析进行了较可靠的定量评估，为制定断面水环境质量和最小生态下泄流量的定量预测评价提供了较可靠的依据。

项目应用回顾性评价："（1）识别了水利工程对径流量、河流输沙（河口侵蚀）、枯水期和减水河段的水质、生态、渔业资源等造成的影响；（2）定量分析了水环境质量的时空变化趋势，为研究评价区域的自然属性和社会属性给予了有力的支持；（3）分别定量和定性地探究了水利工程对河流输沙及流域生态产生的累积性影响，并在一定程度上阐述了其影响根源和机制；（4）为资源价值评估和环境经济损益分析中计算参数的选择及各种费用效益的考量提供合理的参照和

---

① 张珞平、江毓武、陈伟琪等：《福建省海湾数模与环境研究：厦门湾》，海洋出版社 2009 年版，第 123～124 页。

借鉴。"①

针对九龙江流域"由于近二十年来数百座水利工程的建设，对流域生态的累积性效应十分显著"现象，项目依据各个专题预测评价，根据流域综合规划或者水能资源开发规划环境影响评价要求，坚持生态保护优先原则，科学制定每一个水电站最小生态下泄流量。

4 年后的一篇行业内外都转载的"观察"是这么描述的：

"在这份 2007 年 1 月出具的结论性报告中，张珞平第一次提出了整个流域富营养化的风险，他的目的已经很简单，'立此存照'。

两年后，科学家的警示被应验。2009 年春节前后，九龙江流域爆发了严重的甲藻污染，沿岸的漳州、厦门两地数百万居民饮用水遭受威胁，这也是该流域爆发的第一次大规模水危机，母亲河终于不堪重负了。

历时一月的水危机，最终使千座水电站盘踞九龙江的秘密被公开，也点燃了一场蓄积已久的争论。

事后，福建省政府给了一个环保、水利部门'各打五十大板'的诊断：一方面是因为以养猪业为主的陆源污染排放，导致了入河污染物严重超标；另一方面，数量众多的水电站层层截留水量，滞流的水面导致甲藻生长迅猛。

依照这个诊断开出的药方是：沿九龙江流域 1 公里以内的养猪业在两个月内全部搬迁，而流域内的水电站也全都开闸放水。"②

2011 年 12 月 2 日，福建省第十一届人民代表大会常务委员会第二十七次会议通过《福建省流域水环境保护条例》，其中的第十七条，正式为水电站最小生态下泄流量和科学制订调水方案立法。

据张珞平近期了解，2006 年"福建九龙江流域综合规划环境影响评价"项目细化到各水电站的最小生态下泄流量控制方案，竟然沿用了 15 年。

6. 厦门市城市总体规划（2010—2020）环境影响评价（2010）

《厦门市城市总体规划（2004—2020 年）》于 2006 年上报国务院审批。2004

---

① 黄葳、张珞平、方秦华：《回顾性评价在流域战略环境评价中的应用》，载于《环境与可持续发展》2009 年第 2 期，第 63～65 页。

② 孟登科：《千座水电站遗祸九龙江》，载于《珠江水运》2011 年第 11 期，第 44～47 页。

版的城市总体规划实施以来，城市内外部环境发生了较大变化，特别是厦门市经济特区扩区到全市范围、国家海峡西岸经济区发展战略对厦门提出新要求、海沧石化产业布局调整外迁、岛外新城建设大力推进、城市格局发生新变化、重大基础设施与重大建设项目布局发生调整等，在 2010 年重新开展了《厦门市城市总体规划》的修编工作，规划年限为 2010—2020 年。厦门市政府吸取了对二甲苯（PX）事件的经验和教训后，在规划阶段委托厦门大学环境影响评价中心开展规划环评工作，由环境影响评价中心石晓枫主持，2010 年完成。这也是《中华人民共和国环境影响评价法》2002 年实施以来在全国为数不多的开展城市总体规划环境影响评价的城市之一。厦门大学环境影响评价中心率先开展了城市总体规划环境影响评价工作，并为全国起到示范作用。

环境保护部科学技术委员会委员、环境保护部战略环境影响评价专家咨询组成员、清华大学环境科学与工程系井文涌教授对厦门大学环境影响评价中心编制的《厦门市城市总体规划（2010—2020 年）环境影响评价》的点评是："评价单位围绕城市规划目标、城市性质及定位、城镇总体布局、城市发展规模、产业结构和重点产业布局等方面，评价重点问题，根据厦门市资源与环境承载力、现有开发密度和发展潜力，对厦门市城市总体规划进行评价，并提出了优化调整建议和预防减轻不良环境影响对策，充分体现了规划环评从源头预防环境污染和生态破坏，促进城市经济、社会和环境的全面、协调可持续发展的主要作用。该规划环评的编制有示范意义。该评价报告中'规划的主要特点''规划协调性分析'做的［得］十分清晰、到位。'评价体会'总结的［得］全面、深刻，十分赞同。如'应提高环评的等级'，我认为一些沿海开放的大城市总体规划环评应属于战略环境评价层次，城市总体规划是一个城市的'顶层设计'，对他［它］进行规范的、系统的、综合的评价，是从城市发展的源头控制环境问题和保护生态环境以及合理开发资源的重要手段，是充分发挥环境保护优化城市社会经济发展、参与综合决策的重大举措。"①

北京师范大学环境学院李巍教授对厦门大学环境影响评价中心编制的《厦门市城市总体规划（2010—2020 年）环境影响评价》的点评是："该案例用非常简练的语言阐明了受评规划及其环评工作的背景，即厦门发展的内外部形势和要求都发生深刻变化，而这些变化带来的环保要求和环境影响评价则是开展此次规划环

①　环境保护部环境影响评价司：《战略环境影响评价案例讲评（第五辑）》，中国环境科学出版社 2012 年版，第 235 ～ 245 页。

评工作的出发点及重点。在规划概述部分的一大亮点是分析和给出本轮规划的特点，这对全面把握和深刻理解受评规划，进而针对性的［地］分析和评价具有特殊意义。特别是对于受评规划在环境保护方面的内容做了比较全面的总结，对于下面合理设定城市环境保护新目标和定位发挥了重要的指导作用。针对规划资源环境制约因素和问题分析的［得］具体、明确、针对性较强，以此明确了规划环评的重点问题和方向，有利于提出评价重点和加强评价结论建议的针对性。"[1]

2012年，《厦门市城市总体规划（2010—2020年）环境影响评价》被收入环境保护部环境影响评价司主编的《战略环境影响评价案例讲评（第五辑）》（图1-9-2）中。

图 1-9-2 《战略环境影响评价案例讲评（第五辑）》专著封面

［环境保护部环境影响评价司编：《战略环境影响评价案例讲评（第五辑）》，中国环境科学出版社 2012 年版］

（四）品牌的效应

厦门大学环境影响评价中心还主持完成多项城市总体规划与生态环境保护领域相关研究课题，包括2014年环境保护部专项课题"城市总体规划环境影响评价技术方法研究"、2013年厦门市海洋与渔业局专项课题"厦门海洋环境污染风险防范体系及管理方案研究"、2012年厦门市环保局专项课题"厦门城市发展最小生态用地研究"、2011年泉州市环保局专项课题"泉州近岸海域综合整治研究"等。

继石晓枫主持的《厦门市城市总体规划（2010—2020年）环境影响评价》被选入编环境保护部主持编写的《战略环境影响评价案例讲评（第五辑）》后，2015年承担环境保护部立项的"城市总体规划环境影响评价研究"课题，出版了《城市总体规划环境影响评价技术方法及应用研究》。率先全国编制的《厦门市生态环境准入清单》于2019年11月颁布实施，发挥绿色发展"领航员"和污染防治攻坚"作战图"的作用。2018年规划体制改革后，厦门市国土空间总体规划环

---

① 环境保护部环境影响评价司：《战略环境影响评价案例讲评（第五辑）》，中国环境科学出版社 2012 年版，第 235 ～ 245 页。

评仍由厦门大学环境影响评价中心承担。由兰芬、郑冠凌等人参与创新设计的厦门翔安火炬高新区"环保管家"服务，在园区环境监管减负增能、环境服务拓展深化、污染治理降本增效等方面取得显著成效，引起广泛关注。2019 年 12 月成都市双流生态环境局专程来访，调研学习厦门市实施"环保管家"相关做法和经验。该"环保管家"服务现在还在持续，并不断深入和发展。

厦门大学环境影响评价平台经过 30 余年的辛勤实践，其发展的脉络由具体到全貌，由微观至宏观，由侧重工程建设项目的"战术"层面全面转向城市总体规划、城市国土空间规划的"战略"层面，充分体现出了整体研究实力与专业技术水平的阶梯式提升，逐步集聚与树立起了独特的品牌效应。

张珞平，1982 年毕业于厦门大学，获学士学位。1982 年至 2014 年先后就职于厦门大学环境科学研究所、环境科学研究中心、环境与生态学院，现职称教授。2014 年退休。

石晓枫，曾就职于山西大学环境科学系，从事环境评价教学工作。2001 年就职于厦门大学海洋与环境学院环境科学研究中心，任副教授，从事环境影响评价教学与科研工作。2020 年 1 月退休。

十年砥砺

——环境科学与工程系发展历程（2000—2010）

◎ 陈 荣 郭小玲

2000 年，厦门大学环境科学与工程系（以下简称环科系）成立。该系归属海洋与环境学院，下设环境科学专业和环境工程专业。考虑到师资队伍现状，环境科学专业率先招生，环境工程专业则暂缓。2000 年 9 月，23 名环境科学专业本科生入学，厦门大学的环境科学人才培养开启了新的篇章。

（一）专业特色与教学计划

厦门大学的环境科学本科教育虽然起步较晚，但环境学科各专业的研究生教育始于 1992 年，至 2000 年已有坚实基础，特别是在海洋环境科学方面，具有明显的特色和优势。因此，环境科学专业秉承厦大"侨、台、特、海"的办学特色和海洋环境科学的专业特色与优势。环科系本科专业培养方案以"宽口径、厚基础、突特色"为指导思想，以提高综合素质、强化创新能力为宗旨，少而精地培养从事环境科学教学与科学研究的高级专业人才。

最初确定的教学计划规定本专业学制 4 年，毕业要求 160 个学分，授理学学位。当时教育部高校教学指导委员会尚未制定环境科学类专业规范，因此各校环境科学专业的课程体系各施拳脚。环科系在参考兄弟院校的专业教学计划的同时，结合自身优势，设计完成了颇具特色的教学计划。第一版教学计划采用模块化设计，包含公共基本课程模块、通识教育模块、学科和专业课程模块和其他教学环节 4 个部分。通识教育模块包含全校通识课程和系通识课程，学科和专业课程模块又分为学科和专业类通修课程模块（必修课）、专业方向性课程模块（选修课）。为实现"宽口径、厚基础"的培养目标，系通识课程主要是数理化生基础课程，包括"高等数学""无机及分析化学""有机化学""化学基础实验Ⅰ""化学基础实验Ⅱ""普通物理学""普通物理学实验""环境科学导论""普通生物学""普通生态学""生物化学""生物化学实验"等，充分夯实学生的学科基础。学科和专业类通修课程即专业必修课或专业核心课程，包括"环境工程学概论""环境化学""环境监测""环境评价学""环境微生物学""科技文献检索""环境科学前沿系列讲座""科技英语""环境科学基础实验Ⅰ（环境监测）""环境科学基础实验Ⅱ（生物部分）""微生物学实验""环境科学综合大实验"。为实现个性化学习，专业方向性选修课包含4个方向，即海洋环境科学、环境生态与毒理学、环境规划与管理、环境监测与化学。学生可以根据个人兴趣选修不同方向的专业选修课，修满25学分。专业选修课设置不同方向，这在当时国内高校环境科学专业中是比较少有的。主要考虑到环境学科体系涵盖极广，本科课程往往杂而不精，学生就业时缺乏竞争力；开设不同模块选修课，学生可以有意识地强化专业方向，学深学透，实现个性化差异化竞争。当时环科系的专业方向性选修课多达31门总计50学分，其中不乏环科系的特色课程，如"海洋生物毒素""环境样品的预处理技术""环境会计与审计""自由基生物学"等，但不少课程由于选课人数过少，有些学期未能开课。

2008年，环科系对教学计划做了较大幅度的修订，毕业总学分要求调整为163学分。仍采用模块化设计，包含公共基本课程模块、通识教育模块、学科通修课程模块和其他教学环节4个部分。原来通识教育模块中的系通识课程调整到学科通修课程模块，使之能更完整地体现专业课程体系。学科通修课程模块分为基础平台课程、专业平台课程两部分。基础平台课程主要是数理化基础课程，基本课程不变，名称有所调整，如"高等数学"改为"一元微积分"和"多元微积分"，"无机及分析化学"拆分为"无机化学"和"分析化学"两门课。专业平台课程相当于专业核心课程，这部分课程有较大调整。"环境科学导论"和"普通生态学"作为环境科学体系的基础课程，因国内几乎所有高校都设为专业核心课程，因此这两门课由原来的系通识课程调整为专业平台课程；"普通生物学"改为"环境生物学"；"生物化学""生物化学实验""环境微生物学""微生物学实验"改为专业方向性课程；增加"数理统计""环境毒理学""环境规划与管理"课程。当时国内开设"环境毒理学"课程的高校为数不多，而且通常是将它作为专业选修课。环科系是国内较早开展环境毒理学研究的研究机构之一，尤其是海洋生态毒理学方向在国内较为领先，因此环科系充分发挥自身特色，将"环境毒理学"课程列为专业核心课程。经过调整，环科系的专业核心课程更加精简和全面，充分体现特色。专业方向性课程调整为环境科学、环境工程、环境管理3个模块。对每个模块包含的选修课进行优化精简，广泛征求师生意见，不因人设课，删除相关性不强的课程。模块设计基本体现了社会需求和学科发展方向。

（二）课程体系建设

环境科学专业是厦大最先开展双语教学试点的专业之一。2004—2005 年，"环境监测"（张勇）、"数理统计"（许昆明）、"环境经济学基础"（彭本荣）、"海岸带可持续发展与管理"（薛雄志）、"环境科学基础实验 I（环境监测）"（袁东星、李权龙）、"有机污染化学"（王新红）等课程先后入选校级双语课程，其中"环境科学基础实验 I（环境监测）"为 A 类双语课程，即全英文课程。基础实验课采取全英文授课，这在当时为校内唯一，国内也极为罕有，成为学院乃至学校本科教学中的一个亮点。此外，环科系也努力推动精品课程建设。2006 年，"环境经济学基础"（陈伟琪）、"环境毒理学"（陈荣）、"环境化学"（陈猛）入选校级精品课程。2009 年，卢昌义主讲的"环境科学导论"课程入选福建省精品课程，这是环科系第一门入选省级精品课程的本科生课程（图 1-10-1）。

图 1-10-1　卢昌义（后排立者）为 2000 级本科生讲授第一门专业基础课"环境科学导论"（2000 年 9 月）（卢昌义供图）

（三）实验教学

根据环科系的本科教学指导思想和教学特点，专业实验课程设置不采用与相应理论课配套的常见做法，而是将内容相近的理论课需要掌握的实验技能整合为一门独立的实验课，以更好地避免不同课程之间实验内容的重复或者实验技能的脱节，更有系统性和针对性。专业实验课程包括"环境科学入门实验""环境科学基础实验Ⅰ（环境监测）""环境科学基础实验Ⅱ（生物部分）""环境工程基础实验""综合大实验"，各实验课难度循序渐进。实验课程内容注重融合教师的科研成果，体现海洋特色，如红树林和潮间带现场调查等。"综合大实验"的部分实验借助学院"海洋2号"实习船开展，直接把课堂设在海上。老师在船舱里为学生介绍实验内容，学生在海浪的摇晃下听讲，这个体验让不少学生终生难忘。

建系初始，实验室教辅人员和实验空间都严重不足。2001年海洋与环境学院成立实验教学中心，此时仅有郭小玲和许丽娜两位担任环科系所有专业实验课程的教辅，她们参与规划和建设实验室的全过程，负责完成实验台及试剂柜的测量安装、仪器设备及实验用具的购买与验收、试剂耗材的购买、实验项目的讨论及讲义的印刷等大量工作。初步建设完成的环境科学基础和专门化实验室位于曾呈奎楼401、402、404室，总面积约130平方米，仪器设备价值数十万元，仅能满足基础实验的要求。综合性、专业性的仪器设备则需要借助任课教师的科研仪器和实验室来完成。虽然实验条件有限甚至有些简陋，但老师们对课程质量的把控没有丝毫懈怠，始终把培养本科生的实验技能和创新能力放在重要位置。作为新成立的系，给本科生开设实验课比起开设理论课，任务更为紧迫和繁重。2001年，袁东星和陈猛启动第一门专业基础实验"环境科学基础实验Ⅰ（环境监测）"的建设，一边编实验讲义，一边列出实验器材清单交由郭小玲和许丽娜采购。2002年9月，2000级的本科生迎来了第一堂专业基础实验课。图1-10-2所示为在漳州校区上环境监测实验课时，李权龙现场示范采水器的使用。

图1-10-2　环境监测实验课现场示范采水器的使用（2008年4月）（袁东星摄）
（左李权龙）

2004年11月至12月，专任教师们通过邮件就本科生的实验教学展开讨论，袁东星、翟惟东、陈猛、戴民汉等对如何提高本科生实验技能、如何完善实验课程体系、如何强化实验内容设计等提出一系列建设性意见。比如翟惟东提出以校内芙蓉湖为对象开展"地面水环境监测综合实践"课程，训练三年级本科生从污染源调查、设计并实施系统的监测计划到提交监测评价报告等一整套实际操作，并且初步设计了课程内容。袁东星、陈猛、戴民汉对这个建议的可行性和课程内容做了回应和补充。虽然这门课出于种种原因最终没有开设，但通过这次讨论，教师们对提高本科生实验和创新能力的必要性和迫切性有了共识，这种共识在后续的实践教学建设中得以体现。2005 年，学院投入经费建设和改造了环境工程实验室（映雪楼 118 室），环境工程实验从原来的综合实验中分离出来，单独成为一门实验课——"环境科学基础实验Ⅲ（环境工程部分）"，后改称为"环境工程基础实验"。

2006 年，海洋与环境学院实验教学中心获批成为省级实验教学示范中心。2008 年，实验教学中心搬迁至漳州校区，实验室面积达 4264 平方米，生均 10 平方米以上，实验仪器补充到位，极大改善了实验条件。2009 年，学院实验教学中心获批建设"海洋环境科学国家级实验教学示范中心"；2012 年，通过验收。

（四）实践教学

环境科学专业是实践性很强的专业，除了实验教学，还需要大量的实践活动。从专业创办开始，环科系始终重视实践教学环节的组织开展，尤其是生产实习和科研训练。2001 年 10 月 19 日，环科系首先与厦门市环境监测中心站签署共建实习基地的协议并为实习基地挂牌（图 1-10-3）。与厦门市筼筜湖管理处（2004年）（图 1-10-4）、东山县环境监测站（2005 年）也先后签署了协议，初步完成实习基地体系建设，为保证生产实习质量奠定了良好的硬件基础。

图 1-10-3　厦门市环境监测中心站实习基地挂牌仪式（2001 年 10 月）（陈荣供图）

图 1-10-4　厦门市筼筜湖管理处实习基地挂牌仪式（2004 年 12 月）（袁东星供图）

（前排左起：袁东星、高诚铁、毛德裕、黄全佳。后排左起：蔡启欣、郁昂、黄邦钦）

（左谢天宏、右袁东星）

为推进素质教育、提高教学质量、培养学生的创新能力，环科系自 2003 年起，参照国外"暑期学校"模式，设立并实施了面向本科生的科研训练计划——"凌峰学生科研奖励计划"（以下简称凌峰计划）。该计划向学校、院系和科研组筹集经费，每年资助若干名我院在校的高年级本科生进行短期科研。学生主要利用暑假和课余时间，在教师的指导下完成一个小课题研究。首届凌峰计划即受到全系教师的大力支持，共收到 12 个申报项目。经评审小组审议后，最终资助 5 个项目，10 位本科生参与。5 个项目均顺利通过答辩验收，并有 4 篇学术论文正式发表于中文核心期刊，其中本科生为第一作者 3 篇。每届凌峰计划结束时，均会举办成果汇报会（图 1-10-5）。2007 年起，环科系与瑞典 Lund 大学合作开展凌峰计划。每年 Lund 大学工学院选拔 8 名本科生，在 6 月中下旬至 7 月中下旬期间到环科系开展为期 4 周的凌峰计划国际项目。每个国际项目有一名瑞典学生和两名本系学生参加，另有一名研究生作为助理。凌峰计划自此迈开新步伐走向国际，促进了中外学生的学术交流和文化交流（图 1-10-6）。2009 年，依托凌峰计划国际项目，厦门大学获批欧盟"伊拉斯莫斯世界对外合作窗口"项目支持，共派出 14 名师生赴欧洲高校访学，并接收 6 名欧洲高校师生来厦大交流学习，做到了本科生的科研项目实质性地"走出去"和"引进来"。此后，2010—2012 年，依托凌峰计划国际项目，厦门大学连续获批欧盟"伊拉斯莫斯"项目，是中国唯一连续获得此项资助的高校（参见本书《"凌峰暑期科研训练"项目十五年》）。

图 1-10-5　参加第二届凌峰计划成果汇报会
　　的全体师生（2005 年 5 月）（陈荣供图）

图 1-10-6　参加第一届凌峰计划国际项
目的中瑞学生在交流（2007 年 7 月）

（前排左起：曹文志、陈荣、黄邦钦、商少凌、郁昂。后排左起：陈猛、林鑫裕、李国建、黄葳、梁俊彦、蔡灵、杨德敏、王倩、闫俊美）

（罗津晶供图）

（五）本科生导师制

2003 年，厦门大学漳州校区正式启用。从 2003 级开始，厦大全体学生在漳州校区完成一、二年级的课程，三年级再回迁思明校区继续学业。漳州校区的启用，大大缓解了思明校区办学空间不足的难题，尤其是理工医科院系的实验教学硬件得以充分满足。但在学生管理方面出现了一些新问题，尤其是不少新生入学伊始对大学生活感到陌生和迷茫，不知所措。而周围都是低年级学生，面临的问题相似，彼此的帮助非常有限。在此背景下，2006 年，厦大开始实行本科生导师制，为每一位新生配备导师，为期 3 年。本科生导师的职责主要是指导本科生大学阶段的学习方法、专业认知、科研训练以及职业规划，通过言传身教帮助学生树立正确的人生观价值观等。这相当于为每位学生配备一名全方位的精神导师，可以全天候地联系交流。在漳州校区的教师餐厅，常常可见老师们邀请指导的学生共进午餐，边吃边聊。2008 年，海洋与环境学院评选首届优秀本科生导师，环科系袁东星、蔡立哲、熊小京光荣入选。袁东星同年还获得厦门大学首届优秀本科生导师称号。

（六）专业建设

在漳州校区启动的同一年，教育部明确提出实行"五年一轮"的普通高等学校教学工作水平评估制度。2004 年秋季，厦大开始启动教育部本科教学评估的参评准备。环科系也以此次本科教学评估为契机，全面梳理和完善教学计划、专业建设、教学管理等方面的指导思想和规章制度，为后续的良性发展奠定基础。2005 年，厦门大学以 19 个项目全优的成绩通过教育部本科教学水平评估。

2006 年 11 月，首届全国大学环境类课程报告论坛在湖南长沙举办，该会议是国内规模最大、水平最高的环境类专业教学会议。陈荣、陈猛、熊小京代表学院参加会议（图 1-10-7），学习吸收最新的专业发展动向和教学理念。此后，每年环科系均组织教师撰写论文

图 1-10-7　环科系教师参加首届全国大学环境类课程报告论坛（2006 年）（陈荣供图）（左起：陈荣、熊小京、陈猛）

向此系列会议投稿，并参与分会场报告，以不断提升教师队伍的教学热情和教学能力。

2007年，福建省教育厅启动特色专业点建设项目，环科系环境科学专业积极申报，但由于经验不足，第一次申报落选。当时分管本科教学的曹文清副院长得知情况后，亲自指导和修改环境科学专业的申报书。2008年，环境科学专业第二次申报成功，获批福建省高等学校特色专业建设点。这是环境科学专业建设历程中获得的第一个省级建设项目。

（七）人才培养成果

2010年，环科系建系10周年。为了更好地总结人才培养经验，提升培养质量，2010年6月5—28日，环科系开展一系列庆祝活动，包括举办环境人才培养论坛、环境论坛、系庆大会和晚会等（图1-10-8）。

建系10年，环境科学专业已毕业的近180名本科生中，有5%的学生直接出国留学，约52%的学生保送或考取研究生。除本校外，研究生们就读于北京大学、南京大学、南开大学、浙江大学、同济大学、中科院生态环境研究中心、中科院水生生物研究所等国内一流的高校和科研单位。2000级孙朝武同学毕业后放弃在浙江的工作机会，作为志愿者参加大学生志愿服务西部的计划，赴宁夏固原市西吉县白崖中学支教，表现出色，与当地学生结下深厚感情。2006年8月3日的《人民日报》以《西部，有群可爱的志愿者》为题报道了他的事迹。2004年6月，2001级环境科学班荣获福建省教育厅和共青团福建省委授予的先进班集体荣誉称号（图1-10-9）。

图1-10-8　环境科学与工程系建系10周年晚会（2010年6月28日）（陈荣供图）（左陈猛、右杨爽）　图1-10-9　2001级环境科学班获福建省先进班集体荣誉称号（2004年）（陈荣供图）

教学成果方面也有可喜收获。卢昌义、袁东星、陈猛、叶勇和黄邦钦的"积极发挥研究型大学科研成果对环境科学本科教改的促进作用"获2005年度厦门大学教学成果二等奖；焦念志的"新学科建设带动创新型人才培养"，袁东星、罗津晶和陈荣等的"环境科学本科生暑期科研奖励计划国际项目的实施和成效"获2008年度厦门大学教学成果二等奖；2009年，袁东星被评为福建省教学名师。

"十年砥砺磨一剑，包容兼蓄育英才。"厦门大学环境科学与工程系伴随着新世纪而诞生，与新时代共同成长。十年征程，全体环科人谱写了一曲创业奋斗史，交出了一张出色的答卷。2011年，环境与生态学院成立，环境科学与工程系在翔安校区开启了新征程。

陈　荣，1998年至2001年在厦门大学环境科学研究中心就读，获博士学位。2001年就职于厦门大学海洋与环境学院，现任厦门大学环境与生态学院副教授。

郭小玲，1984年7月毕业于新乡师范学院，获学士学位。1984年至2001年就职于河南省新乡市环境保护监测站。2001年10月就职于厦门大学海洋与环境学院实验教学中心，现任厦门大学环境与生态学院实验教学中心高级工程师。

三展宏图

——曾经的环境科学实验楼

"2011 年 3 月，厦门大学在原海洋与环境学院环境科学与工程学科和生命科学院生态学科的基础上，组建了环境与生态学院……8 月中旬，学校批复学院在翔安校区建设大楼，大楼总建筑面积 2 万平方米（使用面积 1.1 万平方米），大楼由东南大学建筑设计院设计，建筑外观在遵从嘉庚建筑风格和翔安校区总体要求的前提下，体现'环境、生态、环保、绿色'等学院特色。大楼主体结构为 3 栋楼，分别以 A、B、C 栋命名，各楼栋之间又以连廊相连，整栋大楼呈日字型 ［形］。大楼于 2011 年底开工建设，于 2012 年 8 月竣工。2012 年 9 月，学院从思明校区搬迁至翔安校区。"[①] 一座科学实验大楼，从批复、设计、施工到搬迁启用只用了一年的时间，大概也创造了厦门大学历史上之最。这里有厦门大学领导层的决心，有设计施工队伍的努力，也离不开作为科学用户全过程参与的环境科学与工程学科师生员工们，因为他们拥有三代环境科学实验楼建设与维护经验！

（一）环境科学研究所楼

第一代环境科学实验楼是为 1982 年 9 月成立的环境科学研究所建设的。"研究所成立初期，办公室设在囊萤楼，组织人事关系挂靠在海洋系。1983 年学校拨出专款在工学馆的东大沟旁与抗癌中心合建一幢实验办公楼。1985 年起环科所搬到新址办公，组织人事关系也相对独立。"[②] 张珞平作为当时的甲方代表与学校基建处协调，包括提出甲方需求、审查设计方案、监督现场施工和竣工验收（设计

[①] 张明智、李庆顺：《厦门大学环境与生态学院院史》，厦门大学出版社 2021 年版，第 27 页。

[②] 王隆发、吴瑜端：《环境科学研究所》，载于刘正坤、杨菊卿、郑文贞：《厦门大学院系馆所简史（1921—1987）》，厦门大学出版社 1990 年版，第 337 页。

由学校基建处设计室的张锦辉负责，施工由基建处施工队实施）。据卢昌义当年的工作笔记所载，1984 年 5 月 2 日"环科所楼房同意建"，5 月 8 日"看环科所地基划样"，9 月 25 日"看环科所新楼房"。合建的实验办公楼是座两层单侧挑梁连廊的 L 形建筑，黄色灰墙，铁管扶手，钢窗钢门，满满是那个百废待兴时代的标配。小楼转角为楼梯间，平行于大学路的东支属抗癌中心，沿东大沟的南支则归环境科学研究所。环境科学研究所将楼上楼下都隔出两大一小 3 个房间：一楼两个大间是生态实验室，靠楼梯的小间为放置出海采样器械（采水器、抓斗、采样瓶和箱子等）和样品（沉积物样、暂存海水水样、土壤样等）的外业准备间（储藏室）；二楼朝南大间是海洋化学样品处理室，中间的大间是配备了空调的分析仪器室，放置一台火焰 - 石墨炉原子吸收分光光度计（上海分析仪器厂，3200型）、一台极谱仪（江苏电分析仪器厂，XZP-821 型）、一台电脑，以及一些小型仪器如电子天平、pH 计等。靠楼梯的小间为所办公室兼会议室。顶层露台可晾晒样品。（图 1-11-1）

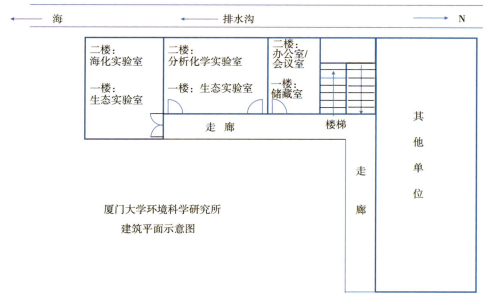

图 1-11-1　第一代环境科学实验楼布局（黄建东绘制）

（二）凌峰楼

"1992 年，为顺应我国社会经济迅速发展和学科发展的需求，厦门大学整合海洋学系、化学系和分析测试中心等单位的相关研究力量，在原环境科学研究所的基础上成立了厦门大学环境科学研究中心。"[1]第二代环境科学实验楼则是五老峰山麓原分析测试中心所在的凌峰（二）楼。"凌峰（二）楼于1981年建成，面积3050平方米，原为教学楼。"[2]1980年7月厦门大学上报市建委的"厦门大学凌峰楼（科学馆）加层扩初设计"[3]图纸上，大开间的教室和西侧廊道边大面积的卫生间，均依教学楼标准。1982年，"教育部分配给我校世界银行贷款300万美元和联合国开发署援款28万美元用于购置80年代先进仪器设备……经校党委、校长研究决定建立校实验中心，对其中一部分大型精密贵重的仪器试行专管共用"[4]。"分析测试中心大型精密仪器设备共有18台，价值190万美元。即：能谱、质谱、电镜（2台）、核磁、顺磁、红外（3台）、紫外、荧光、原子吸收、气相色谱、液相色谱（2台）、元素分析、超薄切片（2台）。""为了适应这批现代化仪器的要求，改建了16间机房及3间通用实验室；购置三台H70型空调机，采用统一空调；安装了二台同步发电机组，解决电压不稳问题；修建200吨水池二个，保证循环供水。"[5]为了保证楼内空气清新，甚至还将卫生间外移到西北侧连廊附楼。或因水电气等大环境不够理想，这批大型仪器从保修期开始故障率就偏高，据保修期后几年的统计，"分析测试中心大型仪器故障共70多台次"[6]。这批大型仪器的器件老化、型号换代较快，确实需要通过环境科学这类大通量分析需求的项目研究和学科建设，方能保障仪器设备和技术队伍的可持续发展。

好消息纷纷而至。1995年，厦门大学海洋生态环境国家教委开放研究实验室获批建设；同年7月，厦门大学进入国家"211工程"建设行列；2001年2月，厦门大学被列入国家"985工程"一期重点建设高校之一，环境科学研究中心成为厦门大学重点学科建设基地；2004年10月，厦门大学在此基础上"举全校之力"争得近海海洋环境科学国家重点实验室的建设申请；2005年3月22日，科技部批准近海海洋环境科学国家重点实验室（厦门大学）建设计划。

"厦门大学为实验室的建设与发展提供了全方位的支持与保障……学校根据

① 张明智、李庆顺：《厦门大学环境与生态学院院史》，厦门大学出版社2021年版，第15页。

②⑤ 姚静珊、王学文：《分析测试中心》，载于刘正坤、杨菊卿、郑文贞：《厦门大学院系馆所简史（1921—1987）》，厦门大学出版社1990年版，第350～354页。

③ 厦大校基字〔1980〕31号文件，厦门大学档案B80-130。

④ 《关于筹建实验中心的报告》，载于厦门大学校史编委会：《厦门大学校史资料（第四辑）（1966—1987）》，厦门大学出版社1990年版，第310～313页。

⑥ 尤宣来、王学文：《技术服务中心》，载于刘正坤、杨菊卿、郑文贞：《厦门大学院系馆所简史（1921—1987）》，厦门大学出版社1990年版，第360～362页。

实验室科技发展规划的需求，专项投资大型仪器设备，划拨年度运行经费……
2002 年为实验室装修、加盖'凌峰楼'，使实验室面积达 4000 平方米…… 实验室
目前拥有仪器 56 台，其中单台价值 30 万元以上的 17 台。通过组建海洋水动力、
海洋遥感与数值模拟、微型生物生态、滨海湿地生态、分子毒理与分子生物学、
碳分析、光谱分析、色谱分析等功能实验室，实行仪器统一集中管理，全天候开
放共享。各功能实验室由教授专家组指导，专职技术人员管理维护。半数以上仪
器年使用机时超过 800 小时，其中气 – 质联用仪、气相色谱仪、流式细胞分析分
选系统、热循环仪、凝胶成像系统等均达到 1500 ～ 3000 年使用机时。实验室精
干、经验丰富的维修技术人员保证了实验室的仪器正常运转，使故障仪器在最短
时间内修复，每年还为学校和实验室节省了近十万元的仪器维修经费…… 自行设
计和研制了现场自动在线监测系统，如有机磷全自动在线检测仪、CO_2 光纤传感
器等。"[1] 表 1–11–1 所列为各功能实验室大型仪器明细，图 1–11–2 所示是 2005 年
4 月接受地球科学领域国家重点实验室评估时的海洋环境科学教育部重点实验室
平台示意，一楼主要为生物地球化学实验室，二楼主要为环境化学实验室，三楼
主要为环境生态学实验室。一个面向海洋环境科学研究的实验中心又初具规模。

表 1–11–1　凌峰楼各功能实验室大型仪器明细（2005 年 4 月）

仪器名称	厂家 / 型号	价格 / 万元	所在实验室
色谱功能实验室			
气相色谱 – 质谱联用仪	HP6890–5973	74.61	凌峰楼 209
气相色谱	HP5890	35.46	凌峰楼 211
气相色谱	Varian–CP3800	23.58	凌峰楼 211
气相色谱（红外联用）	安捷伦 –6890	33.93	凌峰楼 217
高效液相色谱	HP1100	47.86	凌峰楼 215
吹扫捕集系统	EST Encon	36.17	凌峰楼 211
傅里叶红外光谱仪（气相联用）	Nexus470	43.28	凌峰楼 217
光谱功能实验室			
紫外可见分光光度仪	Varian–Cary100	23.15	凌峰楼 213
紫外可见分光光度仪	HP8453	17.60	映雪楼 301
荧光分光光度计	Cary Eclipse	21.12	凌峰楼 219
光谱仪	Ger 1500	14.00	海洋楼 616

[1]　厦门大学：《海洋环境科学教育部重点实验室评估申请书》，2005 年 2 月 23 日，
实验室内部资料。

续表

仪器名称	厂家/型号	价格/万元	所在实验室
火焰光度检测系统	安捷伦	19.00	凌峰楼 211
碳分析功能实验室			
恒电位电流仪		16.00	凌峰楼 212
总有机碳分析仪	TOC–5000A	35.36	凌峰楼 114
总无机碳分析仪	DIC–Pco2–2	22.95	凌峰楼 114
β 计数仪	GM–5–25	27.00	凌峰楼 203
C/N 元素分析仪	PE2400	39.65	凌峰楼 114
微型生物生态功能实验室			
流式细胞仪	EPICS–ALTR2 型	156.00	凌峰楼 306
氩离子激光器系统	INNOVA	126.54	凌峰楼 306
显微成像分析系统	VH–VI FLWCAN	50.31	凌峰楼 308
荧光显微镜	AXIOSKOP 40	16.00	凌峰楼 308
荧光分光光度计	RF–5301PC	15.70	凌峰楼 309
数字显微成像系统（CCD）	SPOT–2	13.00	凌峰楼 308
植物生长箱	E7/2	30.40	凌峰楼 318–4
微生物鉴定系统	62402	39.18	凌峰楼 308
实验室生物反应器	KL F200	20.96	凌峰楼 318–4
多参数水质测量仪	6600D	16.80	凌峰楼 312
超纯水系统	MILLI–Q SYNTHESI	13.85	凌峰楼 306
中型万能显微镜	Zeiss Axioskop	25.96	凌峰楼 312
分子毒理学与分子生物学功能实验室			
热循环仪	PTC–200	10.71	凌峰楼 401
SYNGENE 凝胶成像系统	SYNGENE Genius	10.46	凌峰楼 401
双向电泳系统	Multiphor2 型	15.96	凌峰楼 401
蛋白纯化系统	AKTA purifier100	39.07	凌峰楼 401
微波样品处理仪	MSP–1000	35.28	凌峰楼 214
高速冷冻离心机	J2–MC	25.30	凌峰楼 214
超速冷冻离心机	HITACHI–	46.00	凌峰楼 214
多功能酶标仪	TECAN	19.00	凌峰楼 318–3
彩色工程扫描仪	CONTEX COUGAR36	19.40	映雪楼 308
生态修复工程功能实验室			
便携式光合作用测定仪	LI–COR CO. LI–6400	30.00	凌峰楼 319

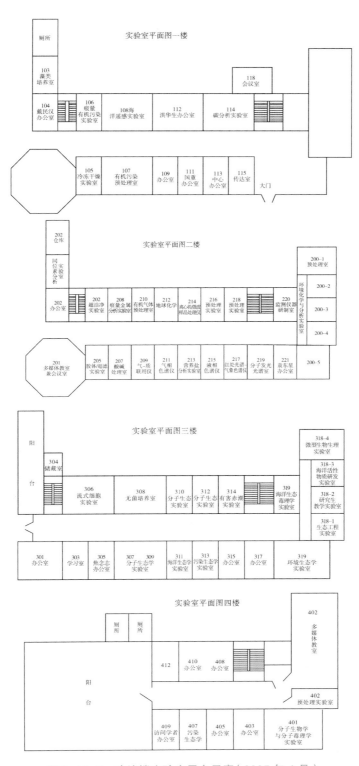

图 1-11-2　凌峰楼实验室平台示意（2005 年 4 月）

（三）海洋楼二期

第三代环境科学实验楼是项目名称为"海洋楼二期"的近海海洋环境科学国家重点实验室大楼（编者注：现曾呈奎楼 B 栋）。2005 年 6 月 1 日，海洋楼二期在原环境科学研究所－抗癌中心以及工学馆的楼址开工，总投资约 1800 万元，建筑面积 6000 平方米，地下室规划为出海仪器仓库和样品冷库，一至六层按功能实验室和科研平台需求，安排了实验室、会议室和办公室，全楼配备货载电梯和中央空调系统。

图 1-11-3 所示为 2006 年为全楼 3239 平方米的工作空间设计的分配方案。各楼层的面积分别为：一楼 505.43 平方米，二楼 572.47 平方米，三楼 562.57 平方米，四楼 562.57 平方米，五楼 512.57 平方米，六楼 523.05 平方米。各层平面采用东西两列采光办公实验空间，中间一列避光实验空间布局，可充分利用空间和提高能效比。实验废物管理最严格的实验平台放在一楼远端，如海水培养室、放射示踪平台（要求从北侧小门出入）等；二楼主要安排行政与会议空间，以及环境分子生物学实验室；三楼安排环境分析化学实验室；四楼安排海洋微型生物生态类实验室；五楼安排海洋生物地球化学实验室；六楼安排物理和计算类仪器，后来部署了多道接收电感耦合等离子体质谱仪（multi-collector inductively coupled plasma-mass spectrometer，MC ICP-MS）洁净实验室。

海洋楼二期还配置了 3 项科学实验楼特色装备。一是利用地下室冷库和超低温冰箱群散发出来的热量驱散水气，拥有了不易发霉的地下室出海物资仓库；二是实现了全楼的防盐雾气流控制，还特别配置了通风橱变频控制系统和 MC ICP-MS 洁净实验室；三是配备实验室安全管理设施和实验废物转移与预处理设施。

"2007 年 8 月，实验室迁入新建的实验大楼（建筑面积 6000 平方米），实验室硬件建设基本达到了设施实用先进，资源开放共享，人员交流方便的高标准。大楼全面安装中央空调、除湿系统及不间断电源，确保了实验仪器安全、稳定、精密地运行；配备了柴油发电机组，为冷冻样品的安全保存提供了保障；建立了较为完善的安全保障体系；布设了连接校园主干万兆网的六类线网络系统，设立 10T 的硬盘阵列，为数据共享和异地备份提供了硬件保证；配备了主要规划为安放海洋现场仪器设备的'走入式'地下仓库；统一规划、建设了一批高标准、有特色的功能实验室和科研服务平台，功能平台实行网上预约、门禁确认，为大型仪器的共享与开放提供了功能保障；营

图1-11-3 海洋楼二期工作空间分配方案（2006年6月）

（a）一楼；（b）二楼；（c）三楼；（d）四楼；（e）五楼；（f）六楼

造了浓厚的学术氛围，预留了学术交流的空间。"[①]

郁　昂，1991年获南京大学学士学位。1997年和2004年分别获厦门大学硕士学位和博士学位。曾在厦门市环保局工作。2004年入职厦门大学环境科学研究中心，现任厦门大学环境与生态学院助理教授。

[①]　《近海海洋环境科学国家重点实验室（厦门大学）2007年度报告》，2007年12月25日，https://mel.xmu.edu.cn/info/1006/4038.htm，下载日期：2022年6月13日。

创新开拓

团队贡献篇

我和环科中心砥砺前行

　　时光如箭，转眼即逝，回首过去，我与厦门大学环境科学研究中心（以下简称环科中心）砥砺前行的故事，在眼前一幕一幕闪过，思绪纷飞，感慨万千。

　　自 1972 年在斯德哥尔摩召开联合国人类环境会议以来，环境科学作为新兴学科，在全球范围内方兴未艾。我国的环境科学同时得到快速发展。20 世纪 70 年代，我校环境科学就开始萌芽于化学、海洋、生物等传统学科中。1982 年，厦门大学抓住国内外重视发展环境科学的机遇，成立了厦门大学环境科学研究所（以下简称环科所），由来自海洋系的吴瑜端、化学系的杨孙楷和生物系的林鹏 3 位任副所长。环科所当时是全国为数不多的几家环境科学专门研究机构之一，北京大学环科所亦是其中之一。1983 年联合国成立了环境与发展委员会，挪威首相布伦特兰夫人任主席。1987 年发表了《我们共同的未来》(*Our Common Future*)，报告中第一次提出了"可持续发展战略"的观点。1992 年巴西里约热内卢环发会议把"可持续发展战略"列为全球发展战略，树立了环境科学发展的新里程碑。同时，厦门大学的环境科学也得到快速发展。

　　记得 1991 年秋的一天，时任校长林祖赓把我叫去，提出为使我校环境科学更好发展，以服务环保事业的需求，要把我从海洋系调出来，在原环科所和分析测试中心的基础上组建厦门大学环科中心。他的理由是：一是原来的环科所领头人分别是隶属 3 个系的教师，均为兼职，专职人员也只有 7 个，需要更大发展。二是原来依靠世界银行贷款组建的分析测试中心，现今存在种种问题，需要进行重整。三是我从海洋系调出来，组建新单位会有更大的发展空间，可以更有作为。他还打算把化学系分析化学专业黄本立先生手下的王小如调出来一起来参与组建，并计划将环科中心的地点设在分析测试中心所在地凌峰楼。

　　说实在话，我当时感到很突然。我回国后就到海洋系工作，已是厦门大学亚热带海洋研究所（隶属国家教委）的副所长，而且刚刚主持了"闽南－台湾浅滩渔场上升流生态系"的研究项目，总的来讲干得不错，出版了一本 103 万字的我国首部渔场上升流区生态系研究专著，并为合理开发和管理闽南－台湾浅滩渔场资源提供科学依据。况且，至1991年我已经回国7年了，还想再到美国去充电一下。所以刚开始我并没有答应林校长的调动要求，但后来也同时认识到当时国际社会对环境科学特别重视，厦门大学的环境科学确实应该有更大发展。另外，我觉得我从海洋系出来，还可以弘扬厦大面向海洋的特色，大力发展海洋环境交叉学科。而且我作为一名党员，还是要服从组织上的需要，勇挑重担啊。经过认真考虑，我接受了新的挑战，答应了林校长，并提出几个请求。第一，我从海洋系调出来时可能要带出海洋系的一些人。第二，王小如是黄本立先生手下的干将，应征求黄本立先生的意见。我知道他手下还有位博士后袁东星刚出站，我与东星的妈妈还是认识的。后来征求了黄本立先生等人的意见，让袁东星出来与我一起组建环科中心。第三，环科中心班子以及人员的调整由我们做主。我当时提出，我当主任，由袁东星和郑天凌当副主任。我们3个都是从国外回来的博士，当时，全部由回国人员配备的班子，在全校是仅有的。希望能够用国外比较先进的理念，营造民主宽松的学术氛围，充分发挥每个人的积极性。第四，除环科所人员，海洋系的其他人等可自愿加盟；原分析测试中心的人员要分流，双向选择。后来，袁东星花了很大精力，个别谈话征求每个人意见，定下了分析测试中心的加盟人选。终于，我们四路人马28人，成立了环科中心。（图2-1-1）

1992年环科中心成立，提出了"面向海洋、内联外合、培养人才、服务社会"的宗旨。学科上突出多学科交叉和海洋特色，走国际化道路。人才培养方面，注重培养具有综合素质和创新能力的复合型人才。同时，面向国家和地方的重大需求，提供科学服务和技术支撑。就这样，环科中心汇集了不同背景的人员，天时、地利、人和，自强不息，艰苦创业，开拓奋进。

图2-1-1　原环科中心1992年班子成员（2015年6月）
（黄水英摄）

（左起：袁东星副主任、郑微云书记、洪华生主任、卢昌义工会主席、郑天凌副主任）

1992年至2012年，环科中心30年的发展历程，始终贯穿着学科建设的主线，发挥海洋与环境等多学科交叉优势，秉承"团结奋斗、创新开拓"的"环科精神"，在教育科研、人才培养、对外服务3个轮子一起转动下蓬勃发展。从1992年成立到1995年3年间，获取了环境影响评价甲级评价证书，获批了环境海洋学博士点和海洋生态环境国家教委开放研究实验室。3年中每年都有新的飞跃，创造了惊人的"环科速度"，环科中心为后来的海洋与环境学院、近海海洋环境科学国家重点实验室、海洋与海岸带发展研究院的建立奠定了坚实基础。

以下，回顾一些我和大家亲力亲为的几个小故事。

（一）扬学科交叉特色

学科交叉的发展成为近20年来国内外学科发展的主流，世界各大学和研究机构都把学科交叉作为支持发展的重要领域之一。学科内部的整合，学科群间的交叉合并，学科交叉科研团队的建设，学科交叉跨系研究中心的建立，也成为一种趋势。

厦门大学校主陈嘉庚先生与海洋有不解之缘。1921年陈嘉庚先生创办的厦门大学，就选择在依山傍海的宝地。"面向华侨、面向海洋、注重实用、注重研究"，是陈嘉庚创办厦门大学的办学理念和厦门大学的办学特色。厦门大学海洋研究的历史悠久，是我国海洋科学的摇篮，有雄厚的基础。面对21世纪可持续发展战略的需要、我国近海资源开发利用和生态环境保护的需求，我校环境科学应充分发挥海洋优势，发展海洋环境科学。抓住海洋环境科学这个特色，将环境科学和海洋科学等多学科交叉融合，既能发挥特色，路子也能越走越宽。

1.建立环境海洋学博士点

1993年，环科中心获批环境海洋学硕士点。1992年只有我一个人是教授，我认为要争取学校更多的政策支持，需尽快多扶持几位年轻人晋升教授作为学术带头人，为创建博士点打下基础。因此，我大力支持大家申报，每回在学校职称评定会议上力争，取得校内专家的认可和支持（记得每次评审下来，大家都开玩笑说我收获最大，要请客！）。1993年郑微云、1994年袁东星和郑天凌、1995年卢昌义都晋升为教授，为1995年博士点的申报创造了条件。另外，环评工作和环境管理学科都很重要，需要培养带头人。但他们要发表SCI论文较难，因此我力争把重要项目环境影响评价报告书也作为重要成果参加评定。2000年张珞平也被评为教授，成为环境管理专业的学科带头人。在用人方面我积极提议学校采用特殊政策，如当时我想从生物系调来研究浮游生物的黄邦钦，但没有编制。我努力取得学校特批，先由课题组自聘两年，从我的课题上付给他工资直至解决编制问题。由课题组自聘，应是当时厦门大学的首例。

真可谓是，自助者，天助也，人亦助之。记得1994年，国家教委分管学位建设的领导来厦大，林祖赓校长向他汇报工商管理学院申报博士点的事宜。时任研究生院副院长的吴辉煌对环科中心非常关心，特别通知我也去听听，争取讲讲环境海洋学博士点建设的设想。没想到，我的简单表述很快打动了这位领导，他对林校长说，那就两个点一起申报吧。当年每个学科全国只增批一个点，我知道中国科学院海洋研究所已经两次申报这个博士点了，而且他们在这方面的建设比厦大抓得更早一些，各方面条件也挺强的。但我心想，不妨抓住机会试一试，由学校统一组织申报，先去排排队吧。没想到，这一排队，竟然一次性获得成功。我后来还同海洋研究所的邹景忠老师开玩笑说：对不起，我们抢先了。

回顾那段经历，我认为，能够"幸运"地被评上也是有原因的。第一，我们海洋、环境和生态学科交叉的特色明显；第二，我们的队伍年轻，实力强、有活力。1995年成功获批环境海洋学博士点，1997年国家教委把"环境科学与工程"定为一级学科后，环境海洋学博士点就归口为环境科学博士点了。

2. 创建文理工交叉的海洋事务学科

随着国内外知识大爆炸和学科交叉时代的到来，我们更加认识到学科大协作、交叉融合的重要性，只有跨学科互相渗透、互相促进，取长补短，培养"一专多能"的人才，才能满足新时代和新形势下海洋环境学科的人才要求。2005年，我同环科中心环境管理组张珞平等人提出申请，在时任校长朱崇实的倡导推动下、在相关国际组织和厦门市政府的支持下，我校成立了国际化、开放式的厦门大学文理工多学科交叉的海洋与海岸带发展研究院（Coastal and Ocean Management Institute，COMI；以下简称海发院）（参见本书《国际化文理工交叉平台——厦门大学海洋与海岸带发展研究院》）。参与海发院平台建设的厦门大学相关学院有海洋与环境学院（2011年分为海洋与地球学院和环境与生态学院）、法学院、经济学院、管理学院、公共事务学院等。海发院旨在充分发挥厦门大学面向海洋的特色，在建设"大海洋"的框架下创新机制。一是通过建立跨学科研究的平台，整合我校现有的教学与科研资源，发挥在海洋、人文、历史、经济、管理、法学、信息等跨学科交叉研究的优势，形成强大的合作团队，创建我校的特色品牌；二是建立跨学科海洋复合型人才培养基地，培养能够满足社会需要的高素质的复合型人才；三是通过多学科交叉研究，为企业、地方政府和国家决策与管理决策提供科技支撑；四是促进我校国际教育和研究的合作，培养国际化人才。

海洋事务专业是一个跨海洋资源与环境管理、地学、经济学、法学和海洋学等多学科的文理交叉的专业，至 2005 年我国还没有培养这种复合型人才的专业。2006 年海发院与美国罗德岛大学、韩国仁荷大学的相关单位在我校八校联盟（U8）框架下，就合作共建海洋事务专业硕士项目进行了多次交流，三方一致认为合作建设海洋事务专业硕士项目对开拓办学资源、发挥各自教学优势以及为社会培养海洋事务高级管理和研究人才具有积极的意义。罗德岛大学于 1969 年建立了世界上第一个海洋事务专业，培养了大量的专业人才，其中不少已经成为美国海洋事务的高级官员，具有丰富的经验；仁荷大学在东北亚有着广泛的影响。与这两所大学合作共建海洋事务专业对厦门大学有积极帮助。我校拥有"211"建设的重点学科海洋科学和其他优势学科，包括经济学、法学、管理学等，为交叉学科建设打下了良好基础。

2006 年 9 月我与朱崇实校长一行 7 人出访美国罗德岛大学（我获得博士学位的母校）参加 U8 联盟校长会议，并同美国罗德岛大学和华盛顿大学、韩国仁荷大学等校具体商讨国际海洋事务硕士学位合作事宜。我作为罗德岛大学的校友，利用机会又去拜访了原罗德岛大学海洋研究生院的 John Knauss 院长。1969 年他在罗德岛大学建立了美国第一个海洋事务专业，后来也曾担任过美国海洋与大气署的署长。我告诉他，我准备在厦大建立中国第一个海洋事务专业，他非常高兴，给了我极大的鼓励。（图 2-1-2）

图 2-1-2　访问美国罗德岛大学（2006 年）（洪华生供图）

（左：作者与罗德岛大学校长及朱崇实校长合影。右：作者与 John Knauss 教授合影）

2007 年，以海发院为依托，我们成功组织申报了我国首个海洋事务国际硕士（Master of Marine Affairs，MMA）项目，这是教育部正式批准的国内第一个中外联合培养海洋事务专业方向的国际硕士项目。其旨在培养海洋政策与法律、海洋经济和海洋与海岸带综合管理等方面高层次人才。该项目与美国罗德岛大学、华盛顿大学、特拉华大学等高校密切合作，以文理交叉为特色，涵盖了海洋学、环境科学、管理科学、经济学、政治学、法学等领域。海洋事务国际硕士项目是厦门大学第一批国际硕士项目之一，面向国内外招生，采取全英文授课，具体由海发院运行和管理。

2012 年，海洋事务专业顺利通过二级交叉学科自主设置申报，获教育部批准成为厦大依托海洋科学、环境科学与工程、法学、应用经济学和公共管理 5 个一级学科的自主设置交叉二级学科，是厦大首批设立的三大交叉学科之一。在海洋事务国际硕士项目成功运作的基础上，2014 年，我又作为主要学科带头人之一成功申报海洋事务博士点，并于当年正式启动招生。

海洋事务专业自 2007 年设立以来，截至 2021 年 9 月，共招收学生 247 人（硕士生 209 人，博士生 38 人），其中国际生 85 人（占 35%），分别来自英国、美国、哥斯达黎加、印尼、孟加拉国、巴基斯坦、韩国、柬埔寨、斯里兰卡、印度、菲律宾、泰国、伊朗、缅甸、越南、乌克兰、捷克、卢旺达、喀麦隆、尼日利亚、乌干达、摩洛哥等 20 多个国家。

3. 首届"全国环境科学研究生暑期学校"

1999 年，受国家自然科学基金委和教育部委托，厦门大学环科中心承办首届"全国环境科学研究生暑期学校"。这是全国环境学科交叉的难得机会。考虑到学生来自全国各地，且还有年轻教师参加，我们决定把不同界面的环境科学领域作为课程的重点，提倡海洋科学、大气科学及环境污染学的大交叉。由于当时厦大在这些相关领域的研究相对不太强，我专程到北京大学拜访唐孝炎院士，他们的大气环境科学研究做得很好。还特别到香港城市大学找了 Rudolf Wu 教授，他们当时有个很强的团队做环境污染及毒理学方面研究。我请他们派几位骨干教师来教授相关的课程。一北一南两位教授，二话没说就给予了大力支持，各派了 4 名骨干教师来到厦大，为暑期学校授课（图 2-1-3）。

图 2-1-3　首届"全国环境科学研究生暑期学校"的部分教师（1999 年）（洪华生供图）

（前排左起：卢昌义、香港城大 Rudolf Wu、香港科大谢显堂、洪华生、北大胡敏、张勇。
后排左起：李云霞、彭荔红、香港城大 Paul Lam、郑天凌、北大栾胜基、蔡立哲）

　　首届暑期学校获得了圆满成功，达到了"拓宽基础，了解前沿，联系实际，促进交流"的预期目的。参与者来自全国 18 所高校、2 个科研机构、9 个环保部门，涵盖了包括环境科学、生命科学、海洋科学和大气科学等领域 37 个专业的 121 名学员。其中，博士研究生 2 名，硕士研究生 70 名，青年教师 29 名。授课的 30 名教师，分别来自美国、英国、香港城市大学、香港科技大学、北京大学、南京大学、中山大学、厦门大学、国家基金委、国家环保总局（现为生态环境部）及地方环保部门，大多为环境研究与教学领域的著名专家。暑期学校共开设了"海岸带可持续发展""海洋污染监测与防治""大气污染"等 10 门课程，课程的设计和模式都是开创性的，在各校原有的环境科学教学基础上，增加环境科学最新进展的内容，拓展学生的知识面，也促进教师之间环境科学教学的交流。

　　在该期暑期学校结束后，厦大环科中心与香港城市大学的生物及化学系、海岸污染及环保研究中心，北京大学环境科学中心等单位签订了合作协议。也因为这期暑期学校，我和唐孝炎院士、胡敏教授、栾胜基教授、Rudolf Wu 教授、Paul Lam 教授等专家学者结下了超过 20 年的友情。

　　众所周知，学科交叉在国内外的高校里都是较难有效实施的。但是，经过努力，我们成功迈出了校内、国内、国际范围学科交叉的可喜一步。

（二）建平台海纳百川

创新平台是筑巢引凤聚英才，提高科研人员创新性和实践能力，提升科研机构创新水平的重要载体。

1. 创建教育部重点实验室，奠定国家重点实验室基础

厦门大学环科中心刚成立，我们就有了建设国家级重点实验室的梦想。当时就此向科研处张鸿斌处长做了汇报，他说要先成立一个校级实验室，运转一两年后再去申请国家教委的开放实验室。

机会总是眷顾有准备和有梦想的人。1995年，国家教委科技司在厦门大学开会，我应邀参会，见到了左铁镛司长和袁成琛副司长。20世纪80年代末，科技司就已经支持我们开展闽南台湾浅滩渔场上升流区生态系研究。袁副司长参与了这个项目的论证，她得知这个项目做得非常好，十分高兴，我便趁热打铁，当即向她提出申请国家教委开放实验室的想法。袁副司长很赞同，让我尽快写个申请报告递上来。可是当时我们没有申请书的版本，袁副司长说没关系，她拿出化学系王小如的分析化学开放实验室申请书，让我记下申请书中几个栏目要求，先简单写一个大纲出来，好让他们第二天带回北京。这令我喜出望外，马上带着学生商少凌连夜"奋战"，赶在第二天一早将申请报告递交给袁副司长。没想到的是，两位司长临走时，左司长就告诉林祖赓校长，化学和海洋的实验室一起申报吧！

后来到北京，我见到了科技司的陈清龙副司长，他是福建人。他提醒我："你们申报实验室是好事，但实验室是没有经费支持的，而且要经常检查，搞不好的话给你们亮黄牌，这样会很难下台的。你们敢不敢、愿不愿意做？"我开玩笑说："是不是上船不容易下船更难呢？但机遇难得，努力试一把吧。"功夫不负有心人，1995年10月，我领衔的"海洋生态环境国家教委开放研究实验室"和化学系王小如挂帅的"分析化学国家教委开放实验室"一起获批了。1999年，开放研究实验室经考核，更名为"海洋环境科学教育部重点实验室"。

2000年厦门大学与福建海洋研究所为发挥海洋科研人才优势和设备优势，强强联合，更好地为地方服务，又申请成立了"教育部、福建省海洋环境科学联合重点实验室"（以下简称联合实验室，2011年更名为"福建省海陆界面生态环境重点实验室"），开创了国内省部共建重点实验室的先河（参见本书《同舟共济——教育部、福建省海洋环境科学联合重点实验室的发展》）。在此感谢福建海洋研究所的同仁们，与我们在台湾海峡同舟共济30年结下了深厚战友情谊。

实验室海纳百川，至 2005 年，已拥有一批取得国外博士学历或有博士后经历的人才。归国博士有：美国罗德岛大学海洋研究生院洪华生、美国依阿华大学袁东星、法国尼斯大学郑天凌、法国巴黎第六大学戴民汉、日本东北大学胡建宇、美国特拉华大学许昆明。有海外博士后经历的包括：焦念志（日本东京大学）、戴民汉（美国伍兹霍尔海洋研究所）、黄邦钦（加拿大圣玛丽斯大学）、商少凌（日本名古屋大学）、曹文志（新西兰皇家科学院土地爱护研究所）、万振文（美国海洋生物实验室）等。他们不仅带回了前沿的国际学术动态和先进的研究方法，而且与国外同行进行着密切的学术交流与合作研究。我们还有一支长期合作的海外兵团，他们是：美国缅因大学柴扉、美国乔治亚大学蔡卫君、美国阿拉斯加大学郭劳动、美国康州大学林森杰、美国伍兹霍尔海洋研究所徐立、美国南佛罗里达大学胡传民等。此外，李炎、王克坚、李春园等陆续加盟，加上香港理工大学毕业的江毓武博士和我们自己培养的博士蔡平河、陈猛、王大志、李权龙等，组成了一支蓬勃向上、团结奋斗的生力军，极大地促进了实验室的科学研究和学科发展，使实验室的科研工作始终站立于国际发展前沿。

2005 年，终于抓住科技部开始要建海洋国家重点实验室的机遇，我们在"海洋环境科学教育部重点实验室"的基础上，邀请了生物系林鹏院士、化学系黄本立院士、海洋系李少菁教授和黄奕普教授及其团队成员加盟，组建了"近海海洋环境科学国家重点实验室"（以下简称海洋国重室。参见本书《春华秋实——近海海洋环境科学国家重点实验室》）。自此，一支以中青年科学家为主体、充满活力的科研队伍，在不断创新开拓的平台上大展身手，在国内外海洋生物地球化学与全球变化研究领域上名列前茅。

2. "211 工程"中建立海洋与环境学院

1996 年，恰逢国家启动"211 工程"建设，当时环科中心根据学校部署，由袁东星主要负责环科中心与海洋系在凌峰楼 201 室的布展，共做了 20 多块展板；书记郑微云组织大家打扫环境卫生，粉刷墙壁，擦洗门窗；大家不怕脏、不怕累、团结互助的精神令人感动，至今我还记忆犹新啊。

教育部要求福建省也须拿出一定经费来共同支持"211 工程"建设。有一天，时任福建省省长陈明义和副省长王良溥来厦大商讨共建事宜，开完学校干部会后，本来主要安排到经济系和化学系考察，我抓住机会上前邀请省长去看一看海洋展板，哪怕 10 分钟也好。我的真诚打动了陈明义省长，他们临时决定，抽出大约 15 分钟的时间，到环科中心所在的凌峰楼参观。陈明义省长果真来到凌峰楼，我简明扼要地介绍了厦大海洋学科发展的历史，特别提到厦门大学是我国海洋科学的摇篮，在海洋生物资源开发、海洋声学军民应用、极地考察、同位素海洋化学、海洋环境保护方面都很有特色，可以为海洋强省做出贡献。省长临走时，我又大胆地说了一句："省长，我们共建海洋学院好吗？"省长笑笑地说："这个我不能说了算。"

令人欣喜的是，这短短的一个参观过程，其实已经打动了省长。第二天，学校传来了一则消息，陈明义省长告诉校长，福建省要与厦大共建海洋学院。知道这个消息后，我无比兴奋，这真是给海洋学科带来了新的生机！随后，在第一期的"211"共建项目中，福建省确定的项目之一就是与厦大共建海洋学院。

共建海洋学院是海洋系的大事。林祖赓校长找我谈，要求把环科中心也纳入海洋学院。一开始我不太同意，当时我觉得环境科学现在也是一级学科，厦大刚刚在环境科学领域有一点声音，如果只捆绑在海洋科学一级学科，会束缚环境科学的发展。但林校长表示，省里的共建方案中指名要我担当院长，环科中心不纳入，一是我就不能当院长了，省里不会答应；二是环科中心不纳入就分不到共建经费。对于后者，我表示没关系，当时海洋系的状况比环科中心困难，环科中心经费还可以另行努力向外争取。后来，学校经过综合考虑，决定以环科中心和海洋学系为支撑单位成立新学院，由我担任院长、环科中心的袁东星和海洋系的王桂忠分别担任副院长。我又建议，学院应命名为海洋与环境学院，涵盖两个一级学科，发展的领域就更加宽阔，以后发展到一定程度，海洋与环境学科还是要分开的。

因省里的意见是共建海洋学院，我又到省里找到省长，申请改为共建海洋与环境学院，最后获得同意。海洋与环境学院成立时，福建省拨给经费2800万元。在经费分配上，倾斜给海洋系，其中380万元分给环科中心、100万元分给海洋环境科学教育部重点实验室，其他则主要用于支持海洋系的海洋生物技术、海洋化学同位素实验室、遥感实验室。除了建设实验室，还购买了一些海上取样和水文测试的仪器设备。应该说，"211工程"建设，为厦大海洋学科的发展添助了生力。

当时海洋系的教学科研场地十分零散，堪称在学校多处"打游击"。我提出从经费中划拨款在原工学馆旧址建一座海洋大楼。刚开始省里不同意，说"211"经费是给学科建设的，不是给建楼的。我又亲自到省政府去游说，详细说明购置的仪器设备和大体量的科研均需要一个大的固定场所，这是学科建设的长远发展所需要的。这再一次说服了省领导，同意划拨 800 万元盖楼（后来总共耗资 1200 多万元），于是有了如今挺立在海滨的曾呈奎楼（海洋楼）。2000 年，海洋系全体搬到新海洋楼里，环科中心还坚守于凌峰楼，并借用海洋系腾出的映雪楼作为环境管理专业和环境工程专业的办公及科研场所。一直到后来海洋国重室利用"985"经费在海洋楼边兴建海洋楼 B 栋，环科中心才和海洋国重室一起搬迁过来。

我于 1996 年的预言终于在 2011 年实现了，海洋与环境学院一分为二：成为海洋与地球学院、环境与生态学院。上述海洋国重室和海洋与环境学院两个平台筑巢引凤成效显著，戴民汉、焦念志、王克坚、高坤山以及高树基等，都成为 2011 年分院后海洋与地球学院的重量级骨干。

通过这些平台的建设，我深刻体会到：机会是留给有准备的人的。只要你有梦想，并为自己想达到的目标不懈努力，那么机遇来了你才能及时抓住，才能获得成功。

（三）续两岸同仁亲情

我在美国学习时就开始与台湾学者接触。如与在罗德岛大学海洋研究生院同班的台湾大学来的魏国彦同学，从两岸同胞相互不了解的疏远到一家人的亲情，很快成为好朋友。那时候我们不仅互相学习，还一起探讨两岸交流与合作的可能性。回国后我马上开展台湾海峡的研究，就是想推动两岸的交流与合作。

1. 1992 年的"破冰之旅"

1992 年我作为中国大陆第一位海洋学者正式到台湾，那第一次还是很有戏剧性的。当时，我担任全球海洋通量联合研究（Joint Global Ocean Flux Study，JGOFS）委员会的成员。1992 年 JGOFS 年会在台北召开，国际海洋科学委员会（Scientific Committee on Oceanic Research，SCOR）认可一个中国，台湾只作为一个地区的成员。不过，那时大陆还从没有过海洋学者正式到台湾，所以 SCOR 特别要求台湾方面允诺不阻止大陆科学家赴台参会，台湾组委会答应了，邀请我参会并帮助办理各种申请手续。

一天晚上，台湾大学庄文思教授突然很紧张地给我打来长途电话，问："你是不是担任什么高官呀？"说我的名字在他们那边海关的"黑名单"里，所以没被批准。我说："我只是兼任福建省政协副主席啊，不能去也罢了。"我完全不把这件事放在心上。

但过了几天，我正在青岛开会，又接到庄文思教授的一个长途电话，很着急地说："已同意你入台了，JGOFS 的会马上要召开，你还是要赶快来一趟。"过后，我才知道，SCOR 知道我没被批准入台，写了一封措辞非常强硬的信给当时台湾"中研院"的吴大猷院长，信中表示，如果这次不让我入台开会，那么以后 SCOR 的有关会议就不在台湾召开。吴大猷感到问题比较大，就把这事交给李崇道（李政道的哥哥）副院长去办，李崇道看了我的资料后，了解到我曾获美国博士学位，回国后在厦门大学任教，主要"角色"还是学者，便亲自跑去海关那边去担保。

不过，我还需要取得我们国台办的批准，这么一来二去，等我办好手续去台湾的时候，JGOFS 会议已经开完了。记得刚到台北的那天，台湾 SCOR 主席陈汝勤教授就带着我去见李崇道副院长。李院长是位个子高高、很和蔼的先生，他对我说："这次委屈你了，你虽然有这'高官'的背景，但是我们还是得低调处理啊，我们要避开这些新闻媒体。"我笑笑地告诉他，这样的安排正合我意，可以专心做学术交流。台湾同仁为我安排专程到台北的台湾大学、基隆的台湾海洋大学、高雄的中山大学进行单独的参观，安排非常周到，行程也没有任何"干扰"（图 2-1-4）。

图 2-1-4　1992 年台湾之行　（洪华生供图）

（左：参观台湾大学台湾海洋研究所时与魏庆琳合影。右：参观台湾海洋大学科考船"海研二号"）

此行考察学习收获了很多，结交了许多台湾同仁，为后来持续的交往与合作铺垫了基础。比如台湾大学的庄文思、刘康克、白书祯、魏庆琳，台湾海洋大学的龚国庆，中山大学的陈镇东、许德惇等诸位教授，后来都多有交集和合作，我很感激他们对祖国大陆的海洋科学研究提供的许多支持和帮助。

1992 年赴台湾，我了解到台湾有一大批早年到美国学习的海洋学者回到台湾搞科研，他们正在做黑潮入侵陆架的一个大项目，做得非常好。我也同他们交流了 1987—1989 年我主持的多单位合作、多学科交叉的"闽南 – 台湾浅滩渔场上升流区生态系研究"重点课题所取得的成果，以及 1991 年出版《闽南 – 台湾浅滩渔场上升流区生态系研究》论文专集。刘康克高度评价了项目的论文集："这是一本极有学术价值的论文集。对于台湾浅滩的海洋地质、水文、化学、生物、渔业都有广泛的探讨，是一个典型的跨学门的研究成果，对于了解这海域的生态系统有深远的贡献。"

2. 乡音拉近距离增进亲情

1992 年赴台期间，我还和刘康克商讨进行一些实质性合作，利用我们各自正在进行的研究项目，定个时间同时出海做调查，我们做台湾海峡从大陆到台湾的海域断面，而台湾学者主要是做台湾岛东部以及东北角一直到长江口这块海域的断面。我回来马上带领团队开始执行这个合作。1994 年夏天航次，记得是一个风和日丽的中午，海上一片平静，我们的"延平号"科考船开到新竹外海 12 海里的地方。船停下来采样，突然间看到有个圆圆的白点飞驰过来，仔细一看，原来是台湾海巡署的船，上面站了几个荷枪实弹的人，有人凶巴巴地喊话问："你们是干什么的？"我们回答，是采样做研究的。他说问问你们的船长，看看你们已经开到靠近新竹多少海里了？我们装着不清楚，并说是和台湾学者的合作啊。他问有公文吗？我说有和台湾学者刘康克教授合作的书面协议。他说不行，一定要有政府的公文，你们赶快离开，要不然，我们就叫海军来把你们拉进去。商少凌等几个学生乐了，说，洪老师让他们拉进去吧，这样子我们不就可以实现第一次直航到台湾吗？我说那可不行，如果我们真被拉进去，国台办一定会提出抗议，这将造成很大的事端，我们将来还做不做台湾海峡研究呢？后来，我们用闽南语和他们喊话，讲明是福建海洋研究所的"延平号"科考船，取完样就走。听到"乡音"，他们的态度马上缓和下来。说好吧，你们赶快取完样就走吧。噔噔噔地，船开远了一点，没想到后来船竟然噔噔噔地又开回来，我心想坏了，是不是又改变主意啦？哦，原来是来拍照的。不过没关系，"延平号"已经在台湾"挂号"了。这也算是记忆中的一件趣事。（图 2-1-5）

很巧的是 2010 年 9 月去花莲开会，我和商少平去顺访海巡署，想了解台湾海峡两岸合作救难事宜。本来海巡署的林总长只打算礼节性地会见一下，但后来我们越聊越投机，干脆用闽南话对话，谈得非常亲切。林总长原计划接待以后立刻要去马祖，结果，他居然改变行程，留下来和几位课长一起请我们吃饭，还让我们登上海巡署的船沿新竹港绕了一圈，参观他们的避风港等设施。他们的船的性能确实很好，虽然不大，但是跑得非常快。在台湾，海巡署的权力非常大，海上什么事都抓，包括防走私，防灾救难也是他们的事。那天中午海巡署请我们吃饭，席间我谈起1994年差一点被他们抓走的往事，说没料到今天可以一起坐下来吃饭喝酒，大家哈哈大笑。我从来没有看过商少平喝得那么醉过，确实是大家谈得太开心了！（图2-1-6）

图 2-1-5 　台湾海峡航次中与台湾海巡署 相遇（1994 年 8 月）（洪华生供图）

图 2-1-6 　登台湾海巡署的船绕新竹港一周 （2010 年 9 月）（洪华生供图）

（远方的白船为台湾海巡署的船）

3."研学之旅"深化两岸交流合作

2001 年，在时任福建省省长习近平的亲自推动下，"台湾海峡及毗邻海域海洋动力环境实时立体监测系统"被列为国家"十五""863"计划资源环境领域重大专项，项目组长是福建海洋与渔业局刘修德副局长，我担任首席科学家，厦门大学教育部、福建省联合实验室为主要的科技支撑单位。在国家和省里的持续支持下，取得了一系列先进技术的突破，实现了技术综合集成与整体系统的示范应用，经 20 多年来的不断创新和发展，已建成国内领先、国际先进、国内持续业务化运行时间最长的区域性海洋立体实时观测网和精细化、智能化海洋网格预报业务系统。在海洋灾害和海难救助方面发挥了很大作用，2009 年，福建海洋与渔业局还成立了福建省海洋预报台。为进一步推动海峡两岸在灾害预报和海难救助的合作，2009 年 5 月我率团带领"863"项目的部分骨干（成员来自厦门大学和福建省海洋预报台）到台湾中坜的中央大学参加"台湾海峡环境监测及灾害防治研讨会"，与刘康克一起主持这个研讨会；到台湾成功大学水利及海洋工程学系拜访高家俊，参观他们先进的浮标和资讯系统。大家共同认识到，两岸虽有一水之隔，却是一脉相承，随着"小三通"和直航两岸交通的日益便捷，两岸经贸交通往来与合作交流日趋频繁，海上交通安全形势随之日趋严峻，保障两岸人民的生命和财产安全，维护台湾海峡海上安全，造福海峡两岸人民，是两岸共同的责任。我们共同期盼两岸在海峡的防灾减灾、海上安全等方面能有实质性的深度合作。（图2-1-7）

图2-1-7　2009年台湾之行（2009年5月）（洪华生供图）

［左：刘康克主持研讨会。右：在成功大学水利及海洋工程学系与高家俊团队交流（左起：高家俊、许泰文。右起：林法玲、洪华生、胡建宇、江毓武）］

在"台湾海峡环境监测及灾害防治研讨会"的基础上，我和刘康克、高家俊3人发起召开"海峡两岸海洋环境监测及预报技术研讨会"。此后，每年或两年在大陆和台湾轮流召开一届。从2009年第一届开始至今，已分别在厦门、平潭、武汉、基隆、金门、澎湖等地召开了9届会议，交流的议题包括海洋环境监测及预报技术的研究和应用、台湾海峡海洋灾害监测及预报、台湾海峡海上事故搜救辅助决策系统、两岸海洋经济发展之生态与环境安全保障、海洋环境大数据与人工智能等。参加单位有两岸的院校、业务部门、企业等。科学研究服务于业务应用，业务部门的使用经验为学者研究提供了最为直接的实验数据，企业又可将科学技术创新成果转化成产品。海峡两岸海洋环境监测及预报技术研讨会已成为两岸学者在海洋领域交流合作、增进情谊的重要平台。

（四）推进可持续发展

环科中心在自身发展过程中，还把推进厦门的可持续发展，建设绿色城市和国际化海洋城市作为己任。

早在 1992 年，联合国环境与发展大会通过的《21 世纪议程》中就提出，为了保证海洋的可持续利用和海洋事业的协调发展，沿海国家应建立海洋综合管理制度。那时候，海岸带综合管理在我国还是一种很新的理念。1994—1998 年，在国家海洋局的推荐与支持下，全球环境基金（Global Environment Fund，GEF）、联合国开发计划署（UNDP）、国际海事组织（IMO）共同设立了"东亚海域海洋污染预防与管理厦门示范区项目"。我作为厦门市政府聘请的专家组组长，带领环境管理团队的骨干张珞平、薛雄志、江毓武等参与了东亚海域海洋污染预防与管理厦门示范区项目的实施，为厦门海洋功能区划的制定和《厦门市海域功能区划地理信息系统》的开发、经济发展与海岸带生态环境相互影响的综合环境影响评价模式的建立提供了强有力的科技支撑。厦门海岸带综合管理"立法先行、集中协调、科学支撑、综合执法、公众参与"的成功经验，被国际海事组织总结为"厦门模式"，并在国际上加以推广。

1. 厦门海岸带可持续发展国际培训中心的成立

厦门的成功实践证明海岸带综合管理是海岸带可持续发展的重要途径，我也认识到，除需要我们提供强有力的科技支撑外，公众（尤其是管理和决策者）的意识和素质是决定性的因素。因此，我于 1996 年底向厦门市政府提出和厦门大学共建厦门海岸带可持续发展培训中心的报告。报告书送上后，时任副市长朱亚衍转呈给洪永世市长："拟利用洪华生同志他们作［做］些宣传和培训工作，以推动海洋管理工作，所以提出这个方案，请阅知并示。"洪永世市长很快就批示："大好事，我赞成，重要［的］是各级领导要强化海洋意识和科学基础知识。"后来，由杨本喜代表厦门市海洋管理办公室、我代表厦门大学，签署了《厦门市政府与厦门大学海洋与环境学院共建厦门海岸带可持续发展培训中心协议书》，常务副市长朱亚衍亲自担任该培训中心主任（参见本书《国际化文理工交叉平台——厦门大学海洋与海岸带发展研究院》）。

1997 年 1 月 25 日上午在凌峰楼"厦门海岸带可持续发展培训中心"的挂靠单位厦门大学环科中心，举行了成立暨揭牌仪式，参加对象有市领导、校领导及市海洋管理协调领导小组成员、有关行政管理部门人员、专家、记者等，并由我邀请全国人大环境与资源委员会主任曲格平教授上第一堂培训课。

我在北京开全国人大环资委的会议上认识了时任全国人大环境与资源保护委员会主任委员的曲格平。曲格平是"中华环保第一人"，是中国第一位常驻联合国环境规划署首席代表，第一任国家环保局局长，第一任人大环资委主任委员，中国第一个"联合国环境大奖"和"国际蓝色星球奖"获得者；他是中国环境保护事业的主要开拓者和奠基人之一，也是中国环境保护管理机构的创建者和最初领导人之一。他人非常随和，亲切接见了我，我向他汇报了厦门市海洋综合管理项目，并请教了可持续发展问题，我认为海岸带综合管理是海岸带走可持续发展道路的一个重要途径，他非常赞同这个观点。同时，我还告诉他准备和厦门市政府共建可持续发展培训中心，对公众尤其是决策和管理人员进行可持续发展知识的普及和宣传，邀请他来参加可持续发展培训中心的揭牌仪式并且做第一个讲座。曲格平非常爽快地接受这个邀请，并在培训中心开幕式上做了一个很生动的报告："当今世界上国力的较量，归根到底是知识的较量。"

报告一开始他就提道：厦门市政府和厦门大学联合建立的海岸带可持续发展培训中心，是一个创举，你们对在职干部特别是领导干部进行可持续发展战略的教育，是贯彻实行中央提出的"两个转变"、完成"九五"和2010年长远规划目标、把厦门市建成现代化港口和旅游城市的积极措施。具备不具备可持续发展观念和知识，是衡量各级领导干部具备不具备领导建设现代化经济、现代化城市素质的一个重要标志。行动是受思想支配的，只有用邓小平建设有中国特色的社会主义理论和现代科学知识武装起来的干部队伍，才能率领广大人民群众建设现代化的宏伟大厦，你们带了一个好头，你们的做法是值得其他地方仿效和学习的。

报告中，他首先阐述了什么是可持续发展。其次，他还谈到了对国家财富的新认识。国家和地区的财富可以有3项指标：一是自然资本，二是创造性资本，三是人力资本。自然资源是很重要的，但是自然资源匮缺，并不能证明一个国家和地区不能发展，甚至相反；如果注意在人力资本和创造性资本上大力开发，自然资源贫乏的国家和地区的发展速度还是很快的。当今世界上国力的较量，归根到底是知识的较量，只有在知识及其应用上领先的国家，最终才能在下个世纪的新文明中立于不败之地。

最后，他对厦门市的发展提了几点建议：厦门与香港、新加坡的自然资源差不多，没有能源资源，没有矿产资源，甚至连饮水也是远距离调来，自然资源近乎零。这里只有两种资本，一是人力资本，二是创造性资本，要努力提高人民的文化素质和整体素质，把它变成巨大的资源和生产力。要做到这一点，就要求重视教育，除了办好各级学校教育，还要注意培训和提高在职人员的文化和科学知识水平。其中，提高各级领导干部的文化和现代化素质尤为重要，因为现代化事业是靠他们去组织和推动的。如果你们把办教育作为一项战略措施来对待，今后的发展就如虎添翼，是大有作为的。厦门地域狭小，你们的优势就在于人力资本和沿海特别是对台联系的区位优势，应充分发挥这两个优势，吸引人才，以高素质的人力资源为依托，大力发展知识和技术密集型产业，如电子工业、海洋工程、遗传工程等（图 2-1-8）。

听了曲格平的报告后，大家受益匪浅。后来我们将他的录音讲话稿整理好寄往北京，请他修改后再传真回来。我请示副市长朱亚衍如何处理？朱亚衍那天亲自聆听过曲主任的报告，认为"要宣传贯彻，由政府海洋管理办公室发有关领导与部门，还有市

图 2-1-8　曲格平在可持续发展培训中心做报告
（1997 年 1 月）（洪华生供图）

委、市政府、人大、政协的主要领导，还有市海管办的全体成员，并且要送登在《特区调研》《计委通信》等刊物上"。洪永世市长则进一步批示："同意，还可以加一条，在厦门日报、商报、晚报上进行宣传。"

20 多年过去了，回过头来再读这篇文章，我仍感到曲格平主任的报告高瞻远瞩、道理深刻、意义深远。

可持续发展培训中心从一开始起点就高，影响不断扩大，引起了国家海洋局的重视。2001 年，国家海洋局与厦门市人民政府以及厦门大学签署了共建"厦门海岸带可持续发展国际培训中心"协议书。在协议书上提道："厦门市人民政府与厦门大学于 1997 年 1 月 25 日共建成立了'厦门海岸带可持续发展培训中心'。培训中心成立以来，聘请曲格平等国内知名学者、专家和国家海洋局、国家环保局的高级官员，围绕'海洋法律与海洋综合管理'、'海洋环保与可持续发展'等主题，针对厦门市各级管理人员举办了一系列短期培训和讲座，对提高厦门市涉海部门管理人员的海洋资源和环保意识，推动厦门市的海洋综合管理工作发挥了积极作用。同时，该培训中心还与东亚海域环境管理［的］合作机构（PEMSEA）多次合作，对来自东亚沿海国的海洋管理官员进行了海岸带综合管理方面的培训。"培训中心后来还争取了 PEMSEA 的参与，成了四方共建。

2. 首届中国国际城市绿色环保博览会（绿博会）

21 世纪的第一个金秋，绿色旋律唱响厦门。2001 年 11 月由国家环境与资源保护委员会、国家环保总局和厦门市人民政府共同主办的首届"中国国际城市绿色环保博览会"（简称绿博会）在厦门成功举行。能争取在厦门召开并取得丰硕成果，环科中心是出了大力的。我以环科中心教授的名义担任了组委会和学术委员会的副主任。为了更好地学习和交流绿博会的新理念和新成果，我们将"21 世纪绿色城市论坛"所征集的论文修订后，汇编成集，由厦门大学出版社出版。这本汇编还记载了绿博会从酝酿到会展期间的大事记，收录了绿博会开幕和展出盛况以及配套的其他活动的文字资料等，作为绿博会所有重要文献的汇编及成果的总结。曲格平欣然为本汇编题字写了书名《呼唤绿色新世纪》。该书由厦门市"绿色大使"、环科中心的卢昌义主编，我写了序（图 2-1-9）。

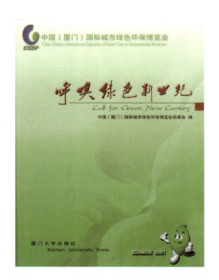

图 2-1-9　绿博会《呼唤绿色新世纪》论文汇编封面（洪华生供图）

［中国（厦门）国际城市绿色环保博览会组委会：《呼唤绿色新世纪》，厦门大学出版社 2002 年版］

环科中心在绿博会上展出了"公众参与环境管理国际合作项目"的成果，全国人大环资委曲格平主任和张宏仁委员前来参观。同时，我们还牵头主办 2001 年厦门市高校大学生绿色环保论坛。（图 2-1-10）

图 2-1-10　"公众参与环境管理国际合作项目"展区（左）和厦门市高校大学生绿色环保论坛（2001 年 11 月）（右）（卢昌义供图）

（左：左 5 曲格平、左 6 洪华生、左 7 张宏仁、左 8 卢昌义、左 9 薛雄志。右：左 1 洪华生）

这场绿博会，是 21 世纪我国举办的一次层次高、规模大的城市绿色环保国际盛会，是一次体现人与自然和谐共处的盛会。绿博会围绕"绿色城市、绿色经济、绿色生活、绿色文明"这一主题，倡导城市可持续发展。这次绿博会吸引了包括 20 多个国家、40 多个城市、300 多家中外企业在内的两万多人前来参展参会。曲格平在绿博会开幕式上说道："今天我们在碧海蓝天的厦门，呼唤绿色文明。明天我们将期待着绿色文明的种子在所有的城市开花结果。"时任福建省省长的习近平在发来的贺信中说："坚持城市的可持续发展战略，推动城市建立有利于环境、投资与经济协调发展的绿色生活方式。绿色工作方式、绿色生产方式和绿色消费方式，是社会进步的重要表现。"[1]20 年前倡导的绿色文明，与现在强调的生态文明建设，走绿色发展之路，是一脉相通的，厦门市走在了全国生态文明建设的前列。值得骄傲的是，我们环科中心为之做出了努力，取得了成效。

3. 打造厦门"国际海洋周"品牌

2004 年 10 月，在厦门召开了"第二次技术创新与管理抉择国际环境会议"，会议由联合国环境署、国家环保总局和厦门市人民政府联合主办，中国国家自然科学基金委、荷兰应用科学研究院、中国科学院、福建省环境保护局、欧中技术促进中心、厦门大学等 11 个单位协办，由厦门大学海岸带可持续发展国际培训中心为主承办。来自 23 个国家和地区，共计 354 名的国内外不同领域的知名专家学者和政府机构专业人士齐聚一堂，从环境科学与健康、环境问题的经济和社会影响、污染物削减对策和环境政策的运用等方面，进行了广泛而深入的探讨和交流，取得了丰硕的成果。会后，收到的 334 篇论文由环科中心张珞平和中科院生态中心王子健为主，编辑了两本厚厚的论文专集（图 2-1-11）；还从中按照 SCI 刊物的要求挑选一些论文刊登在 *Journal of Environmental Science and Health Part A – Toxic/Hazardous Substances & Environmental Engineering* 专刊（2005，Vol. 40，No.10）上，张珞平被聘为该专集的客座主编，并写了前言。另外，*Aquatic Ecosystem Health & Management* 的专刊（2006，Vol. 9，No.1）也收录了 20 篇论文，其中有 12 篇的作者为环科中心的人员和研究生。

此次会议还催生了厦门"国际海洋周"，即来参加这次国际大会的联合国环境署全球防止陆源污染行动计划的协调人 Veerle Vandeweerd 博士对厦门的印象非常好，她非常认同海洋综合管理的"厦门模式"，所以提出了一个建议——可以

① 中国（厦门）国际城市绿色环保博览会组委会：《呼唤绿色新世纪》，厦门大学出版社 2002 年版，第 30 页。

在国际上推介厦门模式，不只是在东亚国家，在国际上沿海城市都可以推行。那时候，瑞典的斯德哥尔摩有一个"国际水周"，办得非常成功，Veerle Vandeweerd 博士建议，斯德哥尔摩的"国际水周"关注的是淡水，而作为沿海城市的厦门可以办"国际海洋周"。这是一个很好的创意，很快就得到了厦门市副市长潘世建的支持。（图 2-1-12）

图 2-1-11　第二次技术创新与管理抉择国际环境会议论文专集封面（2004 年 10 月）（张珞平供图）

图 2-1-12　第二次技术创新与管理抉择国际环境会议上合影（洪华生供图）

（左起：Veerle Vandeweerd、Cees van de Guchte、洪华生、潘世建、朱望钊）

　　2005 年 10 月，厦门市举办了首次"厦门国际海洋城市论坛"，300 多名与会的沿海城市市长及代表共同签署了《厦门宣言》，并一致提议在厦门定期举办"国际海洋周"活动，共同探讨世界海洋城市的可持续发展途径。

　　经过 16 年的倾力打造，一年一度的"厦门国际海洋周"已发展成为集国际海洋论坛、海洋专题展览和海洋文化活动于一体的国际性年度海洋盛会。"厦门国际海洋周"在加强海洋领域的国际合作与交流、推进海洋资源可持续利用、推动海洋经济可持续发展和提高公众海洋意识、提高厦门的知名度和国际影响力等方面的作用逐渐凸显。厦门大学海发院作为主要的催生者和推动者，为"厦门国际海洋周"这个联系全球海洋政策、科学技术、决策和行动的平台的诞生，起了很大的支撑作用。2010 年厦门国际海洋周的主题是"海岸带可持续发展：从流域到海洋"，我们参与了最后的总结（图 2-1-13）。2011 年，厦门大学正式成为"厦门国际海洋周"的主办单位之一，海发院成为东亚海岸带可持续发展地方政府网络的首批协作成员。其秘书处设于厦门市，海发院是其副秘书长成员单位。

图 2-1-13　厦门国际海洋论坛总结会（2010 年）（曾鹏供图）

（左起：方秦华、蔡程瑛、陈能汪、Gunnar Kullenberg、黄金良、洪华生）

回顾环科中心的发展历程，早期的环科人可谓弄潮儿，顺应时代的潮流，围绕国家的战略，勇立潮头、凝心聚力不断谱写新篇，创出了环境与海洋等多学科交叉特色，走出了国际化办学的路子；在推动两岸一家亲的交流合作、在对社会可持续发展服务上取得了可圈可点的成绩。经验值得总结和回顾，精神值得传承和发扬！在此，我感谢环科中心全体同仁一如既往陪我一起勠力同心，砥砺前行，特别感恩老一代环科人在艰难岁月里的辛勤开拓和无私付出！走可持续发展道路是 21 世纪我们面临的重大课题，环境科学的发展还任重而道远！

　　注：本文部分内容和图 2-1-3、图 2-1-4 右、图 2-1-5、图 2-1-6、图 2-1-7 左、图 2-1-8 引自黄水英主编、许晓春编著：《碧海生命乐章：首位归国海洋学女博士洪华生传》，厦门大学出版社 2021 年版。

从流域到近海，从科学到决策

◎ 黄金良　陈能汪　彭本荣

　　连接流域－河口－近海的海岸带是海陆交互作用的关键地区，又是人口密集及经济高速发展的区域，对全球变化（自然过程和人类活动）引起的环境胁迫作用响应敏感。随着海岸带地区经济发展、人口增加和城市化程度提高，高强度的人类活动导致的环境污染、生态系统退化、资源耗竭等问题，严重威胁到海岸带的可持续发展，成为国际上普遍关注的热点与难点问题。

　　20 世纪 90 年代"国际地圈生物圈计划（International Geosphere–Biosphere Programme，IGBP）和国际全球环境变化人文因素计划（International Human Dimensions Programme on Global Environmental Change，IHDP）"共同发起的核心研究计划"海岸带陆海相互作用（Land Ocean Interaction in the Coastal Zone，LOICZ）"体现了国际社会对海岸带地区的重视。LOICZ 第一阶段（1993—2002）完成之后，学术界和管理界认识到，传统学科的碎片化阻碍了人类对海岸带系统变化的深刻理解。因而第二阶段（至 2015 年）将流域、河口和海岸作为有机整体进行研究，社会、政治和经济等更多的学科也开始介入项目研究。2002 年，"可持续发展问题世界首脑会议（World Summit on Sustainable Development，WSSD）"强调了"从山顶到海洋"的综合管理；我国基于"陆海统筹"的理念，也提出有效的海岸带污染防治和生态保护的对策，以保护海岸带生态安全、保证民众健康、维护海岸带可持续发展。

　　在对台湾海峡及海峡西岸河口长时间序列研究过程中，厦门大学环境科学研究中心（以下简称环科中心）洪华生敏锐地觉察到流域氮磷等营养盐输入对河口及近海的重要影响。自 20 世纪 90 年代末起，洪华生开始组织研究团队，选择九龙江－厦门湾－台湾海峡近海作为研究区域，依托现场连续观测，结合模型模拟、同位素示踪、"3S"等多技术集成的研究手段，系统研究流域－河口－近海氮磷等的产生、迁移和转化等生物地球化学过程，定量评估系统各界面营养盐的来源和输出贡献；推动跨部门、跨行政区的流域－海洋水环境信息共享平台的建立，推进基于生态系统的综合管理体制的建设，为流域－近岸海域空间连续体的污染总量控制、污染溯源及整治、水环境突发事件预警及处置、生态损害补偿及赔偿等提供科技支撑和决策管理支持。

（一）流域农业非点源污染的管控

1999 年，为提出具有针对性的污染控制政策，洪华生带领环科中心的研究团队开始关注流域农业非点源污染问题，并对不同来源的非点源污染开展了溯源研究，选择的研究区域是注入厦门湾的九龙江流域。这在国内是属于较早开始此类工作的，当时国内从事同类研究的有中科院生态中心的尹澄清研究员团队、傅伯杰研究员团队，浙江大学的陈英旭教授团队，北师大的杨志峰教授团队等。自此，环科中心团队一直位于我国流域农业非点源污染研究的重要方阵中。

曹文志是洪华生的博士后，具有较强的地学与农学背景，助力洪华生团队开启流域农业非点源污染研究。张玉珍孔雀东南飞，2000 年辞去新疆工作考入环科中心攻读博士，以九龙江西溪上游的五川流域为研究案例，完成了团队第一篇有关小流域农业非点源污染的博士论文。2001 年入学的博士生黄金良，立足于自身地理学基础，采用地理信息系统（geographic information systems，GIS）技术和环境模型，量化了九龙江流域农业非点源氮磷的来源与负荷，识别了污染的关键源区，并对管理方案进行模拟评估，对九龙江全流域农业非点源污染进行了宏观辨识。2003 年，硕博连读学生陈能汪则专注流域营养盐循环研究，基于大量的野外观测与试验，从典型小流域、典型地块和全流域等不同尺度开展氮的淋失、反硝化和氨挥发、大气沉降的定位监测与试验，建立不同尺度流域氮的收支模式，最终指出九龙江流域大气氮主要来源于农业活动和化石燃烧，明确了九龙江流域氮的主要流失途径和控制重点。

畜禽养殖成为农业非点源污染的重要来源，富含磷的畜禽粪便的直接排放，导致氮磷比值的持续下降，可诱发河流水华。针对此问题，洪华生安排 2002 级博士生曾悦开展九龙江流域畜禽养殖污染防控专项研究。曾悦的博士论文工作对九龙江典型畜禽养殖区域地表水、地下水、养殖废弃物的氨挥发进行定位监测试验，系统分析了畜禽养殖废弃物中氮、磷地表流失与地下渗漏的特征及流失负荷，揭示了流域典型畜禽养殖区地表水氮、磷迁移转化规律，研究结果为九龙江流域北溪上游畜禽粪便消纳区的划定及有机肥料厂的选址提供了依据。2009 年 1—2 月，九龙江北溪江东库区发生拟多甲藻水华事件，主要与流域上游生猪养殖场排放大量的磷诱发藻类异常繁殖有关，说明了早期开展畜禽养殖污染研究的前瞻性。农药随着农田排水和地表径流进入地表水体，也是主要的农业非点源污染物。洪华生安排 1998 级博士生张祖麟和 2002 级硕士生李永玉开展五川流域和九龙江流域有机磷和有机氯农药的赋存、迁移转化过程及归宿等机制的研究，研究了有机污染物在水、沉积物、土壤、植物及地下水等多种介质中的环境行为和生态风险，探讨了其对九龙江河口及近海生态环境的输出贡献与潜在影响。

流域非点源污染的发生是降雨驱动下流域范围内的产流与排污过程。场次降雨下流域出口的水量与水质的自然响应过程受到流域下垫面尤其是人为水工设施的影响。九龙江干流和一级支流几乎遍布小水电站和水库，九龙江北溪流域从 1993 年开始大量建水电站，极大地改变了九龙江水量的时空分布。2006 年，从河海大学水文水资源专业毕业的赵超博士到洪华生课题组做博士后，对九龙江流域梯级电站的水文效应开展了较为深入的研究，研究成果为 2009—2011 年洪华生承担的厦门市重大科技攻关项目的开展奠定了基础。

王卫平博士 2004 年入学，恰逢洪华生主持的福建省重大科技攻关项目结题验收之时，便安排他辅助信息学院的姜青山教授一起开发"九龙江流域农业非点源污染信息系统"，集成课题组的研究成果，也提升成果的显示度。2009 年，来自中科院广州地球化学研究所的孙芹芹博士到课题组做博士后，与省环保厅的人员在系统开发等方面做了很多的沟通和努力，在福建四创软件有限公司的支持下，开发了"九龙江流域水环境管理信息系统"，研究成果为九龙江流域污染整治、相关规划与管理决策提供了科学依据和技术支持。

洪华生团队一直致力于流域 – 河口 – 近海环境污染过程的系统研究，努力尝试将水利、气象、环保、海洋部门的数据融合到跨部门共享信息平台集中展示，这在当时有很大的难度。洪华生亲自带队到省水利厅、环保厅、海洋厅等部门进行沟通，并请福建省发改委"数字福建"建设领导小组办公室（简称数字办）牵头，召开多场专家咨询会和立项评审会，促进了"福建省流域 – 河口 – 海洋信息平台"项目的立项及建设，为后续从流域到近海的环境污染控制与研究提供了强有力的数据支撑。时至今日，洪华生倾注心力的"厦门大学海洋监测与信息服务平台"（Marine Monitoring and Information Services Platform，MMIS），可以说是十几年前她即开始关注的环境信息化的进化版，是"connecting the dots"。

深耕九龙江流域二十余载，洪华生领衔的农业非点源污染研究团队，取得了一系列创新性成果，提供了全球农业流域研究的重要案例。两本专著《九龙江五川流域农业非点源污染研究》和《九龙江流域农业非点源污染机理与控制研究》（图 2-2-1）相继于 2007 年和 2008 年由科学出版社出版，团队多年的研究成果于

2009 年获福建省科技进步二等奖（图 2-2-2）。

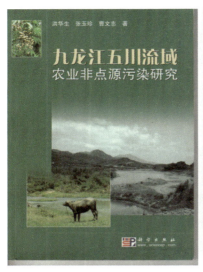

图 2-2-1　九龙江流域农业非点源污染研究的专著封面

（左：洪华生、张玉珍、曹文志：《九龙江五川流域农业非点源污染研究》，科学出版社 2007 年版。右：洪华生、黄金良、曹文志：《九龙江流域农业非点源污染机理与控制研究》，科学出版社 2008 年版）

（二）饮用水安全的保障

水华是水体富营养化最常见的一种表征。湖库水源地发生水华事件时，易造成缺氧现象，或产生藻毒素，威胁饮用水源安全。饮用水安全事关国计民生与社会经济发展，是政府与公众最关心的民生问题。

厦门为东南沿海城市，可用淡水资源十分匮乏，早在 20 世纪末就被列为全国主要缺水城市之一。厦门市 80% 以上的水源来自九龙江北溪，其取水口位于江东库区。2009 年 1 月 19 日发生的九龙江北溪拟多甲藻水华事件（简称"1.19"事件），就是一个水质与水生态退化的极端表现，厦门的

图 2-2-2　"九龙江流域农业非点源污染机理与控制研究"项目获奖证书（2009 年）

（黄金良供图）

饮用水安全一度受到了严重威胁。该"1.19"事件中的水华，从上游漳平段开始向下游蔓延，在江东库区（包括厦门取水口）长达 20 公里河段爆发了近一个月。在国内同类水华事件中，这是一次发生范围广、水质恶化严重、持续时间较长的重大突发事件，严重威胁厦门和漳州人民的饮用水安全。

"1.19"事件发生后，洪华生带领团队马不停蹄地开展了各项工作：迅速赶到厦门取水口，与厦门市环保局负责人一起坐船考察藻类爆发情况，并派团队骨干陈能汪等到北溪上游现场取样分析。黄邦钦对生物样品进行藻种鉴定；潘伟然组织技术人员到现场测定库区流速，并在后期布放了水质生态浮标（图 2-2-3），监测水源地的水文水质变化；郭卫东和厦门市海洋与渔业研究所人员联合开展河口调查，密切关注河口区的化学要素和浮游生物的变化。洪华生还同张珞平、彭本荣、黄邦钦、陈能汪、黄金良等深入现场，后期陆续到九龙江流域的浦南和郑店水文站等基层监测单位（图 2-2-4），与当地工作人员进行生态调度方面的探讨；与省环保局负责人等交换了意见，省环保局强调当务之急是如何尽快消除藻类水华，保证饮用水安全，并提出了需要厦门大学配合的工作，包括畜禽养殖容量和水环境容量的估算、甲藻爆发机理的探索、河流生态系统的修复、动态信息管理系统的建立等。

图 2-2-3　在江东库区安置 LOBO 水质监测浮标（2010 年 7 月）（陈能汪供图）
（后排左 1 潘伟然、后排举手者洪华生）

图 2-2-4　洪华生（中）和陈能汪（右 1）在浦南水文站交流（2010 年 6 月）
（陈能汪供图）

洪华生团队基于多年来在九龙江流域的研究基础，联合厦门市环境监测中心站，共同向厦门市科技局申报 2009 年度厦门市重大科技平台项目"厦门九龙江北溪饮用水源安全保障科技支撑平台"。洪华生作为首席教授和厦门市环境监测中心站孙飒梅联合主持该项目，来自清华大学、中科院城市环境研究所、厦门市环境保护局、厦门市环境保护科研所、厦门市环境信息中心、漳州市环境监测中心站、福建水文水资源勘测局、福建四创软件公司等多家单位不同学科背景的研究人员、工程技术与管理人员共同参与（图2-2-5），对厦门市九龙江北溪饮用水源地——江东库区开展了历时两年半的系统研究。

图2-2-5 "厦门九龙江北溪饮用水源安全保障科技支撑平台"项目成员合影（2011年3月）

（陈能汪供图）

（前排左起：陈能汪、张灵、田永强、陈志浩、张学敏、孙飒梅、洪华生、刘瑜、黄水英、王青、李艳芳、孙芹芹、林杰。后排左起：黄全佳、段宇、干建慧、陈荣、何文浩、郭东晖、于鑫、黄金良、周增荣、李志一、吴杰忠）

项目自2009年9月开始实施，于2012年6月顺利通过验收。这是一个体现多学科综合与交叉研究、产学研合作的项目。项目实施期间，洪华生和团队成员多次组织召开研讨会，就监测体系优化、藻类爆发过程与机制、农兽药和抗性基因等特征污染物、水环境模型、信息平台建设、应急处置技术与管理机制等专题任务进行卓有成效的部署与推进工作；定期编制项目简报，向有关部门报告阶段性成果，采用边出成果边应用的模式。在大家的共同努力下，项目圆满完成。验收报告总结中提道："该项目在理论研究、平台建设及政策建议等方面取得了一系列研究成果：

（1）探明九龙江流域气候变化和人为活动背景下水量水质长期变动的规律及水华发生机理，为水质管理和水华突发事件的应急处置提供科学基础；

（2）构建九龙江流域–河道–库区耦合水环境模型（SWAT+EFDC+WASP），实现对江东库区水源地水质的动态模拟和预测，可对水华、污染事件等突发事件进行预警和跟踪；

（3）优化建设水源地水环境与生态监测体系，建立流域水环境基础信息数据库，形成基于 Web-GIS 的'九龙江流域水环境信息共享平台'；

（4）以九龙江流域为案例提出流域污染削减优化方案和饮用水源地长效管理机制，建立水源地污染防治和生态修复技术示范。"

"厦门九龙江北溪饮用水源安全保障科技支撑平台"项目为福建省九龙江领域综合管理提供了强有力的科技支撑，并为国家流域水环境的区域管理体制，推进水环境跨流域、跨行政区域的协调保护提供经验和示范。

厦门市科学技术局委托厦门市老科学技术工作者协会于 2015 年 1 月 20 日完成对该项目的后评价，主要评价意见摘录如下：

"项目预期目标和主要效益指标基本实现。该项目围绕全球变化与人类活动如何影响区域水环境这一重大科学问题，紧扣厦门市饮用水安全保障的总体目标，在水文水质长期变动分析和水华过程及机理研究的基础上，研发江东库区水环境动态预测模型，优化建设水源地水环境动态监测系统，建立水华突发事件应急处置技术体系，进而构建一个可辅助决策的江东饮用水源地环境监测与信息共享服务平台，同时提出江东水源地污染削减、生态修复及协调管理对策。通过项目实施，增强厦门市九龙江北溪饮用水源安全保障能力，并为推进跨界环境信息共享和协调管理机制的建立奠定了基础。该项目研究为厦门市主要饮用水源——九龙江北溪的饮水安全保障提供科技支撑，有明显的社会效益；水华预测模型、环境信息管理平台和水华应急处置技术等应用性成果，大大提高对水源地水质的防控能力，减少水华造成的经济损失，有显著的潜在经济效益；建立饮用水源地长效管理机制，保护九龙江水资源和水生态环境，具有可观的生态环境效益。此外，在饮用水源安全保障领域有明显的示范意义。"

后评价工作组对该项目平台系统的应用单位——漳州市环境监测站、福建省九龙江北溪管理局和厦门市环境监测中心站江东水质自动检测站进行现场调研，调研报告指出："（1）'九龙江流域水环境信息（共享）平台'自研发成功并投入使用以来，按照项目目标，长期并持续对项目设置的九龙江北溪饮用水源地监控点进行环境监测与开展信息共享工作，符合财政投资重大科技项目后评价的要求；（2）该信息平台拥有众多与流域水环境监测相关的功能模块，其水华预测模型对监控流域断面的模拟结果中总氮、氨氮值与实际检测值差异较小，并在2011—2012年九龙江污染加重期间，对提高水源地水质的防控能力起到了一定作用；（3）该项目提出的饮用水源地长效管理措施得到了实施，特别是控制速生林种植、畜禽养殖与加强生活垃圾的管理和无害化处理方面取得了一定效果，九龙江北溪饮用水源地相应污染物监控指标相比该项目实施前有明显下降。"

多年来，九龙江流域水环境信息共享平台广泛服务于厦门市水环境管理多个相关部门的工作，包括水环境监测部门的水质监测预警、水务部门的饮用水源水质分析、政府管理部门的突发环境事件的应急辅助决策和水源地污染防控会商等。后来，彭本荣还基于经济学等边际原理，建立了成本最低的营养盐削减方案模拟模型，并利用此模型获得研究区域成本最低的营养盐削减方案，即达到预定的营养盐削减目标时各子流域不同营养盐削减措施及其规模的最优组合。同时提出的基于环境责任的流域生态补偿标准及生态补偿机制具有重要的参考价值。

通过项目的实施，我们深刻体会到流域环境问题不只是环境污染问题，也是社会与经济问题，同时也涉及流域管理体制与机制问题。事实告诉我们，我国面临的环境问题，不是单个学科能够解决的，需要多学科合作才能提出有效的解决方案。

（三）流域－河口－近海系统的模型耦合

实施从山顶到海洋的综合管理已经成为一种共识，但量化表达从流域到近海的物质通量及其传输过程机制的模型工具仍然很少。鉴于此，2010年洪华生牵头组织了福建省重大科技项目"流域－河口－近海系统水环境模型组及其耦合技术研究"。该项目以九龙江－厦门湾－台湾海峡为范例，通过耦合九龙江流域－河口－近海水动力、水质等多种模型组，并与现场监测系统结合，提供流域－河口－近海水动力、水质可视化的静、动态产品，为污染物分布变化和河－海交界断面污染物通量计算、追踪溯源分析提供科学基础和技术手段。图2-2-6所示为九龙江流域－河口－近海界面示意图。

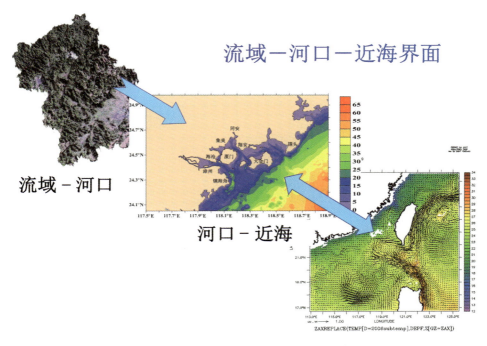

图 2-2-6　九龙江流域－河口－近海界面示意（黄金良供图）

　　江毓武以河口湾为主要研究区域建立三维模型，该模型以黄金良构建的流域模型的输出结果作为输入边界，以反映上游流域的水和物质的输入，并进一步嵌套台湾海峡三维模型，以模拟河口区和近海相互作用对物质输送的影响。借助这个模型实现了九龙江－厦门湾海域陆海界面污染物的通量估算及其输运途径和影响范围的可视化表达。研究发现，在正常气候态下，冬季受东北季风作用，九龙江的高浓度营养盐主要沿漳州海岸向西南扩散，在镇海角汇入浙闽沿岸流，随后者向西南方流动；夏季在西南季风影响下，羽流在外海往东北方流动。时间越长，营养盐向东北和向南的影响范围越广。同时，由于降水多，尤其是在暴雨情况下，九龙江营养盐浓度更高，影响范围扩大至厦门岛东海域、同安湾、小金门、大嶝岛海域等地。耦合模型定量揭示了冬、夏季九龙江营养盐不同的入海通量、输运途径和影响范围，发现了暴雨可导致入海通量短时期内急剧增加，比正常情况的硝酸盐通量提高了 8 倍，可产生突发的污染事件。

　　洪华生带领团队研发的可模拟和预测九龙江－厦门湾－台湾海峡近海水文水质变动的模型组，与高精度的现场监测系统的结合，统一汇集处理并结合 GIS 平台展示发布，提供直观、可视化的模型产品。所研发的模型耦合与集成应用系统，已初步在"福建省环境信息中心"的"数字流域－海洋信息共享平台"上运行，模拟预测效果良好，可提供流域－河口－海洋水动力及水质产品的信息。该系统在福建省海洋预报台陆海界面污染物通量的估算中，提供了较好的科学依据。

（四）推动两岸合作

近年来，全球气候变化引起的热带风暴、洪涝和干旱等异常气候事件发生的概率和强度增加，对流域－河口－近海耦合系统的水循环产生直接影响，使得泥沙及碳、氮、磷、硅等生源要素的输送和入海通量产生显著的时空变动特征。2009—2012年，洪华生与台湾中山大学陈镇东教授合作，主持国家自然科学基金委国际与地区合作交流项目"九龙江流域－河口－近海生态系统耦合变动及其环境效应"。

台湾海峡两岸科学家通过收集和整理近30余年该区域的水文、水质、气象、社会经济、遥感等历史数据，合作开展流域、河口、近海10次航次的联合调查及多个季节及极端事件现场综合航次，并应用模型和遥感等手段，系统地分析了在全球变化背景下气候异常事件（如厄尔尼诺、台风、暴雨等）以及人类活动变化（土地利用、城市化等）对九龙江－河口－台湾海峡近海水、沙及物质（营养盐）输运变动的影响特征、变化趋势、调控机制及其生态效应。同时对流域－河口－近海耦合系统的水动力特征，营养盐、碳酸盐系统、有色溶解有机物和悬浮颗粒物的分布特征、输运过程和通量变化，以及不同生态系统浮游植物的生态特征取得了更为深入的认识；通过构建流域－河口－近海耦合模型，模拟预测研究区域重点断面水和物质（氮磷）在耦合系统的时空分布、输运过程和通量；初步揭示该海域海洋环境变动信号与邻近海域以及全球大尺度信号之间的关联。研究结果对于深入认识全球变化背景下流域－河口－近海系统的变迁规律、趋势以及调控机制打下了重要的科学基础，为全球气候变化下流域－河口水环境变化的响应和管理提供科技支撑。洪华生的博士生杨丽阳到陈镇东的研究室进行短期学术交流，撰写了两篇共同署名的文章，于2011年和2012年分别发表在国际刊物 *Journal of Oceanography* 和 *Marine Chemistry* 上。2014年，该两岸合作项目还获得了第四届"山海论坛"的"最佳合作研究团队奖"。

（五）支持国家和地方决策

由陆地上的人类活动产生的污染物质通过直接排放、河流携带和大气沉降等方式输送到海洋，严重影响着海洋生态环境质量，因此控制陆源污染对保护海洋环境、实现海洋可持续发展具有重要意义。自联合国环境规划署 1995 年倡导"保护海洋环境免受陆地活动影响全球行动计划"起，保护海洋环境免受陆源污染已经成为全球 160 多个海岸带国家和地区的共同行动。

2010 年，洪华生应苏纪兰院士邀请，同彭本荣及方秦华参加了中国环境与发展国际合作委员会（国合会）"中国海洋可持续发展的生态环境问题与政策研究"项目之专题六"陆源污染及其他来源污染物对海洋生态环境的影响"。系统分析了陆源河流输入、大气沉降以及海上活动等其他来源的主要污染物排放状况，及其对海洋环境、生态系统及海洋经济的影响，分析了我国海洋环境未来面临的巨大挑战及我国陆源污染管理中存在的问题。在 2012 年由中国环境科学出版社出版的项目专著（图 2-2-7）中（第 324 ~ 328 页），我们提出了减少陆源污染对海洋环境影响的政策建议，包括：（1）实施基于生态系统的区域海洋管理，建立从流域到海洋的综合管理机构和协调机制；（2）完善现有水环境管理的法律法规，制定综合的流域 – 海洋管理政策；（3）建立有效的区域水环境保护的约束机制及激励机制；（4）在流域 – 海洋尺度建立与环境保护责任相匹配的财政政策；（5）完善水环境监测体系，实现流域 – 海洋信息共享。

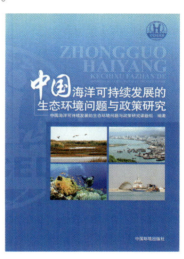

图 2-2-7 《中国海洋可持续发展的生态环境问题与政策研究》专著封面（2012 年）

（中国海洋可持续发展的生态环境问题与政策研究课题组编著：《中国海洋可持续发展的生态环境问题与政策研究》，中国环境出版社 2013 年版）

2017 年，受厦门市海洋与渔业局委托，彭本荣课题组开展了厦门海洋生态补偿项目研究，综合利用了经济学、法学和海洋生态学理论和方法，对海洋生态补偿的原则、补偿方式、法律依据、补偿金额计算方式进行了系统研究。研究成果《厦门市海洋生态补偿管理办法》对制定生态补偿的目的、法律依据、办法实施机构、生态损害补偿费的缴交方式、期限、生态补偿额计算方法、生态补偿费的使用管理等进行了规定。厦门市海洋发展局于 2020 年 6 月 4 日提供了"成果应用证明",称课题组研究成果《厦门市海洋生态补偿管理办法》被厦门市政府采纳,并于 2018 年 4 月 4 日由厦门市政府出台实施(厦府办〔2018〕53)。"成果应用证明"认为"该研究成果对规范厦门市海洋生态补偿工作,推进海洋生态文明示范区建设,保护和改善海洋生态环境,取得良好应用成效"。

2018 年,在厦门市海洋与渔业局的支持下,彭本荣课题组开展了海洋生态损害补偿研究,对厦门不同海域海洋生态系统服务价值以及各种海洋开发利用活动对生态系统的损害程度进行了评估,在此基础上,计算得到不同海域、不同用海方式单位用海面积的厦门海洋开发利用活动生态损害补偿标准。研究成果被厦门市海洋与渔业局采纳。厦门市海洋发展局于 2020 年 6 月 4 日提供了"成果应用证明",称课题组研究成果《厦门海洋开发利用活动生态损害补偿标准》被厦门市海洋与渔业局采纳,并于 2018 年 6 月 29 日由原厦门市海洋与渔业局印发执行(厦海渔〔2018〕115)。

在总结多年研究和实践的基础上,洪华生推动和组织在国际刊物 *Estuarine Coastal and Shelf Science* 上发表 *River-Estuary-Coast Continuum: Biogeochemistry and Ecological Response to Increasing Human and Climatic Changes*(《河流 – 河口 – 近海连续体:生物地球化学和生态对人类和气候变化的响应》)的专刊(图 2-2-8)。20 余年来,厦门大学洪华生团队开展的流域 – 河口 – 近海水生态环境安全研究,产生了积极且广泛的国际影响。

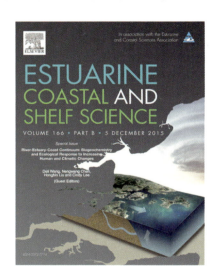

图 2-2-8 《河流 – 河口 – 近海连续体:生物地球化学和生态对人类和气候变化的响应》专刊封面(2015 年)

黄金良,2001 年至 2004 年在厦门大学环境科学研究中心就读,获博士学位。2004 年至 2007 年在清华大学从事博士后研究。2007 年就职于厦门大学海洋与环境学院,现任厦门大学环境与生态学院教授。

陈能汪,2001 年至 2006 年在厦门大学环境科学研究中心就读,获博士学位。

2006 年至 2008 年在浙江大学从事博士后研究。2009 年就职于厦门大学海洋与环境学院，现任厦门大学环境与生态学院教授。

彭本荣，2002 年至 2005 年在厦门大学环境科学研究中心就读，获博士学位。2005 年就职于厦门大学海洋与环境学院，现任厦门大学环境与生态学院教授。

台湾海峡海洋立体监测系统的诞生

◎ 李　炎

（一）立　项

1988 年，美国国家航空航天局（National Aeronautics and Space Administration，NASA）咨询委员会发布了《地球系统科学》报告。该报告系统地阐述了地球系统科学的基本观点，一方面强调了地球系统变化的影响与后果，以及地球系统未来变化的预测等科学任务的重要性，另一方面提出地球系统科学的四大研究方法：①观测；②理解；③模拟；④预测。全球变化研究的需求驱动，加上美国政府适时推行"完全与开放"科学数据共享决策和"大循环"的数据共享道路，明显提升了以全球海洋观测系统（Global Ocean Observing System，GOOS）为代表的全球观测系统与学术共享数值模型的精度与可靠性。为跟踪 GOOS 等前沿技术，"九五"期间，科技部在原有的海洋技术专项的基础上，将海洋技术作为一个新的领域列入"863"计划，其下设立海洋监测技术（818）主题，于 1996 年开始部署上海和珠江口两个以装备为中心的区域海洋监测技术示范区。

那时我还在国家海洋局第二海洋研究所任职，我们承担的近海光学遥感应用研究任务进入了上海示范区的软件对接名录，所在的河口高混浊水动力学团队也参加了珠江口示范区的设计与集成过程，亲身体验了我国海洋监测系统的艰难起步。上海示范区由业务机构（国家海洋局东海分局）牵头，主要测试国内自主研制装备与现行业务化系统的对接可行性。但因为国内科研样机的成熟度有限，与业务化系统需求差距过大，对接测试周期过长，装备有效寿命过短，导致示范运行进度一拖再拖。珠江口示范区由科研机构（香港科技大学和中山大学）牵头，借香港特区对珠江口污染研究项目的支持，主要测试进口成熟硬件装备与自主研制软件系统在河口污染事件动态监控方面的应用效果。可惜科研选题过于追求难度，成果虽然好看，但系统成熟度低，很难转移到业务化系统应用。

"十五"期间，科技部聚焦难度适中的海洋动力环境实时立体监测技术，选择了"海洋动力过程长期实时监测子系统"等专题，拟在我国沿海进行省一级海洋动力环境实时立体监测应用示范。洪华生了解到这个信息，立即积极争取科技部支持建立福建示范区：

> "2001年年初，洪华生利用参加福建省人大的会议期间，专门提交了一份书面报告给时任福建省省长的习近平。在报告中，她提出，福建省可利用'863计划'这个契机，以省政府的名义向科技部提出建议，将近海地区动态监测综合管理信息系统列为国家重大科技项目，并且重点发展台湾海峡海洋资源与环境的动态监测综合管理信息系统，这对发展福建的海洋经济、防治海洋灾害乃至于促进国家安全、祖国统一大业，都具有重要的意义。
>
> 当时的习近平省长高度重视此事，2001年3月，他亲自给科技部徐冠华部长去信，4月徐部长回信——'项目指南发布后，由福建省有关单位，按照要求提出申请，给予重点考虑'。
>
> 正是由于时任省长习近平同志的大力推动，2002年3月13日，福建省人民政府正式向科技部请求在福建省建立'台湾海峡及毗邻海域海洋动力环境实时立体监测系统'项目示范区。"①

2002年5月8日，科技部复函同意在福建省建立"台湾海峡及毗邻海域海洋动力环境实时立体监测系统"项目示范区，明确"示范区建成后，纳入福建省数字福建范畴，进行业务化运行"，要求福建示范区主管部门尽快编写示范区建设实施方案。根据科技部和福建省人民政府的文件精神，由福建省海洋与渔业局主持，主要技术支撑单位为厦门大学的教育部、福建省海洋环境科学联合重点实验室，聘请洪华生担任首席科学家、商少平为总工程师，组织了来自厦门大学、国家海洋局海洋技术研究所、福州大学、国家海洋局第三海洋研究所、福建省水产研究所、福建海洋研究所、福建省海洋预报台和福建省海洋环境与渔业资源监测中心等单位的专家，调查福建省海洋监测系统现状，分析海洋管理信息系统和海洋防灾减灾需求，研究国内外海洋动力环境监测系统经验，形成了《福建"数字海洋"建设规划》等一系列相关报告，并征求省内外有关专家领导和机关部门意见。在此基础上几经易稿，终于在2002年12月中旬编写出《台湾海峡及毗邻海

---

① 黄水英、许晓春：《碧海生命乐章：首位归国海洋学女博士洪华生传》，厦门大学出版社2021年版，第205～206页。

域海洋动力环境实时立体监测系统福建示范区建设方案》。2002 年 12 月 21 日,由主题专家赵进平做的"863"计划重大专项"台湾海峡及毗邻海域海洋动力环境实时立体监测系统"立项申请报告,以及洪华生代表做的福建示范区建设方案报告,一起在北京通过科技部专家评审,项目正式启动。

(二)需求导向,设计的第一原则

2002 年 7 月,我从国家海洋局第二海洋研究所调到厦门大学环境科学研究中心。记得是 9 月的一天,洪华生通知我参加福建省海洋与渔业局编写组《福建示范区建设项目立项报告》初稿的修改,开始参与示范区工作。

2003 年 1 月 21 日,科技部终于正式批复"十五""863"计划重大专项"台湾海峡及毗邻海域海洋动力环境实时立体监测系统"立项,福建示范区由项目组长刘修德副局长和首席科学家洪华生共同负责。组建了包括王钦敏(组长)、李炎(副组长)、商少平、潘伟然、余轮、曾从盛、周智海、余兴光、郭小钢、阮五崎、梁红星、杜琦、卢振彬、黄火旺、余金田等人的项目建设专家组。1 月 26 日,在厦门大学举行的项目建设专家组首次会议上(图 2-3-1),来自防灾减灾一线的专家特别激动,从沿海民众的妈祖信仰,谈到示范区是两岸人民共同向往的"妈祖计划"。会议取得了"项目来之不易,责任重大,大家一定要同舟共济,艰苦奋斗四年,把示范区建设成功,要为国家设立的示范区负责,也要为福建省的业务化运行负责。项目运行要做到可持续发展"的共识;确定了

图 2-3-1　在厦门大学举行的首次项目建设专家组会议
(2003 年 1 月 26 日)(李炎供图)

(正面左起:王钦敏、洪华生、刘修德、李炎)

"示范区项目建设内容按立体监测网、信息服务网、应用系统集成和人才培养等 4 个部分,指定责任人着手编写实施方案大纲"。

2003 年 3 月 21 日,第二次项目建设专家组在福州闽侯马保召开。因为远离

闹市区，临山的马保培训中心很宁静，听说时有穿山甲到访。可是，那天子夜开始，小院的空气突然间像是燃烧起来了，新闻里满是英美军队为主的联合部队在 2003 年 3 月 20 日发动伊拉克战争的即时报道，我们的电视节目中还传来张召忠教授的战争形势预测。信息化战争的残酷事实，诠释了科技是现代军队发展和军事实力的重要支柱，也再次揭开我国与世界先进科技水平的差距。中国人还要卧薪尝胆，用一代人甚至几代人的艰苦努力，一步一步去缩小各个领域的科技差距；否则，还会预测失败，还要落后挨打！这个背景下的马保会议能量很足，以区域信息需求为主线的设计决心也下得又稳又准。专家们听取了调研情况汇报后，认为"目前示范区的建设还比较顺利，省领导对示范区项目十分重视而且期望值很高，该项目已被列入省政府为民办实事工作，示范区建设面临的压力很大，需要把握全局，实事求是，认真设计，严格实施"。至此，福建示范区的框架设计终于锁定。2003 年 3 月 26 日的对外通稿是这么陈述的：

"台湾海峡及毗邻海域海洋动力环境实时立体监测系统被列为国家'十五'863 计划重大项目，科技部和福建省政府在福建省建立该项目的示范区，并纳入'数字福建'范畴，进行业务化管理。福建示范区的建设单位为福建省海洋与渔业局，厦门大学洪华生教授出任首席科学家。

台湾海峡及毗邻海域海洋动力环境实时立体监测系统福建示范区建设项目将在现有的福建省监测台站观测网、预报服务网、环境监测网基础之上，建设由海岸 / 平台基监测网、地波雷达监测网、潜标浮标监测网、卫星遥感监测网、船基监测网组成的立体监测网，建设由信息中心、预报中心和地区数据中心组成的信息服务网，集成一个面向区域性海洋防灾减灾信息服务和相关海洋综合管理的海洋环境实时立体监测和信息服务系统示范区。

福建示范区建设项目需要实现系统集成、配合试验、信息服务三项基本任务。提供实时实报产品、延时统计分析产品、网格化统计和数值分析产品、预报产品等四个级别产品的信息服务。

福建示范区的建设可以成为我国在海洋监测能力建设、政务信息能力建设和防灾减灾体系应用方面一个有显示度的集成项目。"

于是，实施方案编写工作紧锣密鼓地推进着。洪华生 2003 年 4 月 17 日主持了编写工作会议，具体提出了实施方案的 4 点设计思路：跟踪前沿、需求导向、计划整合、力量综合。近 20 年前提出的设计思路，现在看起来依然很有前瞻性和可行性，指导了福建示范区这个庞大复杂工程的成功建设，并一直延续到现在的业务化成功运行。实施方案分 9 个子系统，其中由我、商少平、商少凌和洪华生具体负责地波雷达监测、风暴潮预警、卫星遥感监测和人才培养计划系统实施方案的编写；池天河和商少平负责计算设备部分。2003 年 8 月 6 日，由洪华生和我、郭小钢、池天河、商少平、杜琦、余金田等编写人员参考各方意见修改出的实施方案，终于通过了示范区建设专家组评审。

资金筹措进度也很快。2003 年 8 月 19 日刘德章副省长再次召开专题会议，确定示范区尚需投入的配套资金，除省海洋与渔业局利用世行贷款投入外，缺口资金由省计委、省科技厅和省海洋与渔业局按 5：3：2 的比例共同承担。

（三）中看，更重要的是中用

福建示范区的对接协调对象，首先是国家"863"计划"海洋监测技术"主题的专家组和示范区项目组。早在项目策划阶段的 2001 年 1 月，科技部高新司郑立中和"818"主题办曹红杰，与当时"818"主题组袁业立、惠绍棠、周成虎等专家来闽专题论证。2001 年 12 月，新一届的"海洋监测技术"主题专家组长赵进平带队到广东、福建调研，比较、选择示范区，在福州和福建省海洋与渔业局组织了几场座谈会。2002 年 11 月底，赵进平、罗续业、田纪伟、康寿岭、刘涛等专家，又来闽商讨福建示范区"组织机构落实、资金拼盘落实、实施方案落实"进展情况。

2003 年 3 月 18 日，刘修德带队到天津就示范区立体监测网的技术问题进行沟通与协调。根据会上的评估结果，尚能满足对接基本要求，可以进入示范区试验仅有地波雷达、大型浮标、海床基、小型浮标、潜标系留系统、水下流浪潮仪、自持式剖面浮标 7 套设备。为了应对技术协调中暴露出来高难度对接工作，洪华生和刘修德商量，立即邀请海上经验丰富的郭小钢和沟通能力超强的商少平出山，负责示范区与主题专家组的协调工作。

福建示范区地波雷达监测网项目由福建省海洋环境与渔业资源监测中心负责，厦门大学和福建省海洋预报台参加，我负责跟踪高频地波雷达监测系统对接质量控制工作。第一次承担国家重大专项的监测中心团队朝气蓬勃，早在 2003 年 2 月底就启动了闽东两个地波雷达站的踏勘选址工作。在林宪坤的带领下，先是实地调研了平潭岛白青乡青峰村灯塔处、北山头、流水镇东尾村仙人井、原部队营区瞭望塔、营区平台、澳前镇平潭海洋站气象观测场、旧波浪观测站等处，接着又到连江县黄岐半岛顶端北茭海洋站气象观测场等地考察。可惜两地的设站条件相当勉强，仅平潭海洋站气象观测场和北茭海洋站气象观测场可以部署便携式高频地波雷达，并不适合重大专项计划提供的阵列式高频地波雷达。

2003 年 5 月初，林法玲带队进行闽南两个地波雷达站的选址踏勘任务。屋漏偏逢连夜雨，船迟又遇打头风，4 月 20 日，北京重症急性呼吸综合征（severe acute respiratory syndrome，SARS）疫情暴增至 339 例，北京新增病例超过 100 例，疑似病例增至 600 人以上，为确保疫情不会进一步扩散，五一"黄金周"暂停施行，北京高校停课，全国进入应急隔离状态。闽南线踏勘于 5 月 9 日从东山岛铜陵环岛路三枝尖东侧海岸开始，接着到东山前港南赤屿、东山冬古岩雅北岬角、东山铜陵南屿、龙海镇海定台头岬角、龙海镇海鸡屎礁沿岸，最后到达龙海流会镇海角。紧急状态下的公路，驱车几个小时都遇不到交会车，所有岔路口都设卡截流，强制检查体温。回到厦门大学时还不能进校门，必须去厦大医院抽血化验，持单入校。幸好闽南线地波雷达站选址进展顺利，我们选定的东山县冬古乡岩仔村圆锥角岸段和龙海流会镇海角东南向岸段，地势开阔，邻近公路和供电、通信干线，适合部署重大专项提供的中程或远程高频地波雷达系统。

根据现场踏勘成果，阵列式中程高频地波雷达系统和远程高频地波雷达系统的远端站，将部署在龙海镇海角和东山圆锥角，形成对海峡南部海域的海面风场、波浪场、流场的实时监测能力。便携式中程高频地波雷达系统的远端站，则建在连江北茭和平潭澳前，形成对海峡北部海域的流场和远端站邻近海域波浪场的实时监测能力。

2003 年 7 月初，负责天线阵设计的杨子杰和高火涛带着武汉大学地波雷达团队的概念设计方案，第一批来到福建示范区现场。林法玲和我，还有东山海洋站和厦门海洋站等福建示范区对接人员到场配合测量。龙海镇海角站址坐落在火山碎屑堆积台地上，施工条件不错，大家很快地敲定了天线阵地和机房布局方案。东山县圆锥角站址位于花岗岩坡地，前缘坡度突增至 30 度，石蛋地貌发育，施工条件复杂。参考国外雷达布设经验，福建方面提出利用山势，通过栈桥连接，相对紧凑和隐蔽地安排天线阵地和机房的方案。但是在研制进度重压下的武汉大学团队，坚决要求必须按概念设计思路，挖填土方平整天线阵地，保证天线阵地和通海地网的准确安装，否则无法保证地波雷达系统的技术指标！考虑到当时国产设备的成熟度差距，以及研制队伍的信心现状，福建示范区领导最后决定，挤出几百万元的土建预算，按武汉大学团队提出的标准，实施削坡压实，修建挡土墙与护坡方案，以保证业务化运行进度。事实上，后来经过几年的试验改进，武汉大学团队已经具备与国外同行一样的能力，完全可以利用山势合理地布设天线阵，并可通过软件校正偏移天线阵的影响！那几年，我一直为那几百万元土建费心疼。十多年后，每遇到东山县城建规划专家，还不断地听到当地领导和群众对当年雷达站改变自然天际线的严厉批评。高速追赶世界先进路上的中国方案，在经济与生态上曾付出过昂贵的学费！

接着就是 2003 年底到 2005 年初紧张的征地设计施工阶段，负责站址三通一平和土建工作的监测中心团队终于通过了对接工作第一阶段的考验（图 2-3-2）。

进入 2005 年夏季至 2006 年底的中程高频地波雷达设备安装测试阶段后，武汉大学团队当"红军"迎考，厦门大学担任"蓝军"负责质控。一线"蓝军"上岗的有朱大勇、邵浩、陈德文和我，以及后来接替陈德文的吴祥柏，我们还一

图 2-3-2　安装高频地波雷达天线（李炎供图）
（2005 年 5 月摄于龙海站，红上衣者为吴雄斌）

直得到国家海洋局第三海洋研究所李立、王寿景、郭小钢等以及武汉大学吴雄斌等在技术和经验等方面的后台支持。这段既得当"蓝军"找出系统问题，又得帮"红军"找到将问题"归零"的方案与信心的过程，情节相当起伏。在质控小组关于 2005 年工作进展情况的正式报告上，还可感受到早期试验运行中因不断出现状况，"蓝军"不得不交替运用"大棒"与"萝卜"的情景。

"5 月 18 日，武汉大学课题组进入福建示范区，进行中程高频地波雷达设备安装、调试以及对福建示范区雷达站人员技术培训。5 月 21 日、26 日分别完成龙海、东山站的安装、调试；5 月 30 日完成福州中心站软件系统的安装、调试。在历时三个月的安装调试阶段中，暴露并逐步解决系统硬件故障率高、软件缺陷率高、值班人员培训、天线抗风、电源和通信保障等影响

系统稳定性的关键问题。"

时间覆盖率和空间覆盖率都不达标！海态观测输出不规则跳动！究竟是有效信息还是噪音？"蓝军"先甩出"萝卜"，我们的第一个质量分析报告格外地宽容，负责海流数据质控的朱大勇海底捞针似地找到观测数据输出中存留的有用信息："7 月 11 日，工作小组提交《863 福建示范区高频地波雷达监测系统龙海－东山高频地波雷达站调试阶段数据分析报告 I：首批海流资料质量分析》。该报告对单站运行状态下的径向流数据，进行 2δ 判据的时间序列甄别和潮流调和分析实验，较清楚地观测到测量海域潮流变化的规律特征，初步和定性地说明了该高频地波雷达系统所反演流场数据的可用性。"

可是负责风场数据质控的邵浩所面对的几乎都是负面检测结果，只找到一长串问题以及发现问题的方法："7 月 11 日，工作小组还提交《863 福建示范区高频地波雷达监测系统龙海－东山高频地波雷达站调试阶段数据分析报告 II：首批风场资料质量分析》。该报告统计了数据接收时空覆盖率，进行两站之间风向、风速差异分布、雷达风场和卫星（QuikSCAT）遥测风场的比较、雷达风场与小浮标测量成果比较，提出了两站之间风向风速一致性和 2δ 判据的时间序列甄别的数据质量控制方案。"

第一轮"萝卜"战术还真起了作用，一个月后海流数据的可用性得到了初步肯定："8 月 18 日，工作小组提交《863 福建示范区高频地波雷达监测系统龙海－东山高频地波雷达站调试阶段数据分析报告 III：2005 年 6 月海流资料质量分析》。本报告在前面工作的基础上对龙海、东山两高频地波雷达站调试阶段 6 月份提供的径向流数据作了质量分析和质量控制，并对两单站时间跨度分别为 250、150 个小时的数据作了准调和分析……目前需要解决的主要问题是：（1）从技术、条件和管理三个方面保证设备的连续正常运行；（2）在研发方和用户方充分沟通的基础上改进软件。在经过改进之后，该高频地波雷达监测系统可望成为福建示范区工作的亮点之一，不仅可为台湾海峡海洋环境的监测、研究和预测提供非常有价值的信息，而且可为地波雷达在我国的成功应用和业务化试验奠定基础。"

但是，经过 2005 年 6—8 月紧张的安装调试，中程高频地波雷达系统仍未达到设计指标："若以覆盖率 0.6（相当于 40% 空采率）统计，863 福建示范区高频地波雷达监测系统龙海－东山高频地波雷达站有效探测半径约 100 公里""由径向流调和常数矢量合成后导出的潮流椭圆空间分布规律，在观测区中场与以往研究成果相符合，但在近场和远场，却有一些以往研究成果未注意到的现象，还需要进一步甄别和分析""在采用时间序列取中值、两站一致性对比过滤等质量控制方案后……风向差异基本在 40 度以内，风速差异基本在 5 m/s 以内"。

听到进展汇报的科技部领导，对调试进度很不满意，迅速祭出"大棒"，划定进入试运行阶段的截止时间，命令武汉大学团队带头人靠前指挥："8 月 27 日，国家 863 计划福建示范区对接工作会议在省海洋与渔业局召开。会议上科技部农社司孙洪司长要求研制人员下到一线，保障系统正常运行的要求。"

于是，武汉大学信息学院柯亨玉院长带队，将所有精兵强将都集中到福建，先是与示范区方面一起研讨，确定针对七大技术问题的归零方案："9 月 28 日，福建示范区高频地波雷达课题组和武汉大学'远程高频地波雷达监测技术'课题组在厦门市白鹭宾馆召开了高频地波雷达数据质量研讨会。会上，武汉大学'远程高频地波雷达监测技术'课题组首先报告了高频地波雷达提取海态参数的原理、方法和数据流程，着重介绍了影响雷达结果可靠性的主要因素、基于过渡状态区风浪 Bragg 散射的风场信息提取方法和目前数据处理软件中数据质量控制的初步措施。福建示范区高频地波雷达课题组接着报告了 863 中程高频地波雷达 OSMAR 在福建示范区近三个月试运行期间获取的海流和风场数据质量分析结果。之后，与会专家围绕着高频地波雷达数据产品、质量控制和实际应用等问题进行了深入细致的讨论。会议决定：（1）雷达数据从获取到形成应用产品要有明确的级别界定，应规划好各级别数据间的接口……（5）多普勒谱点的信噪比可作为衡量数据可靠性指标之一。武汉大学'远程高频地波雷达监测技术'课题组应根据多普勒谱点的信噪比等有关参数甄别各雷达单元各测量参数的数据质量，并将甄别信息在 1 级产品上体现。（6）国庆节后，武汉大学'远程高频地波雷达监测技术'课题组将就如何进一步加强雷达数据质量控制，到厦门与福建示范区课题组研讨。（7）建议福建示范区开展一次高频地波雷达比测试验，确定雷达反演数据精度和有效工作距离，为改进雷达系统反演算法提供帮助，促进雷达系统的日趋完善。"

高频地波雷达系统往业务化运行方向上的每一个进步，质量控制小组都不失时机地摇旗呐喊鼓足干劲。一次，当我在远程终端第一次看到台风等极端风场情况下，该雷达系统对风场具有较好响应时，立即向一线带队保障运行的柯院长发电祝贺，并在年度报告上着重肯定："200519 号台风'龙王'的台风中心 10 月 2 日 9 时进入台湾海峡，21:30 登陆，其台风中心正位于高频地波雷达系统探测范围之内，整个移动过程的海面信息被雷达捕捉，为台风分析提供了宝贵的观测数据。"没想到柯院长竟将我的信件马上转发给主题专家与示范区领导们，以至于总是听到负面评价的同行们纷纷找我确认该评价的可靠性。其实，"红军"和"蓝军"的心情是一样的，这种在爬山过程中研制方和用户方之间相互鼓劲取暖的能效，是已经爬到山顶的当今同行们很难感受到的。

"大棒"加"萝卜"战术还是很有效的。再经过 3 个月的一线调试后，福建示范区中程高频地波雷达系统已经具备试验运行条件了："12 月 2 日，厦门工作小组向项目组简要汇报 9.28 会议纪要中提到的武汉大学课题组须完成的地波雷达数据质量及控制方案三个任务的落实情况。9.28 会议后的两个月，武汉大学课题组和厦门工作小组的共同努力，已经按计划在地波雷达系统内部的数据质量及控制方案中取得一定的进展：（1）武汉大学研制组给出了 1 级产品的格式说明……（2）武汉大学已在单站结果数据中增加了一些与结果可信度相关的量……（3）武汉大学课题组在和厦门大学课题组成员进一步讨论数据质量控制方案后，加强了对数据的质量控制力度……但是，地波雷达系统的数据质量的评估的关键，是系统外部的实测资料比对……为了尽快完成地波雷达系统的数据质量的评估，投入业务化试运行，工作小组建议示范区将新进口小浮标投放在地波雷达覆盖区内的 863 小浮标站位，工作 3～6 个月，以配合完成地波雷达系统比测。"

试验运行一年后，质量控制小组在关于 2006 年工作进展情况的报告上终于多是正面评价了："5 月 16—17 日，根据示范区办公室命令，针对'珍珠'台风（0601 号）影响，启动高频地波雷达监测数据发布服务，并与香港中文大学遥感地面站配合，进行台风期间 ASAR 图像获取和信息服务试验。5 月 20 日邵浩代表工作组向示范区办公室提交《关于'珍珠'台风 863 福建示范区地波雷达数据问题》的报告，并在 5 月 25 日在示范区办公室会议上代表地波雷达组介绍《200601 台风'珍珠'工作总结》。会后确定高频地波雷达监测数据发布服务程式，并应用于每次影响福建的台风。7 月 14—16 日'碧利斯'台风影响期间，整个应急业务流程成功运转，在雷达风场、雷达流场报告的时效性方面达到服务要求。

2006 年 12 月朱大勇等完成地波雷达数据调和常数分析和余流分析方法的建立，并对 2005—2006 年间冬季的数据进行示范性分析；2007 年 2 月邵浩和陈德文等完成对 2006 年夏季的地波雷达数据与进口小浮标的比测，认定东山站优于龙海站，流场观测精度接近设计要求，风场观测精度未达到设计要求等结论；2007 年 5 月，陈德文等完成地波雷达数据（流、低频流）逐时发布的数据质量控制流程设计，并完成 2006 年全年的数据的示范性分析。"

借助高频地波雷达海流观测成果，我们甚至还发现进口小浮标配套软件的代码错误："配合小浮标成功投放，根据示范区办公室的要求，8 月 18 日开始安排关于地波雷达数据质量控制的三件工作：地波雷达数据与进口小浮标的比测（风、流）；地波雷达数据余流分析和调和常数分析；地波雷达数据（风、流）逐时发布的数据预处理方案。9 月 23 日朱大勇等在进行地波雷达径向流与小浮标 ADCP 矢量流场投影的比对时明显位相差异。国庆期间工作小组所有人员集中检查从雷达 1 级产品和小浮标数据到径向流对比的每一个环节和每一段程序后，于 10 月 5 日向福建示范区办公室林法玲和商少平、潜标浮标系统组长郭小钢等提出《关于地波雷达与进口小浮标对比问题的请示》，希望尽快安排有关人员检查小浮标流场测量有关软硬件。10 月 16 日，李立等锁定小浮标流向数据问题（代理商集成软件方位概念错误）。11 月份确认是方位角定义镜向错误，可以后处理校正。"

翻过横在"好看"到"实用"路上的第一座大山后，新的进展接连涌现。2008 年 3 月，朱大勇、李立等在《科学通报》中英文版同时发表了题为《台湾海峡西南部表层海流季节变化的地波雷达观测》的研究论文，利用福建示范区中程高频地波雷达 2006 年试验运行的观测分析，第一次揭示了台湾海峡西南部海域表层海流主要由季风导致的顺岸流季节波动和常年存在的、流速约每秒 10 厘米的东北向背景流共同组成。2008 年 7 月，朱大勇的厦门大学博士论文《高频地波雷达在近海区域的应用研究——以台湾海峡为例》通过答辩，系统地向学术界介绍了中国高频地波雷达系统的物理海洋学研究成果。2009 年 11 月，张振昌的厦门大学博士论文《三维海洋并行模型中若干计算问题的研究》通过答辩。在江毓武、洪华生、周昌乐等的共同指导下，该论文检验了数值模型模拟海流、高频地波雷达观测海流、浮标观测海流之间的绝对和相对误差，证明它们之间具有较好的一致性。论文创造的我国第一个运用高频地波雷达数据源的四维变分同化方法海流预报经验，有力地支持着至今已经稳定运行 10 年以上的台湾海峡区域海洋业务化预报系统。

不是每个列入确保类或争取类管理的对接设备都能翻过这座大山的，但是翻过大山的国产设备都已经在区域海洋立体监测系统中锤炼成熟并得到推广。10 年后，福建省海洋预报台网站上可以看到一对地波雷达观测系统、6 个大型浮标、17 个小型浮标的实时观测信息，还有几个在海床基与潜标系留系统基础上改进的鱼排基系留观测系统正在试验运行。勤劳务实的福建人民，为我们当年的对接工作打出了最客观的，也是值得深思的评分。

（四）跟踪前沿，技术加上文化

福建示范区另一个对接协调对象是向福建提供世行贷款项目的世界银行。

"福建海域海洋环境动态实时立体监测系统"世行贷款项目经理芝威格先生的关注点，与赵进平等中国专家所聚焦的，显然具有互补性。芝威格特别关注数据质量控制和人员培训问题，他在批示中提道："怎样使这些仪器标准化，多长时间测一次，怎样使这些仪器指示数的传送可靠？似乎这些技术在中国来说是最先进的，在中国的其他地方没有这方面的经验。需请外国专家来培训吗？如果有，他们来自哪些国家？而且一些培训似乎是长期的，不可在仪器装配前完成，如果是这样，一旦设备安装好而技术专家无法操作，谁来操作这些设备？将派人去国外的哪些院校、教育机构培训？培训计划定于何时？我对这些所需的培训不熟悉，只能靠你们的专家来确定到哪些院校机构培训，包括时间，期［其］间，费用和所需的课程。详细的考察也需提供，包括时间。这些须做得更详细些，很明显，这是这个项目的一个关键因素。"

为什么我们科技部将预算重心放在技术设备建设上，而世界银行却将大量预算放在人员交流上？随着项目的进展，我们逐渐感受到其中的文化差异。

2004年8月7日至21日，经洪华生穿针引线，福建省海洋环境监测系统考察团应邀访问了美国的缅因大学海洋学院、Bigelow海洋科学实验室、国家海洋大气局（National Oceanic and Atmospheric Administrations，NOAA）总部、海洋观测集成与可持续发展国家办公室（Ocean.US）、国家海洋大气局大西洋海洋与气象实验室、加州大学Santa Cruz分校海洋学院、国家海洋大气局太平洋渔业环境实验室和蒙特利尔湾水科学研究所。两周内安排非常紧凑，在洪华生的带领下，考察团跨越美国本土的东北、东南和西南，考察了美国联邦级、区域级和州一级的海洋环境监测系统，访问了国家海洋事业机构、大学研究机构和私立的海洋研究机构，对美国的海洋环境监测系统的特色和存在问题，有了一个大体认识。

在美国，我们现场考察了两个近海监测系统：处于试验运行状态的缅因湾海洋监测系统（Gulf of Maine ocean observing system，GoMOOS），以及处于研究性开发状态的蒙特利尔湾海洋监测系统（Monterey ocean observing system，MOOS）。

美国东海岸龙虾主要产地的GoMOOS是一个与福建示范区业务任务很相似的区域试验运行系统，几乎直接将大洋监测的成功经验直接移植到近海来。20世纪90年代，Bigelow实验室提出了缅因湾海洋监测系统的思路，联合缅因大学海洋学院和缅因州政府，争取到联邦拨款500万美元，于2000年正式启动了GoMOOS项目，成为美国第一个实时提供10个浮标站、20项观测数据、3项卫星遥感数据和4项海洋数值模拟产品的国家海洋观测系统。GoMOOS项目办公室由州政府组织，主要负责项目管理、用户信息服务，并管理GoMOOS网站（www.gomoos.

org）。GoMOOS 的运行维护由缅因大学海洋学院和 Bigelow 实验室的科学家以项目合同制承担。GoMOOS 的 10 个浮标站和一对地波雷达测流装置是投入最集中的项目，由联合缅因大学海洋学院一个 10 位技术人员组成的工作小组承担，Bigelow 实验室负责其中的光学观测项目。GoMOOS 的卫星遥感数据由缅因大学海洋学院的 2 人小组负责，表层水温采用本地的 NOAA/AVHRR 接收站数据，海洋水色（SeaWiFS 和 MODIS）和海面风场（Qickcat）则从 NASA 共享数据库下载。Bigelow 实验室则结合 NASA 的 SeaBAM 计划，建立一个可以随时开上缅因湾滚装渡船观测的车载系统，走航观测温度、盐度、吸收、散射、荧光以及流式细胞分析等遥感验证项目。GoMOOS 的数值模拟项目由缅因大学海洋学院薛惠洁博士负责，当时已经实现了潮、沿岸流、表层水温的 24 ～ 72 小时预报。人员精干和专业分工清晰是 GoMOOS 在项目组织方面的特点。浮标站运行维护的标准化和职业化（比如设备 1∶1 备份和固定技术人员），是保持 GoMOOS 浮标站长期正常运行的重要保证。

美国西海岸的 MOOS 是个进取心极强的研究性系统，由加州大学 Santa Cruz 分校、美国海军研究生院和蒙特利尔湾水科学研究所共同建设，并已经吸引全美几乎所有顶尖海洋研究机构，带着最新研发设备参与了 MOOS 组织的大型演习。MOOS 是按照美国海洋监测装置研发试验场的标准建设的，这点与福建示范区的科研功能相当。蒙特利尔湾水科学研究所是 HP 公司总裁私人投资 3000 万美元建设的海洋研究机构，根据研究所首席执行官介绍，研究所的目标是未来一代的海洋监测设备。MOOS 的第一个特点是高速的实时数据传输能力。为了保证海湾活动的调查船或浮标与总部保持视频信号的连接，他们在海拔 1000 米的高山上安装了微波中继站。技术并不新，但很实用。保密性更好，速度更快的海底电缆与水下无线接入系统正计划铺设。MOOS 的第二个特点是水下平台的广泛应用。除了已经广泛地采用遥控无人潜水器（remote operation vehicle，ROV）支持下的采样、观测、锚系布设，高端自主式水下潜器（autonomous underwater vehicle，AUV）和水下滑翔机等平台均已成功应用，为研究人员测试各种新型设备提供了良好的水下实验平台。加州大学 Santa Cruz 分校还将传感器装在大型海洋生物上，获取海洋生物生境的温度、盐度时空分布数据，称为"海洋动物海洋学"。MOOS 的第三个特点是着力发展海洋生物和海洋化学在线传感器。除了比较成熟的营养盐分析传感器，他们还将拉曼光谱仪装入 AUV 中潜行观测（图 2-3-3）。我们还参观了适用于在线核糖核酸（ribonucleic acid，RNA）探针监测的环境样品处理装置（environmental sample processor，ESP），其成功地用于有毒藻类时间序列的在线监测，昼夜向数据中心发送现场监测的藻类信息。MOOS 的第四个特点是定期组织试验下一代海洋观测平台的联合演习，看起来更像是军民兼用海洋观测设备比武大会，动用了锚系、AUV、水下滑翔艇、调查船、飞机、卫星遥感、数值模型等手段，组织得相当漂亮。

图 2-3-3　福建省海洋环境监测系统考察团访问美国蒙特利尔湾水科学研究所的 AUV 实验室（2004 年 8 月）（李炎供图）

（右 3 洪华生）

（五）压力，可以推动创新

福建示范区最重要的对接与服务对象是福建人民。历史给福建人民留下的海洋精神遗产是很丰富的，最著名的是为民抗灾的妈祖文化。但是，面对还未达到实用化的国产硬件，面对一代人都难以形成的海洋科学数据共享文化，我们要用什么样的方式，有效地为当地人民服务？按照那个时代的人们最熟悉的那句话，洪华生带着福建示范区信息服务系统各模块的研制队伍，"摸着石头过河"，八仙过海各显神通。

2004 年 8 月，在美国考察的洪华生等注意到，三维海流数值模型已经成为美国近海立体监测系统的重要支柱。包括龙虾幼体行为评估、航海安全、大型海港水文导航、沿海溢油灾害应急数据支持系统、赤潮早期预警和趋势预测等，已经成为海流数值模型地方政府海洋应用的典型案例。比如，缅因大学海洋学院的 GoMOOS 海流数值模型，目标是实现 3～5 公里网格 48 小时海流预报。模型边界条件包括 10 公里网格风场模型成果、6 个河流实测边界、6 个潮的外海边界潮汐模型成果。模型同化了区内十几个浮标、几十个水位观测站，以及遥感海表温度等观测数据集，每 3 小时输出三维海流预报以及三维海流模型输出的时间序列分析结果。主持 GoMOOS 海流数值模型的首席科学家薛惠洁博士认为，48 小时海流预报代表了当时直接运用三维数值模型预报近海潮流和沿岸流的实际水平。

台风与风暴潮业务化预报技术发源地都在美国。2004 年 8 月 13—15 日，飓风"查理"袭击美国佛罗里达州，福建省海洋环境监测系统考察团正好访问美国 NOAA 总部、Ocean.US、大西洋海洋与气象实验室 3 个单位，亲历美国国家海洋大气监测和预报系统与各级政府应对飓风灾害的活动，给我们留下深刻印象的是信息服务网络支持下的高效飓风监测、预报和发布。预报会商时调取的背景数据范围相当广泛；海洋气象实时监测系统支持下的风场数值模型的预报精确度显然有所提高；24 小时滚动播放的 NOAA 气象电视频道，不断向公众提供气象信息、灾害信息和交通信息，为公众的路程安排提供了及时的指导。但当时他们运行的风暴潮预报软件，却是相当经典的海、湖、陆地飓风风暴潮（sea，lake and overland surges from hurricanes，SLOSH）模型。

结合考察成果和福建省海洋防灾减灾的需求，考察回来后洪华生牵头向福建省科技厅申请福建省科技重大专项（专题），包含两个专题。其中，专题一就是"海洋灾害预警预报系统的建立"，指定商少平和张文舟等组成团队，针对台湾海峡及毗邻海域特殊地形和复杂的水动力环境，研发出双向嵌套网格风暴潮 - 天文潮耦合数值预报模式；专题二为"台湾海峡海流模型及应用系统的研发"，由江毓武负责建立海流信息服务模块，向 GoMOOS 海流数值模型学习，建设面向 48 小时海流预报的，经过高频地波雷达和锚系浮标站以及沿岸台站的风场、海流和水文的观测数据模式校验和资料同化的台湾海峡三维数值模型。

厦门大学商少平牵头的风暴潮信息服务模块的超越，可以说是被福建省领导逼出来的。研制团队起先将全部注意力放在如何提高三要素的预报准确度上，他们采用了双向嵌套网格风暴潮 - 天文潮耦合数值预报模式，成功地将增水量预报准确度从 50 厘米提高到 20 厘米，"对 31 个台风过程福建沿海 6 个站点风暴潮模拟平均绝对误差为 19.5 cm"。进入试运行的实战阶段，从台风警报到警报解除，虽然张文舟等夜以继日坚守在值班终端前，但是从中央气象台发布台风路径预报参数，到我们算出风暴潮预警三要素，最快也只能半个小时。带着这样的第一代系统，商少平领队代表省海洋渔业局参加福建防汛指挥部值班。他回忆道，面对坐镇指挥的副省长，半个小时内不断地接到前线的追询，等着我们算出需要组织撤退的区域和时间，即使在空调房内仍会紧张得大汗淋漓。

这种尴尬持续了两年。2006 年 12 月提出的海洋立体实时监测信息服务技术系统"十一五"实施计划中，商少平仍然小心翼翼地将风暴潮漫滩预警预报模型的具体考核指标定在"可预报 24 小时风暴潮可能淹没区域和淹没程度；风暴潮漫滩数值预报模式达到业务化运行水平，实现业务化预报；可动态显示风暴潮漫滩范围和淹没水深；能对风暴潮预计可能引起的灾害进行合理预评估"。但经过多场"大汗淋漓"所激发的灵感有惊人创造力，到了 2008 年台风季节，他们推出第二代系统投入业务化试用，竟然"在个人计算机上不到 2 分钟可完成基于台风路径预报概率圆多达 2700 多条路径的风暴潮增水集合预报，实现对福建沿岸 37 个万亩海堤的漫堤预警""模型检验结果显示本文建立的模型对福建沿海风暴潮的模拟是比较成功的，平均绝对误差（MAE）为 21.2 cm，模拟结果与实测结果变化基本一致"！接下来的整整 10 年有余，福建省海洋预报台的值班台长，再也不用在副省长面前大汗淋漓了！

可惜商少平团队没有及时给他们的"法宝"起个响亮且吸引用户的好名字。谢燕双 2009 年的学位论文上称之为"基于风暴潮增水数据库的查算方法"；2015 年，谢燕双又给它戴上长长的帽子——"一种基于台风路径预报概率圆的风暴潮集合预报模式和基于假想台风增水数据库的风暴潮增水快速预报算法"；直到 2021 年，详细流程才以"Fast storm surge ensemble prediction using searching optimization of a numerical scenario database"为题在 *Weather and Forecasting* 期刊发表。其实，言必称人工智能的今天，将该"法宝"归入智能软件其实也不为过。

厦门大学江毓武牵头的海流信息服务模块研制过程最为曲折。尽管启动时间已经落后于其他两个模块整整两年，但年青心齐的江毓武团队经过两年多努力，终于用区域海洋模型（regional ocean modeling system，ROMS）和大小网格嵌套方式，并引入新的变边界网格处理方法，建立了第一代的台湾海峡及邻近海域海流的三维有限元并行计算数学模型，以及针对海难和溢油等突发性事件处理辅助决策系统。该模型采用了四维变分方法，在国内首次在台湾海峡区域内实现模型对遥感海表温度、地波雷达遥感海表流场、大浮标实测温盐流等多源实测数据的实时同化，有效减少了模拟结果与观测值之间的偏差。2006 年开始，对影响福建沿海的 5 个台风期间的海流进行试报。2007 年，进入准业务化验证，"在同化阶段，对比遥感海表温度数据，均方根误差减少了 12.9%，对比地波雷达和大浮标流场数据，海流 u、v 分量合计的均方根误差减少了 31.6%；在预报阶段，对比遥感海表温度数据，均方根误差减少了 7.9%，对比地波雷达和大浮标流场数据，海流 u、v 分量合计的均方根误差减少了 23.1%"。2008 年提交福建省海洋与渔业监测中心组织业务化试运行，实现每天自动定时运行，可在网上实时发布模拟结果，可应用于台湾海峡及邻近海区的海洋温、盐、流三维现报、预报及海上突发事故应急决策。今天在福建省海洋预报台网上实时发布的，已经是江毓武团队第四代模型的预报成果了。

2008 年春节期间，福建省海洋与渔业监测中心布设在台湾海峡的一号大浮标被撞脱锚失踪，随即调用海流模型预报其漂流路径，判断浮标将经过海南岛沿岸漂流到越南沿海。果然，几天后海南省移动通信传来的几个小时或断或续的握手信号，两个月后一个福建的施工队传来在越南南方海滩上发现福建省浮标的照片。事实的说服力相当强大，几年前还怀疑海流模型应用价值的有关主管部门，对海流信息服务模块的海难搜救服务功能给予越来越大的关注。2009 年，福建省海洋与渔业监测中心开始运用该系统与福建省海事局联动，进行海难搜救工作。2009 年 10 月 10 日，福鼎运沙船"嘉森 6 号"有 5 名船员落水，福建省海洋与渔业监测中心于当日 22 时接报后立即利用该系统对落水船员的漂移轨迹进行预报，海事局搜救船队根据预报路径于次日凌晨 1 点 40 分在预报点发现并解救了两位失踪船员。2015 年 10 月在平潭岛召开的海峡两岸海洋减灾论坛上，福建省海洋渔业厅吴厅长向包括洪华生在内的与会代表宣布，在此基础上完成的海上搜救系统业务化运行以来，与福建省海事局联动，成功解救了两百多人。业务化运行 10 年间，海流信息服务模块一步步地超越前两个模块，成为福建示范区的亮点。

厦门大学商少凌牵头的遥感信息服务模块选了"借船过河"之路。记得在 2002 年 10 月底在杭州召开的国际光学工程学会（International Society for Optical Engineering，SPIE）亚太遥感会议上，我们和南佛罗里达大学胡传民一起聊到福建示范区遥感模块任务的时候，商少凌感觉研制压力很大，胡传民建议她引进美国近海观测系统的成功经验，加入全球海洋遥感数据与处理软件的共享机制中。在胡传民团队的帮助下，商少凌、张彩云和李永虹等组成的研制团队根据示范区目前所处阶段的应用需求，从中分辨率成像光谱仪（moderate-resolution imaging spectroradiometer，MODIS）卫星数据中心定制了台湾海峡及其毗邻海域 1 级产品远程下载服务，安装调试了共享软件 SeaDAS，辅以适当的软件开发，实时处理 2 级以上产品软件，并组织区域现场观测浮标的检验，很快地在 2004 年正式发布台湾海峡及其毗邻海域海表水温、叶绿素、浊度等 3 级产品。其中的浊度遥感速报服务，运用了我们自主发展的浊度区域经验算法，成为同类产品中第一个向公众发布的。台湾海峡及其毗邻海域遥感实况速报的时延，当年就达到当时相当先进的 2 小时，成为实现福建示范区设计指标的第一个子系统。

摸了近 20 年的"石头"，在区域级海洋立体监测系统的可持续发展机理上，我们逐渐找到一点规律。回想起来，我国先行的上海示范区与珠江口示范区，实际上是从 GOOS 取来设计思路的，从数据流角度考虑，自下而上部署了岸基系统、地波雷达系统、船基系统、浮标系统和遥感系统等底层监测基础，接着才是包括了数据仓库、数据质量控制、数据成果分发等信息处理与信息服务功能的上层建筑。2006年，刘修德根据福建省海洋管理的实际需求，从责任分担与资源分配的视角，自上而下地筛选出与福建省海洋管理机构设置相匹配的10条应用任务，大致可归类为潮位预报、渔区环境速报和风暴潮预报，海洋环境公报、排污口公报、入海通量公报、赤潮遥感速报、海难追踪和溢油追踪，以及渔船监测三大类型，可在海洋预报台、海洋环境监测中心和海监总队等现有机构分派落实。这个被称为"刘局十条"的设计思路，实际上提出了一种分布式信息处理自动化业务化运行的结构，借以应对原始数据仓库与应用任务之间交错复杂的信息流关系。但在人工智能技术还未成气候的2006年，信息处理自动化程度的门槛还是太高。我们成功实现并且超越"刘局十条"应用需求的风暴潮预报和海难追踪两个应用任务，都是在自下而上的信息流和自上而下的任务流之间，利用具有坚实物理基础并经立体监测系统专业验证的海洋动力数值模型，帮助我国的区域用户，绕过科学数据共享机制和信息体系人力资源体制这两大难题的。相信在不远的未来，洪华生的接棒人会带着新一批的年青科学家，用上基于海洋立体监测系统和数值模型机器学习的人工智能技术，实现"刘局十条"余下的应用任务。（图2-3-4）

图2-3-4 当年的项目组再聚东山湾（2021年7月17日）（李炎供图）

（左1曾银东、左2张有权、左3万艳、左5李炎、左6洪华生、左7刘修德、左8商少平、左10江毓武、左11林法玲）

服务民生的近海环境数值模型

◎ 江毓武　李　炎

我国拥有约 300 万平方公里海域，大陆海岸线长达 18000 多公里，面积大于 500 平方米的岛屿有 6500 多个，岛屿岸线长 14000 多公里，海岸线总长度超过 32000 多公里，是名副其实的海洋大国。随着经济的发展，如何科学有效地利用海域、开发海洋资源、保护好海洋生态环境，是我们面临的重大问题。厦门大学环境科学研究中心近海环境数值模型的开发和运用基于社会实践的需要，对事关经济发展、环境保护及人民生命财产安全的数个重大民生问题进行科学研究，得出相应的成果，并运用到相关的社会实践中，接受实践的检验和人民的监督，实实在在地把论文写在祖国的海洋上。

（一）海湾围填海之问

随着临海产业的发展，福建省（特别是厦门市）人多地少的矛盾日益突出，围填海需求剧增，海洋资源环境保护压力加大。

1994 年，全球环境基金（GEF）、联合国开发计划署（UNDP）、国际海事组织（IMO）共同支持了"东亚海域海洋污染预防与管理厦门示范区项目"。1995 年，厦门市人民政府海洋管理协调领导小组及其办公室成立。1996 年厦门市海洋专家组成立，洪华生担任组长。厦门市逐步建立健全了海洋综合管理体制，主持制定了厦门市第一个 1∶5000 大比例尺《厦门市海域功能区划》，实现从过去 1∶10000、1∶20000 小比例尺到大比例尺的突破。

配合大比例尺《厦门市海域功能区划》的落实，江毓武在 2000 年开发了基于地理信息技术、全球卫星定位技术和卫星遥感技术（3S 技术）的"厦门市海域功能区划地理信息系统"。该系统融 GIS 与办公自动化系统于一体，体现了国际设计思想的前沿，实现了海岸线资料、海底地形资料等海洋基础数据的电子化管理和应用，以及海洋功能区划和海域使用申请审批流程的自动化应用，也作为海域有偿使用收费的依据。它的运用在全国亦是首例，成为我国海域管理信息化的典范，具有很强的实用性，多年来一直为厦门市政府海洋管理部门所应用。

2002 年 1 月 1 日，《中华人民共和国海域使用管理法》开始施行。从海域功能区划，海域使用管理信息系统，再到海域有偿使用制度落地，厦门在滨海城市海域管理方法上的先行先试，为国家立法提供了很多经验。同时，也成为东亚国家进行海域综合管理的范本。

"2005 年 1 月，福建省政府黄小晶省长在听取全省海洋功能区划修编工作汇报时，针对福建省围填海造地需求与海洋资源环境保护矛盾日益突出的情况，从落实科学发展观和建设海洋经济强省的战略高度出发，高瞻远瞩地提出福建省海洋与渔业局要对全省重点海湾开展数值模拟与环境研究，科学合理地实现和保障福建省海湾优势资源的可持续开发利用。随后，福建省海洋与渔业局认真组织实施，邀请了国内十多家高水平科研机构和高校的一大批业内一流专家、学者和科研人员成立了联合研究课题组和省内外十余位海洋、数模等学科知名专家组成的技术指导与监督管理专家组，通过大量的调研和论证，将研究确立为'海湾数值模型与环境研究项目'。"[①]项目下分 13 个课题组，分别承接福建省 13 个重点海湾的专题研究任务。经 2005 年 8—9 月的投标及准备，厦门湾专题研究任务由厦门大学承担，"接到任务后，厦门大学成立了由张珞平为组长的厦门湾及其毗邻海域数值模型与海洋研究课题组，课题组主要成员共计 28 人……数值模拟由江毓武、万振文、胡建宇组成工作组，主要承担各种模型的建立与模拟工作，海洋环境组由陈伟琪负责，主要承担海洋环境质量评价、生态影响评价、风险评价、海域资源价值评价、社会经济评价及环境经济损益评价等工作"[②]。

这是一场由福建省政府组织的，历时一年的国内海洋环境模型行业"大比武"，"在国内外属于首次，没有经验可以借鉴"[③]。课题组根据任务目标、厦门湾海域功能区划实际，以及"东亚海域海洋污染预防与管理厦门示范区项目"等国际合作项目经验，制定了一个充分发挥厦门大学环境海洋学和环境管理学软硬两方面实力的研究内容。

课题组收集厦门湾及毗邻海域周边地市及部门提出的用海需求，根据福建省海洋开发管理领导小组办公室确定的工况设计原则和要求，设计了厦门湾及毗邻

---

①③ 张珞平、江毓武、陈伟琪等：《福建省海湾数模与环境研究：厦门湾》，海洋出版社 2009 年版，序言页。

② 张珞平、江毓武、陈伟琪等：《福建省海湾数模与环境研究：厦门湾》，海洋出版社 2009 年版，第 2 页。

海域的多个工况，并根据海湾的自然地理条件以及陆域经济发展状况，将全海域划分为西海域、河口湾、南部海域、同安湾、东部海域、大嶝海域、安海湾和围头湾8个海域，对水文动力、环境容量、海洋化学环境、生态、资源、社会经济、环境风险和环境经济损益分析进行分别评价。

在最后公开出版的、题为《福建省海湾数模与环境研究——厦门湾》的32万字成果报告中，聚焦海湾环境的"累积性效应"[①]，直面当时海域使用管理方面的困境："研究结果表明，各围填海工程对海域的水动力、环境容量、生物生态、珍稀物种等均产生了不同程度的影响，且随着各工况的不断叠加，产生的累积效应不断增强。一个项目的环境影响往往是可接受的，但5个项目、10个项目的累积性效应却往往无法承受。这是本项研究与一般的项目环境影响评价的本质区别。"

对于环境保护问题，张珞平一如既往，不留情面。报告指出："鉴于厦门湾各海域水质均无法达到其功能要求，已无环境容量，赤潮发生较为频繁。因此，除了严格控制围填海、确保一定的环境容量以外，还必须削减污染源强，从而改善海域水质。建议开展海湾环境容量和污染总量控制研究，有效控制和削减污染负荷。由于厦门海域的污染源主要来自河流流域，控制九龙江流域和同安东、西溪流域的非点源污染成为当务之急。"

对于海域使用问题，报告分析排查了9个数值模拟工况在8片海域的综合评价成果后提出："从研究成果看，越是狭小的半封闭型海湾，围填海活动对海洋水文动力和环境生态的影响越大。因此，对围填海活动的控制应根据各海湾的实际情况，实行分海域规划的原则。安海湾禁止一切形式的围填海，西海域严格控制，同安湾和九龙江河口湾则应在规划具体实施时慎重论证，南部海域、大嶝海域和围头湾围填海的论证主要考虑其本身的可行性。从围填海工况被否定的原因看，主要有3种类型，即因动力条件否定、因环境容量否定或因生态影响否定。因此，为改善海域环境质量，为社会经济腾出发展空间，应采取综合对策，多管齐下，并分别针对不同情况，有所侧重。"

2006年提交的该报告中，关于嵩屿港区（二期外沿）等13块围填海需求属于"不可行工况"的认定，已经具有2012年国家主管部门开始研讨的"生态保护红线"特征。2017年，习近平总书记在十九大报告中强调坚持人与自然的和谐共

[①]　张珞平、江毓武、陈伟琪等：《福建省海湾数模与环境研究：厦门湾》，海洋出版社2009年版，第212～213页。

生。2018 年，国务院发出《关于加强滨海湿地保护严格管控围填海的通知》（国发〔2018〕24 号）。此时，泉州管辖海域的安海湾 3 块"不可行工况"均已批出，漳州管辖海域的招银港区一块"不可行工况"也已批出。但厦门管辖海域的 5 块"不可行工况"，仅刘五店港区工况批出东侧两宗围填海项目。厦门市政府和人民在践行"绿水青山就是金山银山"理念中的胜出，应是厦门湾及其毗邻海域数值模型与海洋研究课题的最好检验。

（二）厦门海堤开口之问

2006 年，张珞平主笔的《福建省海湾数模与环境研究——厦门湾》报告根据海湾数值模型分析成果，旗帜鲜明地建议"通过海堤开口，增加海湾纳潮量，改善海域水文动力条件，可在一定程度上缓解水动力和环境容量的压力，适当改善生态环境状况……当前应加快马銮海堤开口的施工进度，抓紧高集海堤开口的科学论证，对同安湾原丙洲围垦、东坑围垦海堤开口的可行性进行前期工作的准备"[1]。

时任厦门市常务副市长的丁国炎，后来在一篇题为《厦门海堤开口带来的历史反思与启示》的随笔中回顾[2]：

"建设海堤是由著名华侨领袖陈嘉庚先生提出并得到毛主席批示，由中央政府拨款，并由福建省政府组织施工的。当年厦门地处海防前线，港口被国民党军队封锁，修建桥梁易遭受空袭威胁，加上技术及器材供应的限制，修筑海堤是唯一可行的办法。同时，专家认为高崎至集美之间是从金门、鼓浪屿两个方向涌来的潮水的结合缝，退潮时也可向两方向退去，建堤在技术上是可行的。高集海堤工程选定高崎码头经小屿至集美沙滩为建堤位置，原设计方案堤宽 21 米（实际使用宽度 16.5 米），在厦门一侧建造铁路与公路立交路，为适应今后发展的需要，陈嘉庚先生提议堤身加宽至 25 米，留出双轨铁路线。但原设计方案和陈嘉庚先生的建议均遭到当时常驻厦门指导海堤工程的苏联专家沙可夫的反对，沙可夫将设计堤宽由 21 米改为 19 米（扣除胸墙和人行道后实际 14 米），并取消立交路。这一改变导致后来堤面无法拓

---

① 张珞平、江毓武、陈伟琪等：《福建省海湾数模与环境研究：厦门湾》，海洋出版社 2009 年版，第 213 页。

② 丁国炎：《城市经营实践与研究》，厦门大学出版社 2017 年版，第 233～234 页。

宽，使海堤的通行能力受到限制。所幸海堤在施工中采纳了粟裕将军的建议，在深水处留一航道（原设计未留航道），使小型船只仍可通行。

高集海堤于1953年动工，1955年10月工程全部完成，全长2212米，位于厦门高崎与集美之间，是中国跨海修堤的首创之举，也是厦门人移山填海、改造自然伟大力量最好的象征……60多年的城市建设使厦门岛逐渐成为半岛，海堤造成厦门东、西海域的人为隔离，带来日益严重的海域泥沙淤积及水质下降等不利影响，危及航运安全，厦门每年要投入大量资金进行航道清淤。

厦门实施跨岛发展战略以来，海沧大桥、集美大桥、杏林大桥、翔安隧道等进出岛通道相继建成，使高集及集杏海堤交通压力得到了阶段性缓解，为厦门海堤开口改造和海域清淤整治的顺利实施提供了有力保障。

海堤开口改造和海域清淤整治工程的实施有利于增强厦门东、西海域水体的交换能力，开口后东海域每日可向西海域净输送水7100万方。通过利用东海域较好的海水涌入西海域充分改善东、西海域水质环境；有利于打开生态通道，为东、西海域之间海洋生物的沟通创造条件，拓宽中华白海豚的生存空间；有利于开辟游艇及其他小型船舶的航道，实现东、西海域之间的船舶通航，发展海上旅游；集杏海堤开口改造有力提高了杏林湾的防洪排涝能力，由十年一遇提高到五十年一遇；清淤造地的同时可为厦门新机场建设提供发展用地，节省工程投资。

厦门海堤开口改造和海域清淤整治工程包括高集海堤开口改造工程、集杏海堤开口改造工程、海域清淤和大小嶝造地工程等项目。"

2005年，厦门市政府为上述系列工程起了一个时尚的名称"厦门海洋生态功能修复工程"，着手组织科研院所和高等院校开展海堤开口改造工程的前期研究，通过数学模型和物理模型的试验和研究，为海堤开口改造提供科学依据和技术支撑，促使政府下决心实施海域清淤整治，开展海洋生态环境修复。[①]

整个厦门海洋生态功能修复工程中，最难下决心的是高集海堤开口改造工程和集杏海堤开口改造工程。这两个海堤到底要不要开口？如果要开口，应该怎么开口？这些，都需要进行严格的科学论证。

其中，高集海堤的开口被看作"厦门海洋生态功能修复工程"的重中之重。

---

① 丁国炎：《城市公共服务保障制度建构》，鹭江出版社2011年版，第259页。

因为开口之后，海域将从本来半封闭的海湾变成开放式通透性的海湾，有利于增强水交换能力，很大程度上解决厦门整个西海域、同安湾海域最大环境容量的问题，对整个生态修复起最关键的作用。如果高集海堤经过科学论证不一定需要全开口，只要一端开800米到1000米的口子，效果跟全开口基本一致，这可保留一部分海堤，让后人缅怀和弘扬60年前厦门人民移山填海，建设国内第一条跨海通道的"海堤精神"，意义深远。

但是，当时海堤两侧海域淤积已久，整个海域水流的冲刷能力已经减少了60%，水动力不够，就不能把淤泥冲刷出去。当时嵩屿和鼓浪屿之间的嵩鼓航道存在较强淤积，影响航道使用。这是因为，当时九龙江河口的浑浊水体把泥沙带进厦门海域后，这些泥沙却排不出去，只能淤积在厦门的港湾里。专家组经过考察研究，提出来要根据数值模型和物理模型综合判断。最后，厦门市决定由厦门大学、国家海洋局第三海洋研究所、南京水利科学研究院3家单位，并行开展高集海堤开口改造工程对厦门东、西海域水流、泥沙、水质影响的数值模型前期研究，结合南京水利科学研究院基于厦门湾整体物理模型关于高集海堤开口改造对厦门东、西海域水流泥沙影响的综合分析，相互验证，形成科学预测共识。这是一场由厦门市政府组织的，涉及3家单位两大类模型的海洋工程环境影响预测同场竞技。

江毓武负责的厦门大学环境科学研究中心数值模型组（图2-4-1）利用Princeton海洋模型（Princeton ocean model，POM）开发出双向耦合嵌套的并行计算版本，万振文加入泥沙冲淤模块并利用遗传算法确定了模型的参数，江毓武再加上利用GIS进行模拟结果动态可视化，能够高效直观展现数值预测成果。2008年，厦门市慎重地安排了厦门大学、国家海洋局第三海洋研究所、南京水利科学研究院3个并行的高集海堤开口改造工程前期研究数值模型进行比测考核。大家对海堤开口会加强水动力、改善水质和冲淤环境的结论是一致的，但后两家单位的数值预测结果认为，开口后东海域会有较大的净潮通量流向西海域（由东海域向西海域的日净通量为7100

图 2-4-1　江毓武（左）和万振文（右）（2007 年）
（江毓武供图）

万方，约占西海域潮通量的 1/4)，而厦门大学的数值预测结果显示并没有明显的净通量。由于该强度的净通量是否存在以及其动力学机理并不清晰，但它是海堤开口成效的重要指标，再加上后两家单位在数模的研究中有很深的合作关系，数模比测结果的任何不一致，都会给厦门大学的数值模型组造成很大的压力。

在充分论证的基础上，厦门市政府综合各方意见，于 2011 年启动了高集海堤开口工程，其中高崎侧开口 850 米，集美侧开口 210 米，2014 年底桥面竣工后，厦门东、西海域已完全连通。海堤开口改造后，增强了东、西海域水体交换，有利于厦门湾西海域污染物外输，恢复了东、西海域有机联系，拓展了中华白海豚生存空间等生态修复目标，这些都是有目共睹的。而向西海域的净潮通量是否存在也值得数模工作者在工程后进行校核。2016 年 5 月，厦门市委托厦门大学的海洋监测与信息服务中心，在高集海堤开口工程附近海域，以及厦门东海域、西海域口门布设一个月的临时潮位观测站和锚系潮流观测站，观测、分析现状下厦门湾的潮汐动力特征。由原高集海堤水道处布放的一个月流速值得到的结论是：月平均余流为每秒 5.5 厘米，方向 335 度，指向东海域。由此说明工程实施后的实际影响较为符合厦门大学的数值预测结果，当然，期望未来能有更多更严谨的科学观测及理论支持。

（三）海上突发事故应急之问

国家"十五""863"计划"台湾海峡及毗邻海域海洋动力环境实时立体监测系统"福建示范区项目实施过程中，为了保证项目建设的高起点和前瞻性，2004年 8 月初，洪华生作为示范区首席科学家，与示范区建设协调领导小组办公室主任刘修德副局长一起率团 10 人，访问了美国的相关国家部门、大学和研究所。其时，三维海流数值模型已经成为美国近海立体监测系统的重要支柱。其应用范围包括龙虾幼体行为评估、航海安全、大型海港水文导航、沿海溢油灾害应急数据支持系统、赤潮早期预警和趋势预测等。比如，缅因大学海洋学院首席科学家薛惠洁博士主持的 GoMOOS 三维海流数值模型实现了潮、沿岸流、表层水温的 24 ~ 72 小时预报，预报结果实时提供给当地政府管理部门使用。

从美国考察回来以后，洪华生团队就马上向福建省科技厅申请福建省科技重大专项，其中专题二"台湾海峡海流模型及应用系统"的研发由江毓武负责，在"十五"期间用 POM 建立了台湾海峡三维海洋模式。而后再经过缅因大学柴扉教授团队的帮助（图 2-4-2）和两年多夜以继日的努力，2009 年终于成功地由 POM

海洋模型转为 ROMS 海洋模型，采用大小网格嵌套方式，建立了第一代的台湾海峡及邻近海域海流的三维并行计算数学模型，以及针对海难和溢油等突发性事件处理辅助决策系统，并于 2009 年 12 月正式提交福建省海洋与渔业监测中心业务化运行，实现每天自动定时运行，可在网上实时发布模拟结果，可应用于台湾海峡及邻近海

图 2-4-2　江毓武（右）在缅因大学学习 ROMS 时和柴扉（左）合影（2007 年 8 月）（江毓武供图）

区的海洋温、盐、流三维现报、预报及海上突发事故应急决策。

　　在正式提交业务化的前一年，也就是 2008 年，开发的系统还在测试优化期间，当年 2 月遭遇了强拉尼娜事件，强东北风作用下，中国东部经历极强的寒冬，台湾海峡也受到强东北风影响，大量冷水跨过海峡影响到澎湖水域，造成异常寒害事件。该海流模型很可靠地再现与解析整个过程，对寒害机制进行了一系列的科学研究。同年 1 月底，位于海峡南部中线附近的十米大浮标突然脱锚漂离，已有的信息指示其经过海南岛海口市附近，但不知其漂向何方，该到何处寻回。得到通知后，江毓武遂通过海流模型给出了轨迹预报，并指出浮标可能于近一到两个月在海南岛东部或在越南沿岸靠岸。后来，官方信息反馈该浮标在越南沿岸被发现，与预测一致。这个成功的预报增强了当时福建海洋与渔业厅加强建设示范区项目的信心。

　　真正的考验是在系统试运行期间，2009 年 10 月 10 日 20 时许，福鼎"嘉森 6 号"运沙船在回航途中，被大浪打翻并沉没，船上共有船员 11 人，其中 6 人被当时经过的其他船只救起，但由于夜黑浪大，另外 5 人下落不明。省领导接报后，立即要求海事局海上搜救中心、海洋与渔业等部门组织力量全力投入搜救。10 月 10 日 22 时，福建省海洋与渔业监测中心接到福建省海事局通知后，随即利用正在试运行的系统对落水船员的漂移轨迹进行预报，并在半小时内向海事局提交了预报报表。海事局根据预报路径，最终于次日凌晨 1 点 40 分在北纬 26 度 38.7 分、经度 120 度 8.3 分发现了两位失踪船员，在凶险的大海上夺回两条生命。本次预

报的成功再次验证了该系统的应用能力。

如今在福建省海洋预报台网上实时发布的，已经是厦门大学所开发的第四代近海环境数值模型预报结果。该系统一直在海洋台风灾害、溢油、海上救难及海漂垃圾治理中发挥重要作用。业务化运行以来，与福建省海事局联动，2009 年至 2020 年，为 101 起海上突发事故提供落水人员漂移轨迹预报，在预报轨迹上成功救起 324 人。同时还提供了 16 期溢油漂移扩散轨迹预报服务，为海上溢油监测与处置提供了科学依据。

为践行"以人民为中心"的价值追求，厦门大学的近海环境数值模型"时刻准备着"。

江毓武，1995 年就职于厦门大学环境科学研究中心。2000 年到 2003 年就读于香港理工大学，获博士学位。毕业后返回环境科学研究中心任职，现任厦门大学海洋与地球学院教授。

守护海洋生命健康的 POPs 研究

◎ 王新红　王淑红

20 世纪 80 年代，随着我国沿海经济的高速发展，海上溢油、农田化学农药流失和各种新兴化合物生产带来的持久性有机污染物（persistent organic pollutants，POPs）污染问题日益突出。由于 POPs 的化学成分复杂、残留水平低、测试难度大，人们对海洋环境中 POPs 的环境过程、污染来源及其毒害效应认识不足。90 年代初，厦门大学环境科学研究中心（以下简称环科中心）洪华生带领的团队开始关注环境中 POPs 问题，率先开展海洋环境 POPs 的生物地球化学研究，并开拓 POPs 的海洋生态毒理效应研究。将近 10 年后的 2001 年，联合国环境署才通过了《关于持久性有机污染物的斯德哥尔摩公约》（2004 年正式执行）。环科中心是国内最早开展海洋环境中 POPs 研究的单位之一。

（一）率先开展我国东南沿海流域－河口－近海环境 POPs 的生物地球化学研究

1993 年，洪华生和香港科技大学大气海洋研究中心的陈介中合作，开展国家自然科学主任基金"香港维多利亚湾和厦门西港污染沉积物的变化过程研究"，带领团队成员从建立符合国际标准的分析检测方法和质量控制体系入手，分别在香港维多利亚湾和厦门港海域开展了现场调查研究。（图 2-5-1）

1994 年，洪华生请刚博士毕

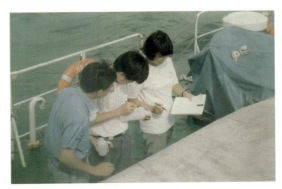

图 2-5-1　洪华生团队在香港维多利亚湾开展海上调查研究（1994 年）（袁东星摄）

（左起：薛雄志、黄邦钦、洪华生）

业留校的徐立到香港科技大学开展合作，建立了沉积物中多环芳烃等痕量有机污染物的分析方法，利用当时先进的气 – 质联用、液 – 质联用等仪器，对厦门和香港的样品进行了分析，揭示了香港和厦门西港沉积物中多环芳烃、有机氯农药等的组成、含量、空间分布与来源。1995 年，以洪华生为第一作者在 *Marine Pollution Bulletin* 上发表论文 "Environmental fate and chemistry of organic pollutants in the sediment of Xiamen and Victoria Harbours"，经检索，这是我国最早研究海洋环境中痕量有机污染物生物地球化学的研究论文。著名环境化学家 K.C. Jones 1999 年在 *Environmental Pollution* 发表的文章 "Persistent organic pollutants (POPs): state of the science" 中指出，不能明晰 POPs 全球迁移规律的主要原因之一是相当多地区 POPs 环境状况的基础数据缺失，他引用了洪华生论文的大量数据。洪华生团队的研究也被国际环境与生态领域著名专家 S. Tanabe 和 D. W. Connell 等人认可，被 *Environmental Science & Technology* 等重要环境期刊的文章引用。最新检索数据表明，洪华生的上述论文已被近 50 个国家或地区的学者引用达 400 余次。

1995 年 1 月，洪华生受邀参加了在香港举办的第一届海洋污染与生态毒理国际研讨会，并做了大会报告，以翔实的科学数据证实 "香港维多利亚港的有机污染物主要来自当地的输入，而不是珠江口的输入"，明确了维多利亚港 POPs 的来源问题。1995 年 2 月，洪华生受全国人大常委会香港特别行政区筹委会邀请，到北京参加维多利亚港填海问题座谈会，并做了关于 "从香港维多利亚港环境特点看填海可能造成的影响" 的报告，分析了维多利亚港海洋环境基本状况，指出填海工程引起水动力的改变，使潮流流速和流量减少降低冲刷能力，加速港口的航道淤积，降低了污染物的迁移扩散能力，反而使污染问题加剧。洪华生提出的对填海工程必须进行综合环境影响评价、重视其积累性效应的建议，为中英联络小组有关香港生态环境问题的谈判提供了决策依据。

1995 年与 1996 年，借鉴美国贻贝监测计划（Mussel Watch Programme）对全球近海污染（重点针对有机氯农药）状况的调查，洪华生和台湾大学洪楚章合作开展 "厦门 – 金门海域" 和 "闽江 – 马祖海域" 有机污染物的研究，重点开展了沉积物中石油烃、多环芳烃、有机氯农药等痕量有机污染物的分析监测，旨在建立可比对的痕量有机污染物的分析检测方法，评估两岸近海环境的污染状况。王新红于 1994 年加盟环科中心，与徐立和张珞平、陈伟琪共同参与该项目的研究。1995 年，两岸科学家分别同期在厦门、金门、闽江、马祖海域采样，因受到政治因素的影响，共同采样受到限制，双方只好各自采样，而后在海上进行样品的直接交换活动。厦门独特的对台区位优势促使厦门成为海峡两岸交流的先行者，因此媒体对于两岸的科研交流活动特别重视，厦门电视台同船进行了采访报道，题名为《半个世纪的第一次接触》（图 2-5-2）。

图 2-5-2　半个世纪的第一次接触（1995 年 10 月）

（厦门电视台摄）

（左 2 红衣者，台湾大学科学家；左 3 白衣者，张珞平；左 4 白衣者，徐立）

1996 年，洪华生牵头承担欧盟资助的研究项目"珠江口有毒金属和有机污染物研究"（1996—1998）。团队成员张珞平、陈玮琪等研究了珠江口水体与沉积物中有机氯农药的环境行为，对其产生影响的可能性、危害程度和潜在效应进行了风险评价。徐立、王新红研究了珠江口、大亚湾及其邻近海区多环芳烃在水、沉积物中的组成、含量、时空分布，通过污染物的组成特征、生物标志物等分析污染物的来源及迁移转化规律。1999 年王新红发表在《中国环境科学》的论文《厦门西港沉积物中多环芳烃的垂直分布特征及污染追踪》，被中国科学院广州地球化学研究所、中国海洋大学、上海交通大学、浙江大学等科研人员引用。

有机磷农药是作为替代有机氯农药而发展起来的新型农药，但某些有机磷农药的急性毒性比有机氯农药高，在环境中的残留不容忽视。1996 年，张祖麟和李永玉相继加入团队，先后调查研究了九龙江五川流域、九龙江河口、闽江口等水体与沉积物中有机磷农药的污染现状。2002 年，张珞平与意大利科学家合作发表在 *Toxicology Letter* 上的论文 "Environmental risk assessment of pesticides on aquatic life in Xiamen, China" 被 *Water Research*、*Environmental Pollution* 等期刊文章引用，该文是国内最早开展农药区域环境风险评价研究的报道。

1997 年，洪华生团队共发表相关论文 32 篇，整理出版了《香港与厦门港湾污染沉积物研究》专著（图 2-5-3）。

图 2-5-3　专著《香港与厦门港湾污染沉积物研究》封面

（洪华生、徐立等：《香港与厦门港湾污染沉积物研究》，厦门大学出版社 1997 年版）

（二）探索 POPs 的海洋生态毒理效应

海洋生物对污染物毒性效应的早期预警和生物标志物指示作用研究是 20 世纪 90 年代生态毒理学研究的前沿。水产品出口一直是我国的重要外汇来源之一，为保证水产品安全与国际水产品市场接轨，发展和建立我国沿岸水域水质生物监测系统成为当务之急。洪华生团队采用环境化学、生态毒理学和分子生物学相结合的方法，建立了各种生物标志物的测定方法，从分子生物化学、细胞遗传学和生理学水平，系统揭示了痕量有机污染物的不同组分对沿岸养殖鱼类和贝类的生态毒理效应。

王淑红和林建清分别于 1996 年和 1998 年加入团队，与香港城市大学、澳大利亚海洋研究所等生态毒理学研究团队合作，在国内率先建立了贻贝组织、鱼类胆汁和肌肉等不同生物体内 POPs 相关代谢产物、贻贝生长指数、鱼类胚胎发育异常、抗氧化防御系统、脱氧核糖核酸（deoxyribonucleic acid，DNA）损伤等多个生物标志物指标体系的测定方法，并将生物标志物应用于厦门附近海域、漳州东山湾海域以及莆田的湄州湾海域的养殖环境质量评估，创新性地将微观的生物标志物用于宏观的现场海洋环境质量评价和污染早期预警。2002 年和 2005 年发表在 *Marine Pollution Bulletin* 的系列文章 "Toxic contaminants and their biological effects in coastal waters of Xiamen, China Ⅰ, Ⅱ" 与 "Bioenergetic responses in green lipped mussels (*Perna Viridis*) as indicators of pollution stress in Xiamen coastal waters, China" 被 *Aquaculture*、*Ecological Indicators*、*Aquatic Toxicology*、*Science of the Total Environment*、*Environmental Pollution* 等水产养殖和环境毒理方面的期刊文章引用，表明该类研究在海洋生态毒理研究领域具有一定的国际影响。

从 1993 年到 2003 年，经过 10 年的不懈努力，团队在 POPs 研究方面取得了可喜的进展：

（1）采用与国际接轨的联合国开发计划署 / 政府间海洋学委员会（United Nations Development Programme/Intergovernmental Oceanographic Commission，UNDP/IOC）及美国国家环境保护局（United States Environmental Protection Agency，US EPA）等痕量分析标准方法，以及用国际认证的基准物进行校准，从采样到样品分析严格质量控制，保证了数据分析的准确性与可靠性。在我国较早建立了与国际接轨的海洋多介质体系（水、颗粒物、生物体）POPs 分析方法和质量控制系统。

（2）首次对珠江口、福建近岸海域重要河口港湾（闽江流域、九龙江流域、

闽江 – 马祖海域、厦门 – 金门海域、湄洲湾、厦门西港等）的 POPs 进行了全面、系统的研究，揭示了 POPs 在河口港湾环境不同储圈（表层水、底层水、间隙水、沉积物、生物体）中的来源、时空分布特征及迁移转化规律，不仅填补了我国区域近海环境该研究的空白，还为深入开展 POPs 的时空分布、界面传输、污染源追溯等环境地球化学研究奠定了基础。

（3）建立了具有国际先进水平的测定海洋经济动物（鱼类和贝类）中多种生物标志物的方法，包括抗氧化防御系统、乙氧基间苯二酚 –O– 脱乙基酶（ethoxyresorufin–O–deethylase，EROD）、乙酰胆碱酯酶、鱼卵胚胎异常、血细胞 DNA 损伤、贻贝生长指数、微核试验、代谢产物等，开拓了生物标志物在近岸海域水体监测中的应用。

（4）通过现场和实验室生态研究，探讨了有机污染物（多环芳烃、多氯联苯和滴滴涕）对养殖鱼类和贝类在分子和生物化学水平、细胞遗传学水平和生理学水平上的生物毒性效应，探讨了毒性效应与水体污染程度的相关性，为建立养殖水体污染的早期预警指标和防治提供科学依据。

研究成果"香港维多利亚港和厦门港污染沉积物对比研究"获批教育部科技进步三等奖（1998 年），"福建近岸海域持久性有机污染物的迁移转化规律及生物毒性效应研究"获福建省科学技术奖二等奖（2004 年）（图2-5-4）。

图 2-5-4　福建省科学技术奖二等奖证书（2004 年）

（王新红供图）

（三）开展不同界面 POPs 及其他新污染物的研究

2004 年之后，团队将海洋环境中 POPs 的多介质环境行为研究拓展到流域 – 河口 – 近海环境中有机污染物的水 – 气、水 – 沉积物界面分配特征和陆海迁移传输规律研究，从传统的母体多环芳烃、有机氯农药等拓展到取代基的多环芳烃、有机锡化合物等新污染物的生态毒性效应与机制研究。

2005 年开始，团队开展了九龙江流域 – 河口 – 台湾海峡的有机氯农药和多环芳烃的界面传输研究。2011 年团队发表在 *Marine Pollution Bulletin* 的文章 "Occurrence of polycyclic aromatic hydrocarbons in seawater from the western Taiwan

Strait"已被引用 105 次，其中他引 74 次，表明团队在有机污染物的水 – 颗粒物界面研究领域具有一定影响力。

POPs 的海 – 气界面交换是 POPs 在环境中长距离迁移传输的重要环节之一。2005 年吴水平从北京大学博士毕业后加入团队，开启了海洋大气气溶胶中 POPs 的研究。率先在沿海城市厦门开展了大气细颗粒物 PM_{10}、$PM_{2.5}$ 的采样，研究了颗粒物上吸附的多环芳烃的时空分布特征及污染来源，同时还研究了海 – 气交换、海陆风等海洋特征对厦门城市大气中多环芳烃的污染水平及源分配的影响，2006 年发表在《环境化学》期刊上的文章《厦门市大气 PM_{10} 中 PAHs 的健康风险评估——BEQ 评估》被引用 35 次。

有机锡化合物是迄今为止人为引入海洋环境中毒性最大的污染物之一，也是目前已知内分泌干扰物中唯一的有机金属化合物。自 2005 年，王新红团队围绕有机锡化合物开展了近岸环境地球化学和生态毒理效应系列研究。在当时科研条件比较困难的条件下，建立了海水、沉积物和生物样中有机锡的气相色谱分析方法，研究了厦门港有机锡化合物在水体、沉积物中的存在形态、含量、时空分布以及水 – 沉积物界面传输等。团队还调查了厦门、香港和全国部分岩相海岸带有机锡化合物的污染现状，以及海洋腹足类敏感物种疣荔枝螺（*Thais clavigera*）种群的性畸变程度。首次发现沿海大部分港口城市疣荔枝螺体内有机锡化合物以丁基锡为主要污染物，而香港海域疣荔枝螺体内有机锡化合物则以苯基锡为主。2007 年，王新红在香港举办的近海海洋国家重点实验室与香港城市大学联合学术会议上做报告时，提出苯基锡是导致香港疣荔枝螺性畸变的主要原因。该结论引起香港大学 K. Leung 教授的兴趣，他的课题组之前只测定了生物体中的丁基锡化合物而忽略了苯基锡化合物。为了证实该结论，两个团队联合调查了香港周边海域水、沉积物、螺、鲸鱼等体内有机锡的各种组分，并开展了苯基锡毒性的相关实验，证实了厦大的研究结论。为此，Leung 教授呼吁香港特区政府重视船舶防护漆中苯基锡的污染以保护海洋环境。

团队进而在实验室研究了三丁基锡（TBT）在疣荔枝螺体内的吸收和代谢的动力学过程，揭示雌螺的生殖系统是 TBT 进行富集和作用的潜在靶器官，提出雌螺性腺组织中 TBT 的富集可作为 TBT 污染监测重点关注的生物标志物。2009 年以王新红为第一作者发表在 *Aquatic Toxicology* 的 "Gender differences in TBT accumulation and transformation in *Thais clavigera* after aqueous and dietary exposure" 被阿根廷国家科学技术研究委员会 J. Marcovecchio 研究员、瑞士巴塞尔大学 A. Odermatt 教授研究团队等引用，呼吁尽管 TBT 已被国际海事组织（IMO）禁用，但由于其持久性和广泛分布性，在世界许多近海海洋环境中 TBT 及其代谢产物仍普遍存在，其含量和毒性效应在未来的变化趋势仍值得持续关注。

多环芳烃是石油毒性组分的主要成分，其中烷基多环芳烃 (Alkyl–PAHs) 占总 PAHs 的 80% 以上，但该类化合物未受到足够重视，且作用机制尚不明确，现有以非烷基 PAHs 为主的风险评估模型可能低估了其实际风险。2008 年开始，博士生穆景利以海洋溢油的生态危害为切入点，围绕母体 PAHs 和烷基多环芳烃对海水鱼类发育毒性及作用机制开展了一系列研究，深化了对烷基多环芳烃的毒性及潜在危害的认识，为多环芳烃混合物风险评估模型的革新提供了重要理论依据，为海洋环境管理部门在溢油污染物监管和灾后处置等方面提供参考。相关研究成果被纳入中国环境与发展国际合作委员会年度政策报告《新时代：迈向绿色繁荣新世界》中，发表在 *Marine Pollution Bulletin* 的文章被荷兰瓦格宁根大学，加拿大女王大学、魁北克大学，日本相关研究所等知名机构和专家学者引用和积极评价。

（四）拓展科研合作渠道，搭建人才培养桥梁

1998 年之后，徐立赴美国伍兹霍尔海洋研究所访问，至今仍在该所国家海洋加速质谱仪中心实验室从事地学前沿技术——单体烃的放射性碳同位素研究，开发小样品量的放射性碳分析检测技术。2010 年王新红赴伍兹霍尔海洋研究所访问，向徐立学习先进技术，回国后在实验室建立了海水中单体多环芳烃放射性碳的前处理系统，首次采用该技术分析研究了台湾海峡多环芳烃的海 – 气交换过程与通量，相关文章在环境领域顶级期刊 *Environmental Science & Technology* 上发表。2001 年张祖麟博士毕业后赴清华大学环境科学与工程学院从事博士后研究，之后获玛丽居里奖学金赴英国萨塞克斯大学访问，至今一直在英国詹姆士霍顿研究所从事有机污染物研究。与此同时，他还积极同国内开展合作。

团队先后和英国萨塞克斯大学周俊良教授与澳大利亚海洋研究所等开展了相关合作研究。（图 2–5–5）

图 2–5–5　澳大利亚海洋研究所 S. Codi 博士来实验室开展合作研究（2000 年）（王新红供图）

（左 S. Codi、右王新红）

　　环科中心基于对香港合作的区位优势，加强与香港科技大学、香港城市大学、香港浸会大学等的知名教授在海洋污染监测及毒理学效应方面的合作研究。1999年王新红在香港城市大学谭凤仪的实验室工作3个月，开展了香港红树林区沉积物中多环芳烃的污染特征研究；2002年又赴香港科技大学一年，在王文雄的实验室开展有机污染物的生物吸收、富集动力学研究，论文分别发表在 *Marine Ecology Progress Series* 和 *Environmental Pollution* 上。

　　环科中心还同香港城市大学等在香港联合举办了1995年、1998年、2001年、2004年海洋污染与生态毒理国际大会，团队成员做大会特邀报告4人次。洪华生带队参加1996年在香港科技大学举办的"亚太地区海岸环境科学与管理国际大会"（图2-5-6），以及2001年6月在香港城市大学召开的第三届海洋污染与生态毒理国际研讨会（图2-5-7）。香港城市大学团队也多次来访环科中心，与邀请的国内外知名专家多次举办了环境科学学术研讨会，极大地促进了香港和内地在POPs研究领域的交流与合作（图2-5-8）。1997年张勇、陈伟琪，1999年王大志等先后短期赴香港城市大学学习，柯林赴香港城市大学攻读博士学位，积极探索合作新模式，促使团队人员同国际研究接轨，不断提升科研水平。

图2-5-6　参加在香港举办的"亚太地区海岸环境科学与管理国际大会"（1996年）

（王新红供图）

（前排左起：陈友材、陈伟琪、王新红、袁东星、洪华生、黄邦钦。后排左起：蔡立哲、郑微云、李玉桂、黄建东、薛雄志、王海黎、张勇、卢昌义、徐立、张珞平）

图 2-5-7　参加第三届海洋污染与生态毒理国际研讨会（2001 年）（王新红供图）

（前排左起：谭凤仪的硕士生 Craig、柯林、张祖麟、王大志、林建清。后排左起：郭楚玲、王新红、岳世平、洪华生、洪海征、洪丽玉）

图 2-5-8　环科中心与香港城市大学生物化学系共同组织"环境科学进展"研讨会（1999 年）
（王新红供图）

（前排左起：张祖麟、洪丽玉、陈伟琪、王淑红、袁东星、Rudolf Wu、David Randall、洪华生、谭凤仪、王新红。后排左起：张玉珍、王大志。后排左 4 起：Michael Yang、戴民汉、Paul Lam、Doris Au、Michael Lam、Rudolf Wu 的博士生杨劭）

回顾环科中心 20 世纪 90 年代起在流域 – 河口 – 近海 POPs 的研究历程,深切感受团结奋斗、创新开拓的环科精神。面向新时代,团队将继续发扬厦大环境学科的海洋特色与优势,以新污染物为核心目标物,深入开展陆海界面关键过程的环境地球化学及生态毒理学研究,建立各种新污染物的海洋环境基准,服务于面向人民生命健康的国家战略。

王新红,1994 年毕业于成都理工学院(现成都理工大学),获硕士学位。毕业后就职于厦门大学环境科学研究中心,1997 年攻读在职博士,2001 年获博士学位,现任厦门大学环境与生态学院教授、副院长。

王淑红,1996 年至 2004 年在厦门大学环境科学研究中心硕博连读,获博士学位。毕业后就职于集美大学水产学院,现任集美大学副教授、休闲渔业创新发展中心主任。

中国红树林生态系统研究的摇篮

◎ 卢昌义

红树林是热带亚热带滨海湿地重要的生态系统类型，是重要的湿地科学研究领域。然而在 20 世纪 80 年代初，中国红树林的研究仅处于传统的植物分类阶段，关于红树林生态系统的研究基本是空白，国际上甚至认为"中国没有红树林分布"。林鹏老师高瞻远瞩地应对学科发展的需要，抓住契机，率先开展红树林的系统研究，并迅速在国内外取得令世人瞩目的研究成果。2001 年林鹏也因为他在中国红树林研究中的突出贡献被评为中国工程院院士，从而确立了厦门大学在全国红树林研究的领先地位。

如今在中国，只要一提起红树林的研究历史，人们就会自然想起著名的红树林专家——厦门大学的林鹏，以及他开拓的中国红树林研究基地——厦门大学。回顾红树林研究的科学发展历史，可以清晰地看到，厦门大学环境科学研究所（以下简称环科所）及 20 世纪 90 年代的环境科学研究中心（以下简称环科中心）的研究团队，在林鹏带领下的研究发展历程和所做的重要历史贡献。

（一）筚路蓝缕的艰难起步

早在 1953 年，厦门大学生物系在先辈何景带领下的"植物生态学"课程就已经有关于厦门亚热带特色植被红树林的教学内容。1978 年我来厦门大学"回炉"兼助教时，就曾与其他老师一起，带领"植物生态学"课程的学生去厦门周边考察红树林的教学活动。当时对红树林的研究很少，国内只有一些植物分类学的研究涉及红树林，有关红树林的生态学研究的报道则仅有林鹏与韦信敏在《植物生态学报》1981 年第 3 期的一篇《福建亚热带红树林生态学的研究》。林鹏说，早年他发现查普曼教授（Chapmen）这位世界生态学泰斗在其所著的《湿地海岸生态系统》（*Wet Coast Ecosystem*）一书中，竟然把中国（除台湾省外）的红树林列为空白。1980 年，美国学者也认为中国（除台湾省外）的红树林已经消失。林鹏下决心要纠正这一认知的偏见。1980年，我成为他的研究生"开门弟子"，在他的指导下，开始了对国际学术界这一不符实际认知的"纠偏"之路。我的研究生毕业论文题目就是《九龙江口红树林某些生态学特性的研究》。我在研究生初期的学习和教工关系暂时挂靠在生物系。1982年我校环科所成立，林鹏是环科所的3位副所长之一，当时虽然我还未研究生毕业，但已经在环科所的环境生态小组工作，林鹏安排我把研究工作重心移到环科所。1983年我毕业了，正式入职环科所，围绕红树林领域开展工作。当时的工作条件很差，科研经费不足，国内也有人认为红树林研究没什么前途。确实，相比分子生物学和细胞生物学，红树植物生态学在当年的生物学领域是弱势学科。20世纪80年代初，环科所的红树林课题小组只有我和郑文教、郑逢中，以及编制在生物系、兼职于环科所的连玉武、庄铁城，后来又有林光辉加盟。我们几位同事，常回忆起当时工作的艰难。例如，我们要搬运一些标本等材料，要借用生物系的三轮车（这是当时系里唯一的集体运输工具），常常碰钉子，比其他学科的老师难借到车。我们还清楚地记得：1984年11月21日我与郑文教出差海南岛，乘火车凌晨抵达广州，被安排入住在韶关招待所。翌日清晨，我们一起到服务台要求调换房间，服务员说，"昨晚安排你们住的房间已经不错了"。她没理解的是，我们住的是一个晚上7元钱的房间，请求换成3元5角以下的房间，是"想住比较差的、便宜一点的房间"。因为当时我们的科研经费实在太少了，这钱出不起，节约一元是一元啊。

（二）福建、海南岛、广西三大红树林基地的建立

20世纪80年代，林鹏带领的科研组在经费非常困难的情况下，深入沿海省份，足迹遍布所有的红树林区。率先对中国六省区（包括台湾省）的红树林进行了广泛的调查和研究，在此基础上，选择了福建、海南岛、广西3个有代表性的红树群落，从动物、植物、微生物的整体上进行生态系统结构与功能的历时最长和全方位的生态系统定位研究；研究区域从南到北，跨越6个纬度，涉及热带、亚热带，直到北半球大陆分布的北缘，这在世界上其他国家和地区都不曾做到过。林鹏无愧是中国红树林生态系统研究的开拓者。

在福建，我们以九龙江口（图2-6-1、图2-6-2）、漳江口和厦门周边的红树林为基地开展研究。数年的野外考察异常艰苦，林鹏带领我们，借用几辆乡村自行车载着我们在崎岖不平的海岸边、塘埂上考察红树林分布；还经常要在没膝的烂泥里浸泡。干红树林研究这行的，不能仅仅是在实验室内做，必须深入第一

线，趟涉泥滩、栉风沐雨、弯下身子、撸起袖子、卷起裤管，被海蛎壳割伤流血是常有的事。记得在云霄竹塔的红树林区，我独自一人陷到泥滩沼泽中，喊了"救命"后，被农民用长竹竿救起。在海沧红树林考察我被海蛎石割伤，血流如注，至今右脚上仍存有缝了 23 针的伤疤。

图 2-6-1　林鹏（后排戴帽者）和连玉武（左一）带队在福建九龙江口红树林区进行"挖地三尺"的生物量研究（1983 年 3 月 28 日）（卢昌义摄）

图 2-6-2　在九龙江口研究秋茄红树林的生物量（1983 年 3 月 28 日）（卢昌义摄）

（前左林鹏，后穿绿色军装者陈荣华；中间正面者林光辉，其右郑文教；前右连玉武，其身旁为学生苏璘）

在开展福建省基地研究期间，林鹏又带领我们在海南岛东寨港开辟研究基地。我们对多种"标准木"进行包括地上部和地下部"挖地三尺"的生物量皆伐实验（图 2-6-3）和研究高回归率的林木掉落物实验（图 2-6-4）。这些实验的工作量巨大，非常艰苦，但林鹏总是身先士卒，亲临指导。就因为有如此全副身心

图 2-6-3　在海南岛选择"标准木"首次进行全树（包括地下部）生物量研究（1984 年 1 月）（卢昌义摄）

图 2-6-4　卢昌义在海南岛河港村开展生物量和掉落物研究（1984 年 1 月 10 日）（林鹏摄）

（树下右者林鹏、树下左戴帽者郑文教）

投入的科研考察，才得以系统地揭示了中国主要红树植物与海岸湿地生态环境的相关适应性。林鹏总结的专著《中国红树林生态系》以3个基地研究翔实的数据填补了中国红树林生态系统学科的空白，为中国红树林的研究和生态恢复工程起到奠基作用。

我们的研究成果立即引起世界的瞩目。1985年初，澳大利亚国家发展援助局派专家到其中两个基地考察，同年我也随林鹏到澳大利亚回访考察。1985年5月19日上午，在澳大利亚昆士兰敦斯维尔海洋研究所举行的首次国际红树林生态系统研究与发展大会上，林鹏关于"中国红树林生态系统研究"的报告，赢得了热烈掌声。会议执行主席、著名的红树林专家费德尔教授连声赞叹。5月20日下午我也做了"中国红树林的经济价值"大会发言。①我们的研究成果终究纠正了"中国除台湾省外没有红树林"的误解，促使国际学术界改变了对中国红树林及其研究的片面认识。

在积累前两个基地研究经验的基础上，我们又把研究领域拓展到纬度居中的广西红树林。1988年我们开始深入广东湛江、广西合浦的红树林区。林鹏委派我带领研究生尹毅和刘维刚到广西，开辟了厦门大学在广西的定位研究基地（图2-6-5、图2-6-6）。

图2-6-5　在广西英罗湾定位研究基地进行 红树林掉落物挂网作业（1988年11月21日）（卢昌义摄）

图2-6-6　再次到广西英罗湾定位研究基地 选择标准木开展"皆伐"生物量研究（1990年2月20日）（卢昌义摄）

（右下尹毅）

（左尹毅、右刘维刚）

①　《厦门大学报》第153期，1985年11月6日，LIB-009-0609-0139。

（三）"三高特性"理论的奠定

厦门大学的红树林研究成果中，有一个突出的亮点是首次提出红树具有高生产力、高归还率、高分解率的"三高特性"理论，它在中国红树林的研究和生态恢复工程中起重要的理论支撑作用，为红树林资源保护和可持续利用提供科学依据。

后来常有学者问道，厦门大学首次提出的这"三高特性"理论是怎么来的？殊不知，为了这一理论，我们费尽了多少心血和劳力。它是我们在通过调查全国主要红树林分布区，在对能流、物流的长时间大量系统研究的基础上揭示出来的系统理论。1980 年起，我的研究生论文课题就是围绕这"三高特性"的研究。当时以九龙江口红树林为基地，研究红树林生物量（揭示高生产力）、掉落物量（揭示高归还率）和掉落叶的分解速率（揭示高分解率）。我研究生毕业后，又有环科所的郑逢中加入掉落物量的研究，持续了 11 年，取得了弥足珍贵的数据。此外，我们还在海南东寨港、广西英罗湾分别进行了为期 6 年、5 年的定点系统研究。这些重要的研究成果，都是以当年环科所和环科中心的老师为主要力量获得的。

具体实例有：1994 年，郑逢中等采用不同浓度的镉处理秋茄幼苗，研究表明镉积累是抑制幼苗生长的主要因素之一，但秋茄为镉高耐性植物。1996 年，郑文教等探讨了福建九龙江口秋茄、桐花树对重金属元素的吸收、累积及分布。1998 年，郑逢中等研究 4 种红树植物落叶碎屑对水环境中重金属离子的吸附作用。1998 年，郑逢中等对秋茄红树群落掉落物进行长期研究的结果表明：掉落物产量年际波动趋势、掉落物能流量，大量掉落物可为近海河口海洋生物提供可持续利用的有机物质和能量来源。1995 年，卢昌义等发文，在我国最早提出红树林生态系统可能是全球气候变化影响的早期指示者，认为气候变化引起海平面升高的速率超过红树林底质的沉积速率时，红树林将会受到胁迫甚至消亡，全球变化可能造成红树林种类组成的变化。1997 年，叶勇、崔胜辉等采用静态密闭箱法研究了海南岛东寨港海莲林土壤甲烷通量的日变化和滩面差异。2000 年，卢昌义、叶勇、崔胜辉等采用静态箱法对海南东寨港 4 个站位的 5 个红树林群落进行研究，发现红树植物叶片具有吸收大气甲烷的效应。2001 年，叶勇等研究了厦门东屿白骨壤林土壤的甲烷产生量及其在土壤中的氧化、传输与库量。

这些研究成果为早期"三高特性"理论的提出奠定了基础。后期，"三高特性"理论又在林鹏带领的团队（包括生物系老师）的工作中得到进一步充实和加强。

1995 年，林鹏、郑文教、卢昌义等完成的"海南岛红树林生态学研究"获国家教委科技进步奖二等奖。1996 年，林鹏、卢昌义、郑文教等完成的"中国红树林的环境生态和利用"获国家科技进步奖三等奖。1997 年，林鹏、郑文教、卢昌义等完成的"广西红树林生态学研究"获国家教委科技进步奖三等奖。2000 年，林鹏、林益明、郑文教等完成的"红树林的生理生态学研究"获福建省科技进步奖三等奖。

（四）自然保护区的建设和守护

位于福建龙海九龙江口的红树林，离我校地域最近。我们在研究工作中发现，这里是秋茄物种生长最繁茂的地区之一，曾经记录到高度达 10 米的秋茄植株，堪称世界秋茄物种的分布中心，也是红树植物老鼠簕种类天然分布的北界，这里的红树林是重要的自然物种基因库，具有重要的保护价值。1983 年开始，我们就根据自己的研究工作，陆续向福建省人民政府提出建立九龙江口红树林自然保护区的建议，出于种种原因，建议未能及时引起政府的重视。林鹏将他与我两人的提案通过当时德高望重的汪德耀老校长，呈交福建省政协大会。令我们兴奋的是，努力终于有了结果，1988 年福建省政府批准成立九龙江口红树林自然保护区。

然而当时的自然保护并未如现在一样受到足够重视，地方有关部门的领导有时还抱怨我们促进自然保护区成立对他们没有好处，只有给他们"徒增工作量"。自然保护区建立之后，保护工作并未得到很好落实，破坏现象时有发生。1996 年，位于该保护区核心区的龙海县（现为龙海市）紫泥镇甘文尾的一个毁林围垦工程准备上马。林鹏带领我们经过实地考察论证，认为工程不仅会损害 500 多亩红树林，还会影响当地防洪抗潮能力，危及下游海沧和漳州两码头安全，因此明确反对围垦。当时有人指着林鹏鼻子骂他，有人写匿名信指责他，还扬言要叫 100 个人到他家静坐。但林鹏始终不畏恐吓，坚决建议有关部门取消这项工程，避免了 2000 多万元的经济损失。为此，1999 年福建省政府发文（闽政〔1999〕文 143 号）[1]，为厦门大学林鹏、卢昌义提出的"保护甘文尾红树林湿地建议"授予"福建省科技工作者优秀建议奖"。这个奖虽然比不上后来我与林鹏一起获得的国家科技进步奖和教育部自然科学一等奖等奖项的"含金量"，但意义非凡。

---

[1]　中国福建–政府公报–公文摘登，http://zfgb.fujian.gov.cn/7258，下载日期：2022 年 6 月 17 日。

（五）红树林北移引种研究

从 1987 年开始，我们就注重红树林北移引种的工作，我与杨盛昌一起从海南岛引优良种类到福建九龙江口（图 2-6-7）。经过 5 年的实践，1992 年，我首次主持了北移引种研究的福建省自然科学基金。我们通过红树植物的造林技术及生态原理研究，首次提出了将生理生化指标作为红树林北移和造林选滩的基本原则，跨 5 个纬度从海南岛引种成功木榄、红海榄等 4 个优良种类到福建九龙江口。

建立以树种、潮位、潮流、盐度、土壤等为选择宜林地的技术指标，创造性地提出以拐点温度作为红树种类抗寒性的指标，这对红树林北移造林选种和红树林生态恢复工程具有重要意义。1994 年，林鹏、卢昌义、杨盛昌等完成的"红树林扩种及北移引种技术、抗寒机理研究"获福建省科技进步奖三等奖。

图 2-6-7　搬运从海南岛引种至福建九龙江口的苗木（1987 年 9 月）（卢昌义供图）

（左起：卢昌义、郭宗碧、杨盛昌）

（六）对外交流与国际合作

1994 年，我由国家教委公派到日本琉球大学访学，并在国家教委资助下参加了总部设在日本冲绳的国际红树林生态系统学会（International Society for Mangrove Ecosystem，ISME）。在当时留学日本的生物学系杨盛昌的帮助下，我以国际红树林生态系统学会会员身份和福建省生态学会理事长的名义，与日本冲绳的国际红树林生态系统协会积极开展交流。1995 年 10 月 18 日，日本冲绳派出与福建省建立友好关系的代表团来访福建，其中一个项目是建立双方的红树林研究合作。我到福州参加了接待工作。10 月 20 日，突然通知我要参加签字仪式，当时我连正装都没准备，匆匆向省环保局一位大个子的李合宜处长借了件西装套上，生平第一次代表中方与日方签约（图 2-6-8）。

图2-6-8　福建省与日本冲绳建立红树林研究合作友好关系签字仪式（1995年10月20日）
（卢昌义供图）

（前排左1卢昌义、左2日方带队。后排左1杨盛昌，左4福建省环保局副局长，左5福建省环保局局长。右边5人为日方代表团成员）

（七）红树林研究领域的扩展

在环科所，红树林研究领域逐步得到扩展。吴瑜端带领的海洋化学方向也在九龙江口红树林区开展沉积物地球化学研究（图2-6-9），黄建东执笔的一篇相关研究论文1986年在厦门市环境科学学会年会上交流。该论文经吴瑜端执笔补充，并携往参加1987年在日本福冈举行的国际会议。该研究论文经充实后，1988年发表在国际学术刊物 *Water Science & Technology* 上（参见本书《厦门大学环境科学学科建设初期的若干回忆》。）。

图2-6-9　九龙江口红树林区调查（1985年）
（卢昌义供图）

（前排左起：郑逢中、郑元球、卢昌义、吴瑜端。后排左起：助理沈联全、黄建东、吴瑜端的研究生林月玲）

（八）红树林生态恢复工程和宣教

20世纪末，我们发现我国红树林与世界红树林的趋势一样，遭受越来越大的破坏，如果仅停留在纯学术研究上，只顾生产"论文"而不加大实际的生态工程建设，可能导致红树林消失殆尽，而海洋生态系统势必受到严重破坏。因此，在后来的近20年间，我把精力投到红树林的生态工程建设（图2-6-10）与唤起社会各界对红树林自然资源保护宣传和社会公益活动中（图2-6-11），努力把"论文"写在祖国的大地上。

图 2-6-10　叶勇正在海沧青礁红树林种植实验地协助安置林地警示牌（1998 年 5 月 18 日）（卢昌义摄）　图 2-6-11　洪华生在环科中心策划组织的红树林自然资源保护宣传和社会公益活动上宣讲（1999 年 3 月 12 日）（卢昌义摄）

厦门市最早开展红树林生态重建的工作，是环科中心从1996年开始的。1998年我带领的团队在厦门湾和九龙江口的海沧青礁和龙海白礁全面开展红树林生态修复工程。当时叶勇已经以研究生身份加入我的团队，与郑逢中、郑文教一起，研究力量更加壮大。1999年起，我又在厦门筼筜湖开展红树林的生态重建工作。

从环科所到环科中心，红树林的各项研究工作不断延续，成果不断丰富，尤其是湿地生态修复工程方面，在理论上和实践上都有明显的创新，对红树植物的引种驯化、生态恢复以及红树林资源的保护和合理开发利用具有重要的实践意义。这些成果与国内外同类研究相比，内容更全面，特色更鲜明，使我国在世界红树林研究中占有重要地位。

2004年林鹏、卢昌义、林益明等完成的"中国红树林生态系统研究"获2004年教育部自然科学奖一等奖，并提名国家自然科学奖。在报奖材料里，林鹏对我的"工作贡献"是这样表述的："参与总体设计，在红树林生态系统的生物量、生产力、凋落物动态、营养元素循环，红树林生态环境与利用以及红树林抗寒机理和生态恢复技术等方面做出贡献。在该项目研究中的工作量占本人工作量的70%。"我认为，这也是对整个环科所和环科中心的老师们20多年来在中国红树林研究方面实际贡献的评价。

（九）补遗三则小故事

从环科所到环科中心的 20 年历程，红树林研究工作中值得回忆的事例太多太多，下面这 3 则小故事，亲身经历的我一直没有忘怀。

故事一：为了宣传红树林的工作，有次差点付出生命的代价

为什么叶子明明是绿色的植物要叫"红树林"？为什么哺乳动物有胎生，红树植物也能有胎生？为什么高大的森林能长在海水上？早期，对这些问题，许多人都觉得是个"谜"。红树林这个学科领域要发展，扩大其基本知识的宣传是很重要的。1983 年起，我协助林鹏老师编写了一本《红树林》的小册子，1984 年由海洋出版社出版，这本小册子虽然不起眼，版面只有现在 A5 规格的大小，但是我国第一本较系统介绍红树林知识的书籍。据林老师后来说，许多红树林研究同行对他说，就是看了他这本小册子，受到启蒙和引导才进入红树林研究领域的。与此同时，为了更形象扩大红树林知识和科普宣传，林老师联系了中央电视台，准备摄制一部中国红树林生态系统专题宣教片。

按林鹏老师交给的任务，1983 年初，我就开始写这个电视宣教片的脚本。在我的工作笔记里这样记载：1983 年 4 月 4 日"上午写电视稿，下午交稿"（注：电视脚本经最后再完善，当天将初稿交林鹏老师。）；4 月 7 日"下午 2:30 中央电视台、科协、生态学会人来"（注：当天王喜明编导带队中央电视台、中国科协和中国生态学会人员到达厦门。）；4 月 8 日"讨论电视脚本"；4 月 11 日和 12 日，我与郑文教老师等人连续两天在龙海浮宫镇协助拍电视；4 月 13 日我的笔记中虽然写了"拍电视，回来遇大雾，再退回"的简单几个字，其中却是一次惊心动魄的凶险经历！情况是这样的：经过两天的拍摄工作，摄像机用的电池没电了，因浮宫旅社充不了电，央视工作人员打算 13 日回厦门充电。但那天预报有台风将在傍晚登陆沿海，浮宫红树林的位置在海岸河口地带，是海上台风沿九龙江登陆过境的必经之路。我们担心在海上遭遇台风，劝说央视工作人员能否等第二天台风登陆后再回厦门。但北京来的人可能不习惯在生活条件很差的浮宫乡下住太久（已住两天两夜了），也不知沿海台风的厉害，一直坚持当天傍晚要回厦门充电。我们拗不过，只好服从，我和郑文教老师陪同着冒险返程。小渔船驶到江心，台风如期而至，大雨倾盆，雷电交加，周围一片雾茫茫。更糟糕的是，小船突然顿了一下，不动了。我们都意识到：小船搁浅了！这天是农历初一，傍晚 6 点正是最低潮时，水位最低。经历丰富的船老大的脸色一下子煞白！要知道，厦门湾属正规半日潮，这一搁浅，要等 6 小时海水才能涨到最高潮，这意味着这段时间内，我们要在海上经受即将到来的台风。台风正面袭击下，江心一叶小舟上的我们必死无疑，一点都不危言耸听！ 4月份的海水还很冷，船老大毫不犹豫地跳下水，站在水面只没到脚掌的浅滩上，用肩膀奋力顶着船体，将小船一点点左右移动。终于，"见证奇迹的时刻"到了，小船移出搁浅区，上浮了！凭着周边隐隐约约的山体作为参照物，船老大辨认方向，迅速调转船头折返回浮宫，实现了我们一船人的"胜利大逃亡"！

故事二：探索生态产品利用的早期案例

这几年来，人们越来越意识到，生态保护的最终目的是保护人类，生态保护要创造出为人类服务的生态产品。通过什么路径来实现生态产品价值的研究一直是探索的热点。在生态保护的大前提下，开展红树林生态系统综合利用是我们的重要目的之一。这一点，林鹏老师有着他高瞻远瞩的目光。厦大红树林科研团队早年在浮宫红树林区利用红树林物质循环的生态学原理开展对虾养殖，这可能是我国红树林综合利用的最早案例之一。记得1983年，我们租用浮宫当地红树林地边村民的鱼塘，引入红树林地的海水（指经过红树林群落，带有大量有机物碎屑和藻类等微小生物的海水），作为天然养殖水体，并与周围没有引红树林海水的养殖塘进行对虾养殖比较。我的工作笔记记载：1983年4月4日，我与郑文教老师到鼓浪屿去联系买对虾苗；6月7日，运到浮宫放养。历经半年，克服台风影响等困难，经过精心实验，眼看实验池里的对虾丰收在望。1983年12月14日，我和郑文教与林鹏老师一同去浮宫捞虾验收，我们信心满满。我还通知科研处的老师迟一点下班回家，我们准备从浮宫带对虾回来分给大家品尝。对科研处一些熟悉的老师，我风趣地说："'面包会有的，牛奶会有的'，耐心等待吧，对虾也会有的。"

出乎意料的是，当我们捞虾时，情景与早几天我们初步探察的完全不一样：一只虾也没有了！都失踪了！连残体都找不到了！我们一脸茫然，差点哭昏在那里。不知是被盗捞、海鸟捕食，还是其他原因，至今仍然是个谜。但愿林鹏老师在天之灵能为我们揭开这个近40年的谜底。

实验虽然没有成功，但这个先驱性探索和开拓性的工作，可以说明厦大环科人在林鹏老师的带领下，在红树林保护、研究和生态产品利用方面早期所做的贡献，是一个红树林综合利用的早期案例。

故事三：清除互花米草的"吹哨人"

最近，福建省林业部门清除外来入侵植物互花米草的工作可谓声势浩大。这使我想起一件事：因厦门市某政协委员提交了一份有关互花米草危害的提案，2017 年 3 月，国家有关部委的人员来厦门调查互花米草的防控情况，我参加了调研座谈会。会上，一位厦门市有关部门领导淡定且自豪地说：互花米草在厦门海域的入侵和生态防控工作，十多年前我们就已经引起重视，并持续开展。一语惊动四座：难道不是近期才发现、才提案报告的吗？事实是，1999 年底，我和胡宏友、郑逢中等环科中心的老师承担了厦门市沿海防护林的调查课题。课题完成后，我们写了一份调研报告，将互花米草对厦门沿海红树林的入侵情况和防控警示做了汇报。这份报告提交后不久，海洋局部门和报社记者来采访，说我们的报告很重要，已经引起了市政府领导的重视和批示，故媒体来做进一步采访调研。我即应要求带记者和海管办人员到现场考察，并拍了些照片（图 2-6-12），照片的日期显示为 2001 年 11 月 20 日，也与我当天工作笔记的记录"上午带海管办人到海沧、东屿看米草"一致。这些工作表明厦门大学环科中心早就对入侵物种生态安全问题提出警示，正如有人赞誉的：环科中心是厦门市清除互花米草的最早"吹哨人"。

图 2-6-12 互花米草入侵红树林的情况（左）和考察小组（右）（2001 年 11 月）（卢昌义摄）

（右：左 3 报社女记者、左 4 海管办张熙荣、背影者郑逢中）

卢昌义，1970 年毕业于厦门大学（本科 5 年）。曾到西滨军垦农场锻炼，后就职于上杭白砂林场等。1978 年至 1980 年在厦大生物系"回炉班"学习兼任助教，1980 年至 1983 年研究生学习。1983 年至 2007 年先后就职于厦门大学环境科学研究所、环境科学研究中心、海洋与环境学院、环境与生态学院，现职称教授，任厦门大学嘉庚学院环境科学与工程学院院长。

何以利其器

——海洋环境监测仪器研发团队

◎ 袁东星

海洋环境科学是基于观测和实验的学科，其科学数据的获取，有赖于先进的分析手段。工欲善其事，必先利其器。器不利，则事难成。

在近海海洋环境科学国家重点实验室（厦门大学）（以下简称海洋国重室）的科研平台上，在"海洋生物地球化学过程与机制"创新研究群体（以下简称创新研究群体）的带领下，活跃着一支海洋环境监测仪器的研发团队（以下简称研发团队）。将近 20 年来，研发团队成员坚持以海洋学研究的需求为导向，以分析科学、材料科学、计算机领域的新方法新技术为基础，攻克一个又一个海水中理化参数测定的难题，为海洋科学的原创性研究提供了不可或缺的技术支撑。本文描述了这支团队成长壮大的故事。

（一）探海洋，寻利器

氮、磷、铁是海洋生物生长所必需的营养元素，准确获取海水中这些营养元素的浓度数据，是海洋生物地球化学和生态研究的基础。然而，国内外已有的营养元素商品检测仪器的检出限较高，大多徘徊在几十至几百 nmol/L，一般仅能应用于河口区和近岸海区，无法满足寡营养海域研究的需求。

二氧化碳分压和总碱度均为海水碳酸盐系统的重要参数，是海洋碳循环和海洋酸化研究的核心参数，在海洋碳酸盐缓冲体系的作用下，因环境影响产生的变化很小，高精度的现场测定方法成为技术关键。除二氧化碳分压外，海水碳酸盐系统的其他 3 个参数的现场测量较为困难，缺少高精度、成熟的仪器。

因此，发展监测方法和相应的仪器，构建分析系统，提供海洋研究的技术支撑，必要且急迫。在海洋国重室和创新研究群体的熏陶、期盼、要求和扶持中，这支研发团队从环境分析化学领域跨界而来，并逐步成长壮大。

海洋国重室主任戴民汉自己不会游泳，却总是"诱惑"和"逼迫"他人"下海"。"你要做就做海洋监测方法和仪器研发；经典的环境化学研究，有的是其他人去做。"——这话戴民汉不知对研发团队带头人袁东星说过多少次。其实，袁东星获得过的国家自然科学基金项目中，有3个是与海水中汞的迁移转化有关的，她自我感觉在这方面做得也不错。2008—2011年的每年年底，在征集海洋国重室年会报告的题目时，她数次提议换个话题，讲讲汞的迁移或其他什么，均被戴民汉一口回绝："不，你要讲就讲仪器研发。"那不由分说的语气令人除了叹口气外不做他想。于是，每年的海洋国重室年会上，研发团队必谈海洋环境监测仪器研发的进展——幸好，每年都有让海洋学家感到欣喜的新成果展示。

研发团队成员与经典分析化学家的不同之处，在于他们与海洋学家的密切结合，他们一直在努力了解，海洋学家们的具体诉求是什么？海上现场的状况对方法和仪器的要求是什么？更重要的是，他们从实验室迈向了海洋，在实践中学习、改善和提高，最终将海洋学家的建议和希求转化为现实。

（二）剖细微，纳捕集

2003年，博士生梁英和硕士生（2005年转为硕博连读生）马剑入学。当时国际上通用的检测海水中痕量活性磷的方法主要是氢氧化镁共沉淀法，该法极其费时耗力，根本无法自动化和现场应用；一个航次采集回来的众多样品，需要在实验室里分析几个月，数据质量也不一定能够保证。听多了戴民汉团队的感叹和哀怨，袁东星对分析化学出身的梁英说："戴民汉那边测不出痕量磷酸盐，你去把那个问题解决了吧。"多年后，梁英还记得很清楚，就这么貌似随意的一句话，令她选定海水中痕量活性磷的检测方法作为博士学位论文的研究方向。而马剑在经过几番纠结后，最终也决定把师姐的研究进一步深入升华。

欲突破痕量分析的瓶颈，首先想到的是萃取法——从海水中把那些痕量目标物捕集出来，让它们现身在阳光下！梁英先尝试在磷钼蓝溶液中加入阳离子表面活性剂进行浊点萃取，然而，浊点萃取的效果并不理想，却在溶液底部发现了磷钼蓝－阳离子表面活性剂沉淀。于是，她提出了活性磷的沉淀分离富集－分光光度测定方法，而后又进一步发展了离子对－固相萃取－分光光度测定方法。两种方法均获成功，检出限达到nmol/L级别。固相萃取的引入，使富集与流动分析的结合成为可能，进而衍生出一系列自动化的现场方法技术。自此，流动分析和固相萃取，便成为研发团队多数学生们论文的关键词。

作为研发团队的"大姐大"，梁英树立了极好的榜样。她是在职脱产的博士生，入学时儿子仅两岁。事业和家庭，均是她加快科研的动力；而扎实的学识基础和严谨的操作技能，保证她基本不做无用功。检索资料文献，请教讨论，预实验初探……技术方案一旦确定后，她拟出研究各相关因素的实验步骤，便日夜抓紧实验，且从不午休。她甚至会事先绘制好数据表格，边做实验边往上填数据边分析讨论，实验结束时表格填满，数据也处理完毕了。

分析科学和材料科学的新进展，永远是分析方法研究人员必须时刻关注的。梁英首先利用 C18 小柱获得高效的磷钼蓝富集，但只能采用硫酸 – 乙醇洗脱，为此得准备几箱乙醇才够一个月走航测定使用。后续马剑采用新材料 HLB 制成的小柱进行富集，以氢氧化钠溶液洗脱富集物，使洗脱步骤越发便捷；最关键的是，只需带上一瓶固体氢氧化钠即可满足一个月走航观测的需求。再后来，张敏（2006—2011 年硕博连读生）在测定亚硝氮和硝氮时，由于氮化合物在柱上富集的效果不佳，更是采用了问世不久的液芯波导长光程流通池来解决灵敏度问题。

但是，仅经过实验室验证的海洋监测方法及仪器，并不能说明其现场实用性；而且初期的分析系统就是一个个商品小仪器的拼装，自动化程度尚差，就这样交给海洋学家，他们还难以掌控。必须自己出海去验证！可是，即使在实验室里工作的佼佼者梁英，却也有她的短板——极度晕车晕船还晕机，甚至站在岸边，看到码头上的科考船随波浪上下浮动，她就晕了。况且，她的前驱者研究任务已经圆满完成，顺利获取了博士学位（图 2-7-1），学习期限也已到，该回原单位了。于是，出海验证所研发的活性磷测定方法和仪器的任务，就落到了梁英之后的马剑等师弟身上。

图 2-7-1　梁英博士学位论文答辩的委员们与梁英及作者合影（2006 年 6 月）（袁东星供图）

（左起：弓振斌、李耀群、胡明辉、张海生、梁英、袁东星、郭祥群、陈国南、戴民汉）

（三）重细节，求精准

这边，重在灵敏度的痕量营养盐的测定方法及仪器在探索中发展；那边，高精度二氧化碳分压测定仪和总碱度分析仪的研究也在迅速起步。如上所述，这两个碳酸盐系统的重要参数的测定，重在精密度与准确度，当然，仪器的稳定性和可靠性亦甚为关键。被研发团队其他成员称为"龙哥"的李权龙，便是这两款仪器的总设计师和总工程师。李权龙总是把"细节决定成败"挂在嘴边，也切实地在研发过程中将精细做到极致。

实际工作中，大到仪器的外观和内部结构，小至一个部件的安装角度、一个接头的松紧程度、一颗螺丝的粗细长短，均需要极为细致周全的考虑。刘文静（2018—2021年硕士研究生）在其毕业论文的致谢中这样描述她和总碱度分析仪之间的"相爱相杀"——"我为它上过每一个螺丝，抚摸过它的每一个角落，打开手机手电筒精细地为它除去身上的每一颗小小的气泡……"

仪器部件的设计和选用同样是极为细致的工作。以总碱度分析仪为例，为避免气泡对光检测的干扰，设计了特殊的十字形流通池；为消除二氧化碳的影响，研制了在线二氧化碳去除器；为了降低成本，改装了几百元的国产蠕动泵以取代几万元的进口齿轮泵。2020年初新冠肺炎疫情爆发，总碱度分析仪的性能不稳定似乎是随疫情而来，令人揪心。长达半年里李权龙等人日夜不停地进行实验，一次次探究推测验证，最终才证实是仪器上用的进口八通阀阀芯磨损造成渗液所致。李权龙遍寻国内企业，终于找到合适厂家合作研制蓝宝石阀芯的八通阀，既确保了仪器的稳定性又实现了该部件的国产化。

对细节的重视和对精度的追求，带来了仪器的高准确度和可靠性。二氧化碳分压测定仪和总碱度分析仪的准确度最高可分别达到 2 µatm 和 2 µmol/kg，在无人工干预的情况下可在科考船或浮标上稳定运行一个月以上。

（四）探深远，论成败

1. 2006 年 6 月，台湾海峡航次

梁英毕业时，活性磷测定方法已经过实验室里的多次测试，张敏在本科毕业论文研究期间研发的亚硝氮测定方法也基本成熟，均可以试用到现场了。2006年6月14—15日，海洋三所的郭小钢有个搭乘"延平2号"科考船到台湾海峡的航

次，他们是做海洋物理研究的，上船的人员和仪器少，故船位比较空，可容许他人搭载。对研发团队来说，具体到什么地点并不重要，只要海水营养盐浓度低就行。商少凌在 6 月 2 日写给袁东星的邮件中，希望其参加这个航次："我是很希望您去做一次，至少也为南海的［创新研究］群体航次做前期准备……因为谁也不知道的东西（编者注：指痕量营养盐。），如果知道了，该是多么开心。"

台湾海峡航次是研发团队的首次出海尝试。秉承必亲赴"第一次"以了解现场实际情况的信条，袁东星亲自出马，带着马剑和张敏，到台湾海峡去验证低浓度营养盐的测定新方法。2006 年 6 月 14 日下午 5 点启航，驶入台湾海峡后就开始调仪器，绘制工作曲线，马剑负责测定活性磷，张敏负责测定亚硝氮（图 2-7-2）。入夜，海上风浪逐渐增大，"延平 2 号"左右颠簸，马剑和张敏哇哇大吐。他们先是到船舷往海里吐，可是吐出去的又被风吹回到身上，于是就对着废液桶吐。不一会儿，袁东星有些惊异地看到桶里出现淡红色。张敏有气无力地说："老师呀，那是亚硝氮的，不是我……"哦！后来，两个男生回船舱躺平了，袁东星把实验台收拾了一下，把废液桶拎到船舷去倒，看到那些个……哇，这下子她也吐了。尽管肚肠千回万转，无缘享受出海前组里备下的一大包零食水果，但分析方法首次小试牛刀，现场获取了台湾海峡某站位（24°15.29′N，119°10.68′E）表层海水中活性磷和亚硝氮浓度低至 nmol/L 的数据。这是国际上首批现场获得的日内连续监测及该站剖面的痕量营养盐数据！以后不需要再采集大量水样带回实验室分析了。如同商少凌所预言，真是开心呢！

图 2-7-2 "延平 2 号"科考船上（2006 年 6 月）
（袁东星摄）

（左张敏、右马剑）

2. 2006 年冬季和 2007 年夏季，创新研究群体南海航次

2006 年 11 月 20 日—12 月 27 日，创新研究群体首航南海。马剑带着痕量活性磷和亚硝氮的测定仪器上了"东方红 2"号科考船，袁东星等团队成员到岸上送行。船还未起航，调仪器时就发现亚硝氮的空白奇高，估计来自船舱空

气污染。袁东星马上在现场做了一个装有亚硝氮显色试剂的空气净化瓶，以去除空气中的氮氧化物，减小空白。后来，这种净化瓶设计在实验室里被广泛采用。这个航次遭遇了"榴莲""尤特""谭美"3个台风，"东方红2"号被台风追着跑，过程着实惊险（具体可参见本书的《同一方天空共一片海》）。时隔多年，参加这个航次的小伙伴们回忆起来，依然心有余悸。由于台风影响，很多预定的科研工作未能完成，但自行研发的仪器在大风大浪中经受住考验，抢时间在现场获取了200余个宝贵的活性磷酸盐数据。避风期间也给小伙伴们提供了在实验室开讲海洋八卦学的机会，连戴民汉都与大家一起讨论起美国电视剧《越狱》。

2007年8月14日—9月14日，是创新研究群体的第二个航次。研发团队的陈国和（博士后）、马剑、张敏和黄勇明（2007—2012年硕博连读生）出征（图2-7-3），携带了测定痕量活性磷、硝氮、亚硝氮、铵氮的多台分析仪器。与2006年冬季的航次不同，这个航次风平浪静，而且偶遇中尺度冷涡（eddy）。在没有台风威胁的日子里，只得加紧干活以报天恩。为获取海洋变化的精细结构，全船人员热火朝天地加密采样，加密、加密再加

图2-7-3　创新研究群体南海航次出征（2007年8月）（刘颖摄）

（左起：张敏、马剑、陈国和、黄勇明）

密，连续、连续再连续。航次结束的时候，备航时翻倍准备的试剂仅剩10多毫升。船载分析仪器发挥了现场、快速测定的优势，对冷涡信号的侦测十分迅速，甚至比岸基遥感数据分析更为及时，一度让"化学观测打败物理观测"在船上传为美谈。

值得一提的是，这两个创新研究群体航次，是戴民汉作为航次首席科学家的两个航次，其与科考队员们在甲板作业的照片，被中国海洋大学船管中心珍藏。

3. 2009年，"973计划"东海和黄海航次

黄勇明的博士学位论文选题为海水中痕量铁的测定。除亚nmol/L量级超痕量浓度带来的挑战外，他还要与科考船上无处不在的铁的污染斗智斗勇。这里，不

得不提及"拖鱼"采水器。

　　一般科考船外壳材料中均有铁元素，这导致船边海水里铁的污染超出表层海水铁的原本浓度，且科考船上到处是铁件，到处是污染源。在这种情况下，最能避免污染的采水方式，便是"拖鱼"了。"拖鱼"采水器不是黄勇明的发明，但在国内，的确是黄勇明率先制作起来并使用的。"拖鱼"采水器由吊臂、"拖鱼"、水管、蠕动泵等构成，工作时由安装在船侧舷的吊臂拖着，与船并行前进。洁净的表层海水在蠕动泵的作用下，沿着安装在"拖鱼"上的水管，直接进入船上实验室，在线测定。

　　黄勇明从国际刊物上寻找出"拖鱼"的照片，将照片上的其他物品作为参照，以此估出"拖鱼"的尺寸。后来他又与美国夏威夷大学的 Chris Measures 教授交流，确定了"拖鱼"的可行性。为准备参与"973 计划"的航次，黄勇明定制了一个足有 90 斤重的不锈钢"拖鱼"，还用环氧树脂在外部涂了两遍以防腐蚀。

　　2009 年 7 月 17 日至 9 月 1 日，黄勇明、刘耀兴、张敏、杨波、冯思超（图 2-7-4）和朱勇（东海段上船），搭载"973 计划"项目"中国近海碳收支、调控机理及生态效应研究（CHOICE-C）"夏季航次，乘"东方红 2"号科考船向南海进发。刘耀兴是团队里力气最大的男生，派他出海的主要任务就是收拾那条"拖鱼"（图 2-7-5）。船停到站位进行作业，因担心"拖鱼"砸到船体，需要把"拖鱼"捞起来；行船时，再把"拖鱼"放入水中。船的后甲板离海面将近 5 米，每天数次捞起放下，把精壮的小伙累得不行。后来大伙儿发现，"拖鱼"不捞起来也不会碰到船体，只需要在返航时收起即可，这便省了许多力

图 2-7-4　CHOICE-C 航次出征（2009 年 7 月）
（袁东星摄）

（左起：刘耀兴、黄勇明、张敏、杨波、冯思超）

气活。据说，"东方红 2"号减速停船时，最先有感的就是黄勇明，因为船速减慢，船体边海水中铁的浓度升高，铁信号的基线也升高了。

图 2-7-5　海上"拖鱼"（2009 年 7 月）（黄勇明供图）

这个航次，首次对长江口及东海表层海水中痕量溶解态铁的氧化还原形态进行了高分辨率观测，成功获得了溶解态二价铁和总铁的浓度，发现了该区域铁的分布特征。海洋国重室的学术委员会主任胡敦欣对此测定方法极感兴趣，两次提议让黄勇明参与他的航次，测铁去。

4. 2011 年，多通道海水碳酸盐体系原位监测系统在三亚原位海试

2007 年，李权龙主持"863"项目"多通道海水碳酸盐体系原位监测系统"，目标为研制一套能原位同时测定海水碳酸盐系统 4 个参数的仪器。这个系统研发成功后，在实验室和海洋楼生态场水池中经过了长时间测试，但还需要开展海上试验。

2011 年 1 月，我国南方的气候异常寒冷，平均气温为 1961 年来最低。而在温暖的三亚鹿回头海边中科院南海所的海洋生物实验站内，李权龙、戴世界、戴燕中、王凤珍等人正在进行多通道海水碳酸盐体系原位监测系统的海试（图 2-7-6）。趁着退潮，李权龙和戴世界两人抬着总重达百斤的仪器一步步走下海滩，进入水中，在离岸百米处安装、调试。之后的一个月内，仪器就在近岸海水中稳定运行；人员每日定期下海两次采集水样，以进行原位监测系统和经典仪器的比对分析。其他时间里，几个人或在南海所的海洋实验站里摘椰子，或坐在海边眺望凤凰岛，或观望各色船舶频繁进出三亚港。如此实验休闲两不误，甚幸；更有李炎利用到三亚出差之便来到鹿回头实验现场进行关心慰问，甚暖。就这样，在三亚鹿回头海域，实现了国际上首次海水碳酸盐系统 4 个参数的水下原位同步观测，获取了长达一个月的连续观测数据。

图 2-7-6　海水碳酸盐系统水下原位实验现场（2011 年 1 月）（李权龙供图）

［左：4 参数的碳酸盐系统。中：抬着仪器入海安装。右：李权龙（白上衣者）在调试仪器］

5. 2019—2021 年，"重点研发计划"立体监测系统的福建沿海 19 个航次

因篇幅所限，本文暂且跨过研发团队众多师生挥汗修筑的一段长达近 10 年之路，直接进入 2019 年的福建沿海走航观测之旅。在 2017 年中央财政拨给海洋国重室的仪器研发专项的基金支持下，研发团队已经建立起一整套"船基深远海高通量海水化学实验室装备"，包括 10 个参数：高通量低浓度海水营养盐（活性磷、硝氮、亚硝氮、铵氮）测定系统（检出限均为 nmol/L 水平），高通量海水溶解态痕量金属铁（Ⅱ）、铁（Ⅲ）、锰（Ⅱ）和铝（Ⅲ）测定系统（检出限均为 0.1 nmol/L 水平），高通量全自动海水总碱度分析仪（精度为 ±2 μmol/kg），二氧化碳分压测定仪（精度为 2 μatm）。另有探索性的痕量多环芳烃定性和半定量测定系统。这时的仪器，与 2006 年的仪器相比，绝对是"鸟枪换大炮"了（图 2-7-7）。

图 2-7-7　2006 年"延平 2 号"上的活性磷测定仪（左），2019 年渔船上的营养盐和金属分析仪（中）和 2019 年渔船上的总碱度分析仪与二氧化碳分压测定仪（右）（袁东星摄）

当商少平主持的国家重点研发计划重点专项"区域海洋生态环境立体监测系统集成与应用示范"邀请研发团队参加该立体监测系统的集成与应用示范时，获得积极回应。除掉多环芳烃外的上述 10 个参数，再加上测定方法和仪器已另行开发成熟的硅酸盐、总磷和溶解无机碳（计算法），共计 13 个参数，纳入了商少平的立体监测系统。此时，研发团队的仪器，已经进入"应用示范"的阶段，可以为构建立体监测系统提供数据支撑了。

只是，没有料到这个项目的应用示范航次在专家们的综合考虑和建议下不断加码，从原计划中的两三次增加到最后的 19 次。2020 年，受新冠肺炎疫情的影响，研究生们基本不能出海，船上人手不足；更因为尚未发现痕量金属与项目计划捕捉的赤潮的相关性，所以多数航次舍去了痕量金属的测定。随着所研发仪器自动化程度的不断提高，操作者的工作强度也不断降低。从初期一个人只能管理一至两台仪器，到后来研究助理邓章涵一个人就能操作 5 台营养盐分析仪。

忘不了 2019 年 6 月 14 日从连江苔菉至宁德三都澳口的航次。这是项目的首个航次，也是研发团队第一次将多于 10 台仪器带到现场应用。袁东星仍然亲赴"第一次"，李权龙、黄勇明和其他 5 位助理、学生同行，带上了 13 个参数的仪器。但也由于是第一次，负责航次安排的商少平团队显然对十几台仪器所需要的空间估计不足，所租用的大渔船的船舱实在太小。袁东星和李权龙当机立断，把仪器摆到甲板上操作。船老大给拉了一个雨篷，就成了一个工作棚（图 2-7-7 中图）。小码头上没有浮桥，船起船落的落差足有一米，连拴船的杯口粗缆绳都崩断了。新购的柴油发电机有 200 多斤，凭师生们的气力根本就弄不上颠簸的船，只得临时聘请 4 个当地渔民协助。在船上，那边经过几番电话现场咨询后，发电机才得以启动，这边的"拖鱼"和十几台仪器已经井井有条地就绪。船启航，走航测定开始，李权龙等 7 人分工照看着"拖鱼"采水器和众多仪器，而没有负责具体仪器的袁东星，到船舱里做饭去了。这天的船上午餐，有船员带来的端午节粽子，还有袁东星现炒的米粉。同行的福建省渔业资源监测中心的采样人员说："神奇！还从来没有在渔船上吃过热食的！"但这个航次之后，出于空间、动力尤其是安全的考虑，项目组不再租用渔船，而改为搭乘"延平 2 号"科考船了。

（五）迎激励，获认可

海洋学家的需求和建议，认可和激励，永远是创新和改良的动力。海洋国重室内外的众多海洋学界专家，多次参加了研发团队的研讨会如"凌峰论坛"，更是参加了梁英、马剑、黄勇明等人的开题报告会、预答辩和答辩会。他们在不吝赞赏之外，也提出了殷殷期望和宝贵建议。

2006 年 5 月，梁英完成了她的博士学位论文《海水中超痕量活性磷的检测方法研究》。戴民汉问袁东星："敢不敢送去给台湾大学的白书祯教授审阅？"（彼时的博士论文不需要盲审。）白书祯是多年从事海洋痕量营养盐分析的海洋学界专家，在痕量营养盐分析方法和仪器方面均颇有建树。但袁东星对戴民汉的话还是感到莫名其妙："有什么不敢的？"于是，梁英很细心地将论文改成了繁体字版，5月12日由研究生秘书小戴老师将电子版论文寄去台湾大学。这时，才听得戴民汉手下的学生们透露：白老师要求很严格的，一般不会给高于70分。有一次给某人的学位论文只打了60多分，后来听说要70分以上才能过关，才改成70分……

5月15日，白书祯的论文评阅书电子版送返厦门大学，白老师给了92分！他说："1.这是一篇令人称赞的学位论文，也为海洋科学所关切的课题：大洋表水磷酸盐生地化研究，提供了关键性的技术突破。2.首先，我注意到作者巨细靡遗的［地］收集了过去所有相关的文献，并以流畅的文笔进行归纳整理，使读者很容易进入状况［态］。她列举了四个可行的方案，逐一考察每一因子的影响，将试剂与步骤予以合理的优化。在分析化学的辨证来说，所提供的证据几近完全，具有极高的可信度。3.以博士班的程度，毕业前能以第一作者发表三篇SCI层级的论文，已具备科学国际观的条件，也充分突显作者未来独立思考的能力。4.基于以上原因，本人给予作者最高评价。"时任分管研究生工作的副院长李炎说："这是我看到的最好的评语。"

李炎说的话并非终结。2008年8月，马剑的博士论文《海水中超痕量活性磷的检测方法及其船载式仪器研究及应用》又送到了白书祯手中。白老师的评分90分，评语是："该论文选题新颖合宜，论述清晰，文献图表引证严谨，实验结果令人信服。拿起红笔来，翻阅了数小时，居然无法落注作任何的修改建议。这是本人执教二十七年以来从［前］所未有之事！令人惊奇。只能说，这是一本和教科书一样几乎没有什么瑕疵的博士论文。可以作为日后研究生撰写的典范……因本人曾审阅过其学姐梁英之博士论文，发现很多内容架构系承袭梁英的论文内容再进一步予以扩充，因此推断此论文应为延续该研究团队的长期累积成果，并非一个人自始至终独立担纲所能成就。唯如此推论方能稍释本人心中之疑团。不过对袁教授实验室人员素质及严格的科学养成训练，感到十分敬佩。"

自此，白书祯和马剑成了学术好友，一直保持着学术交流。白书祯把马剑的博士论文丢给他自己的研究生李某某作为范本，据说导致该生颇有压力。戴民汉和袁东星均认为白老师对马剑的评语着实过高，却也为研发团队获得同行认可而高兴。

2012 年 9 月，在硕博连读 5 年后，黄勇明获得博士学位，论文的题目是《海水中痕量铁的分析方法及船载式仪器的研究和应用》。同他的师兄师姐一样，该研究成果凝集着研发团队师生的心血，也承载着海洋学家们的殷切期望和热情支持。黄勇明博士论文的"致谢"很有代表性，在感谢了导师袁东星和团队的其他老师之外，还有众多的致谢对象，不妨一读：

　　"感谢潇洒儒雅的戴民汉老师，您在科学问题上的指引，在身体不适时仍冒雨指导我安装走航采样器，您对我论文的剀切指正，对我所犯之错的宽容，凡此种种，铭感于心。

　　感谢翟惟东老师航次期间的关心和协助，并指导数据处理及 Excel 的高级用法。

　　感谢台湾环境变迁研究中心许世杰老师（编者注：2014 年 10 月 11 日，台湾'海研 5 号'科考船遭遇海难，40 多岁的许世杰不幸罹难。）……感谢您对我在台期间生活上的无微［不至的］照顾和科研上的尽心指导，感激您于百忙中变更航班、亲临指导论文答辩。

　　感谢风流倜傥的高树基老师，您拨冗莅临指导我的开题和预答辩，您精辟的见解让我受益良多。

　　感谢幽默风趣的夏威夷大学 Chris Measures 教授，是您提供的拖鱼影像资料给了我信心……

　　感激台湾大学白书祯教授更改行程、莅临指导并担任答辩委员会主席，让我有一个终生难忘的答辩经历……

　　实验和论文的顺利完成离不开梁英、陈国和、马剑和张敏等诸位师兄师姐一直以来的引导与协助，感谢你们奠定的基础，感谢你们为我排忧解难，感谢你们为实验室树立的榜样。"

　　测定海水中的营养盐，对于非海洋学科的人来说，简直是太简单了。比如磷钼蓝的反应和亚硝氮的反应，那不就是几十年前的经典吗？！之所以认为简单，只因他们缺少痕量和海洋的概念。因此，袁东星聘请化学系的老师评审相关学位论文或参加答辩时，均要提醒这两个关键词。化学系的李耀群在梁英的答辩会上说过，这论文要越看才越有味道！当然，偶然也有来自他方的酸味。2008 年的某个学术交流会上，张敏汇报痕量亚硝氮和硝氮的分析方法的研究进展时，某人评论说："可怜可怜呀，做这个东西学生怎么毕业呀！"但事实是，2011 年，张敏以题为《环境水体中硝酸盐和亚硝酸盐的检测新方法和相应分析仪器的研究及应用》的博士学位论文和 4 篇第一作者的 SCI 论文，按时毕业并获博士学位。

时至朱勇（2009—2014 年硕博连读生）开展海水痕量铵氮测定的研究时，研发团队的基础越来越扎实，但目标物测定的难度也越来越大。在痕量营养盐的系列分析方法中，完成了痕量活性磷、亚硝氮和硝氮的测定后，众人的关注点就落在了铵氮上。鉴于铵氮的易挥发和易氧化性质，对分析方法的要求更高。朱勇研发出两种痕量铵氮测定新方法，戴民汉领衔的碳循环组选择了荧光法，而高树基领衔的氮循环组在很长的一段时间里选择了分光法，且两组都用所选方法获取了有用数据。有人问：你们自己说，这两个方法哪种更好？于是引出一场剖析和探讨。也有海洋领域的研究生来与袁东星和朱勇剧烈争论一些关于铵氮检出限的问题。其实在朱勇之前，就有"小柱富集"和"液芯波导长光程测定"两者哪个更好的讨论。毫无疑问，科学问题是需要讨论和争论的。科学的进步，就在争辩中前行。

（六）相交融，共发展

海洋理化参数现场监测方法及仪器的研发，一直是海洋国重室的技术亮点。

早在 2004 年，袁东星提交给海洋国重室前身教育部重点实验室的年度报告中就有如下描述："深入开展环境分析监测新技术、新方法的研究……研究海水中低浓度营养盐的现场检测方法和技术。"

2005 年 3 月，海洋国重室获科技部批准建设。2007 年 6 月，海洋国重室通过验收，其代表性成果之一便是"超痕量营养盐的现场分析技术"："承担和执行国家 863 计划海洋技术领域专题课题和国家创新群体研究计划，在海水中超痕量营养盐分析领域开展了较系统的研究工作，已经开发出活性磷和亚硝氮的现场分析方法及其相应仪器系统，并试用于海洋现场研究……方法的空白吸光度低、干扰小、精度和稳定性好、自动化程度高。"

2010 年，在 5 年一度的国家重点实验室评估中，海洋国重室获评为优秀类国家重点实验室。其第四个代表性研究成果作为技术类研究成果赫然在榜，题目是"海洋痕量营养盐、碳酸盐参数的监测方法及相应仪器的研发与应用"；参与的海洋国重室固定人员有袁东星、李权龙、戴民汉、陈进顺、戴君伟。该成果摘要中指出："本研究采用分离基底、原位在线检测等手段，解决了超痕量营养盐和海水碳酸盐体系测定的关键技术问题，并研发了稳定可靠、应用性强的船用和原位测定仪器……研究成果凝集成 10 篇 SCI 论文和 4 项国家发明专利……更为可贵的是，船载营养盐分析系统在为期共 110 天的 4 个航次中开展了现场应用，获取了 2400 多个宝贵的现场实验数据。这些数据已经用于海洋学规律的研究。所建立的各种检测方法与国际领先水平相比，在检出限、线性范围、重现性等方面的指标基本相当，有些更优。"

2015 年，海洋国重室再度获评为优秀类国家重点实验室。代表性研究成果 #5，"海洋痕量营养元素及总碱度现场分析系统"再次作为技术类研究成果登榜；参与的海洋国重室固定人员有袁东星、李权龙、黄勇明、马剑、戴民汉、陈进顺、郭利果。该成果摘要中指出："本研发团队集结分析化学和海洋化学领域的教授和工程师，以解决海洋科学问题为目标导向和驱动力，卓有成效地发展了海水中痕量营养元素和海水碳酸盐体系核心参数的测定方法，解决了超痕量铵氮、溶解态铁及总碱度测定的系列关键技术问题，研制了相应的走航连续观测分析系统……系统具有稳定可靠、应用性强的特点，性能达到国际先进水平……所研发的各系统均得到了科学检验、现场应用和推广，并开始在实验室的原创科研中发挥作用，为海洋科学研究提供了不可替代的技术支持。研究成果凝集成 19 篇 SCI 论文、1 篇 EI 论文和 3 项国家发明专利。研发的分析系统获得了广泛认可和正面评价，为国内外多家科研单位试用、定制或购置。"

2015 年 4 月，研发团队获厦门大学"田昭武学科交叉奖"一等奖。两个学科有机相融，学科 1 的相关成员有：袁东星、李权龙、马剑、黄勇明、刘宝敏。学科 2 的相关成员有：戴民汉、郭立果、王丽芳、陈进顺、陈蔚芳。"本项目是环境分析化学（属于环境科学与工程一级学科）与海洋化学（属于海洋学一级学科）两个一级学科之间跨学科交叉的研究成果。海洋学研究的需求催促推进了海洋环境监测仪器技术的发展，监测仪器的成功研发为海洋研究提供了强有力［的］技术支持，海洋现场工作又验证了所研发仪器的可行性和实用性，使仪器得到应用推广并在实践中不断完善。"

（七）出人才，丰成就

从改装商品流动分析仪和分光光度计，到自行设计组装全套系统，从单一参数分析仪到系列化产品，从跟踪国际前沿到领跑行业领域……研发团队经过近 20 年的不懈努力，已经发展成一支以解决海洋科学问题为目标导向和驱动力的技术队伍，卓有成效地开发了海水中痕量营养元素和海水碳酸盐体系核心参数的测定方法，研制成功海水痕量营养元素的高灵敏度分析系统，以及全自动高精度的二氧化碳分压测定系统和总碱度测定系统。这些系统均可用于实验室或船载走航测定，为海洋学家探索海洋提供了有力的技术支持，并极具深入研发和推广应用的前景。

2006 年以来，团队中有 12 位博士、26 位硕士的学位论文与海洋环境分析方法研究及仪器研发相关。博士有：梁英（2006 年，活性磷测定）、马剑（2008 年，活性磷测定）、张敏（2011 年，硝氮和亚硝氮测定）、黄勇明（2012 年，痕量铁测定）、朱勇（2014 年，铵氮测定）、方锴（2014 年，铁络合物形态分析）、陈耀瑾（2016 年，痕量铁测定）、冯思超（2016 年，痕量锰测定）、周挺进（2016 年，痕量铝测定）、林坤宁（2018 年，营养元素测定）、许金（2021 年，总磷分析仪）、王婷（2022 年，铵氮、硫化物、痕量铜测定）。硕士有：杨波（2010 年，pH 仪器）、王凤珍（2012 年，总碱度原位分析仪）、戴燕中（2013 年，溶解无机碳原位测定仪）、薛有惠（2014 年，总碱度走航分析仪）、袁媛（2017 年，活性磷和总磷测定）、上官琦佩（2018 年，pH 与碳酸根离子测定）、李佩聪（2019 年，铵氮测定）、邓瑶（2020 年，活性磷测定）、邱丽（2020 年，总碱度原位分析仪）、刘文静（2021 年，总碱度走航分析仪）、徐艳艳（2022 年，溶解氧测定），以及一些未列出的研究其他分析方法和仪器的硕士。

研发团队获取了大量科研项目，仅就海水分析和仪器研发而言，就有：主持一个国家重点研发计划项目、一项国家重点研发计划课题；参与 4 项国家重点研发计划课题；主持 6 个国家自然科学基金项目；主持两个中央财政拨给海洋国重室的仪器研发专项；主持两个"863"计划重点项目及其他省市级项目；还参与了众多相关项目。

在多年工作的基础上，研发团队主持制定的 3 项自然资源部海洋领域标准，《海水中痕量活性磷酸盐的测定：流动分析 – 磷钼蓝固相萃取 – 分光光度法》（HY/T 0344—2022）、《海水中痕量亚硝酸盐的测定：流动分析 – 重氮偶联 – 长光程分光光度法》（HY/T 0345—2022）、《海水中痕量硝酸盐的测定：流动分析 – 镉柱还原 – 重氮偶联 – 长光程分光光度法》（HY/T 0346—2022），以及作为主要单位参与制定的《海水中痕量铵盐的测定：流动分析 – 邻苯二甲醛固相萃取 – 荧光光度法》（HY/T 0347—2022），经过重重验证与考核，于 2022 年 10 月获得自然资源部的批准发布。期望在不远的将来，研发团队的成熟方法技术，能在海洋界以行标的形式推广应用。

海洋环境监测仪器的研发团队（图 2-7-8），在国家重点实验室的平台上成长，在大海风浪的磨砺中壮大！

图 2-7-8　海洋环境监测仪器研发团队的部分教师（2018 年 12 月）（杨位迪摄）

（左起：马剑、李权龙、袁东星、黄勇明、刘国坤）

感受海洋的呼吸

——我记忆中的厦门大学海洋碳循环研究发展若干历程

◎ 翟惟东

20世纪后半叶，随着大气中 CO_2 含量持续升高及其潜在温室效应，CO_2 逐渐被科学界广泛认识，海洋对大气 CO_2 的直接调控作用也得到重视，使得直接观测海-气 CO_2 分压差的方法应运而生。基于海-气界面梯度扩散的理论模型，若是某海域海表 CO_2 分压低于大气 CO_2 在海表的平衡分压，就表明该海域从大气吸收 CO_2，表现为大气 CO_2 的汇区；反过来，若是某海域海表 CO_2 分压高于大气 CO_2 在海表的平衡分压，就表明该海域向大气释放 CO_2，表现为大气 CO_2 的源区。再通过另外一些办法获取海气界面上的气体交换速率，就可以估算航次调查期间的海-气 CO_2 交换通量。随着观测数据的增多，累积起来则可分析海洋对大气 CO_2 的源汇量级、格局及其调控机制，从而帮助人类准确把握自然界碳循环的运作机制及回收人类来源 CO_2 的效能和限度。

20世纪80年代，国内一些研究机构（如国家海洋局第三海洋研究所、国家海洋环境预报中心等）及大学（如中国海洋大学）较早开展相关观测研究，得出诸如东海是大气 CO_2 的显著汇区这样的重要结果。但是，由于经费、人员和仪器等方面的条件限制，当时在中国近海及河口海域还有很多观测空白。已有资料显示这些海域是高度异质性的，如台湾海洋科学界在南海海盆区获取的零星数据显示，南海对大气 CO_2 介于弱源区和弱汇区之间，至少不是大气 CO_2 的显著汇区，所以不能把东海的结果外推到南海。

1998年，戴民汉从美国 Woods Hole 海洋研究所回国，并于1999年组建海洋碳循环组，在国家杰出青年科学基金的资助下，在南海北部及邻近的珠江口等海域开展海洋碳循环研究。我恰在那时成为洪华生的博士生（导师组成员还包括戴民汉、蔡卫君，主要由戴民汉具体指导），成为厦门大学海洋碳循环研究初期的主要成员之一。以下是对这段历史的回顾，可在一定程度上梳理厦门大学海洋碳循环学术思想的来龙去脉，但仅代表我的一孔之见。

（一）蹒跚起步（2000—2003）

戴民汉回国伊始，以海洋有机碳循环与无机碳循环的耦合为切入点，在珠江口伶仃洋及珠江口外向东南陆坡方向延伸的 A 断面开展现场研究工作。限于经费和人力资源的条件，这一阶段只组织了 3 次季节性调查航次，分别在 2000 年 7 月、2001 年 5 月和 2002 年 11 月，所用调查船是福建海洋研究所的"延平 2 号"。平心而论，那时的老师和学生都很努力，但是现场操作经验及实验条件的控制都不太令人满意，特别是有机碳循环方面的研究并未取得预期成果，仅由参加过我们航次的美国马萨诸塞州立大学的博士生 Julie Callahan 发表了一篇关于珠江口溶解有机碳和有色溶解有机物分布的论文。戴民汉当时曾发愿，将来要建造一条洁净程度满足痕量元素地球化学研究要求的高水平科考船，这一宏愿在十几年后终于在"嘉庚"号上得以实现。

根据戴民汉与蔡卫君早先达成的合作意向，这一时期的海洋无机碳研究主要是在美国佐治亚大学蔡卫君实验室的帮助下开展的。2000 年和 2001 年，该实验室的王永辰和王朝晖把海洋无机碳系统观测所需的主要设备带到中国，并且直接参加我们的航次，帮助我们现场处理各种实际问题（图 2-8-1）。王永辰还现场维修 CTD 剖面仪。直到 2002 年 5 月，我们从蔡卫君实验室订制的仪器才到货，并用于当年 11 月份的第三次集中出海调查。

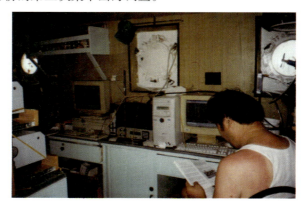

图 2-8-1　王永辰与溶解无机碳及走航 CO_2 分压仪（2000 年）（郭香会供图）

2000 年航次比较显著的亮点是首次观测到珠江口上游虎门水道超过大气平衡

值 10 倍的 CO_2 分压，这个科学发现于次年航次上得以重现，引发了我的博士论文的第一项研究内容。戴民汉在船上亲自指挥用 CTD 采水，每到一个站位先投放CTD，仪器回收之后陈照章立刻导出数据，并立刻转换、制图，然后戴民汉根据现场的垂直剖面数据指示本站位的采水设置。

2001 年，除了重现出前一年航次在珠江口上游虎门水道发现的高 CO_2 分压现象，我们还通过走航 CO_2 分压仪在珠江口外开阔海域意外地观测到一次藻华现象。戴民汉收到报告立刻通知停船，确认数据之后马上增加了两个测站，为日后形成另一篇高质量论文奠定了基础。这个事件给我以信心，意识到走航观测能捕捉到常规海洋调查看不到或者容易忽视的现象，促使我下决心以"南海北部与珠江河口水域 CO_2 通量及其调控因子"为题完成自己的博士论文，也促使戴民汉日后大力发展走航观测。

2002 年航次结束之后，我着手准备自己的博士学位论文。那时我们才意识到，在停船或刚开船时记录到的信号在很大程度上受到船体排污的影响。如果把这些停船或刚开船时的数据剔除，则南海北部断面非水华区的海表 CO_2 分压数据基本表现出温度主控特点，并且在春、夏、秋 3 季都表现为大气 CO_2 的弱源，与东海陆架区和欧洲陆架海域表现为大气 CO_2 显著汇区的现象很不相同，这就形成了我的博士论文的第二项研究内容。

2003 年初，我完成了珠江口和南海北部两篇论文的投稿，提交了学位论文，并且在送审和答辩中取得了全优的成绩。该学位论文后来被评为厦门大学优秀博士论文和福建省优秀博士论文。戴民汉也于 2002 年以"中国邻近南海海域碳的源汇过程及其调控机制"为题，获得国家自然科学基金委"全球变化及其区域响应"重大研究计划重点类项目的资助。这些成绩标志着厦门大学的海洋碳循环研究取得了国内科学界的初步认可。

（二）夯实基础（2004—2008）

从海洋无机碳研究的全局看，2000—2003 年这个阶段留有很多缺憾。首先，溶解无机碳、总碱度和 pH 的数据质量都还没有保障。其次，即使是走航 CO_2 分压和溶解氧，也存在着研究区域局限于南海北部的缺陷，以及南海北部数据集缺少冬季资料的明显不足。这些情况在我博士毕业之后很快就得到改观。首先，戴民汉安排博士生郭香会和硕士生陈宝山专攻海洋无机碳化学。郭香会很有干劲，很细心，也很开朗，不惧困难，最后由她主持完成了海水碳酸盐体系主要分析参数的采样与实验条件优化。不过，直到 2007 年，郑楠、苏元成加入海洋无机碳小组，担任专职的实验员，海水碳酸盐体系分析测试的质量才逐步稳定下来。与此同时，戴民汉也积极争取参加各种航次的机会。仅在 2003 年 10 月到 2004 年 9 月期间，我们在南海海区就参加了 5 次大范围的走航调查航次，不仅航次密度大，而且空间覆盖度也比以前有了很大提高，还实打实地开展了一次冬季的南海北部调查（2004 年 2 月）。令我欣慰的是，南海北部冬季航次的海表 CO_2 分压实测值与我在博士论文里预测的相吻合。但是，2003 年 10 月在南海中部观测到的海表 CO_2 分压与水温的正相关关系却与南海北部的不尽相同，而 2006 年 12 月在南海东北部观测到海表 CO_2 分压与水温呈负相关，在相对低温区域发生显著 CO_2 释放等现象，是由寒潮大风造成富含 CO_2 的次表层水快速混合到表层所致。这些新的观测结果显示出海洋碳循环的区域差异性和过程机制的复杂性，并在极端天气条件下可以呈现出与"平均海况"下的数据完全不同的颠覆性结果。除此以外，戴民汉还派遣学生在西沙永兴岛珊瑚礁系统开展了持续数周的 CO_2 通量时间序列观测，积累起短时间尺度变动影响碳源碳汇评估的研究实例，相关论文于 2009 年发表在 *Limnology and Oceanography* 上。

为了跨出珠江口 - 南海区域，戴民汉出经费并帮忙找船，还请蔡平河领队压阵，让我和陈宝山等人于 2003 年 8 月到长江口开展走航 CO_2 分压观测和常规水化学参数调查。那个航次让我大开眼界，意识到大河河口的 CO_2 现象与中小型河口很不相同，也与珠江口不同。1998 年，欧洲科学家们在 *Science* 期刊上发文，基于欧洲一些高污染的中小型河口的水 - 气 CO_2 通量评估结果，提出内河口水域 CO_2 释放现象可能在全球碳循环中占据重要地位的假说。然而，根据我们得到的结果，以长江口为代表的大河河口并没有很强的 CO_2 释放现象，说明那些欧洲科学家的推理可能并不全面。据此，我很顺利地申请到自己的第一个国家自然科学基金项目，开展长江口水 - 气 CO_2 通量及其调控机制研究，并在随后的 3 年里补足了所需要的季节变化数据，填补了世界大河的内河口水 - 气 CO_2 通量数据空白，进而顺利发表论文 [①]，引起较大的学术反响。

这一时期，我们参与了几件大事，首先是海洋环境科学教育部重点实验室于 2005 年获批升格为近海海洋环境科学国家重点实验室，其次是"海洋生物地球化学过程与机制"团队获国家自然科学基金委创新研究群体科学基金资助（2006 年

---

① ZHAI W D, DAI M H, GUO X H: Carbonate system and CO_2 degassing fluxes in the inner estuary of Changjiang (Yangtze) River, China, *Marine Chemistry*, 2007, Vol. 107, pp. 342-356.

启动）。其中，戴民汉都是海洋碳循环研究主要领导者。2007 年，我们购置到当时国际上最新研制的 GO8050 型走航 CO_2 观测系统，并于次年将其长期安装在以青岛为母港的"东方红 2"号船上，得以经常性地随船观测，形成稳定的数据来源，对日后评估黄、东海的海 – 气 CO_2 通量创造了条件。

基于上述工作条件和日臻深厚的研究基础，戴民汉经过多年的努力，于 2008 年获批国家重点基础研究发展（973）计划首个海洋碳循环项目"中国近海碳收支、调控机理及生态效应研究"（2009—2013），并与原国家海洋局第二海洋研究所的潘德炉院士合作，获批海洋公益性行业科研专项项目子任务"中国近海 CO_2 浮标监测技术及不同时空尺度 CO_2 通量评估方法与标准建立"（2009—2013），还与李权龙合作，承担国家"863"计划项目"多通道海水碳酸盐体系原位监测系统"（2008—2010）。海洋碳循环研究进入了蓬勃发展阶段。

（三）蓬勃发展（2009—2011）

这一时期留给我最深的记忆是不停地出海，仅就我本人而言，除了南海北部和东海的四季调查，还领着学生黄晓和祁第完成了长江口的四季调查，也通过搭载国家自然科学基金委共享航次首次涉足渤海。那时积累的数据至今还未利用完。戴民汉还在长江口外海域的海洋气象浮标上布放了 CO_2 传感器，开始了浮标观测方面的新探索。此外，这一时期聘任的专职实验员郭利果和许懿一直留用至今，对于海洋无机碳化学观测数据质量的稳定起到了重要的支撑作用。

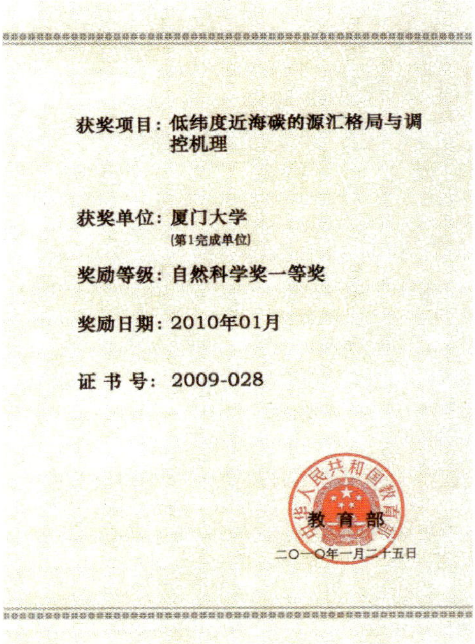

这一时期在海洋碳循环方面有两项值得圈点的科研成绩，一是在戴民汉的领衔下，我们获得 2009 年度教育部自然科学奖一等奖（图 2-8-2），二是在 2010 年近海海洋环境科学国家重点实

获奖项目：低纬度近海碳的源汇格局与调控机理

获奖单位：厦门大学
（第1完成单位）

奖励等级：自然科学奖一等奖

奖励日期：2010年01月

证书号：2009-028

图 2-8-2　教育部自然科学奖一等奖证书（2009 年）（翟惟东供图）

（获奖人员：戴民汉、翟惟东、蔡平河、郭香会、陈蔚芳）

验室首次评优过程中发挥作用。我清楚地记得,现场考核组的院士组长在戴民汉做完报告后当众提问:"你们的海表 CO_2 分压观测数据是否得到国际认可?台湾中山大学的陈镇东认不认可?"当天中午,实验室管理人员引导现场考核组参观各功能实验室时,我等在自己的展板旁边,把陈镇东 2008 年领衔与我们合作发表的一篇论文介绍给那位院士组长:您看陈镇东已经与我们合作发表论文,用的就是我们 2003 年 8 月在长江口获取的 CO_2 分压数据。我很高兴能在这种场合为国家重点实验室的评优贡献一份力量。

由于我们在海洋无机碳化学调查与研究方面的经验及长期积累,2009 年我与王桂芝组成课题组,代表厦门大学应邀投标国家海洋局海洋环境评价方法系列的"CO_2 海 – 气交换通量评估方法"研究,而后我多次作为主讲教师为海洋局业务化监测系统人员讲解海 – 气 CO_2 分压测定和通量估算。其中,2010 年 9 月由近海海洋环境科学国家重点实验室协办"2010 年度 CO_2 海 – 气交换通量监测技术培训班",海洋局系统内外共有 35 名同行前来参加培训。我还以厦大教师身份参加了2010 年度的《中国海洋环境状况公报》编制研讨会,评审其中的海 – 气 CO_2 通量评估部分。这些均说明厦门大学的海洋碳循环研究已经走出象牙塔,服务于政府部门的管理需求。

(四)又上征程

出于个人发展及满足国家需求等多重考虑,我于 2011 年底离开厦门大学,由郭香会等接替我在团队的职位和角色。这之后的厦门大学海洋碳循环研究发展我并没有全面了解,但我与戴民汉、郭香会等人继续合作,基本上厘清了中国近海海 – 气 CO_2 通量的时空分布格局和主要调控机制。特别是,终于厘清南海开阔海域为什么是大气 CO_2 的弱源,其根本原因是大洋深部环流带来的过饱和 CO_2在几十年的时间尺度上涌升到海表,却不能被其携带的营养盐刺激起来的初级生产力所耗尽,只能缓慢地向大气释放。戴民汉将南海海盆区定位于大洋主控型边缘海(OceMar),与东海所代表的大河输入影响下的边缘海(RiOMar)对比,从根本上解释了南海碳循环特征与东海碳循环特征之间的区别,引起了较大的学术反响。

最近 10 年来,随着"嘉庚"号科考船下水、厦门大学翔安校区实验室启用并逐步完善、戴民汉领衔的国家自然科学基金重大项目"海洋荒漠生物泵固碳机理及增汇潜力(2019—2023)"顺利实施,以及李权龙、陈进顺等人研发的海洋

CO_2 相关的国产化仪器日趋成熟，厦门大学的海洋碳循环研究正迎来新的发展机遇，研究领域已经从近海挺进深海大洋。2021 年，厦门大学牵头，联合自然资源部第二海洋研究所和山东大学共同承担的国家自然科学基金委碳中和专项项目"中国海碳源汇格局、清单及不确定性"成功立项，由郭香会担任项目负责人。厦门大学海洋碳循环研究必将在新时期发挥新的重要作用。

翟惟东，1999 年至 2003 年在厦门大学环境科学研究中心就读，获博士学位。毕业后曾就职于厦门大学海洋与环境学院、国家海洋环境监测中心及山东大学海洋研究院，现任南方海洋科学与工程广东省实验室（珠海）前沿研究中心研究员。

为了食品安全和环境健康

◎ 陈 猛 袁东星

农药和兽药（农兽药）对保障农产品生产的数量和质量做出了巨大贡献。但是在 20 世纪末期至 21 世纪初期，农兽药的滥用及生产者安全意识的薄弱，导致果蔬中农药残留量（农残）、养殖产品中兽药残留量超标的问题十分严重。食用农兽药残留超标农产品引起的中毒事件屡屡发生，极大地威胁国民健康和出口产品的声誉。另外，持续、大量地使用农兽药造成水环境污染、流域沉积环境中农兽药积累，严重危害环境生态安全。厦门大学环境科学研究中心（以下称：环科中心）以袁东星为首的环境化学团队，自 20 世纪 90 年代起，就致力于食品安全和环境健康相关的农兽药残留检测监测研究；进入 21 世纪 10 年代，陈猛更是把这项研究工作纳入科技扶贫、乡村振兴的轨道，将成果推送到宁夏高原和云南边陲。

（一）保健康：练就火眼金睛

1994 年，袁东星获得她的第一个福建省自然科学基金"蔬菜中有机磷农药残留的快速检测"，虽然只有区区 1.5 万元，却由此启动了环境化学团队关于农残的监测检测研究。在掌握经典农残检测方法的同时，也开始积极探索便捷可靠低成本的检测新方法。

1. 企业需求和民众健康催生蔬菜农残检测

21 世纪初期，厦门地区出口蔬菜农残检测的任务十分急迫，负责这项业务的厦门市出入境检验检疫局实在忙不过来，只得寻求"外援"。经过专人实地考察，厦门市出入境检验检疫局认可环科中心出具的检测报告。于是，2002 年至 2005 年的 3 年间，出口和内销蔬菜生产企业带着各色各样的蔬菜和水果样品纷沓而来，有要求出具检测报告以销售产品的，也有仅需要提供检测数据以控制生产质量的。根据当时的用药情况，检测项目集中于有机氯农药、有机磷农药及拟除虫菊酯类农药。

环境化学团队的第一代女博士研究生，金晓英、薛秀玲、吴翠琴（图2-9-1），为主管部门分担起这副食品安全保卫战的担子。薛秀玲和吴翠琴负责样品预处理，金晓英负责气相色谱分析，项目由薛秀玲总负责。企业的送样不定时、不定量，有时一下子送来数十个样品。记得初期刚开始接收样品的一天，薛秀玲等人忙完样品预处理，一屁股坐下直喊累。但姑娘们很快就掌握了实验技巧，样品处理轻车熟路，操

图2-9-1　环境化学团队的第一代女博士研究生和导师（2004年12月）（袁东星供图）

（左起：薛秀玲、袁东星、金晓英、吴翠琴）

作配合如行云流水，一天能完成30多个样品的处理和检测。对于那些有辛辣味会干扰气相色谱检测的蔬菜，如葱蒜等，则认真地采用基底加标的方法进行定量。虽然是横向课题，能获得一些课题劳务费，但她们收获更多的是实验技能、数据处理和报告方法，并由此高居环境化学团队中动作最麻利师姐之位。在此期间，团队还培训了多批来自全国各地蔬菜基地的上百个检测员。

2006年，《中华人民共和国农产品质量安全法》施行，其中规定从事农产品质量安全检测的机构，必须由省级以上人民政府农业行政主管部门考核。因此，送到环科中心检测的蔬菜样品少了许多，研究生们则把更多精力投入方法研究和其他服务中。

2. 破解出口日本农产品安全的技术壁垒

2002年9月，因中国出口日本的速冻菠菜中"毒死蜱超标"事件，日本乃至欧洲国家一度对我国出口的农产品持非常抵触态度，甚至称"从中国进口的蔬菜就像在农药里浸泡过一样"[1]。中日双方对农产品的农残检测均给予高度重视，要求农产品加工出口企业必须建立实验室，进行自测内控。这一年10月份刚入职环科中心的陈猛受袁东星指派，应日方企业株式会社日鲁（后改名为玛鲁哈日鲁食品）邀请介入食品出口行业，负责其在中国合作工厂的实验室建设和农残检验

---

[1]　新浪网：《2002年09月：中日蔬菜风波引发中国食品过敏症》，https://news.sina.com.cn/c/2004-10-02/19344483736.shtml，下载日期：2022年7月14日。

技术方面的指导，为中国农产品出口企业保驾护航。

至 2004 年，陈猛完成了从"基地环境—农药原药—安全间隔期—原料—成品安全"追溯体系全部环节的检测指导。两年间，他主持培训、指导了十数家出口型农产品加工企业。2004 年，日本复关抽查的 5 家中国出口企业中，有 3 家即是由陈猛担任技术指导的。

2005 年至 2006 年，陈猛开发出农产品中农兽药残留的"一齐分析法"，指导山东、福建、江苏 20 多家农产品出口企业成功应对日本 2006 年实行的新《食品安全法》的"肯定列表"制度；多次接受日本农林水产省、食品行业专业期刊采访，向日本消费者和相关行业介绍"肯定列表"前后中国农产品的质量安全改善状况，助力中国农产品出口行业破解日方技术壁垒，稳定出口市场，获得"烟台龙大""莱阳鲁花""山东美佳"等国家级龙头企业的一致好评。

3. 农残检测技术和设备的福建省科技计划重大项目

2003 年，袁东星领衔福建省科技计划重大项目"食品中农药和渔药残留的快速检测技术和设备"的研发，内容包括蔬菜中有机磷农药和氨基甲酸酯农药的快速检测技术研究和鱼肉中氯霉素的快速检测技术研究两个部分。其中，蔬菜中农残的快速检测和设备的研发为主要部分，由环科中心环境化学团队承担，具体由正在从事博士后研究的李权龙负责。鱼肉中氯霉素快速检测研究则由化学系胡荣宗课题组承担。

当时，蔬菜中有机磷农药的快速检测普遍使用酶抑制法，但其测定结果不够准确，假阳性和假阴性结果时有发生，检测成本也较高。假阳性给菜农造成经济上的损失，甚至引起管理部门和菜农之间的纠纷；假阴性给民众健康带来严重危害。环境化学团队选择的技术突破点是：有机磷农药化学结构的显著共性是含有磷，其在一定条件下可以转化成正磷酸盐，而正磷酸盐可以用钼锑抗分光光度法测定。氨基甲酸酯农药则可以采用荧光法检测。

环境化学团队的"大哥大"李权龙再次展示了他钻坚研微的科研实力和精益求精的工匠精神，在测定了上千个不同种类的蔬菜样品后，推出了成熟可靠低成本的快速检测新方法。消解管质量与检测数据的相关度、手指触摸消解管口和比色池口产生的荧光干扰，均是他感叹"细节决定成败"的起源，也是他后来指导学生时常举的例子。"蔬菜和水果中有机磷农药残留量的快速测定方法"和"蔬菜中氨基甲酸酯类农药残留量的快速测定方法"，均获得国家发明专利。

2005 年 11 月 30 日，该福建省科技计划重大项目的成果通过了省科技厅组织的专家鉴定。与会专家听取了报告，进行了质疑和讨论（图2-9-2左），还现场检视了蔬菜中农残快速检测实验及测定结果（图2-9-2右）。在鉴定意见中，专家指出："本项目研究的测定方法快速、简便、成本低，结果符合快速筛选的要求。该技术为食品安全检测提供了切实可行的新手段，项目的应用对保障消费者的健康具有重要意义，可产生良好的社会效益和经济效益，有较好的推广应用前景。建议将本项目开发的快速检测方法经进一步完善，制定出相关方法标准，促进该成果的推广应用。"研究成果"食品中农药和渔药残留的快速检测技术和设备"获得了厦门市2007年度科技进步奖三等奖。

图2-9-2 "食品中农药和渔药残留的快速检测技术和设备"鉴定会（2005年11月）
（袁东星供图）

（左：鉴定会现场，正面左起袁东星、陈猛、胡荣宗。右：李权龙现场演示蔬菜中农残检测）

该福建省科技计划重大项目结题后，根据鉴定专家的建议并检查了检测方法及其相关试剂和仪器的成熟度，团队决定推广蔬菜中农残快速检测方法。环科中心与厦门夏商农产品集团有限公司检测检验站联合，共同申请制定福建省地方标准《蔬菜中有机磷和氨基甲酸酯类农药残留量的快速检测方法》。团队耗时数月，补充了比对数据，进一步完善了测定方法，撰写了技术报告，按规范编制了方法草案，于2006年将所要求的全部资料准备完毕，提交至厦门市质量技术监督局。市局审核通过后推荐至福建省质量技术监督局，经审核列入了"2007年福建省地方标准制、修订项目计划"（福建省质量技术监督局文件 闽质监标〔2007〕153号）。此后，又是一番材料整理和修改，耗时甚久。2009年2月，我国出台了《中华人民共和国食品安全法》，规定"食品安全国家标准由国务院卫生行政部门负责制定、公布。""省、自治区、直辖市人民政府卫生行政部门组织制定食品安全地方标准，应当参照执行本法有关食品安全国家标准制定的规定"。[①] 因团队申请制定的地方标准涉及食品安全，主管部门便由福建省质量技术监督局变更为福建省卫生厅，标准制定一事不了了之，十分遗憾。

（二）护环境：监测技术先行

1. 沙溪河水体中农药的分布及迁移研究

2000 年 1 月 27 日至 3 月 23 日，福建省三明市三明农药厂附近的沙溪河段至闽江干流的南平市樟湖江段发生特大渔业污染事故。由于污染严重，部分河段鱼类死亡率高达 99%，原有鱼类种群已不复存在；天然水产品直接经济损失 1514.704 万元，渔业资源损失为 4544.112 万元。[②]

沙溪河死鱼事件，经查是由福建三明农药厂大量排放含有机磷农药的废水造成的。涉事企业对此高度重视，于 2000 年 7 月委托环科中心环境化学团队进行"沙溪河中有机磷的降解和扩散研究"，拟将研究结果作为企业控制污染排放的科学依据。这项工作成为许鹏翔的博士论文的主要内容，也由此催生了环境水体中农药的检测方法和迁移转化研究。

在充分调研的基础上，锁定沙溪河的主要污染物质为剧毒农药甲胺磷及其前体。甲胺磷的水溶性强，而常规的水样预处理方法为液液萃取法，一般适用于水溶性弱的目标物。针对此，许鹏翔研发成功回收率和萃取率高的改性膜萃取方法，解决了检测的关键问题。课题组几次北上前往三明农药厂，调研、采样、监测，最终提交了沙溪河中有机磷的降解和扩散研究报告。

2. 福建省主要流域的农兽药残留分布及降解研究

闽江是福建省最大的河流，亦是福州市的水源地。福建省的第二大河九龙江，是厦门市的水源地。闽江和九龙江是福建的母亲河，流域内密布粮食、蔬菜、水果和畜禽生产基地。进入 21 世纪以来，福建省政府和地市政府均十分重

---

① 中国疾病预防控制中心网：《中华人民共和国食品安全法（2009 年 2 月 28 日）》，https://www.chinacdc.cn/flfg/wsfl/200903/t20090303_41130.html，下载日期：2022 年 7 月 14 日。

② 搜狐网：《"沙溪死鱼事件"未了 福建三农被起诉》，https://business.sohu.com/40/03/article13830340.shtml，下载日期：2022 年 7 月 5 日。

视流域的污染防治工作。环科中心环境化学团队的系列研究生学位论文，在省市科技计划项目和基金项目的支持下，围绕着福建省主要流域尤其是九龙江流域的农兽药残留分布、迁移及降解展开。

2004 年，林坤德的博士论文以《三唑磷在水和滩涂沉积物中降解机理研究》为题。此后，一众硕士研究生，黄群腾（2008 年）、苏仲毅（2008 年）、游明华（2008 年）、孙广大（2009 年）、陆婉清（2010 年）、洪家俊（2012 年）、林姗姗（2013 年）、易启同（2015 年）、陈茜茜（2015 年）、庄姗姗（2019 年）、周博（2019 年）、葛云聰（2020 年）、李斌（2021 年）等人的学位论文，在分析技术领域不断耕耘，建立、完善、拓展包括水、沉积物和水产品中农兽药残留的检测监测方法。目标物包括农药的烟碱类、酰胺类、唑类、脲类、磺隆类、吡唑类、杂环类等和兽药的氯霉素类、磺胺类、沙星类、大环内酯类、β- 内酰胺类、激素类等。技术突破点在于环境样品的预处理、色谱 – 质谱的高通量筛查以及数据质量的控制方法。目前，各种环境和农产样品以不同方法萃取、净化处理成试液后，在色谱 – 质谱仪器上共进样 4 针、耗时 200 分钟左右，即可完成全部 400 多种农药、130 多种兽药、40 多种生物毒素的分组检测。这种准确、灵敏的高通量筛查技术，目前在国内居领先地位。

团队采用掌握的分析方法，对福建省的闽江、晋江、九龙江流域及九龙江河口、厦门西海域的表层水和沉积物中的农兽药，进行了长期、系统、深度的研究（图 2-9-3）。研究内容包括农兽药残留状况、复合污染特征、迁移、降解和净水工艺去除状况等；并与生命科学学院的王重刚、左正宏课题组合作，对毒性效应进行了初步探索和安全风险评价。研究发现，福建省主要流域环境样品中的农兽药污染较为普遍存在；农兽药残留

图 2-9-3　九龙江江东大桥上检测水质（2011 年 5 月）（陈猛供图）

的类型和含量，在不同季节、不同流域、不同农业类型中呈现显著差异。由于低浓度的农兽药也会对模式生物产生一定毒性效应，因此流域环境中的农兽药复合污染需要持续关注、长期监测和深入研究。

此外，团队还在海洋环境和水产品中贝类毒素检测方法、污染特征以及食品安全风险评价、农产品安全全程追溯体系的技术集成和应用示范等方面，进行了深入研究，均取得了相应的成果，强力支撑着地方政府的科学决策和管理。一些技术和专利在种植、养殖和食品行业得到了很好的应用推广。

依托技术的优势，近年来，陈猛获得了福建省科技计划项目"农产品安全全程追溯体系的技术集成和应用示范"（2017年4月—2021年4月）和国家重点研发计划项目的课题"重要深海生物毒素的生物合成和致伤机制研究"（2020年1月—2021年12月）、"典型有机污染物的实验室高通量快速分析技术"（2019年11月—2022年12月）的资助，并参与了多个国家重点研发计划项目和自然科学基金项目，为其他团队的研究提供检测技术支持。

（三）惠民生：千里授人以渔

环境化学团队的检测／监测能力强，但是体量终究有限。赠人以鱼，不如授人以渔。在完成教学和科研任务的基础上，团队发挥专业技术专长，多年来活跃在环境健康和食品安全领域，持续开展专业技术指导、技术人才培养、精准扶贫和乡村振兴等社会服务工作。

1. 专业技术指导和技术人才培养

陈猛入选福建省食品安全专家库成员（2011—2016），也是厦门市食品安全专家委员会委员（2019年6月—2024年6月）。2016年起，他与厦门市食品安全办公室合作，联合主办"中日食品安全交流会""食品安全应急处置培训会"等多项活动，参与公益讲座20多场，技术培训上千人次。

2015年至今，陈猛与厦门元初食品有限公司签约合作，帮助该公司培养检测人员、提升检测能力、建设内部安全标准、进行生鲜农产品的安全抽查和保障工作，一路陪伴其从3家门店发展到目前的100多家门店，有力保障了企业和消费者的食品安全。

2014年，在环境与生态学院的支持下，陈猛领衔成立了"食品安全与环境健康技术中心"，带领孙广大、洪家俊、王倩、马晓霞、郭丽秋、陈恒斌、王江伟等研究助理，聚焦环境健康相关检测、动植物性农产品的安全检测、检测技术研发与指导、专业技术人才培养、安全风险评价及食品安全全程追溯管控体系等。近年来，为多家农产品出口企业提供农兽药残留的安全内控服务；协助多个规模种植／养殖基地建立了全程安全溯源管控体系；并参与了《SN/T 3303—2012 出口食品中噁唑类杀菌剂残留量的测定》、海洋行业标准《HY/T 0319—2021 贝类体内脂溶性毒素的检测　液相色谱串联质谱法》等标准的制定工作。还与厦门进出口检验检疫局技术中心、厦门市技术监督局、株式会社玛鲁哈日鲁食品中国品质分析中心、厦门南方海洋经济发展有限公司、内蒙古路易精普检测科技有限公司等单位开展技术合作，指导实验室建设、技术培训、体系运行，培养专业技术人员200 多人。

2. 六盘山下精准扶贫

厦门大学的对口扶贫对象是宁夏回族自治区固原市隆德县。隆德县西郊建有厦门大学康业扶贫产业园，2018 年 6 月至 9 月，陈猛领导的团队受厦门大学委派，进入了产业园西南角的宁夏黄土地农业食品有限公司（图 2-9-4）开展科技扶贫工作。

在教育部政府门户网站的2019 年扶贫日活动专题中，有这么一则报道：《厦门大学精准扶贫精准脱贫典型项目：建

图 2-9-4　在宁夏黄土地农业食品有限公司进行技术指导（陈猛供图）

（左起：药学院吴彩胜、陈猛、洪家俊、陈恒斌）

设扶贫产业园 探索帮扶新模式》①，说的是"自 2015 年起，厦门大学通过建设'厦门大学康业扶贫产业园'，秉持'虚园实建、科技赋能、产销对接、内外联动'的理念，充分发挥学校优势，将产业园打造成为学校开展产业扶贫、科技扶贫、智力扶贫、消费扶贫的重要载体，成为隆德县加速产业聚集发展、促进贫困人口就业创收的重要平台，有力地推动了隆德从'输血式'扶贫到'造血式'扶贫的蝶变，探索出一条高校开展产业扶贫的新路子"。报道中的具体事例就有环境与

---

① http://www.moe.gov.cn/jyb_xwfb/xw_zt/moe_357/jyzt_2019n/2019_zt27/dsj/201910/t20191014_403194.html，下载日期：2022 年 7 月 7 日。

生态学院陈猛和药学院吴彩胜支援开展马铃薯加工、中药材、药食共用产品的研发工作，建立宁夏黄土地农业食品有限公司质量安全控制实验室。"2018 年 9 月 21 日，中共中央政治局常委、全国政协主席汪洋同志视察该实验室，叮嘱厦门大学环境与生态学院陈猛教授建设好实验室，多培养当地科研工作者。"

宁夏黄土地农业食品有限公司以宁夏特产马铃薯为原料，生产水晶粉丝和方便粉丝。陈猛与吴彩胜协助该企业建立了 450 平方米的质量安全控制与研发中心，通过技术指导和人员培训，帮助企业实现产品质量内控与检测，打开市场销路。目前，该企业已建成 8 条生产线，产值数亿元，一年使用马铃薯 15 万吨，由此带动的马铃薯种植面积达 10 万亩，提供就业岗位 450 多个。[①]

近期，厦门大学、六盘山工业园区企业和隆德县食品药品检测中心，三方签署了共建检测实验室的合作框架协议（有效期 2022 年 1 月 1 日至 2026 年 12 月 31 日）。协议规定，将从厦门大学研究生支教团、"西部计划"志愿者等团队中挑选出具备检验检测相关专业背景的常驻隆德的团员，配合隆德县食品药品检测中心开展检验检测工作。厦门大学成立专家委员会，免费提供业务咨询；协助完善质控文件，制定管理体系；修改作业指导书、程序文件及质量手册，解决中国计量认证扩项中的有关技术问题。陈猛作为专家组成员，继续为革命老区的进一步发展提供技术服务。

3. 云南边陲振兴乡村

2020 年 7 月，陈猛代表环境与生态学院，与云南省文山州马关县签约成立"农业产业合作发展中心"（图 2-9-5），开展首期 3 年对边关深度贫困县的扶贫和乡村振兴工作，协助马关县建立专业检测实验室、提升农产品检测技术水平以保证农产品质量，并协助制定全县农业产业化发展规划，提质增效，助力高原特色农产品创出品牌，走出大山。

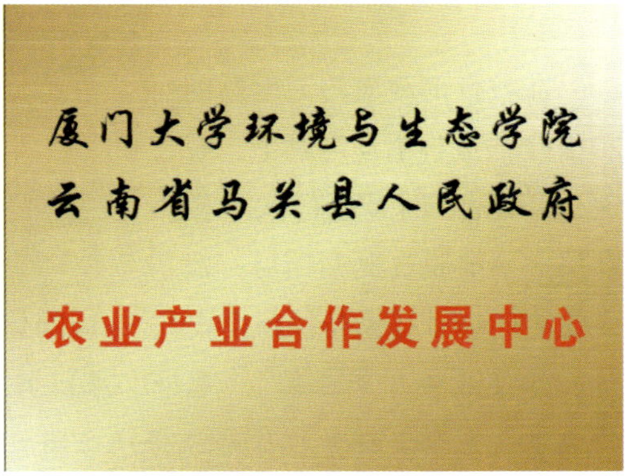

图 2-9-5　环境与生态学院与云南省马关县共建农业产业合作发展中心（陈猛供图）

① 《六盘山下听海潮——厦门大学助力宁夏隆德打赢脱贫攻坚战纪事》，载于《光明日报》，2019 年 7 月 20 日第 4 版，https://news.gmw.cn/2019-07/20/content_33013473.htm，下载日期：2022 年 7 月 7 日。

　　为了环境健康和食品安全，环境化学团队积极响应国家及地方的召唤和需求，"牢记初心、不忘使命"，一路向前，稳健快行，将论文和成果更好地写在祖国大地上！

　　陈　猛，1997 年至 2000 年在厦门大学环境科学研究中心就读，获博士学位。2000 年至 2002 年在厦门大学化学系从事博士后研究，2002 年就职于厦门大学环境科学研究中心，现任厦门大学环境与生态学院教授。

从蛋白质角度窥探海洋之奥秘

——海洋环境蛋白质组团队记事

◎ 王大志

蛋白质是生命的物质基础，是构成细胞的基本有机物，是生命活动的直接承担者。生命的产生、存在和消亡都与蛋白质有关，因而研究细胞内蛋白质的组成、结构和功能，能帮助我们解读生命的奥秘。自21世纪初人类基因图谱绘制完成后，人类进入了后基因组时代——功能基因组时代，最重要的工作就是探明基因的全部蛋白质产物的结构和功能，蛋白质组学也随之迅速发展，并成为解读生命奥秘的利器。海洋环境蛋白质组研究，正是在这样一个大背景下产生、发展的。

（一）有害赤潮蛋白质组研究扬帆起航

2003年底，我获得了国家留学基金委的资助，赴美国伍兹霍尔海洋所的 Don Anderson 教授实验室开展为期一年的有害赤潮的合作访问研究，在 Sonya Dyhrman 博士的实验室开展具体工作。记得当时他们的生物系刚买了一套蛋白质组研究设备——伯乐公司的双向电泳仪，由于系里以前没有人做过蛋白质组的工作，设备一直闲置在那里。Sonya 觉得非常可惜，就和我商量，能否将这套设备用起来，做一些赤潮藻蛋白质组的研究。这个理念在当时是非常超前的，其时蛋白质组学才刚刚兴起，主要研究集中在人类健康领域。我也带着好奇答应她做一些尝试，但心里一点底都没有，因为以前没有接触过蛋白质组，认知几乎是空白。

一筹莫展之际，我想到了远在香港大学的陈荔博士，他是有害赤潮蛋白质组研究的开拓者，已经在当时蛋白质组最好的杂志 *Proteomics* 上发表了赤潮研究相关的系列文章。忐忑之下我给陈荔写了一封邮件，希望能够得到他的支持和帮助。很快就收到了陈荔的回信，他将发表的文章、实验记录以及经验总结都发给了我，同时还给我寄了蛋白质提取的试剂和一些消耗品。无私的帮助让我非常感动，也开启了我的海洋蛋白质组研究生涯。得到了他的支持后，我很快就开展了赤潮藻蛋白质组研究工作并取得了很好的进展。可惜访学时间太短，加之研究经费和设备的限制，很多工作未能如愿完成，这也是我美国访学的一大遗憾。

2004年底我回到了国内，继续在环科中心从事有害赤潮研究。为了弥补在美国的遗憾，我选择了有害赤潮蛋白质组作为研究的突破口。但蛋白质组研究需要昂贵的生物质谱仪，当时一台质谱仪的价格是400万～500万元，对我来说简直是一个天文数字。2006年，财政部有一个支持国家重点实验室采购仪器的专项，我向近海海洋环境科学国家重点实验室（厦门大学）（以下简称国重室）提出购买生物质谱仪的申请，但由于仪器金额过大，且仪器的使用前景也存在不确定性，一直未能得到肯定的批复。于是我找到洪华生老师，向她谈了我的想法，她全力支持，认为国重室需要开辟一些新的研究方向，需要配备一些大型仪器设备。得益于她的支持和举荐，最终国重室领导同意上报生物质谱仪的购置申请。很幸运，生物质谱仪最终获得了资助，我们购置了当时国际上最先进的生物质谱仪，大步迈开了厦门大学有害赤潮蛋白质组研究以及海洋有机物宏蛋白质组研究的步伐，海洋环境蛋白质组研究扬帆起航。

（二）有害赤潮蛋白质组研究进入国际前沿

20世纪末至21世纪初，我国的社会经济高速发展，在改善、提高人民物质生活水平的同时，也带来了很多近海环境问题，特别是大量营养盐的输入，导致近海富营养化日趋加剧，有害有毒赤潮频发，严重威胁我国社会经济的可持续发展和人民生命财产安全。研究证明，氮磷的大量排入是导致有害赤潮频发的重要原因，因而赤潮生物氮磷营养代谢研究成为有害赤潮研究的重点领域之一。在过去的近50年间，科学家围绕赤潮生物氮磷营养开展了大量工作，结果表明，氮磷浓度和比例的改变可导致海区浮游植物种群结构的改变和群落更替，从而导致赤潮的发生。但由于研究技术和手段的限制，研究基本上停留在个体或种群的水平上，对赤潮生物氮磷营养代谢的分子机制还知之甚少。在全球有害赤潮研究的这个新兴领域，我国的研究非常薄弱。我带领的团队率先提出从蛋白质组入手，开展有害赤潮分子营养生理研究，希望在这方面有所突破。

当时我们对有害赤潮藻的蛋白质组认识还比较浅，于是团队成员从蛋白质组提取方法入手。硕士生张树刚和林琳负责总蛋白质的提取方法，黄旭光负责细胞表面蛋白质的提取方法，博士生李成负责细胞壁蛋白质的提取。经过几年的努力和摸索，我们建立和完善了赤潮蛋白质组研究方法体系，包括细胞总蛋白提取方法、全细胞免疫荧光检测方法、荧光差异凝胶电泳法和免疫蛋白质组学方法，为后续开展的有害赤潮生物蛋白质组学研究提供了技术支持。

随着研究的不断深入，团队在赤潮藻营养生理方面获得了很多新的认识，蛋白质组研究成果也得到了国内外同行的关注。2002年，洪老师和我应中科院海洋所周名江教授的邀请，参加国家重点基础研究发展计划（"973计划"）项目——"我国近海有害赤潮发生的生态学、海洋学机制及预测防治"的申报和研究工作，我们负责第二课题"赤潮形成的营养学机制"的研究内容。我们从赤潮藻氮磷营养生理入手，运用自己建立的蛋白质组学方法，结合酶学方法，比较研究了中国近海典型赤潮藻的营养生理及其在赤潮形成中的作用。团队成员经过5年的潜心研究，在赤潮藻的营养生理方面获得了很多新的认识，提出了"中国东海有害赤潮形成和演替的营养机理"假说，为阐明东海大规模东海原甲藻赤潮形成机制提供了科学依据；构建了中国近海典型赤潮生物细胞表面和细胞壁蛋白质组库、营养相关功能蛋白库，为揭示有害赤潮生物重要生理功能和赤潮形成机制提供了新的思路。

2005年，我和洪老师一起，联合美国康州大学的林森杰教授、香港大学的陈荔博士，申请并获批科技部国际合作项目"中国近海典型赤潮生物营养代谢的分子机制"。该项目在前期研究的基础上，更进一步开展赤潮藻营养生理的深入研究，同时引入转录组和蛋白质组研究理念和方法，从赤潮生物营养盐的跨膜运输—细胞内参与营养盐代谢的酶及其调控机制—细胞蛋白质组对营养盐变动的响应等层次，揭示了赤潮生物氮磷营养吸收同化的分子机制及赤潮生物在分子水平上对氮磷营养变动的响应，成为国内外有害赤潮生物营养生理研究的先例之一。

2010年，周名江教授组织实施了第二个"973计划"项目——"我国近海藻华灾害演变机制与生态安全"，厦门大学团队参与项目中赤潮藻细胞生长调控研究，主要利用蛋白质组方法研究细胞周期和生长调控的分子机制，架构了甲藻细胞周期分裂模型，为赤潮形成的分子机制提供了新的认识。2013年，我领导的团队获得国家自然科学基金委的重点项目资助，开展有害赤潮期间甲藻宏转录组和宏蛋白质组的研究，从基因和蛋白质两个层面上开展有害甲藻赤潮形成的分子机制研究。项目5年执行期间，团队投入了精干力量开展现场跟踪调查、实验室模拟实验等研究工作。张浩博士负责宏蛋白质组工作，张树峰博士负责宏转录组工作，通过两位博士5年的努力，我们在甲藻中发现了很多重要的生物学过程和遗传特性，如首次在甲藻中发现了完整的 C4 途径、细胞内有机氮磷代谢和碳同化协同机制、甲藻调控细胞分裂基因具有非常高的拷贝数，以及强抗氧化剂花青素合成途径，这些均为阐释甲藻赤潮形成机制提供了新的理论依据。系列成果发表在 *Environmental Microbiology*、*Applied and Environmental Microbiology*、*Plant Cell and Environment*、*Science of the Total Environment* 等国际知名期刊上。

在上述研究的积累上，2020 年，团队又再次获得国家自然科学基金委的重点项目资助，运用整合生态组学开展甲藻对环境变动响应和适应的生理和分子机制研究，阐释甲藻对人类活动和全球变化双重胁迫的响应和反馈（图 2-10-1）。研究揭示了甲藻应对海水暖化的分子机制，发现能量的重分配是硅藻和甲藻适应海水暖化的一种重要机制，成果发表在环境科学顶级期刊 *Environmental Science & Technology* 上。

图 2-10-1　团队开展大亚湾浮游生态系统对环境变动响应的调查（2021 年 4 月）（王大志供图）

（前排左起：邓甜、蔡灿军、王大志、孙文静、张伟平、周阳。后排左起：何海松、杨龙奇、柳原、信业宏、张烁宇、谢彰先、张树峰）

通过近 20 年的研究积累，团队在赤潮转录组和蛋白质组研究方法、赤潮藻的分子营养生理、赤潮藻细胞周期调控、赤潮形成的分子机制等方面都取得了突破，为国际上有害赤潮研究提供了新方法、新理论和新视角，也使我国有害藻赤潮蛋白质组研究走在了世界的前列并成为引领角色，获得了国内外同行的广泛重视。

以有害赤潮研究为契机，团队加大高层次人才的引进力度，加强对年轻人才的培养。2010年，美国康州大学林森杰教授作为海外高层次人才加盟厦门大学，设立了海洋生态基因组研究方向，继续深入开展有害赤潮形成机制研究，在Science上发表了国际上第一篇甲藻基因组文章。通过执行、实施各类国家级大项目，培养了一批从事有害赤潮研究的年轻才俊，他们继续开展有害赤潮的各方面研究，推动我国海洋有害赤潮研究向更纵深方向发展。

（三）海洋有机物宏蛋白质组研究独领风骚

2005年，由戴民汉、焦念志牵头的厦门大学海洋生物地球化学团队获批国家自然科学基金委创新研究群体。记得一次群体内部研讨会后，民汉问我能不能做一些海洋有机物的蛋白质组研究，在有机物生物地球化学循环方面做一些突破性的工作，这引发了我的兴趣。查阅了大量文献后发现，国内外几乎没有开展过这方面的工作，挑战很大。于是我让团队成员博士生董宏坡做一些前期探索，首先从方法入手。由于海水中的颗粒态和溶解态有机物中的蛋白质含量很低，需要过滤浓缩大量海水才能获得足够的蛋白质用于后续的蛋白质组研究。再者，由于海水样品的组成来源复杂，加之高盐环境和高度修饰，为蛋白质提取、分析带来了很大挑战。董宏坡工作很努力，也很有干劲，短时间内收集了所有相关资料，特别是不同样品的蛋白质提取方法。团队在厦门港采集了颗粒有机物样品，尝试了多种方法，最终确定了一套适合海洋颗粒有机物提取的方法流程，获得了高质量、高浓度的蛋白质样品，这让我们很兴奋，第一个难关终于攻克了。

但我们又遇到了另一个问题，即如何采集足够的颗粒和溶解有机物用于蛋白质提取，特别是大洋的颗粒和溶解有机物浓度都很低，在深海就更加低了，需要采集大量海水，费时费力。我和民汉聊了此事及困惑，很幸运，国重室刚从美国购置了两套现场原位大体积泵，用于颗粒有机物的采集。此外，我们也购置了用于溶解有机物收集浓缩的切向超滤设备。此时，万事俱备，只欠东风。2007年夏天是一个难忘的夏季，民汉和我带队去南海开展创新研究群体项目的现场调查研究。在海上操作大体积泵非常困难，也没有经验，我们组建了大体积泵采样团队，包括我、董宏坡、周宽波、杨进宇、祁昌实以及其他几位考察队员，分成两个组两班倒。大家不辞辛苦，一起努力克服各种困难，几乎在每个水层都过滤了上千升海水，采集到了足够的颗粒和溶解有机物。董宏坡更是克服了晕船带来的身体不适，圆满地完成此次样品的采集工作。这也是国际上第一次这么大规模地采集水样（图 2-10-2）。

图 2-10-2 团队协作操作大体积泵采集海洋颗粒有机物样品

（左：前王大志、后祁昌实，2007 年 8 月，刘颖摄。右：左起王大志、谢彰先、张树峰，2020 年 4 月，王大志供图）

航次结束回到实验室后，董宏坡和谢彰先就投入到了紧张忙碌的样品处理中。后续工作比较顺利，我们获得了蛋白质样品，鉴定了蛋白质种类，分析了它们的来源和功能，这也是国际上第一次开展海洋有机物蛋白质组研究，获得了很多新认识。有机物宏蛋白质组研究系列成果在海洋科学顶级刊物 *Limnology & Oceanography* 上发表 3 篇文章，在地球科学顶级刊物 *Geochimica et Cosmochimica Acta* 发表一篇文章，引起了国内外学者的关注，也使厦门大学海洋有机物蛋白质组走在世界的前列，并起到引领作用。但进取不能停，团队继续向前奔跑。基于这些成果，2014 年，我本人获得了国家自然科学基金委杰出青年科学基金的资助，带领团队成员继续开展海洋有机物蛋白质组的深入研究。谢彰先博士破解了海洋胞外宏蛋白质组的奥秘，孔玲芬博士揭示了弱光层颗粒有机物再矿化机制，陈诗博士解析了海洋碳泵的组成结构与运转机制，薛铖博士阐释了海洋难培养细菌糖类化合物利用机制。这些工作加深了我们对海洋有机物生物地球化学的认识，也将我们的研究领域拓展到海洋微生物组，创立了海洋有机物分子生物地球化学研究方向，丰富了海洋有机物生物地球化学研究内涵。

多年来，团队成员在海洋有机物生物地球化学领域不断耕耘，取得了系列创新性成果：①首先突破了海洋有机物中蛋白质表征方法瓶颈，在国际上率先实现了海洋有机物中蛋白质的高通量、高可信度和高覆盖率鉴定，建立了系统的海洋环境蛋白质组学研究方法体系与平台，为海洋有机物研究提供方法支撑。

②首次在海洋甲藻中鉴定到 C4 固碳途径，发现甲藻存在有机氮磷耦合碳利用新途径，提出真光层储碳新机制的观点，丰富了海洋固碳和储碳途径和认知。③揭示 3 种细菌 Alteromonadales、Rhodobacterales 和 Oceanospirialles 是弱光层颗粒有机物的主要再矿化者，架构了弱光层微生物驱动的有机物再矿化概念模型；精确定量了海洋中上层硝化作用关键过程速率，证明尿素氧化是亚硝氮的一个重要来源，填补了海洋氮循环关键缺失环节，完善海洋氮循环途径。④首次表征了海洋原位环境胞外蛋白质组，发现高丰度周质蛋白，证明营养盐吸收、一碳代谢、硝化作用、蛋白质降解、有机硫再矿化等生物地球化学过程具有水柱特异性分布特征。⑤解析了海洋碳泵的组成结构与运转机制，揭示微生物通过代谢互作网络和生活型转换调控海洋碳泵的运转，发现不同水层参与有机物再矿化的微生物群落结构和代谢特性存在差异，受溶氧调控，提出弱光层颗粒有机物再矿化"三明治结构"假说，架构了海洋环境蛋白质组学方法和理论体系，开辟了海洋有机物分子生物地球化学研究新领域方向，丰富了海洋科学研究内容和体系。这些系列成果的取得和发表，使厦门大学海洋环境蛋白质组学研究跻身国际先进行列，并成为海洋环境蛋白质组科学研究和人才培养的重要基地。

（四）海洋环境微生物组学研究再创辉煌

环境微生物组学是当前环境科学与工程领域的一门新兴交叉学科，是目前国际上环境科学与工程以及微生物学领域的研究热点。它以某一特定环境中的全部微生物为研究对象，运用现代组学理论、方法和技术，研究环境中微生物的多样性、结构、功能、相互作用和进化，以及它们与环境因子和生态系统功能之间的关系等，为解决全世界环境问题和资源利用提出有效可持续发展的方法和技术及理论基础。正如人体微生物组关乎人类健康一样，环境微生物组与生态系统健康密不可分，关乎人类社会的生存和发展。因而，世界主要发达国家都将环境微生物组学作为优先发展领域，投入大量的资源、人力和经费，开展环境微生物组的前沿科学研究和应用技术研发。

研究团队针对这一国际热点和国内环境领域的薄弱环节，及时进行布局，设立了 4 个海洋环境微生物组研究方向，包括环境微生物组学技术和生物信息学分析工具研发、特殊生境系统微生物组学、特色功能微生物组学及遗传资源以及微生物资源应用及技术研发。团队首先从有害赤潮入手，开展有害赤潮生境微生物组学研究。李东旭博士围绕我国近海主要有害赤潮东海原甲藻和米氏凯伦藻赤潮，运用宏组学和生物信息学方法与手段研究赤潮发生不同阶段微生物的物种组成、群落结构、遗传特性、代谢活性等，挖掘了与赤潮生物直接作用的微生物类群、功能基因和蛋白质，架构了代谢互作网络，揭示微生物－赤潮生物互作机制，系列成果已发表在环境领域著名期刊 *Environmental Microbiology* 和 *Science of the Total Environment* 上，引起同行的关注。针对难培养海洋细菌，团队成员博士生张宇以海洋广泛分布且有重要生态作用的 SAR11 细菌为研究对象，开展了 SAR11 蛋白质组全谱以及磷酸化修饰蛋白质组研究，揭示了基因简并型海洋细菌代表种 SAR11 的蛋白质组特征及其对环境变动的响应机制。这是第一个全谱意义上的基因简并型海洋细菌的蛋白质组，为难培养海洋细菌的深入研究奠定了基础。

团队针对国际上微生物组研究最新动态，积极引进相关方向的年轻才俊。2021 年，从中科院城市环境研究所引进郑越博士，他主要从事微生物基因组学和生物信息学研究，聚焦海洋甲烷菌的分子生态学和实验生态学研究。他的加盟使团队在生物信息学方面的研究能力得到很大提升。此外，针对全球合成生物学的迅猛发展，团队也正积极布局，引进合适的人员。近来从美国圣母大学引进了从事环境合成生物学研究的朱宝彤博士，他的加盟能够使团队在环境合成生物学领域取得突破。我们在海洋环境微生物组方面的研究成果也获得了国内外同行的认可。受华大基因研究院的邀请，厦门大学作为共同发起单位启动了中国海洋微生物组计划，共同推动我国海洋微生物组研究向纵深拓展。这些工作极大提升了厦门大学海洋环境微生物组研究在国内外的影响力。

回顾厦门大学海洋环境蛋白质组学团队（图 2-10-3）的成长历史，能发展到今天这个局面，自身努力和抓住机遇固然重要，但更离不开团队成员的艰苦奋斗，以及美国马里兰大学陈峰、俄勒冈州立大学 Stephen Giovanonni、伍兹霍尔海洋研究所 Don Anderson，和香港大学陈荔等同行朋友的长期合作与帮助；也离不开洪华生、齐雨藻、周名江等老一辈科学家的支持、帮助和鼓励，在此，向他们致以深深的谢意和崇高的敬意。

图 2-10-3　海洋环境蛋白质组学团队（2021 年 10 月）（王大志供图）

（前排左起：陈诗、郑入文、王大志、郑越、李嘉鑫、程路漫、刘思佳。后排左起：李东旭、张树峰、谢彰先、张宇、信业宏、薛铖）

　　王大志，1997 年毕业于厦门大学，获博士学位。1997 年至 2000 年在厦门大学环境科学研究中心从事博士后研究。2000 年就职于厦门大学环境科学研究中心，现任厦门大学环境与生态学院教授。

追踪"捕碳达人"海洋生物泵

——海洋环境生态学研究团队成长历程

◎ 黄邦钦

作为"捕碳达人",海洋生物泵既重要又神秘。黄邦钦和他所带领的厦门大学"海洋环境生态学研究团队"（以下简称团队）以海洋生物泵为主攻方向，从单细胞浮游植物入手，集群策之力不断拓宽研究道路，几十年如一日地探寻海洋"捕碳"之奥秘。团队紧跟时代潮流，顺应时代洪流，以台湾海峡为起点，将研究区域逐步拓展至我国边缘海和西太平洋，稳步行进在"追碳之旅"中。

（一）瞄准前沿，几十年如一日坚持现场观测

在浩瀚的海洋中，浮游植物身材娇小，作用却不可小觑。它们通过光合作用将无机碳转化为有机碳，而海洋生物泵则是以浮游植物光合作用为基础，通过有机碳沉降至深海的过程来降低大气二氧化碳的浓度，从而调节全球气候。海洋生物泵研究，是近40年来海洋生态系统和全球变化研究的前沿领域。

1988年7月，黄邦钦从厦门大学生物系硕士毕业，加盟洪华生组建的海洋生物地球化学研究团队（图2-11-1），后来又成为洪华生的博士生。从1987年开始，洪华生领衔开展台湾海峡上升流生态系统的调查与研究，于1991年出版了我国第一部上升流生态系研究著作。黄邦钦在洪华生的支持下聚焦浮游植物研究，从浮游植物生物量、群落组成等基础研究着手，30年如一日坚持现场观测，带领团队开启了探索海洋生物泵的征程。

图2-11-1　搭乘"延平2号"参加洪华生组织的台湾海峡航次（1994年8月）（黄邦钦供图）
（左起：商少凌、洪华生、王海黎、彭兴跃、黄邦钦）

1.浮游植物群落定量表征方法的构建

在攻读硕士学位期间，黄邦钦就开始了对浮游植物群落结构的探索，师从金德祥、程兆第、陈贞奋等老师对海洋硅藻开展形态分类和生态研究，实现了对硅藻从个体丰度到群落组成的迈进。然而，浮游植物群落组成复杂，镜检方法十分依赖于鉴定者的分类学经验积累，且分析样品周期冗长。面对海量的亟待分析的浮游植物群落组成的样品，形态分类法很难满足实际的科研需求。

沉浸于浮游植物群落研究多年，黄邦钦意识到光合色素分类技术在浮游植物群落生态研究中的优势和潜力。在洪华生的博士生王海黎建立的光合色素反相高效液相色谱分析法的基础上，团队开始着力推动该技术的改进及其在中国海域研究中的应用。2000级硕士生（2002年转为硕博连读生）陈纪新领过接力棒，优化了光合色素高效液相色谱分析方法。当时，焦念志和宁修仁等研究员已经通过流式细胞术确定了原绿球藻（已知的最小自养浮游生物）在中国海的存在。陈纪新通过优化后的光合色素分析技术成功分离出原绿球藻的特征色素，并将可检测的光合色素种类从15种增加到30多种。与此同时，陈纪新还通过改进色素提取方法缩短了样品处理时间，显著提高了测定效率。然而，由于国际通用的光合色素标准品过于昂贵（一套标准品的价格为几十万元人民币），团队缺少购买经费。已完成检测的色素数据由于缺少标准品的定量质控，研究成果的发表停滞不前。直到

2005 年，经多方筹措，团队终于购得光合色素标准品。2004 级博士生胡俊和 2005 级硕士生（2007 年转为硕博连读生）柳欣在国内首次完成了 10 多种光合色素的分析数据质量控制和评估工作，为团队后续光合色素数据的积累打下了坚实基础。

陈纪新还采用澳大利亚学者 Mark Mackey 教授首创的光合色素 CHEMTAX 算法来反演浮游植物的类群组成。2007 级博士生王磊较为系统地研究了该算法在中国边缘海（黄海、东海、台湾海峡和南海等）的适用性和优化方案，提升了基于光合色素分析法的中国边缘海浮游植物类群数据的可靠性和可比性。

同时，团队密切关注基于浮游植物光合色素组成差异的原位荧光分类技术的发展。2014 年起，陈纪新、江艺勇等抓住厦门南方海洋中心项目资助的契机，构建了基于分类荧光技术的第一代生态在线监测系统 AquaSOO，该样机自 2016 年在九龙江北溪入海断面布放运行，至今仍正常工作，已积累了长达 6 年的高频、连续的浮游植物群落变动数据。为了提升从点到面的观测能力，2017 年，团队研制了第二代 AquaSOO，以志愿船船载走航为目标工作模式，将该系统应用于厦门湾、东山湾、台湾海峡、珠江口等近海的走航生态观测。2020 年起研制的第三代 AquaSOO（图 2-11-2），聚焦攻克无法区分近海赤潮中最常见的硅藻与甲藻类群的难题，将激发波长增加至 12 个，获得了更多光学指纹信号，提升了浮游植物类群分类识别精度。在此基础上，结合超定方程组最小二乘算法和高斯分解算法，团队实现了硅藻和甲藻等光谱特征近似的类群区分与定量，并成功应用于藻华等水生态事件的监测、溯源和判定。

图 2-11-2　团队研发的第三代水生态在线监测系统 AquaSOO（陈纪新供图）

（左：安装于九龙江北溪水资源调配中心巡逻艇上的仪器。右：江艺勇在甲板上操作仪器）

2. 浮游植物群落精细结构的探索

知不足，然后能反思；知困惑，然后能自强。在研究浮游植物群落结构初期，黄邦钦就意识到光合色素分析法在刻画群落组成方面具有诸多优势，但在针对更低分类学层级的研究上则显出不足。此外，该方法也无法获得浮游植物系统发育多样性的信息。在对台湾海峡、厦门海域开展浮游植物研究时，黄邦钦发现超微型（小于 5 μm）浮游植物不仅是外海的优势类群，在近海海域也具有相当丰度。受此启发，黄邦钦开始尝试采用在当时尚处于起步阶段的分子生物学技术来开展环境样品的超微型浮游生物多样性研究。

2001 年，黄邦钦获批国家自然科学基金项目"近岸海域超微型浮游植物的生物多样性研究"，通过与中山大学陈月琴教授、美国马里兰大学陈峰博士等的合作和交流，陈纪新在凌峰楼建立的分子实验平台探索完善了海水环境样品中核酸的提取，以克隆文库、Sanger 测序和变性梯度凝胶电泳等方法，开始了厦门海域超微型浮游植物生物多样性的研究。2004 年，在洪华生国家自然科学基金重点项目的支持下，陈纪新首次在台湾海峡开展了包括浮游植物在内的超微型浮游生物多样性的研究。这时期的超微型浮游植物分子多样性研究，可以称为团队多样性研究的 1.0 版本。

伴随着高通量测序技术的引进，团队开启了针对真核生物多样性研究的 2.0 版本。利用戴民汉为首席科学家的"973"项目"中国近海碳收支、调控机理及生态效应研究"的航次机会，2009 级博士生吴文学在东海、南海等海区采集了多个季节样本，较为系统地研究了微微型真核生物的多样性和群落结构。为更好掌握高通量测序数据的处理技术，黄邦钦推荐吴文学到西班牙巴塞罗那的海洋科学研究所学习，并与 Ramon Massana 和 Ramiro Logares 博士建立了合作关系。随后，吴文学聚焦于微微型真核生物群落的构建机制，进一步推动了团队在真核生物多样性方面的研究进展。随着多样性研究技术和内容的不断完善与发展，团队将微型真核生物多样性、群落构建及其代谢活性等研究逐步拓展至太平洋等深远海区域。

3. 长期观测数据开花结果

21 世纪初以来，洪华生主持的国家基金委重点项目"台湾海峡上升流区浮游植物对海洋环境年际变动的响应"以及一批海洋领域的"973"项目、国家基金委共享航次等陆续实施。以此为契机，团队开展了台湾海峡及黄海、东海和南海浮游植物群落的系列采样工作（图 2-11-3）。

图 2-11-3　黄邦钦作为首席科学家主持台湾海峡航次（"延平 2 号"）（林丽贞供图）

（左：左起曾祥波、欧林坚、林丽贞、陈纪新、张突、鲍磊、叶翔、黄邦钦、蓝文陆、胡俊，2004 年 7 月。右：左起蓝文陆、黄邦钦、柳欣、胡俊，2006 年 7 月）

伴随着团队的不懈坚持与探索，是一个个航次浮游植物光合色素数据的不断积累，以及团队成员研究手段和能力的不断进阶。团队主导建成了目前西太平洋边缘海时空覆盖范围最大、频率最高、配套参数较齐全的浮游植物群落生态现场实测数据集。

为了从这些宝贵的现场实测数据中挖掘更多的有用信息，团队与台湾海洋大学蒋国平教授开展合作，聚焦物理 - 生物耦合过程（如东亚季风、河流冲淡水、中尺度涡旋和上升流等），重点探讨浮游植物群落对中尺度物理过程的响应机制。2010 年前后，团队成员分别聚焦冷涡和暖涡（胡俊和王磊）、冷水团和暖流（柳欣）、内波（2014 级博士生马玲琪）和近岸上升流（2015 级博士生钟燕平），逐步揭示了中国边缘海浮游植物群落对主要中尺度物理过程的响应过程和机理。

集腋成裘，积沙成丘。2012 年末，柳欣和王磊分别以东、黄海和南海浮游植物群落的研究结果完成了博士论文，当时积累的数据资料已经十分可观，采用集成数据建模分析势在必行。2014—2015 年，柳欣先后赴台湾海洋大学和美国 Scripps 海洋研究所开展博士后工作，重点研究基于数学统计模型集成现场观测数据。通过整合东海 7 年（2006—2012）、11 个现场航次、1500 多个光合色素样本数据，结合卫星遥感资料，柳欣揭示了浮游植物生物量和群落结构的准气候态季节分布格局。柳欣进一步与肖武鹏合作，采用典型相关分析和广义相加模型（generalized additive model，GAM）定量描述了主要浮游植物类群的分布差异。这项研究成果，为评估中国边缘海复杂环境下浮游植物群落结构变化提供了新的思路。

先河已开，提升集成分析的质变也接踵而至。肖武鹏与柳欣再次合作，将东海数据集的时间尺度拓展至 14 年（2002—2015），航次数量增加到 23 个，浮游植物光合色素样本量增加近一倍，研究目标从对现有时空格局的观测延伸到对未来趋势的预测。通过与加拿大蒙特爱立森大学 Andrew Irwin 教授和美国路易斯安那州立大学 Edward Laws 教授的合作，研究手段从单因素 GAM 模型深入多因素广义相加混合模型（generalized additive mixed model，GAMM），阐明了硅藻和甲藻类群对升温和富营养化双重胁迫的响应规律与未来的演变趋势。至此，团队浮游植物统计建模工作，正式进入国际同行视野。

有了东海研究的成功经验，加上王磊在南海的研究基础，肖武鹏整合了南海 12 年（2004—2015）、20 个航次的浮游植物光合色素样本数据，阐明了南海浮游植物群落结构的准气候态季节分布格局，引入实际生态位理论和性状生态学思想，揭示了浮游植物群落分布的环境调控机制。同时，引入生态位简并思想和生态位周期表理论，构建了简化表征南海浮游植物群落与多重环境因子关系的生态位分类方案，定性预测了浮游植物群落对未来环境变化的响应趋势。团队长期坚持积累浮游植物群落结构数据，至此开花结果。

（二）博采众长，坚持探索新技术拓展新方向

团队以浮游植物群落研究为起点，围绕"海洋生物泵"的研究核心，扎实走出海洋生物泵研究从自养至异养、从真光层至弱光层的拓展和探索历程。

1. 海洋初级生产力测定方法的引进与改进

海洋初级生产力，指的是浮游植物通过光合作用固定二氧化碳的能力，是海洋生物泵的"引擎"。

20 世纪 90 年代中期，在洪华生主持的"台湾海峡初级生产过程及其调控机制研究"项目中，黄邦钦开始应用 ^{14}C 示踪法（黑白瓶）研究分粒级初级生产力。然而，经典的黑白瓶方法在估算水柱积分初级生产力上存在一些问题，比如无法准确估算因不同时间和不同水层光强变化的影响等。2006 年，团队引进了台湾环境变迁研究中心夏复国教授团队研发的光合作用 – 光强梯度（简称 P–I 曲线）培养装置。感谢夏教授，他不仅赠送两套培养装置，还先后两次派技术员来厦门手把手指导装置的使用。该装置在 2007 年夏天应用于现场航次。不幸的是，在台湾

成熟应用的设备到了厦门竟然"水土不服"。因该设备的设计特点及需要大量循环用水等问题，引进的 P–I 曲线培养装置在当时的科考船上无法正常使用。不得已，团队只能想办法自主研发现场培养设备。2008 级硕士生（2010 年转为硕博连读生）谢聿原和 2004 级硕士生林丽贞在每个小细节里寻找替代方案，缩小培养体积，排除安全隐患，自主研发的 P–I 曲线设备终于在摸索中逐渐定型。然而，在初级生产力数据采集的初期，团队测定的单位叶绿素光合固碳速率的空间变异性较大，超出了当时的认知程度，引发了对数据准确性的质疑。2013 年，黄邦钦推荐谢聿原到英国普利茅斯海洋研究所访学一年，与 Gavin Tilstone 博士和 Trevor Platt 教授建立合作关系。谢聿原系统学习了初级生产力数据的分析技术，解释了低纬度边缘海单位叶绿素光合固碳速率的时空变异性的关键调控机制。之后，团队的初级生产力数据被英国牛津大学的 Heather Bouman 教授和普利茅斯海洋研究所的 Gemma Kulk 教授分别用于全球 P–I 数据集和全球初级生产力的集成，团队的初级生产力数据获得国际同行的认可。P–I 方法的引进与改进，为团队开展初级生产力研究打开了一扇门。

同时，团队在初级生产力的学术研究上也在寻求新的突破。台湾同行们在 21 世纪第一个 10 年间已完成了对南海初级生产力的研究并发表成果，促使后来者在深度或新思路、新技术上进行挖掘。2016 年，黄邦钦主持的国家重点研发计划项目"海洋生态系统储碳过程的多尺度调控及其对全球变化的响应（MARCO）"实施（图 2-11-4），为此提供了良好的契机。在海色遥感同行们的助力下，谢聿原将初级生产力的观测由点及面进行拓展，不仅计算了整个南海北部的浮游植物的固碳能力，更是全面描述了南海北部海区初级生产力的时空分布特征，纠正了以往片面的认识。在 2017 年的"嘉庚"号首航中，谢聿原使用原位叶绿素荧光仪在南海海盆区对浮游植物光合作用进行了 24 小时的连续观测，将局限于碳固定阶段的研究扩展到光吸收利用阶段的探索，拓宽了原有的研究方向和思路。随后，2018 级博士生（2014 级硕士生）刘浩然基于现场观测数据并结合遥感模式分析了台湾海峡的数据，建立了分类群和分粒级相结合的区域分粒级初级生产力模型。团队与美国杜克大学 Nicolas Cassar 教授团队开展合作，2014 级硕士生（2016 年转为硕博连读生）黄毅彬应用深度机器学习和模型模拟，首次反演了全球海洋总初级生产力量值及变化特征。

图2-11-4 国家重点研发计划MARCO项目南海航次团队合影（"嘉庚"号，2019年6月）
（柳欣供图）

（第一排：柳欣。第二排左起：李薛、杨毅。第三排：林供。第四排左起：李祥付、江鹏。第五排：何茂求。第六排左起：胡采芹、张彦成。第七排左起：高友炎、包腾臻、李长林、章宇宸、陈波、葛汝平、姜若桐、王昌运、郑入文、吴正超、雷发灿、朱成敏、赵秀峰、张宇、尚毅威、黄欣、马明蕾、蔡建南、戴荣波、温作柱、王正波、胡晓华、叶幼婷、刘浩然、葛在名、杨雨燕、李朝奔）

2. 浮游植物磷营养盐生理生态学与分子生态学研究

团队的另一研究方向是浮游植物对营养盐的吸收、同化和代谢响应机制，其通过调控浮游植物的生长和群落结构影响生物泵。浮游植物磷营养盐生理生态研究，是团队的代表性工作。

1992年，黄邦钦依托其国家基金青年科学基金项目，采用碱性磷酸酶活性指标进行浮游植物对溶解有机磷的利用及其动力学研究，这部分工作后来也成为黄邦钦博士论文的重要组成部分。2002年，黄邦钦作为骨干参加"973"藻华项目"我国近海有害赤潮发生的生态学、海洋学机制及预测防治"。他敏锐地意识到由于人类活动的影响，中国近海水体中的营养盐结构正发生显著变化，从早期普遍认为的氮限制转向磷限制。于是，黄邦钦开始研究原先不受重视的磷源在藻华发生中的作用机制。2001级硕士生（2003年转为硕博连读生）欧林坚连续多年在东海藻华高发区参与甲藻藻华跟踪的科考航次，采用当时国际上最新的碱性磷酸酶单细胞荧光标记技术并结合传统的群落水平碱性磷酸酶活性分析方法，阐明在藻华发展过程中赤潮藻的磷营养生理状态的变化；结合室内受控实验研究，指出甲藻在溶解态有机磷源利用上存在竞争优势，溶解态有机磷在甲藻藻华过程中起重要作用。该观点结合中国海洋大学研究团队的磷营养动力学分析结果，指出了在我国东海藻华高发区，磷营养盐在硅藻藻华向甲藻藻华的演替过程中发挥的重要作用，成为"973"藻华项目研究的一个亮点成果。

在浮游植物磷营养盐生理生态学研究逐步深入的同时，团队的分子生态学相关研究起步。2004年，黄邦钦参加国际会议后获得灵感，与新入学的2004级博士生林昕分享了会议中关于浮游植物磷转运系统的最新科研讯息；鉴于林昕具有较好的分子生物学背景，希望她能进一步探究浮游植物对有机磷吸收利用的分子机制。在黄邦钦获批的国家基金面上项目"典型赤潮生物高亲和磷转运系统"的资助下，林昕开启了团队对浮游植物营养生理学的分子机制的探索研究。2007年，林昕获批成为国家留学基金委第一批公派留学生，赴美国康涅狄格大学林森杰教授的团队深入学习有害甲藻的分子生物学技术。不负众望，林昕首次鉴定并报道了甲藻碱性磷酸酶基因的编码序列与表达水平，团队敲开了探索海洋分子生态学研究的大门。

3. 异养过程对生物泵的调控机制研究

浮游植物光合作用合成的有机物要经历上层异养生物的消耗过程，才能输出至海洋深处。因此，生物泵的碳输出效率及其调控机制成为黄邦钦关注的重点。团队常年研究的浮游植物群落结构正是生物泵碳输出效率的重要调控因素之一。在丰富的数据与成果积累支撑下，2014年和2016年，探讨海洋生态系统及其对生物泵效率多尺度调控的国家自然科学基金重点项目和国家重点研发计划"MARCO"项目先后立项，标志着团队的研究对象从浮游植物全方位拓展到包括浮游动物在内的整个生物泵过程，聚焦于小、中型浮游动物及其对浮游植物的摄食生态等异养过程。

早在2001年，黄邦钦就引导硕士新生刘媛开展小型浮游动物的摄食生态研究。此后相继有团队成员曾祥波（2002级博士生）、蓝文陆（2005级博士生）、苏素红（2010级硕士生）和范新宇（2018级硕士生）等投入该研究，研究区域也自台湾海峡拓展至东海、南海及西太平洋。

随着浮游动物在生物泵过程中的重要性被逐渐认识，黄邦钦意识到，浮游动物的研究需要更多的助力。2011年，他邀请有着稀释法"第三代传人"之称的陈炳章博士加盟团队。2012年，黄邦钦又邀请原生动物学泰斗中国海洋大学宋微波院士的弟子孙萍博士加入团队。孙萍擅长利用经典形态学与现代分子生物学相结合的方法开展原生动物多样性研究，她深入探讨了原生动物群落在不同生境（河口、海湾、海峡、海盆等）的时空分布特征和群落构建机制，为深入理解海洋小型浮游动物与生物泵的复杂关系提供重要基础参数。两人的加盟为团队开展浮游动物研究注入了新的活力，此后，稀释实验和小型浮游动物分子样品采集更是成了团队的常规操作，浮游动物研究的深度和广度也在不断拓展。

在为团队引入稀释法的同时，陈炳章开启了团队微生物异养代谢研究之旅。陈炳章将同位素测定细菌生产力、黑白瓶溶解氧法测定异养呼吸和净群落生产力等技术引入团队，其指导的 2011 级硕士生王娜，通过在台湾海峡、南海北部等区域进行现场观测，积累了团队第一批微生物群落的呼吸数据。然而，团队的研究结果显示在南海北部有机物的消耗大于生产（即没有净输出），这一结果与其他团队通过其他方法获得的"有机物净输出"的结果相悖，二者之间的矛盾成为困扰团队多年的问题。科学在疑问与争论中进步。2016 年开始，黄毅彬引入多种方法交叉定量异养呼吸，逐渐解开了这个谜团。他发现黑白瓶方法可能人为改变生物的培养环境，极大地刺激异养生物的代谢，从而导致系统性高估群落呼吸结果。紧接着，黄毅彬结合生物地球化学剖面漂流浮标这一新型自动观测技术，规避了传统培养方法的不足，首次报道了南海全年尺度净群落生产力的高频变化，其随后开展的工作又进一步揭示了黑潮入侵等过程对区域尺度异养过程和净群落生产力的影响。

为深入研究生物泵颗粒有机碳的输出通量与颗粒物生物和化学组成，在综合考虑资金和技术需求之后，团队于 2014 年开始自主研制沉积物捕获器以收集沉降颗粒。2013 年入学的博士生邱勇白手起家，参考文献资料和国内同行布放潜标的经验，现学现用，历时 3 个多月，打造出了"初代捕获器"。2014 年 8 月，团队搭载"延平 2 号"在台湾海峡陆架区进行自制沉积物捕获器的首次布放和回收作业。由于设备的设计缺陷和布放经验不足，回收时样品管丢失大半，但团队的"初代捕获器"已然成型。返航后，邱勇向在潜标作业方面具有丰富经验的张方涛等请教学习，引入了脱钩释放器、滑轮组等部件装置，并改进了捕获器样品管的固定结构，打造出"二代捕获器"。2015 年 8 月，团队利用"二代捕获器"成功获取台湾海峡陆架区多水层的沉降颗粒样品。为提高捕获器的功能和布放安全，邱勇对捕获器进行了持续改进，如调整力学结构使浮台更加稳固、将样品收集装置由 4 管升级为 12 管、加装铱星定位系统、配备自动识别系统（automatic indentification system，AIS）的船舶防撞系统和深度计、升级固定环和连接环等部件，打造出"三代捕获器"。此后，在 2016 年夏季台湾海峡航次、2017 年夏季台湾海峡和南海中部航次中，团队采用拉格朗日漂流的方式，成功回收了真光层内 3 个水层的沉降颗粒样品管（图 2-11-5），获得了一系列宝贵的沉降颗粒样品和基础数据。

图 2-11-5　南海中部航次成功回收沉积物捕获器后全体甲板人员合影（"嘉庚"号，2017 年 6 月）（邱勇供图）

（前排左起：黄毅彬、谢聿原。后排左起：尹龙、杨磊、袁忠伟、蔡健南、倪司麟、吴学文、邱勇、张方涛、叶成森、陈希荣）

在真光层异养代谢过程取得丰硕成果的同时，团队的研究逐步从真光层拓展至弱光层。海盆和开阔大洋弱光层群落呼吸速率很低，准确测定极具挑战性。为此，团队引入了灵敏度更高的电子传递链这一群落呼吸测定新技术，通过不断探索和优化技术手段，初步获得了南海海盆和邻近西太平洋弱光层群落呼吸速率数据。群落和细菌呼吸速率、净群落生产力现在已经成为团队现场航次观测的重要核心参数。目前，团队已逐步构建了南海 – 西太平洋群落呼吸速率和净群落生产力的数据集。2021 年，黄邦钦再次获批以浮游生物异养过程对生物泵的调控作用为主题的国家基金重点项目，团队将沿着"异养 – 自养耦合""真光层 – 弱光层耦合"的研究主线，继续深入研究中国边缘海和邻近西太平洋的浮游生物异养过程对生物泵的调控机制。

（三）结　语

不积小流，无以成江海。团队的海洋生物泵实测数据集的不断充实，得益于国家持续的科技项目支持。黄邦钦团队先后主持承担科技部重点研发计划项目 1 个、"973"计划课题 1 项、国家自然科学基金杰出青年基金 1 项、优秀青年基金 1 项、重点项目 3 个、联合基金项目 1 个、"碳中和"专项项目 1 个、面上与青年项目 12 个、"博新计划" 1 项等。

团队瞄准海洋生态系统与全球变化的科学前沿，以浮游植物群落为起点，以海洋生物泵为主线；培引并举，聚才纳士建设科研队伍（图 2-11-6）；开放包容，广泛开展国际地区合作；探奥拔新，稳步拓展科研方向与技术；踏实前行，30 余年行不舍之功，集成中国边缘海及邻近西太平洋 150 多个航次的海洋生物泵现场数据集。

图 2-11-6　团队年度总结会会后合影（2022 年 1 月）（江艺勇供图）

（第一排左起：陈纪新、林丽贞、殷文凤、孙萍、肖武鹏、黄邦钦、王婧潇、马玲琪、盛飞。第二排左起：王莹、金璐倩、向明旺、关雨乔、王佩璇、佟竺殷、柳欣、王昌运。第三排左起：黄蕊、安丽娜、李长林、刘尧、江艺勇。第四排左起：许增超、吴子逸、杨淳、薛成文、徐超、王义冲。第五排左起：胡鑫、李炜男、章宇宸、胡浩、蔡述杰）

团队深入揭示了西太平洋边缘海浮游植物群落的时空演变格局、多样性特征和群落构建机制，阐明了初级生产、呼吸矿化和输出的复杂过程与多尺度调控机理。在地球科学、海洋科学、环境生态等领域的高水平刊物上发表了一系列研究论文，为海洋强国战略实施和海洋生态环境保护做出了积极的贡献。

追踪"捕碳达人"，已见冰山一角。海洋环境生态学研究团队，坚定笃行，踏浪向前。

昨日之梦，今日之星

——厦门大学海洋环境遥感 30 年

◎ 商少凌　张彩云

正如本书《何以利其器——海洋环境监测仪器研发团队》一文中袁东星老师所言："海洋环境科学是基于观测和实验的学科，其科学数据的获取，有赖于先进的分析手段。工欲善其事，必先利其器。器不利，则事难成。"

海洋卫星，是又一重器。

海洋卫星遥感技术的诞生，给海洋环境科学带来的是划时代的、革命性的改变。人类终得掌握全球尺度的各种动力与生态参数的分布和变化。

2020 年 12 月及 2021 年 6 月，厦门大学两颗"海丝系列"小卫星分别发射升空，标志着厦门大学海洋环境遥感方向，进入一个崭新的同时也更加充满挑战的征程。

而今日之绚烂，源于 30 余年前，洪华生老师等老一辈科学家撒下的梦想种子，一点点、一步步，萌芽、成长、盛放……

（一）布　局

1. 思想萌芽

早在 20 世纪 80 年代末，洪华生认识到高新信息技术的重要性，在她所领导的第一个具有多学科交叉特色的国家自然科学基金重点项目"闽南 – 台湾浅滩渔场上升流区生态系研究"中，邀请北师大的王欢老师加入，利用 NOAA 气象卫星先进甚高分辨率辐射计（advanced very high resolution radiometer，AVHRR），获得遥感海表温度，第一次刻画了研究区域上升流的分布和南海暖流的轨迹（图 2-12-1）。

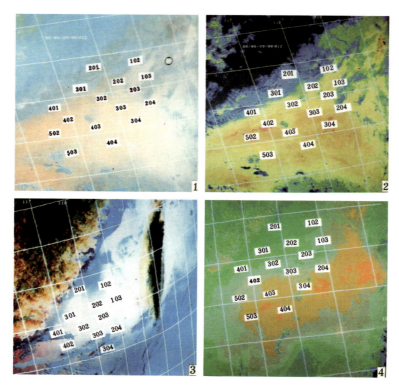

图 2-12-1　NOAA 气象卫星假彩色图像及反演的温度分布（黄水英供图）

（左上：1988 年 6 月 29 日 NOAA 气象卫星假彩色合成影像。右上：1988 年 6 月 29 日 NOAA 气象卫星热红外波段温度分布。左下：1988 年 4 月 25 日 NOAA 气象卫星假彩色合成影像。右下：1988 年 6 月 3 日 NOAA 气象卫星热红外波段温度分布）

2. 排兵布阵

21 世纪 90 年代中期，日本准备发射先进地球观测卫星（Advanced Earth Observation Satellite，ADEOS），搭载水色水温扫描仪（ocean color and temperature scanner，OCTS），向全球发出应用研究的征集通知。洪华生接到之后，指派当时正攻读博士学位的商少凌草拟申请书。而商少凌的学位论文方向，是海洋生物地球化学模型。当时国际上最前沿的研究，已经开始应用遥感数据作为模型的输入以及验证数据源，同时遥感数据处理也需要编程能力。故而模型与遥感，除了二者的实质的确是海洋环境科学研究中联结紧密的重要手段，即便在形式上，这两项研究也有不少共通之处，至少看上去都是对着计算机，盯着屏幕上轮转着五颜六色的图。因此，洪华生接到 OCTS 研究征集通知后的第一反应，便是找商少凌。通知所附的申请文档特别繁复，有很多选项，对于当时的商少凌犹如天书，她甚至没有关于数据分级的基本概念。到底需要什么数据，根本不知如何选择；周边亦无人可请教，她只好抱着申请文档，钻进图书馆，先囫囵吞枣读一堆遥感相关的书，而后现买现卖，稀里糊涂地凑出一份申请。有意思的是，这份申请最后居然就得到了日本航天局的批准。洪华生也借助这一计划，去日本横滨出席了OCTS的第一届科学会议。

特别幸运的是，大约就在第二年，商少凌临近毕业，日本文部省奖学金遴选会议设在厦门大学，洪华生推荐商少凌参加选拔。商少凌以之前向日本航天局提出的OCTS台湾海峡应用为研究计划，顺利获得资助，前往日本名古屋大学从事博士后研究，合作导师正是OCTS科学委员会海洋生物地球化学组的领导人才野敏郎教授。商少凌在日本期间，洪华生借参加横滨会议之机，顺访名古屋大学，与才野教授商议建立海洋遥感应用方面的中日双方合作（图2-12-2）。遗憾的是ADEOS发生故障，运行一年多即失去信号，这项合作最终没能推进。

图 2-12-2　参加 OCTS 第一届科学会议（洪华生供图）

（左起：商少凌、洪华生、才野敏郎）

3. 实验室建设

1996年，高校"211计划"开始实施，海洋遥感实验室是厦门大学海洋与环境学院拟定建设的平台之一，负责人商少平。当时在读硕士研究生并于次年留校入职的张彩云承担起软硬件设备的采购论证与调试安装的繁重工作。几台SUN图形工作站和服务器身形庞大，占据了商少平在映雪楼的小小办公室的"半壁江山"。直到2001年，搬迁到海洋楼后，实验室空间才得以改善。同时，在海洋楼楼顶建设了一套华云极轨卫星地面接收站和静止卫星地面接收站，可接收中国风云、美国NOAA和日本地球静止气象卫星（Geostationary Meteorological Satellite，GMS）的卫星数据。利用地面站接收的NOAA AVHHR数据，张彩云具体指导硕士生李娜研发了一套针对台湾海峡及其周边海域的地理地位－辐射定标－云处理－反演算法的海表温度处理流程。随着时代前进，信息技术发展迅猛，这套系统逐渐落后；后期主要采用美国与欧洲的共享卫星数据。2004 年和 2009 年，先后加入遥感团队的工程师李永虹与闫静不仅接手负责卫星数据处理软硬件系统的日常安装维护，亦负责大量的编程计算及软件编写，保障了遥感团队持续的科学产出。

（二）发 展

1. 卫星海洋学研究——聚焦台湾海峡多尺度海洋环境变动及其生态响应

1998 年，商少凌完成两年博士后研究后自日本归来，依托已建成的海洋遥感实验室，在洪华生领导下推进遥感应用研究。此时，张彩云已是实验室骨干。2001 年张彩云开始在职攻读博士学位，在洪华生和商少凌的共同指导下，以台湾海峡多尺度过程的遥感分析为博士论文主题，结合洪华生主持的国家自然科学基金重点项目"台湾海峡上升流区浮游植物对海洋环境年际变动的响应"及"863"福建示范区项目，利用水色水温和风场遥感时序列数据，在评估海洋观测宽视场传感器（sea-viewing wide field sensor，SeaWiFS）和中分辨率成像光谱仪（moderate-resolution imaging spectroradiometer，MODIS）叶绿素在台湾海峡及其南海北部精度的基础上，开展了台湾海峡多时间尺度的海洋环境变动及其生态响应研究。这项研究，使得人们第一次注意到，大陆与台湾之间，那一湾浅浅的海峡，在 1998 年的强厄尔尼诺（El Niño）事件期间，也出现了强烈的暖事件，且叶绿素水平下降了一半 [1]。

在遥感团队工作逐步推进的过程中，这个"嫩鸟才学唱"的团队引起了从美国老多米尼大学来访的海洋化学家黄天福教授的关注。关于 1998 年台湾海峡强暖事件的论文，得以在 *Geophysical Research Letters* 发表，是黄天福手把手地指引造就的。他不但给出极具建设性的数据处理建议，更是逐字逐句修改，商少凌收到文章修改稿的时候，瞬间被感动和沮丧两种情绪淹没。只见满篇红彤彤的修订标注，原先写的词句，成段成段地删去，几乎就剩下地名 Taiwan Strait。此外，黄天福还特意介绍商少凌与在国际水色遥感界崭露头角的南佛罗里达大学胡传民教授建立联系，开启了胡传民与厦大的常态合作。关于台湾海峡及南海北部 SeaWiFS 和 MODIS 叶绿素精度的评估工作，正是在胡传民指导下完成的。彼时张彩云成功

---

[1] SHANG S L, ZHANG C Y, HONG H S et al.: Hydrographic and biological changes in the Taiwan Strait during the 1997-1998 El Niño winter, *Geophysical Research Letters*, 2005, Vol. 32, L11601.

获得国际水色协调组织（International Ocean Colour Coordinating Group，IOCCG）的资助，前往南佛罗里达大学，用短短 3 个月时间完成预定合作研究计划，成果发表于遥感领域最权威的杂志 *Remote Sensing of Environment*[①]，并得到 IOCCG 的通讯报道。报道中称"过去的几年间，IOCCG 为一些年轻科学家提供奖学金，让他们前往国外研究所与该领域的专家共同工作……来自厦门大学的张彩云和南佛罗里达大学的胡传民博士一起，利用现场观测数据和 SeaWiFS、MODIS 高分辨数据完成了水色产品在南海北部和台湾海峡的验证与比较工作……"[②]许多同行都希望得到尽可能长的叶绿素浓度时间序列，用来回答浮游植物究竟在全球变化背景下发生了什么改变，所以在 SeaWiFS 停止工作、无法继续提供叶绿素浓度的情况下，都在关心究竟是否能够直接将 SeaWiFS 和此后发射的 MODIS 所产生的叶绿素浓度数据接续构成一个超过 10 年的时间序列；张彩云的工作恰恰回答了这个问题，所以这一看似简单的数据分析文章，竟成为遥感团队最富影响力的成果之一，单篇引用次数过百。

2. 生物光学研究——清晰分辨来自浮游植物的信号

与此同时，商少凌逐渐认识到近海光学性质的复杂限制了遥感的应用，卫星标准数据产品在近海有着很大的不确定性，卫星呈现的高叶绿素浓度的水域往往混杂了其他物质，难辨真伪，发展区域算法势在必行，故而着手建设海洋生物光学测量体系。团队得到学院和近海海洋环境科学国家重点实验室的硬件建设投入，开始启动生物光学研究。其间，博士生吴璟瑜于 2003 年成功获得 IOCCG 的资助，前往曾任 OCTS 科学委员会委员的东京大学 K. Furuya 教授实验室，在水体各成分尤其是颗粒的光吸收及浮游植物色素的测量技术方面接受严格培训；博士生董强改进了针对近岸浑浊水体的吸收系数测量方法。经过数年努力，厦大海

① ZHANG C Y, HU C M, SHANG S L et al.: Bridging between SeaWiFS and MODIS for continuity of chlorophyll-a concentration assessments off Southeastern China, *Remote Sensing Environment*, 2006, Vol. 102, pp. 250-263.

② 原文: Over the past few years, the IOCCG has provided fellowships to a number of young scientists to travel to foreign institutes to work with experts in the field... Fellowship student Caiyun Zhang from Xiamen University (China) worked with Dr. Chuanmin Hu at the University of South Florida to complete a study on ocean-colour data product validation and comparison over the northern South China Sea and Taiwan Strait using a time-series of MODIS and SeaWiFS high resolution data as well as in situ data... IOCCG August 2006 News, https://www.ioccg.org/newsarchive/Aug2006/news.html, 下载日期: 2022 年 7 月 22 日。

洋遥感团队建立起完全与国际接轨的、规范的水体生物光学测量体系。2008 年起，由工程师林供接手维护运转这个体系，在国家自然科学基金共享航次以及遥感团队所获得的国家自然科学基金项目与科技部项目的支持下，林供带着学生们走遍中国海，获得大量高品质的生物光学实测数据，被应用在数篇论文中。美国大气海洋局 NOAA 发射的水色卫星可见光红外成像辐射仪（visible infrared imaging radiometer suite，VIIRS）处理系统上采用的数据质量评估体系[①]中边缘海数据的相当一部分，也来自厦大遥感团队。

生物光学研究从启动到初见成效，离不开国内水色遥感界先锋之一李炎的极大助力。2001 年，李炎准备从海洋二所调到厦大，访问厦大期间就开始督促商少凌以生物光学为主题申请"863"青年基金，并给出富有新意的研究建议，帮助修改申请书。他作为资深学者，不惜以青年基金团队成员的身份出现，就为了襄助商少凌获得国家级项目的支持。可惜那次申请落败，商少凌于 2002 年上半年再度提出申请，8 月份接到答辩通知，其时商少凌正在缅因大学柴扉教授实验室访问，柴扉不同意她回国，她只好请求彼时已入职厦大的李炎代为答辩，结果遭到李炎严厉的批评。于是她眼泪汪汪地回头去请求柴扉，承诺答辩结束就返回美国，并顺延再回中国的时间。那一次答辩终于成功，遥感团队在生物光学方向上踏出了坚实的第一步。不枉李炎高高挥起的鞭子，以及商少凌一周内在缅因小城—底特律—北京之间搭着起飞时就像要散架的小飞机，再换大飞机地来回倒腾了一趟。更值得一提的是，李炎特意腾出他名下的实验室空间，用作生物光学湿实验室，供洪华生和商少凌的学生们做实验、处理样品。

当时任职美国海军研究实验室、创立了水体光学参数反演准分析算法（quasi-analytical algorithm，QAA）的海洋光学权威学者李忠平教授，也注意到了厦大团队，于 2006 年夏天来访，自此开始与厦大合作。在李忠平和商少凌的共同指导下，董强基于 QAA 提出了水色三组分分解算法，实现有色溶解有机物质（colored dissolved organic matter，CDOM）的遥感反演，算法的表现优于其他报道；吴璟瑜率先建立了东海硅藻与甲藻藻华的分辨算法，并且由南美同行在巴西海域成功应用。拜 QAA 所赐，吕宋海峡冬季水华过程中真正来自浮游植物的信号被准确分离，这一大尺度水华所呈现的倒 V 形的空间形态也第一次展露在人们面前（图 2-12-3）。这在没有水色卫星的时代，是无法想象的。有关水体透明度的合

---

① WEI J W, LEE Z P, SHANG S L: A system to measure the data quality of spectral remote-sensing reflectance of aquatic environments, *Journal of Geophysical Research: Oceans*, 2016, Vol. 121, pp. 8189–8207.

作研究，更导向了理论突破，解开了困扰学界半个世纪的理论与实际观测不符的谜团。

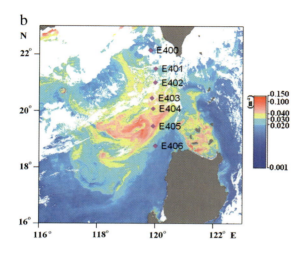

图 2-12-3　吕宋海峡 MODIS 卫星浮游植物吸收系数图像（2010 年 1 月 28 日）

（SHANG S L, LI L, LI J et al.: Phytoplankton bloom during the northeast monsoon in the Luzon Strait bordering the Kuroshio, *Remote Sensing of Environment*, 2012, Vol. 124, pp. 38-48）

3. 高分辨率遥感卫星的应用

　　海洋卫星分辨率多在 1 公里，在大尺度海洋科学研究中足以使用，但对于日渐引起重视的滨海湿地和海岸带管理，则力不从心。2006 年，商少凌、张彩云等参与洪华生担任首席科学家的科技部"十五""863"计划重大专项"台湾海峡及毗邻海域海洋动力环境实时立体监测系统"福建示范区项目，负责卫星遥感监测子系统的构建。在该项目中，张彩云和闫静初步利用空间分辨率为 30 米的 Landsat 数据和空间分辨率为 250 米的 MODIS 数据，开展了海上溢油遥感信息提取技术的研究工作。2010 年，在"973"前期专项基金的支持下，张彩云、闫静和商少凌还利用 Landsat 数据分析了福建省主要河口红树林面积的动态变化（图 2-12-4）。2013 年，在厦门市南方海洋中心的支持下，洪华生创建"厦门大学海洋监测与信息服务中心"，遥感团队加入；以张彩云为主，致力拓展国产高分辨率遥感卫星在海岸带管理上的应用，实现了厦门市及其周边地区海岸带岸线、土地利用以及滨海湿地等的动态监测。此外，采用视频监控数据初步研发了海漂垃圾的智能提取算法，使得遥感团队在社会服务方面开始发挥作用。

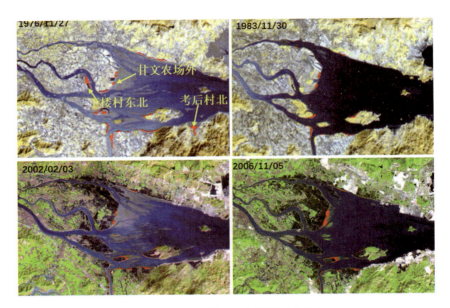

图 2-12-4　九龙江口红树林动态分布

（左上：1976 年 11 月 27 日。右上：1983 年 11 月 30 日。左下：2002 年 2 月 3 日。右下：
2006 年 11 月 5 日）

［闫静、张彩云、骆炎民等：《福建九龙江口红树林变化的遥感监测》，载于《厦门大学学
报（自然科学版）》2012 年第 51 卷第 3 期，第 8 页］

（三）壮　大

　　时间走到 20 世纪 10 年代，国家开始启动高层次人才引进计划，特拉华大学
严晓海教授与麻省州立大学李忠平教授相继加盟厦大，分别成为厦大动力遥感团
队与水色遥感团队的领军人，积极招贤纳士，队伍愈发壮大。2018 年，严晓海与
李忠平注意到小卫星轻量级、体积小、功耗低、开发周期短、可编队组网，具有
以更低的成本完成很多复杂空间任务的优势，及其展示出的在科研、国防和商用
等领域的积极作用。于是，两人向地学部主任戴民汉提出厦大发射小卫星的构想，
得到戴民汉的支持，经过多轮讨论，最终定名为"海丝系列"。商少凌依"海丝"
的闽南方言音，为她们起了个"HiSea"的英文名，意为"你好，海洋！"。同时，
团队联合多家单位，寻求各方力量，联手全力推进小卫星的发射。首发星"海丝
一号"合成孔径雷达（synthetic aperture radar，SAR）卫星，以实现海洋动力环境及
海岸带高分辨（3 米空间分辨）遥感为目标；"海丝二号"多光谱水色仪，以实现
海洋生态环境高分辨（20 米空间分辨）遥感为目标，分别于 2020 年 12 月和 2021

年 6 月成功发射（图 2-12-5）。

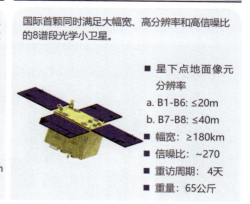

海丝一号

国内首颗具有全天时、全天候工作能力的商业 SAR 卫星。国际首颗面向海洋与海岸带遥感的 C 波段 SAR 小卫星（~185kg）。

- 条带模式：
  3m@20km
- 扫描模式：
  10m@50km
  20m@100km
- 聚束模式：
  1m@5km*5km

海丝二号

国际首颗同时满足大幅宽、高分辨率和高信噪比的 8 谱段光学小卫星。

- 星下点地面像元分辨率
  a. B1-B6: ≤20m
  b. B7-B8: ≤40m
- 幅宽：≥180km
- 信噪比：~270
- 重访周期：4 天
- 重量：65 公斤

图 2-12-5 "海丝一号"和"海丝二号"的简介与技术指标

（海洋遥感应用创新研究院：《筑梦苍穹 星耀海丝——海丝星座宣传册》）

"海丝一号"入轨两年多来，工作稳定，获取了涵盖海洋、河流、湖泊、冰川和海岸等典型地貌的大量高清 SAR 图像，并应有关方面要求为苏伊士运河"堵船"、河南特大洪水、汤加火山爆发等国内外突发热点事件提供应急拍摄服务，充分展现了 SAR 卫星在应急响应和防灾减灾等方面的应用前景（图 2-12-6 左）。"海丝二号"已正常运行一年有余，为厦门湾、福建近海，以及国内外多个热点区域拍摄超 2 万张图片，覆盖面积超 1 亿平方千米。近期应用"海丝二号"等卫星数据制作完成的第一版南海岛礁浅海水深图集所呈现的各处岛礁，水若眼波，礁似眉峰，眉眼盈盈，引人入胜（图 2-12-6 右）。

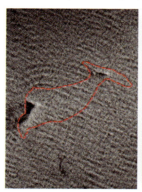

图 2-12-6 "海丝一号"和"海丝二号"拍摄的影像（武秀玲供图）

（左："海丝一号"获取的洪阿哈阿帕伊火山影像，2022 年 1 月 18 日。右："海丝二号"拍摄的东沙岛假彩色图，2021 年 9 月 30 日）

未来的浩渺太空中，将出现优化组合的多星构成的"海丝星座"，其具备小时级准实时快速响应能力，目标是实现对海洋与海岸带的多要素同步观测。从 30 年前在台湾海峡苦苦采样调查的前辈们希冀由卫星掌握海域全貌的那个绮丽的梦，到今天海洋水色遥感团队（图 2-12-7）与光共舞的梦，终均化为璀璨的星河！

图 2-12-7　海洋水色遥感团队（2022 年 5 月 13 日）（余小龙供图）

（第一排左起：商少凌、李思慧、陈粮峰、赖文典、李炎、汪永超、王俊帏、李忠平、武秀玲、闫静、李永虹。第二排左起：余小龙、上官明佳、刘阳洋、宋鲁平、谢金燕、李旭、廖予芃、朱庆、林再法、侯思远。第三排左起：王道生、林供、林丽霞、李薇、聂婧璇、乔翰洋、练冬梅、魏叶松、汪远伦、张亚龙、杨志峰）

商少凌，1984 年至 1991 年在厦门大学海洋学系就读，获学士、硕士学位。1992 年至 1995 年在厦门大学环境科学研究中心就读，获博士学位，随即入职厦门大学环境科学研究中心。1996 年至 1998 年在日本名古屋大学从事博士后研究。现任厦门大学海洋与地球学院教授。

张彩云，2001 年至 2006 年在厦门大学环境科学研究中心就读，获博士学位。1997 年就职于厦门大学海洋系，现任海洋与地球学院副教授。

"凌峰暑期科研训练"项目十五年

——本科生国际化科研训练项目的历程

◎ 罗津晶

"凌峰暑期科研训练"国际项目（凌峰计划项目）是厦门大学与世界百强名校瑞典隆德大学合作开展的本科生国际化特色办学项目，是当年海洋与环境学院环境科学与工程系（以下简称环科系）"凌峰学生科研奖励计划"的国际化拓展。取名"凌峰"的原因，是当时环境科学研究中心（以下简称环科中心）和环科系位于凌峰楼。项目始于 2007 年，是国内开展最早且持续时间最长的针对本科生国际化人才培养的科研训练项目之一。

该项目采用全英文教学模式，每年由厦门大学环科系提供 8 至 10 个前沿科研课题，由本系和瑞典隆德大学的本科生共同组成研究小组，在 4 周时间内独立完成。迄今，该项目已成功实施 15 届，共有 30 多位教师参与指导 125 个研究课题，共培训中外学生 460 人次，其中留学生 103 人、本科生 227 人、研究生 130人。经过 15 年的实践，项目组在实践教学领域探索出独具特色的本－研贯通的国际化人才培养模式，并初步搭建起全球大学合作伙伴关系网络。多校合作联盟已初步形成，"凌峰学员网"规模效应显现，有力地助推了国际化实践教学的内涵式发展。

（一）项目起由和策划筹备

2003 年，环科系参照国外暑期学校模式，设立了"凌峰学生科研奖励计划"，选拔优秀本科生开展创新课题研究。2006 年 10 月 25 日，瑞典隆德大学工学院主管教学的院长 Per Warfvinge 教授及国际事务主任 Christina Grossmann 女士访问厦门大学，当天下午和海洋与环境学院时任院长袁东星及环科系的欧阳通、罗津晶举行礼节性会谈。就在预定会谈时间结束的前 15 分钟，Per Warfvinge 教授听说环科系设有"凌峰学生科研奖励计划",眼睛一亮。于是,双方就推进隆德大学水资源工程系学生参与厦门大学环科系本科生的短学期科研活动一事,进行了初步探讨,达成合作意向。

Per Warfvinge 教授回国后,中瑞双方通过电子邮件进行频繁的联系与讨论,确定了两系合作的形式:环科系拓展原有的"凌峰学生科研奖励计划",增设为期 4 周的国际化科研项目。项目总协调人为环科系的罗津晶,隆德大学的项目负责人为瑞典籍华人 Linus Zhang 副教授。2006 年底,厦门大学海洋与环境学院与瑞典隆德大学工学院签署第一期合作协议,有效期 3 年。协议约定,由环科中心的教师提供科研课题,每年邀请 8 名隆德大学工学院水资源工程系的学生和 8 名以上环科系大三本科生,以一对一或一对二的组队方式,分别参与 8 个科研课题。

为保证项目的顺利进行,海洋与环境学院、环科中心及环科系均做了充分的前期准备,成立了由袁东星牵头的筹备委员会,时任近海海洋环境科学国家重点实验室(厦门大学)(以下简称国重室)主任戴民汉指派国重室国际事务秘书施薇担任项目秘书。2006 年 12 月 14 日,筹备委员会举行第一次会议,由袁东星主持,参与人员包括时任环科系正副主任的黄邦钦和陈猛,以及欧阳通和罗津晶等。

会议明确了项目的预期目标和项目负责人,审核通过了科研课题的征集方案,讨论了项目涉及的文化交流活动的安排。院系全力支持凌峰计划项目,每年拨出 3 万元,用以支持该项目涉及的科研培训、文化交流等活动的开展。会议还就科研课题评审小组、文化交流活动等具体事项进行安排;要求双方学生在所发布的课题中自由选择、自愿报名,双方院系各自择优选拔学生;入选学生应及时与导师联系,进行文献检索等前期准备工作。为了保证科研课题的顺利实施,进一步规定每个课题组邀请一位研究生作为研究助理,以协助导师安排实验仪器和试剂,辅导实验。会后,罗津晶着手进行课题及学生评估方案的拟订,并与施薇一起负责学校规章制度、实验室章程介绍、项目手册等各种文本的英文翻译工作,以及网站筹备和来访师生的签证等事宜;时任学院办公室副主任李云霞负责食宿安排、交通等后勤保障工作。

2007 年 1 月 9 日,举办了第二次筹备会,通报了各项工作的落实情况:海洋与环境学院与隆德大学工学院的院际合作协议书已完成我方签署;厦门大学与隆德大学的校际协议书也已完成我方签署;已启动征集科研课题的工作。会议讨论并确定了项目涉及的教学细节、项目网站内容,通过了对学生考核的评分标准。

2007 年 4 月 10 日,经袁东星和瑞典方 Gunilla Jonson 院长签字,中瑞院际合作协议正式生效。2007年4月18日，第一届凌峰计划项目正式向全院师生发布通知，包括计划简介、资助条款、选拔要求（学生、时间、成果、申请及选拔的要求）等。

（二）第一届"凌峰暑期科研训练"

经过前期紧张细致的筹备，第一届凌峰计划项目如期开幕。2007年6月18日至7月13日，3名瑞典老师（Per Warfvinge教授，水资源工程系系主任Rolf Larsson副教授和Linus Zhang副教授）及8名隆德大学水资源工程系学生来到厦门大学，与9名环科系学生及戴民汉、黄邦钦、罗津晶、欧阳通、王大志、熊小京和袁东星7位环科中心老师一起，在凌峰楼开展了为期4周的首届凌峰计划项目（图2-13-1）。

图2-13-1 参加第一届项目的学生和部分教师（2007年6月）（罗津晶供图）

（第一排左起：饶欢欢、赵志新、Helena Cordesius、Maria Bergman、蔡雅蓉、罗津晶、袁东星、何冬梅。第二排左起：陈倩、郭嫦娟、王燕云、吴玉玲、黄敏。第三排左起：Disa Sandström、Hanna Markström、Hanna Söderlund、彭园珍、Lena Strömberg、Andreja Peternelj、Kristofer Stålhammar、戴民汉、黄邦钦）

这一届项目共安排了3场瑞典方的学术报告（Per Warfvinge教授和Linus Zhang副教授）（图2-13-2），一场学术交流会（Linus Zhang副教授），一次赴筼筜湖生态保护区的参观考察（罗津晶、胡宏友）（图2-13-3）。Per Warfvinge教授专程赴漳州校区，为全校一、二年级本科生开设讲座。项目还安排了7次双方教师之间的会谈。

在文化体验方面，策划了4次联欢会，分别由瑞典学生、环科系2004级本科生、环科系袁东星和黄邦钦课题组的研究生组织实施。在卢昌义的支持下，项目组还安排了一次与嘉庚学院环境科学与工程系学生的联欢会。项目期间恰逢中瑞两国的传统节日——端午节和仲夏节（Mid-Summer-Eve），两国学生各自精心策划了独具特色的联欢晚会。瑞典学生亲手制作沙拉等晚会餐食，摆出不远万里带来的家乡传统小吃、糖果和烈酒与大家分享。晚会当天，他们采集野花编织花环，用绿叶枝条和花环点缀制作仲夏柱，竖立在活动现场，带领所有人围着柱子载歌载舞，表演瑞典传统歌曲和舞蹈（图2-13-4）。他们举手投足间体现出的民族自信和独立品质，给我方师生留下了深刻印象。现场高潮迭起，所有人都沉浸在温馨且愉悦的氛围中流连忘返。环科系本科生组织的欢庆端午节活动，不仅介绍各地方的风土人情，更是安排了包粽子、书法、武术表演等环节，给中外师生带来了一场文化盛宴。为了增进学生间的互动，项目组

图 2-13-2　Per Warfvinge 教授讲座
（2007 年 6 月）（罗津晶供图）

图 2-13-3　筼筜湖生态保护区参观考察
（2007 年 6 月）（罗津晶供图）

（左起：林玉美、Kristofer Stålhammar、Maria Bergman、Disa Sandström、Lena Strömberg、Hanna Markström、Hanna Söderlund、Helena Cordesius、罗津晶、Andreja Peternelj）

图 2-13-4　瑞典学生表演仲夏节传统节目
（2007 年 6 月）（罗津晶供图）

还安排了两次观光活动（环岛游和鼓浪屿一日游）和两次体育活动（羽毛球比赛和攀岩）。

首届凌峰计划项目获得了双方学院的专项资助，并得到厦门大学国际处、教务处和国重室的赞助。《厦门日报》和厦大新闻均对项目做了深入报道。

（三）高度评价和绵长友情

在项目实施过程中，为了及时发现问题、解决问题并总结经验教训，罗津晶组织研究助理召开信息反馈会，了解中外本科生的实验技能及对课题的评价；召集中外本科生，征询对项目的看法；逐一向课题导师发邮件征询建议；与3位瑞典老师多次交换意见……瑞典学生对项目给予了非常肯定的评价："incredible""fantastic experience""very positive experience""the days never been boring""communication is not a problem, will recommend to fellow students"……中国学生也给出了非常积极的反馈："开阔了视野，增长了见识""非常棒的科研经历""英语交流能力得到提升"……瑞典方面对这个项目非常满意，多次感谢环科系所做的一切。他们盛情邀请环科系师生访问隆德大学，进一步拓展双方的合作领域，深化合作力度。

2007年12月19日，黄邦钦召集了项目总结会。罗津晶汇报项目总结后，讨论通过了课题筛选标准、课题实施质量评价标准；协调解决了环科系学生面临的短学期课程与项目执行期冲突的问题；确定了将项目设为科研实践课程，并给予学分。值得指出的是，现如今在全国高校中广泛开展的国家大学生创新创业训练计划（大创计划）是教育部于2007年启动并于2012年在全国推广实施的。凌峰计划项目在国内高校中率先开展了大学生科研技能训练，并实施国际化培养方案。

凌峰计划项目受到中瑞双方师生的高度赞扬，参与项目的学生都获得了丰富的科研体验（图2-13-5）。中国学生们在英语口语、写作、科学研究、科研技能等各个方面都得到了显著提升。在后期发展中，项目学员成长迅速，以曹知勉、张敏、姚

图 2-13-5 参观实验室（2019 年 6 月）（罗津晶供图）

义鸣等为代表的参与者，已经成长为各自领域的优秀青年学者。

凌峰计划项目不仅提供了丰富的科研、文化体验，更是推进了中瑞两国人民的深厚友谊。时至今日，即便远隔万里，分属不同行业，友谊依然在延续。2017年，Maria Bergman（袁东星课题组）得知当年的研究助理张敏到英国访学，便专程从瑞典前去探望，时至今日他们仍保持着联系。在项目开展了 10 届之后，已经身为两个孩子妈妈的 Maria Bergman、身怀六甲的 Hanna Söderlund（罗津晶课题组）和 Caroline Hallin（陈能汪课题组）特意返回隆德大学，与厦门大学教师代表团畅谈在厦门的难忘经历。图 2-13-6 所示为 Hanna Söderlund 与罗津晶的合影，她手中拿着特意打印出来的 9 年前在厦门与课题组聚餐的照片。迄今项目已经实施 15 届，Hanna 的宝宝也已经 5 岁，大家约定再见面时，要让宝宝拿着这张穿越时空的合影一同出镜。

图 2-13-6　9 年后重逢（2016 年 6 月 28 日）
（罗津晶供图）

（左起：Maria Bergman、Hanna Söderlund、罗津晶）

（四）总结、拓展和延续

2007 年 12 月的项目总结会上，罗津晶对标了项目运作模式与教育部提出的建设"大学生创新实践中心"的要求，认为项目已符合所要求的"项目管理制"，已具备"市场化运作模式"（瑞典学生的经费来源为企业资助）的雏形，但在"企业化管理理念"方面还需强化。环科系的老师们一致认为项目可以提升和拓展，包括输送和接纳学生参加联合培养的双学位项目、设立 3+1 或 2+1+1 项目；选拔环科系学生加入隆德大学水资源工程系的远程教育硕士项目；派遣环科系教师前往隆德大学开展短期联合研究等。戴民汉建议以参与课程学习或科研等方式推进环科系学生访问隆德大学的进度；王新红建议从保送生中选拔前往隆德大学的学生；景有海建议广泛向学生宣传这个项目和机会。大家还对筹集国际旅费等费用的方式进行了探讨。

2007 年首届项目的圆满举办，也为后续项目的顺利开展打下坚实的合作基础。2008 年，厦门大学与隆德大学工学院签署学生交流协议，自 2008 年起与隆德大学工学院开展学生交换,每年每校 3 人。2011 年,厦门大学与隆德大学签署校际学生交流协议,自当年起每年每校 3 至 5 人。

依托凌峰计划项目,成功实现本科生国际化交流成建制地"引进来"后,为了推动本科生规模化地"走出去",罗津晶受学院委托与隆德大学工学院商讨派出方案及经费来源。2008 年底,经隆德大学工学院鼎力推荐,厦门大学加入由隆德大学作为总协调单位的欧盟高等教育合作交流项目——"伊拉斯莫斯世界对外合作窗口"(Erasmus Mundus External Cooperation Window,EMECW),并于 2009 年成功获批 530 万欧元的资助。这是欧盟第一次对中国开放该项目,厦门大学成为首批获得资助的 10 所中国高校之一。借由该项目的支持,厦大共获得 14 个派往欧盟高校的名额和 6 个接收欧盟高校师生的名额。每位奖学金获得者可在 10 个欧盟成员学校中选择一所,除学费豁免外,还可获得生活补贴和往返旅费。交流期限可长至 34 个月。环科系获得 1 名本科生(姚义鸣,9 个月),1 名教师(胡宏友,2 个月),1 名博士后去欧洲访学的机会,并接收 1 名教师(2 个月)和 1 名本科生(4 个月)来环科系访学。2010 年至 2012 年,经由项目的推动,厦门大学继续与瑞典隆德大学合作,申请并获批欧盟高等教育合作交流项目——"伊拉斯莫斯"亚洲项目,该项目涵盖亚洲 12 所高校,厦大成为唯一连续获批的中国高校。

2012 年,凌峰计划项目获得厦门大学推荐申报国家留学基金委(China Scholarship Council,CSC)优秀本科生资助计划(优本计划),并成功获得 10 个访学隆德大学的资助名额。2013 年,环科专业 4 名大四学生前往隆德大学水资源工程系开展 4 个月访学并完成毕业论文(图 2-13-7)。自 2013 年至 2020 年,依托 CSC 优本计划的资助,共有 38 位环科本科生赴欧美大学交流学

图 2-13-7　赴隆德大学访学的环科系学生(2013 年)
(罗津晶供图)

(左起:商惠斌、刘雪飞、陈越月、陈薇晓)

习。同时为厦门大学其他学院争取到 30 多个访学名额,实现了规模化、持续性

的本科生"走出去"。

2010年9月5日至9月10日，厦门大学海洋与环境学院代表团访问隆德大学，代表团由王大志带队，成员包括吴立武、刘海鹏、罗津晶。代表团与隆德大学学术发展中心的 Thomas Olsson 教授深入讨论了教学模式和评价机制。与环境与能源系统学中心的 Charlotte Malmgren 教授等商讨合作授课的可行性：在与水资源工程系 Linus Zhang、Rolf Larsson、M. Larson 和 Kenneth Persson 等教授的会谈中，双方认为可以先在研究生教育层面推行双学位培养模式，并商讨继续推动"伊拉斯莫斯"亚洲项目的申请以便获得更多师生交换的机会。在与其他教授的会谈中，双方均提出开展其他合作的实质性建议。

（五）升华、示范和辐射

在达到规模化的"引进来""走出去"目标后，凌峰计划项目着力于夯实基础、扩大影响力和辐射面。2010年起，通过"院系资助＋自费"的模式，支持环科系本科生赴台湾，到台湾大学、成功大学、中山大学等校学习交流，参加台湾云林科技大学暑期学校和台湾宜兰大学的暑期科研训练，并邀请台湾云林科技大学师生参加环科系本科生的生产实习。2019年，经环境与生态学院副院长王新红推动，日本大学和日本东北大学共有4名学生加入当年的凌峰计划项目。项目也尝试向国内高校的学生开放，曾接纳福建农林大学、华侨大学、山西大学、武汉工程大学、天津科技大学等高校的本科生参与，获得很好的效果。

2011年，受时任海洋与环境学院院长戴民汉的委托，罗津晶牵头与美国圣地亚哥州立大学 Samuel Shen 教授商讨合作开办暑期学校事宜。经多次讨论后，双方决定参照凌峰计划项目的模式，以"全球气候变化"为主题，每年暑期在厦门大学海洋与环境学院举办为期两周的暑期学校，由两校教师共同授课，面向两校学生开放。暑期学校由罗津晶任项目负责人，Samuel Shen 任圣地亚哥州立大学联络人，施薇任项目秘书。

2012年7月2—13号，美国圣地亚哥州立大学国际事务主管 Alan Sweedler 教授、理学院院长 Stanley Maloy 教授、数学与统计系主任 Samuel Shen 教授和12名美国学生与罗津晶及13名来自环科、海洋、生物技术的本科生，在曾呈奎楼共同参加第一届"全球气候变化与新型传染病"暑期学校。至2019年，"全球气候变化"暑期学校共举办8届，参与学校有：美国圣地亚哥州立大学、意大利米兰大学、台湾宜兰大学、台湾云林科技大学、福州大学、福建师范大学及厦门大学等。圣地亚哥州立大学先后有 Alan Sweedler、Stanley Maloy、Samuel Shen、Chun-Ta Lai、Williams Tong 等教授参与，厦门大学先后有罗津晶、王明华、谭巧国、张原野等老师参与项目管理及授课。

2011 年 10 月，受时任环科系系主任王大志的委托，罗津晶在"凌峰计划项目""全球气候变化"暑期班等本科生国际化平台的基础上，主笔申报厦门大学"国际化教学改革试验班计划"（国际化班）。"环境与生态国际化教学改革试验班计划"于 2012 年 9 月面向本科生招生。在 2013 年 3 月 12 日举行的 2013 年度第一次国际化班教学工作会议上，时任副院长郑海雷主持会议，明确了学院本科生国际化班的管理团队成员为郑海雷、罗津晶、陈荣、杨盛昌、洪海征等。会议决定尽快起草国际化班培养方案和管理细则，并探讨了加强国际化班建设的具体细节。

2017 年 8—9 月，欧阳通、罗津晶等先后顺访日本东北大学，与工学部环境科 Yu-You Li 教授、Takeshi Komai 教授等商讨推动合作举办暑期班事宜。2018 年，双方合作成功申请到日本"樱花科技计划"的支持，共有 10 名本院学生（1 名研究生和 9 名本科生）于 8 月 17—27 日赴日本仙台参观访学。

第 15 届凌峰计划项目圆满结束后，在时任副院长王文卿的推动下，2021 年 7 月 24—25 日，环境与生态学院举办了"凌峰暑期科研论坛"本科生国际化教学国际研讨会（图 2-3-18），来自瑞典隆德大学、美国圣地亚哥州立大学、台湾宜兰大学、北京大学、北京师范大学、南京大学、南开大学、华南理工大学、同济

图 2-13-8 "凌峰暑期科研论坛"本科生国际化教学国际研讨会合影（2021 年 7 月 25 日）
（罗津晶供图）

大学、中山大学、福州大学、福建师范大学和厦门大学等高校30多位教师代表参会。代表们分别就各自学校的国际化教育的做法、成效、经验等做了报告。美国圣地亚哥州立大学副校长 Williams Tong 教授不顾12小时的时差，全程线上参会。本次会议探讨了国际化研究型的环境与生态学科本科人才培养模式的实践和探索、新形势下环境与生态学科国际化人才培养面临的挑战和机遇等问题，分享了本科生国际化人才培养的新思路和新方法。代表们纷纷表示从彼此的分享中拓展了办学视野，坚定了面对新形势的办学方向。与会代表一致认为凌峰计划项目的特色突出，是迄今国内高校中持续时间最长的本科生国际化培养项目。

经过多年的积累和提炼，凌峰计划项目的教学成果获得了多次奖励。2009年，"环境科学本科生暑期科研奖励计划国际项目的实施和成效"获得厦门大学第六届高等教育教学成果奖二等奖，成果完成人：袁东星、罗津晶、陈荣、陈猛、黄邦钦、戴民汉、王大志、施薇。2013年，"环境学科本科生科研训练的国际化培养模式"获得厦门大学第七届高等教育教学成果奖二等奖，成果完成人：罗津晶。2017年，"环境与生态学科大学生创新科研人才国际化培养体系的构建与实践"获得福建省高等教育教学成果奖二等奖、厦门大学第八届高等教育教学成果奖特等奖，成果完成人：罗津晶、陈荣、王大志、黄邦钦。评审专家认为，本科生的国际交流，最常见的形式就是办班、参会，即使有做科研的也常是出国门去做；凌峰暑期科研训练国际项目与众不同的亮点，就在于接纳国外本科生来从事实实在在的科研。

（六）凌峰往事——作者结语

弹指一挥间，凌峰计划项目已经实施了15年。2007年7月瑞典学生在鼓浪屿巨石上暴晒中国南方"日光浴"导致中暑的情景仍历历在目；2008年由于签证出现问题，8名瑞典学生中有6名面临可能提前回国的焦灼现在想来依旧心有余悸；2013年午夜的巴黎火车站，于上下火车的拥挤人流中偶遇美国圣地亚哥州立大学 Chun-Ta Lai 的惊喜；每每看到学生结题时洋溢的自信和展现的才华时的欣慰……尘封的往事一经开启，便是满满的感慨、感动与感谢！

凌峰计划项目15年，一路摸索前行，每年都会面对各种突发事件和新挑战，无论是项目初期的外事交流、项目管理的对接，还是近两年全球疫情导致的国际交流受限，项目组团队（罗津晶、胡宏友、Tonni Kurniawan、刘海鹏、施薇、李青鸿、柯晓琳等人）团结协作，最终化危为机，将遇到的坎坷与挫折转化为前行的动力，在锻炼了队伍的同时，也提炼和摸索出一套切实可行的经验。项目组成员虽然因工作需要时有变动，但他们的努力成就了如今的凌峰计划项目。

在文末，要特别感谢参与凌峰计划项目的 31 位老师，他们不仅提供了高质量的前沿课题，更给予学生精心的培养和无限的机会，助力学生的茁壮成长。他们[1]是：袁东星（11）、戴民汉（3）、黄邦钦（4）、王大志（2）、欧阳通（11）、熊小京（5）、罗津晶（21）、曹文志（1）、张珞平（1）、高坤山（1）、蔡立哲（8）、胡宏友（3）、陈能汪（10）、王德利（2）、吴水平（9）、王新红（3）、黄凌风 + 骆苑蓉（1）、谭巧国（4）、陈鹭真（5）、马剑（1）、Tonni Kurniawan（6）、黄金良（2）、柳欣（1）、李艺（1）、于鑫（2）、张原野（1）、区然雯（2）、白敏冬（1）、张彦隆（2）、冯明宝（1）。

从环科系、海洋与环境学院到如今的环境与生态学院，凌峰计划项目一路走来，得到来自各界的帮助，收获多多，感动满满，千言万语，汇成一句：凌峰 15 年，感恩有您！

罗津晶，2004 年毕业于美国密歇根理工大学，获博士学位。毕业后曾就职于美国密歇根理工大学材料处理研究所。2006 年就职于厦门大学海洋与环境学院，现任环境与生态学院副教授。

---

① 注：名字后括号内的数字表示提供的项目数。

凌峰演武

众人回忆篇

环科中心礼赞

◎ 袁东星　诸　姮（整理）

编者按

　　本章摘录了环境科学研究中心（环科中心）成立一周年、三周年、五周年、十周年时，分别在《厦门大学报》的专栏上刊登的一些典型报道和校友稿件。编者对个别字和标点做了修改，并补充了几张相关图片。

（一）一周年礼赞 [①]

1.《环科中心简介》

　　厦门大学环境科学研究中心的前身是厦门大学环境科学研究所（简称厦大环科所）。厦大环科所成立于 1982 年 4 月（编者注：1982 年 9 月。），成立以来已获取了许多重大成就并逐步得到发展。为进一步适应我国沿海地区经济与社会发展的需要，为使我校的环境科学研究朝着多学科相互合作、相互促进的方向发展，1992 年 4 月，原环科所扩建并更名为厦门大学环境科学研究中心（简称厦大环科中心）。

　　中心近期主要有如下四个相互关联的研究方向：

　　（1）海洋环境主要界面地球化学过程的研究：海洋环境中 C、N、P 的生物地球化学循环；空气污染及海 – 气界面交换问题；污染沉积物的来源、归宿及环境效应；河口港湾污染物的迁移、变换过程；污染物对海洋经济动物的生理、生态和生化效应。

　　（2）海洋与海陆过渡带生态环境的研究：红树林生态及其对污染物的净化功能；陆域植被与生态环境；环境微生物学及水域微生物生态；赤潮问题及微型生物的生物净化机理。

---

① 　本节原文载于《厦门大学报》第 282 期，1993 年 4 月 15 日，LIB-009-614-0100。

（3）环境监测与分析：环境化学分析方法的标准化；新方法的研究（形态分析、现场、自动、遥感技术等）；计算机在环境分析科学中的应用（信息库、数据库及污染模式的建立等）。

（4）环境影响评价与管理：环境影响评价与环境规划；环境监测的质量保证与质量控制；工业三废治理技术与环境工程；环境经济与环境管理。

2.《科研教学　服务社会——环境中心成立周年成绩回顾》（节选）

环科中心利用面向海洋、在海洋环境科学研究方面的雄厚基础并利用其所具有的多学科联合、渗透的优势，狠抓科研工作，组建了一支以中青年为骨干的科研队伍。首先积极组织研究人员申请各类基金。一年来已申请获得国家主任基金一项、国家自然科学青年基金一项、福建省自然科学基金 2 项、横向科研基金 5 项，共引进经费约 45 万元。其次是注重地区间的合作研究，积极联合国内外环科力量，共同研究和解决环境科学领域中的共同问题。例如，一年来环科中心与香港科技大学合作进行维多利亚港沉积污染物问题的研究，先后派了 3 名研究人员赴港做合作研究，还与国家海洋三所、市环保局、市环科所以及我校有关的系、所联合，进行多项环境问题的课题研究。最近还与日本有关单位联合申请课题拟对水域富营养化、赤潮问题做合作研究。再者，是抓进度、出成果。中心要求各科研组严格按照研究实施方案，按时完成科研任务。一年来，已完成 6 个科研项目，正式发表研究论文 31 篇，参加各类学术交流会 16 人次，其中参加国际学术交流的论文 8 篇，并拟选送一些文章参加即将在厦门召开的台湾海峡及其临近海域海洋科学研讨会，将与邻近国家学者研讨该地区的海洋环境问题。

在学科建设上，环科中心采取请进来、走出去的做法，就如何以较高起点、较快速度发展环境科学学科，培养高质量的环科人才问题，中心分别邀请了国际著名海洋环境学家——美国罗德岛大学 Kester 教授和国内名牌大学环科系、所及环保系统的负责人或专家教授前来座谈，介绍他们的经验。此外中心还派员到有关单位、学校做调查研究，了解兄弟院校有关学科建设、硕士生培养的情况及社会上对环科方向人才培养的意见与要求，并结合自身特点，制订了自己的培养硕士生方案。目前中心有合招博士生 2 名、硕士生 6 名，国外进修生一名。中心已开设或即将开设硕士生必修课程 5 门，选修课程 15 门，有的课程用英文、法文讲授。对已开设的"环境科学研究进展"、"海洋生物地球化学"和"环境微生物学"课程，有不少外系、外校学生前来听讲，反映较好。

环科中心依靠学科、人才和设备优势，在保证科研、教学两个中心任务的同时，组织力量，主动面向经济建设主战场，面向特区，大力开展社会服务工作。一年来，先后完成了长乐国际机场，厦门杏西、杏南、集北的环境影响评价工作，还进行泉州东海滨城环评及永安水泥厂大气环评工作和厦门市开元区（编者注：现已并入思明区。）、思明区及湖里区有关工厂的废水、废气的监测工作，取得了成效。

3.《自强不息　勇于拼搏——环科中心青年人素描》

环科中心成立短短一年里，在学科建设、科研、对外服务等方面取得了许多成绩。这其中，拥有一支朝气蓬勃的青年教师队伍是成功的关键之一。中心里有这么几位青年人，他们不是领导，但在中心创建伊始、起步维艰的一年里在各项工作中起着骨干作用。

张珞平，中心的"拼命三郎"式人物，总有做不完的事在等着他。一年来他以其较丰富的环境评价和环境规划方面的经验，在中心承担横向课题研究中发挥了重要作用。在承担繁重的环评工作的同时，他还参加了"香港维多利亚港污染沉积物研究"课题的工作，主持"微表层对石油烃的富集作用"的科研工作，以第一作者发表了 2 篇论文。

庄崎厦，论文多产者。中心成立一年来发表了论文 6 篇，其中国际性刊物 2 篇，另有一篇论文参加了在日本举行的全球环境国际学术会议，6 篇论文参加了全国性学术报告会（其中 3 篇论文获会议的优秀论文和优秀报展奖）。多年来从事原子吸收光谱分析技术的应用研究。

郑文教，中心唯一作为优秀中青年被破格晋升的副研究员。主要从事环境生态学、植物生态学研究。中心成立一年来在全国一级刊物发表具有较高学术水平的科学论文 5 篇。在研项目计有国家自然科学基金 2 个、博士点基金重点项目 1 个，省科技攻关项目 1 个、横向基金 1 个。

薛雄志，称得上中心的多面手。中心成立一年来，他作为主要参加者参与多项横向课题的研究工作；参与环境微生物的学科建立，为主设计、配合施工完成了环境微生物实验室改造工作，本学期计划为研究生和国外进修生开设一门环境微生物实验课程；作为主要合作者参与了 2 个国家级自然科学基金的申请，在引起国际上广泛重视的赤潮对海洋污染的研究方法上提出了新的见解，正利用所获得的育苗基金设计探索薄层 – 荧光及其他分析微生物学技术在赤潮等海洋环境科学研究中的应用。

徐立，中心最年轻的博士，也是中心的大忙人之一，他参与了洪华生教授主持的大部分研究课题，并以其新颖创意的选题获得了今年福建省自然科学基金 1.7 万元。

黄邦钦，海洋生物与海洋化学学科交叉探索者。主要从事海洋环境中生源要素 C、N、P 的生物地球化学研究。在结束了省自然科学基金资助的"浮游植物在磷微循环过程中的调控作用"课题的研究后，目前正主持实施国家青年基金资助课题"海水中溶解有机磷的形态及其对海域生物生产力作用"课题的研究。

事实上，除了上述几位青年人，中心的其他青年人也都承担了大量的工作。相信不久的将来会有更多的青年人成为中心科研、教学、对外服务和其他工作中的骨干力量。

（二）三周年礼赞[①]

李云霞：《环科中心成立三年发展迅速 海洋环境科学研究领域异军突起》（节选）

环科中心在海洋环境主要界面生物地球化学过程、海洋与海陆过渡带生态环境、环境监测与分析、环境评价与管理四个相互关联的研究方向，组建了一支以中青年为骨干的科技队伍。现有教工 30 名，其中博士 5 名，硕士 8 名，平均年龄不到 40 岁。

三年来争取国家自然科学基金（包括青年基金）10 项、省基金 9 项。开展了香港维多利亚港和厦门西港污染沉积物变化过程研究、UNDP 东亚海域海洋污染预防与管理厦门示范区项目等课题研究，出版著作 3 本，发表论文 120 余篇。

三年来争取科研经费 165.2 万元，1995 年度人均科研经费 3.1 万元，在我校排名第一；1995 年 9 月被厦门市人民政府授予"厦门市科技工作先进集体"称号。

目前中心有在学博士生 7 名，硕士生 10 名。

环科中心在加强基础研究的同时，为厦门特区创造良好的投资环境而出力。三年来，圆满完成了集美、杏林工业区、厦门市环境规划、象屿保税区工程环评、东山环评等 20 余项建设项目的环评工作。同时受市政府委托组织专家进行厦门西海域填海问题、鹭江道拓宽岸线确立的论证等工作，推动并协助实施厦门大学海滨浴场污水截流整治工作。

---

① 本节原文载于《厦门大学报》第 329 期，1995 年 11 月 15 日，LIB-009-615-0136。

（三）五周年礼赞 [①]

1. 袁东星:《叠翠掩处有凌峰——厦门大学环境科学研究中心成立五周年回顾》(节选)

数据所展示的成果

数据经常是枯燥的,却很能说明问题。5 年来,环科中心年平均获得科研经费在百万元以上,高级专业技术职务人员人均年平均科研经费为 5 万元。其中有 14 人次获国家自然科学基金资助。5 年来,环科中心的科研人员在国内外各种学术刊物上发表了近三百篇论文,含工程系列人员在内的专业技术职务人员人均发表论文十余篇。8 个项目获得国家或省部级成果奖。2 个研究室分获 2 次校南强奖,2 人获校清源奖,5 人获校九州奖。在"内联外合"方面,上百人次参加国内各种学术交流会,十多人次出境进行合作科研。环科中心还与香港科技大学在香港联合举办大型国际学术会议……回顾 5 年前起步初期订下的计划和 5 年来的工作,环科中心的确把计划变成了现实。

抓住机遇

自 1972 年在斯德哥尔摩召开联合国人类环境会议以来,环境问题已成为各国政府的热门话题、国际社会的中心议题。环境科学作为科学家的新兴课题,在全球范围内加速、高速地发展着。1996 年,国家教委已经把"环境科学与工程"定为一级学科。"211"工程预审中,厦门大学"海洋资源与环境"被列为重点建设学科之一。福建省是海洋大省,海洋的环境和管理,海洋资源的开发是福建省的重要大事。1996 年福建省和厦门大学共建海洋与环境学院,不也是给海洋与环境学科的发展带来机遇?不抓住机遇就是失误!环科中心正是在大环境和小环境中,都较好地利用了机遇,取得了一个又一个的进展。

团结进取

天时、地利,还要人和。5 年来,学校领导、各部处、各兄弟院系,给予环科中心许多支持和帮助,包括实验室、仪器、人员……环科中心现有人员 31 人,其中高级职称的占 55%,年纪在 40 岁以下的亦占 55%。中心领导、各研究室主

[①] 本节原文载于《厦门大学报》第 355 期,1997 年 3 月 30 日,LIB-009-0616-0094～0095。

任和教学、科研、后勤秘书均具有高级职称，素质好，效率高，凝聚力强。大家奉行把精力和时间用在科研上而绝不用在串门子咬耳根上的方针，分秒必争地把一件件实事办完、办好。都说天才是三分机会加七分汗水。环境中心恐怕是全校唯一至今还能坚持上班签到制度的科研单位。白天，这里各室大门敞开；晚上，这里灯火辉映成片。时时处处，都有科研人员辛勤的身影。就连大年三十上午，这里还有做实验的人员。除了科研，其他一件件公益活动，如校园精神文明建设、"6.5"世界环境日宣传（图3-1-1）、校职工体育运动会（图3-1-2）、环校跑……环科中心亦组织得井井有条。

图 3-1-1　世界环境日活动（1994年）（卢昌义供图）

（左：右起吴瑜端、王豪杰。右：左起杨孙楷、市环保局游新清、吴瑜端、市环保局林汉宗、卢昌义）

图 3-1-2　校运动会入场式（约为 1996 年）（卢昌义供图）

（前排左起：江毓武、邓永智）

止于至善

上了这条教学科研道，乘上这辆竞争比赛车，就只能是排除险阻，一路向前！环科中心决心在已奠定的基础上，扎实地盖起高楼。办好博士点、硕士点、开放室、培训中心、重点学科……这正是：进取路上无驿站，叠翠掩处有凌峰。

2.《坚强的后盾 有力的支持——环科中心客座（兼职）教授（由厦门大学聘请）名录》

全国人大环境与资源保护委员会主任　曲格平教授

全国人大环境与资源保护委员会副主任　杨振怀教授

国家海洋局第二海洋研究所所长　苏纪兰院士

美国罗德岛大学研究生院前院长　D. R. Kester 教授

联合国东亚海域海洋污染预防与管理示范区项目主任　蔡程瑛教授

香港科技大学研究中心副主任　黄玉山教授

香港城市大学科技学院副院长　谭凤仪教授

华东师范大学环境科学系系主任兼所长　翁恩琪教授

美国哥伦比亚大学生态系统研究部主任　林光辉研究员

国家海洋局第三海洋研究所　傅天保研究员

3. 题词选登（图 3-1-3）

图 3-1-3　题词选登 I（1997 年）

（左：全国人大环境与资源保护委员会主任曲格平教授题词。右上：厦门大学校长林祖赓教授题词。右下：厦门大学党委副书记陈传鸿教授题词）

（四）十周年礼赞 [①]

1. 蔡立哲：《自强不息，止于至善——环境科学研究中心成立十周年回顾》（节选）

环境科学研究中心是 1992 年在原环科所的基础上扩建成立的。成立时，有近 30 名教职工，没有硕士点，更谈不上博士点。当时仅有原测试中心留下的部分 20 世纪 80 年代初的仪器，在环境生态室甚至见不到计算机的影子。但环科中心提出了"一年建成硕士点，五年建成博士点，八年建成重点学科"的具体目标。功夫不负有心人，在全体教职工的努力下，环科中心环境海洋学（后更名为环境科学）硕士点和博士点先后在 1994 年和 1995 年底经国家教委批准设立。1999 年，海洋环境科学教育部开放实验室被确认为教育部重点实验室。2000 年 5 月，在原有海洋环境科学教育部重点实验室和福建省海洋研究所的基础上，成立了我国第一个由国家和地方联合共建的"教育部、福建省海洋环境科学联合重点实验室"。

10 年来，环科中心大部分教师有出国、出境、进行短期学术访问和合作科研的经历。有 7 名教师在职攻读博士学位，已有 3 人获得博士学位，他们在承担繁重的教学和科研任务的同时攻读博士学位，其付出的心血要比常人多几倍。正因为有这么一支自强不息的教师队伍，环科中心先后承担了多个国家自然科学重点基金项目、国家杰出青年科学基金项目、科技部"973"项目和国家自然科学基金项目。近 5 年环境科学研究中心先后有校级以上奖励 23 项，其中获国家级奖励 6 项；获省部级奖励 7 项；在国内外核心以上学术刊物发表论文 550 多篇。出版学术专著 4 部，高等学校教材 4 部，并主办或协办国际会议 3 次和全国性学术会议 3 次。该学科的教师获得国家杰出青年基金 2 项、"地球奖" 1 项。现在中心拥有"环境科学"博士点和硕士点，在读本科生 59 人，硕士生 40 人，博士生 28 人，博士后人员 5 人。

环科中心的团结进取主要表现在老教师对中青年教师的传、帮、带，青年教师对老教师的尊敬以及对事业的开拓和拼搏精神。环科中心领导经常在全体教师会议上提出"发挥群体优势，团结进取"。许多教师虽然在评奖、职称上因名额限制无法得到嘉奖和晋升，但他们依然勤勤恳恳地为环科中心的教学和科研贡献着自己的力量。

---

① 本节原文载于《厦门大学报》第 494 期，2002 年 4 月 5 日，LIB-009-0639-0034～0037。

环科中心的团结进取还表现在学科之间的交叉与渗透。环境科学是综合性很强的学科,环科中心教师的研究方向众多,如何增强环科中心的凝聚力,对环科中心的发展是非常重要的。通过国家自然科学重点基金、国家杰出青年科学基金、科技部"973"项目和国家自然科学基金等大项目组织,环科中心大部分教师参与攻关,将教师们凝聚在一起。此外,通过邀请环科中心顾问、教育部海洋环境科学重点实验室学术委员会委员、客座教授等进行学术讲座,使教师们了解当前环境科学研究动态,围绕着共同关心的问题进行研究。1999年夏天,环科中心成功举办了"1999年全国环境科学研究生暑期学校",当时的学员们感叹地说:"我们看到一个团结的群体、发展的群体。"目前,环科中心已形成一支以留学回国博士、长江学者为学术带头人,以优秀青年博士为骨干的教学和科研团队,该团队活跃于国内外学术舞台,创新实力强。

2. 刘占飞(1997级硕士生,纽约州立大学石溪分校博士生):《在环科中心的日子》

岁月的流逝冲走了渐行渐远的往事,而那些记忆中的亮点就如浩瀚夜空中闪烁的明星,永远贮存于你的脑海中。回忆我在环科中心三年的日子里,便有很多这样值得我怀念的亮点。

本科毕业后把所有的行李直接从芙蓉搬上了凌云,便标志着研究生的生活开始了,于是每天背着书包来往于从凌云楼到凌峰楼的路上。很喜欢凌峰楼僻静的自然环境,这栋不起眼的三层小楼隐藏在五老峰山脚下茂密的丛林中,显得与自然非常和谐,也少了些许校园内的喧嚣。旁边坐落的是肃静的南普陀寺,寺内幽沉的钟声更让你觉得环境的静寂。经常想起楼前面那块大草坪,那是同学们自由活动的最佳场所。学习或做实验累了,大家就在那里踢踢毽子,打打排球,侃侃大山,和同学们在那里的欢声笑语经常回荡在耳边。记得有一次,草坪上的草受到虫蛀大片大片地死亡,我难过得几乎要掉泪了。听说凌峰楼已经开始整修了,大草坪,还有周围的环境应该比以前更加漂亮了吧!

入学第一年的学位课上,几位特点鲜明的老师就给我留下深刻的印象。洪华生老师的课洒脱开放;袁东星老师的课系统条理;卢昌义老师的课严谨细腻……中心的老师严谨敬业,从他们身上学到的不仅仅是环境科学的知识,更重要的是对待科研的端正态度。记得卢老师批改作业时,认真到纠正标点符号。中心的老师都很年轻,记得刚入学的时候,经常把老师认成同学。后来又陆续引进了很多国外留学的人才,他们带来了国际前沿的科研,也带给整个中心蓬勃的活力。浓厚的科研气氛和洋溢的青春气息，是值得我永远留念的。

到中心后，有幸从师于洪华生老师及戴民汉老师，我继续与海的不解之缘。实验室工作是海洋环境研究的重点，但海上调查也是必不可少的。难忘的是那些出海的日子，在环科中心的三年，我曾经多次参加过台湾海峡、南海、珠江及闽江等多个航次的调查研究。船上的科考队是个战斗的集体，老师和同学们兢兢业业，不分白天黑夜地分析处理样品，各司其职而又团结协作，一起接受风浪的洗礼。出海的日子常常充满了乐趣，阮五崎老师是个钓鱼高手，经常忙里偷闲，施展自己的拿手好戏，现在还经常想起归功于他的那锅味道鲜美的石斑鱼汤呢！而在港口躲避台风的日子里，大家一起打牌，下四国，聊天，船上经常是欢声雷动，其乐融融。那其中一间寝室门上还写着我名字的"延平2号"和可爱的船员们，你们还好吗？

中心研究生的课余文化生活开展得丰富多彩，平时大家经常在室内打打乒乓球，周末唱唱卡拉OK。研究生会曾多次组织实地考察观光，如东山、英雄三岛、北山瀑布等。翻起老照片，跟同学们在一起欢乐的那情那景又历历在目。特别值得提起的是，那时以中心同学为主力，我们组织了业余篮球队——TOPGUN，周六上午是我们固定的活动时间。记得那时候每周起床时间最早的就是星期六早晨，天刚刚亮我们就奔向球场，大家一起在那里挥汗如雨，龙腾虎跃，球场上留下了我们大声说笑和矫健的身影。虽然以娱乐和锻炼为目的，但我们还取得过研究生联赛第一名、第四名的好成绩呢！在球场上度过的快乐时光和相处得十分融洽的球友们将永远是我记忆中的亮点。

我在环科中心度过了快乐而又充实的三年，对母系的感谢难以言表。母系的十周年的生日就要到了，远在异国他乡的游子深深祝福你在新的世纪里焕发新的光彩！

3. 刘媛（2001级硕士生）：《绿色的梦》

四年前，带着家人的期许和自己无数的青春梦幻，我来到了风景如画的厦门大学。从一个朔风扑面的西部城市到阳光明媚的海滨之都，从春天给人的记忆只是黄沙满天的呼和浩特到充满温馨浪漫感觉的厦门，我曾深深体会到了环境的变迁给心境带来的巨大冲击。正是怀着改善家乡恶劣环境的热望，怀着一份对美好环境的渴望，促使我郑重地选择了"环境科学"作为个人发展的又一驿站。今天，借着环境科学研究中心成立十周年的机会，我很想通过自己的一些经历，让大家认识、了解这个充满活力的研究团体。

　　本科期间，我就在厦大学习，然而认识环科中心，却多多少少有些偶然。大学期间的社团活动是丰富多彩的，我也毫不例外满怀激情地准备投身其中。也许是我对蓝天和白云发自内心的渴望，也许是为圆自己深藏在心底的那个绿色的梦，我几乎是毫不犹豫就报名参加了厦大环保协会。入会后的第一次活动恰巧就是参观环科中心。可能是因为环科中心比较年轻的缘故，很多同学都不太熟悉她，当时的我更是连她所在的位置都弄不清楚。当我第一次走进了这座叫"凌峰楼"的看似不起眼的四层建筑（编者注：实为三层，第四层仅是在天台搭盖的几间。）时，我的心中也是充满了疑惑：这里能不能承载起我的愿望呢？听着引导我们参观的老师的介绍，我心头的疑团慢慢地解开了。原来这里不仅拥有骄人的科研成绩，拥有享誉国内外的知名学者和学术带头人，而更重要的是我发现这里正是可以让我实现多年夙愿的地方。

　　2001 年的初秋，我终于如愿以偿地考入环科中心，开始了崭新的硕士阶段的学习，也让我真正迈出了成为一个环境工作者的第一步。在环科中心学习生活的半年多时间里，我时常为自己的正确选择而感到欣慰，也更加坚定了自己投身于环境科学研究的信念。成立于 1992 年的环科中心拥有一支理论基础扎实又富有学术朝气的骨干教师队伍，他们大多是毕业于国内外知名高校的年轻博士。在科研领域里，他们互相支持，密切协作，在国内国际的科技前沿奋力拼搏；在生活中，他们互相关爱，共同缔造一个团结和睦的大家庭。在课堂上和实验室里，他们是严师，用他们渊博的学识让我们开阔了视野，也用他们严谨的治学风格塑造着我们的思想；在课余时间，他们是益友，与我们畅谈人生、理想，引导我们树立健康向上的人生观。在我的感觉中，整个环科中心就是在"团结、友爱、互助、共进"的氛围中凝集起来的一个为共同目标奋斗的科研队伍，其中的每个成员不论身处何职，都能在融洽的气氛中实现团体发展和个人进步的和谐统一，讲合作、求创新、重效率，已成为中心一大特点。

　　如今，在校领导的关怀和环科中心师生的共同努力下，中心的科研硬件设施已焕然一新；而通过一系列优惠政策吸引了一批国内外学术新人的加盟，使得环科中心的科研实力也上升到更高的层次。环科中心正以崭新的姿态迎接环保世纪的到来。

　　作为一个有幸进入环科中心深造的研究生，我为能够在这样一个洋溢着奋发向上精神和团结友爱气氛的团体里学习而感到自豪。同时，在这里我也分明感受到了作为一个环境工作者的责任和压力。我相信这一切都会鼓舞着我为实现心中的理想而不懈地努力。如果你也是一个热爱自然、热爱环境的人，那么，请到环科中心来吧！让我们一起用双手建起一个美丽的地球家园，实现所有人心中共同的绿色的梦。

4. 刘娟（2000 级本科生）：《十载风采 朝气蓬勃》

又是一季春来到，又是一个充满生机，充满活力的季节，我们迎来了母系 10 周岁生日。我们这一届是幸运的，是自豪的！亲历了 80 周年校庆的我们，作为环境科学系第一届本科学生，又将为母系 10 周岁祝福，欣赏她历经十载的风采。十岁意味着什么？意味着年轻，意味着朝气蓬勃，意味着强大的生命力！

知道我是大学生的人都会问："你读什么专业？"我会非常骄傲地，用响亮的声音回答："环境科学。"潜台词是：你要是个行家的话，就该知道它是一个新兴的、热门的学科。无比得意。果然，知道的人说："环保，好啊，这个专业将来有大前景啊，挺不错的嘛！"言下之意就是，你怎么就这么好运气，考上个好专业。听得我飘飘欲仙。当然，不知道的人就会觉得很深奥，很陌生，毕竟它是一门新兴学科嘛。能读这个专业，我觉得是一种缘分。一年半过去了，学到很多。

环境科学是一门新兴的综合性交叉学科。人类的三大科学领域是社会科学、自然科学和技术科学。环境科学则是在这三大领域的交接带上，研究人类活动与其环境质量的关系。环境科学的任务就是抓住人类与环境这一对矛盾的实质，研究其间的对立统一关系，充分认识二者之间的作用与反作用，掌握其发展规律，以便能动地改造环境并积极地调节其间物质和能量的交换过程，促使环境朝着有利于人类的方向演化。随着社会生产力的发展，生产方式的演变和工艺技术的提高，人类的环境问题越来越严重，人类与环境之间的矛盾越来越显著，人们对环境问题也越来越重视。我们充分地感受到时代的使命感和责任感。学好专业知识，用严谨的科学态度迎接环境问题的挑战，是时代对我们的期望。

时间流逝，记忆犹新。一年半来，我们感受到了环科中心领导、老师以及研究生师兄师姐们的亲切关怀和去年迎来新一届师弟师妹们的喜悦。所有的记忆都在脑海中整齐地排列。2000 年 9 月，我们进了厦大，到环科中心享受了我们的第一次班会——五湖四海的大家庭；中秋博饼，中心领导亲切地向我们问候，我们没有感到身在异乡——这就是我们的家；第一次专业基础课，卢昌义老师为全班拍照，因为这是一个历史的纪念，一个全新的开始，我们很骄傲，逢人就说；出海参观红树林、白鹭自然保护区，见到了难得一见的中华白海豚；到鼓浪屿参观空气质量监测站，"3.12"植树活动（图 3-1-4）、筼筜湖水质监测、参加绿色博览会以及去海沧学习污水处理厂的运行程序。实践让我们觉得环境科学专业的生动、趣味，也在这个过程中觉得自己的身份是如此的特殊。的确如此，我们是大自然的朋友，是保护环境的使者，多么美妙！

一年半的时间培养了我与专业的深厚感情。十年的时间抚育了一个茁壮成长的环科中心。历史即将翻开崭新的一页，科学巅峰等着我们去攀登。祝愿环科中心能够继往开来，创造更加辉煌的科研和教学成就！祝环科中心十周年庆典圆满成功！

图 3-1-4　师生共同参加植树节活动（2001 年 3 月）（卢昌义供图）

（第一排蹲者左起：张军、林建清、刘苏、简海霞、刘娟、苏仲毅、潘文扬。第二排弯腰者左起：冯颖、李梅玲、张突、孙逊。第三排站立者左起：翟惟东、罗海伟、李权龙、沈小平、任峰、金晓英。第三排站立者左9起：伍彦、杨远、许琛。第三排右1卢昌义。第四排左起：昌敦虎、杨宇强、叶翔、曹知勉、陈宝山、官斌、袁东星）

5. 郭芳铮（2001 级本科生）：《大一杂想》

引　子

累了，心……是的，在原地踌躇是最容易使人疲倦的，不只是眼睛。一个人累的时候总是把自己交给命运。终于还是牵挂让小郭放弃了梦幻成真的机会。去厦大吧，留在爸爸妈妈身边。驻足放眼四望，期待天使穿过亘古翩然而至。

2001 年 8 月 1 日清晨

"去计算机系吧",电脑不一直是小郭的兴趣所在吗?可爸爸说小郭不是用理性思维思考的人。"去国贸系或是财金系吧",兴许以后做个白领也不错,可小郭不是总念叨着但愿一辈子都不要和数字打交道吗?本来就是个数学盲。唔……去环境科学与工程系吧,环境问题一直就是小郭关注的焦点。总是惦念着水质不断恶化的九龙江,日渐消失的绿色,泛滥的白色垃圾,还有不再湛蓝的天空和愈飞愈低的蜻蜓。小郭习惯性地又一次伸出手拧紧已不再滴水的水龙头,妈妈说话了,"其实读环境科学挺适合你的"。"嗯",就这样吧。仿佛感觉到天使翅膀翕动的微风,小郭再次成为命运的宠儿。终于可以自由往来于曾经心中的天堂,尽管错过了开学典礼,成了一个迟来的人儿。

2001 年 9 月 10 日

当梦幻的泡泡幻灭为身边的空气,就像海的女儿化成海上的云朵那般,此时的小郭竟有了梦想成空的失落感。本系不大的规模(至少比小郭想象的……),不长的教学历史,还有让人大跌眼镜的宿舍(尽管小郭还没有戴上近视眼镜,相信如果有的话呢^_^呵呵呵,哎……)。

当新鲜感慢慢消失,当一切不习惯成为习惯,这是否就意味着某种改变? 36 双眼睛,36 颗充满希望、好奇却又懵懂的心一同回首,和世界一同遭遇地球环境的厄运,一同面对地球的悲哀。惊叹,但非绝望。环境科学导论课卢老师带我们参观厦门本岛的气象站,了解我们身边最密切的环境问题;特地请环保局的人员为大家授课,增加大家的专业知识;到九龙江口参观考察红树林,了解海岸植物分布状况,丰富环保知识;去白鹭保护区参观,了解白鹭生活习性;上筼筜湖湖心岛种植夹竹桃,为美化厦门环境尽自己的一份力(图 3-1-5)……只要我们身处其中,只要我们用心付出,所有的改变都将成为可能。有了这份热忱和全身心的投入,环保事业才有了真正的意义。

系的规模不是重点,没有人发展何来规模?有道是"物以稀为贵"嘛。教学历史呢,没有人创造又何来历史?我们是创造未来的人,我们就是书写历史的人,不是吗?我们要做的还有很多很多。小郭好高兴,命运之神没有亏待小郭,相信明天会更好。

后记:夏天还没有来,却带来了夏风躁动的心情。汽车在跑,城市甩在了后面。小郭微笑,相信天使已穿过亘古翩然而至。以为离别是很严重的事情,后来才发现微笑是离别后最经常有的表情。想家了，环科是我家。

图 3-1-5 环境科学专业 2001 级本科生赴厦门筼筜湖管理处生产实习（2004 年 6 月）
（诸姮供图）

[前排左起：曾志强、万显会、林嘉斌、袁伟明、刘小飞、林华、黄葳、王若凡、游明华、陈荣、陈猛。中间排左起：孙广大、李国建、杨德敏、林秀雁、杨光、林晶、诸姮、蔡灵、张皓、郭娟、陈贝、赵蓉、林晖、李黎、汪任澜、林玉美（筼筜湖管理处）、王君陞。最后排左起：梁俊彦、林鑫裕、郭芳铮、杨金湘、戴相辉、冯喆文、陈海英、许英超、甘勇伟、林小芳]

6. 孙广大（2001 级本科生）：《抉择情怀》

英语中有一句谚语："最短的笔头也胜过最长的记忆。"同时，"最差的抉择也比过最好的幻想"。然而，我希望能用这最短的笔头去描绘曾经的回忆和这最好的抉择。

"条条道路通罗马"，但每路各异，终究走哪一条才算捷径？填报志愿却在本就是黑色的七月中再添一道难题。又如老师所说："这就好比找对象，终身大事，马虎不得。"因而，只好细细揣摩，认真挑选。经过一番思索，终于有了底儿。

环境保护日趋被重视。但走在我们的大街上，连个垃圾箱都没有，垃圾到处乱扔；原来小时候能游泳的河，现在满眼绿莹莹的；工厂的废水随便排放等。放眼去看这个世界，我们的生存环境已经遭到前所未有的破坏：地球变得千疮百孔，天空被搞得乌烟瘴气，大海却成了大垃圾场……这一切引起的灾难还不够大吗？ 1998 年的特大洪水，北方的沙尘暴，还有水华、赤潮等，这样的例子还很多很多！当然环境要靠每个人去维护，还要有关人士对现有问题进行处理。这是双面效应。正如有两张纸，一张很脏，另张洁白无瑕，或许你会在第一张上胡乱地画些什么，却不忍心画在第二张上。

我只是想参与其中，为创造一个美丽的"家园"而出上一点力。

本就向往南方的我，毅然地决定了要报考"南方之强"的环境科学与工程系。既然选定了，只有为此目标而继续努力着，要不，理想也只能成为幻想而消失。

一切进行得非常顺利。我顺利地来到了这个美丽而娴静的厦门，幽雅而舒适的厦大校园，心情格外兴奋，再加师兄师姐的一番话语，好像一切都在验证我的抉择是正确的。但偶闻我们系本科生只有两年的历史，心情不禁陡沉。在过去的一个学期里，我时而地想着这个问题，但突然发觉，原来的忧虑是不值得的。环保本就是个新兴的话题，同时，去年的全国型的"绿色展览会"在厦门市会展中心举行，其中的三位嘉宾给我们介绍有关的绿色理念，使我们认识到环保志在必行，尤其是香港的吴方笑薇女士的精彩讲说，还有她的环卫经历，实在是让人佩服！原只是一位普普通通的人，但一直从身边的小事做起：不用一次性餐具，不用"方便袋"等，并扩大范围，进行宣传工作，争取让身边每个人参与其中……她的"绿色大使"的身份当之无愧。还有全世界的，许许多多在环保岗位上默默工作的人士，一直在为我们的生存环境贡献着他们的一份力量，甚至是青春与生命！而我，却以"年龄"来评价本系的好坏，来怀疑当初的决定，真是惭愧！

以前，总把保护环境的希望寄托在将来和别人身上，其实这不是说非要具备多少专业知识才能参与，只要有环保的理念，如日常生活中不践踏草坪，少用或不用一次性餐具，不乱扔废旧电池等，我们能做得到。同时我们还要有"节能"的概念，节约用水，节约用电等。虽说这些是我们付钱买到的，但能源是有限的，不可再生的，用一点就少一点。我们可以做的还很多很多，在最近的植树活动、参观"白鹭自然保护区"等活动中，我更加坚定了环保的信念。我也想用《地球誓言》作为我的结束语："我保证竭尽全力，为今世和后代把地球建成一个安全而舒适的家园……"

7. 题词选登（图 3-1-6）

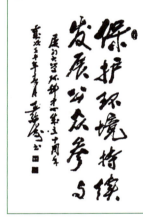

图 3-1-6　题词选登 II（2002 年）

（左上：全国人大环境与资源保护委员会主任曲格平教授题词。中上：厦门大学校长陈传鸿教授题词。右上：厦门大学党委书记王豪杰题词。左下：厦门大学王锦涛题词。中下：厦门大学周济题词。右下：厦门大学卞守耆题词）

　　诸　姮，2001 年至 2008 年在厦门大学环境科学与工程系就读，获学士、硕士学位。2008 年至 2011 年在厦门大学海洋与环境学院院办工作。2011 年任职于厦门大学环境与生态学院，现任学院办公室副主任。

厦门大学环境科学学科建设初期的若干回忆

◎ 黄建东

　　1982 年，厦门大学环境科学研究所（环科所）成立，由分别来自海洋系、化学系和生物系的吴瑜端、杨孙楷、林鹏 3 位先生领衔。环科所的设立实现了当时学科空白的填补，并形成了一个多学科交叉平台来推动环境科学研究的进一步开展。同时，它也是迎接未来经济建设快速发展带来的环境问题挑战的重要举措。

　　环科所 1982—1992 年所承担的许多研究项目中，比较重要的至少有两个：其一，利用本所多学科交叉平台开展的"九龙江口红树林区重金属的沉积地球化学"研究；其二，国家"七五"攻关项目"全国土壤环境背景值调查研究"的子项目"福建省土壤环境背景值研究"。

　　1985—1986 年，环科所组织了海洋、生态、化学和地学专业研究人员构成研究团队，展开了上述第一个课题的研究工作。在这个环科所首次实施的多学科交叉的研究项目中，我负责与卢昌义老师共同组织野外现场采样，负责沉积物的粒度分析，以及进行所有样品的重金属元素及理化指标分析结果的计算机上数据发掘、建立多元统计模型等工作。在野外采样中，我也用六分仪对各次的采样点位进行了相应精度下的定位和地图标绘。

　　采样时，我们租用渔民的船只从九龙江口向其上游驶入，停靠红树林区域的岸边，然后下船徒步到红树林丛林中采取沉积物样品。往返于船只和采样点时，有时要在很深的淤泥中行进，腿脚极易被贝壳与残枝划伤，甚至有全身陷入淤泥不能自救的更大危险。陷于淤泥时需十分警觉，如果身体持续下陷，就得准备尝试逐渐仰卧在泥面上进而尝试翻滚着回到采样船侧以求脱险。图 3-2-1 所示即是封装样品，以及返回采样船时深陷淤泥，准备将手表取下装入袋中然后设法摆脱险境的情景。我不时向常年在红树林区从事野外工作的卢昌义老师请教防护经验，他的经验多是从自身的历险中而来，包括曾被牡蛎壳严重划伤足部并且亲历过身陷红树林淤泥中竭力挣搏而逃生的悬命惊悸。但即便有危险有困难，我们的采样工作从未中断和迟滞。

图 3-2-1　九龙江口红树林区沉积物采样（1985 年）（卢昌义摄）

（左：封装样品，左 1 沈联全、左 2 黄建东。右：返回采样船时突遭深陷，准备应对，左 1 黄建东、左 2 沈联全）

这个课题的选题与构思显现出多学科交叉研究的思路和眼光，也取得了不同以往的新成果。我执笔的论文《九龙江口红树林区沉积物重金属的沉积地球化学》（作者为：黄建东、卢昌义、李小波、林庆扬、李云毅、郑逢中、吴瑜端）于 1986 年厦门市环境科学学会年会上交流后，吴瑜端老师执笔补充并把这个成果带到日本福冈举行的国际会议 "Specialized Conference on Coastal and Estuarine Pollution 1987" 上，以 "Purification of heavy metals in sediment by mangroves in Jiulong Estuary, Xiamen Harbour" 为题做大会报告。次年，这项成果以 "Removal of heavy metals from sediments by mangroves in Jiulong estuary, Xiamen Harbour, China" 为题发表在国际学术刊物 *Water Science and Technology* 1988 年第 20 卷第（6/7）期上，文中包含了图 3-2-1 左图作为插图。这项研究产出是厦大环科所 10 年中唯一的刊载于国际 SCI 学术期刊上的成果，也曾获得福建省科协 1991 年颁发的优秀学术论文二等奖。这表明，在回应经常面对的社会服务需求和完成极为繁重的社会服务任务的同时，环科所同样在学术研究方面有突出的建树。

由于所学专业的特色，我能为环科所贡献的专长偏重于地学、数学和计算机模型等方面，部分体现在上面提到的论文成果中。我的求学所在地与工作地点不同，在当时的通讯与交通条件下，于新的工作环境中不易得到原来地学专业老师的继续提点和指导；但在环科所各位先生的直接关怀与不断鼓励下，自己也得以做出踏实的努力，在曾做过研究的领域继续探索，为环科所研究范围的扩展和深入做了若干工作，发表了有关数学、沉积学，以及海洋水文和数据模型等方面的系列成果，为此心存深深的感激和欣慰。

国家第七个五年计划中的科技攻关项目"全国土壤环境背景值调查研究"

（1987—1990）由国家环保局和环境监测总站发起，组织了全国各省区的环境研究与监测部门的研究人员，在各省按预定的公里数划分网格并在其中采取土壤样品，对其多种元素和若干理化指标进行分析，以期在全国范围内了解当时的土壤中各元素含量与分布等的状况，并将之作为未来研究土壤环境变化的背景值加以存储，意义重大。福建省的调查由福建省环境监测中心站和厦门大学环境科学研究所共同承担。作为课题组的主要成员，我负责进行野外土壤样品采集，实验室土壤样品粒度分析，以及各种元素与理化指标的分析结果的计算机数据录入工作，以提供最后报告编写的素材。1987 年我参加了在长沙举办的土壤采样方法协调班，1988 年 4 月赴北京参加了统一土壤样品分析数据处理方法的协调班（与厦门环保局的吴耀建工程师一道）；也在土壤样品的所有分析测定成批完成之后，将各批次的结果数据携带至福建省环境监测中心站，进行和完成了向数据库的录入；每次都是在福州驻留数日，将数据逐个敲入电脑并校核。

很值得回忆的是 1987 年下半年野外土壤采样的经历。按照计划的分工，厦大团队负责闽西部分的采样，并组织了两个采样组。卢昌义老师和厦大生物系连玉武老师为一组，郑元球老师和我为另一组。外业采样后，样品由郑逢中老师做初步处理和保存并交实验室分析。我们乘长途汽车先到采样地所在的县城，到达时往往天色已晚。住宿时，就先向周围当地人打听采样地的情况，有时得到的回答是："哦，那个地方很山很山的！"每每这时便心中一乐，名词的词类转换和使用又见了活的例子（也算是又一次见识了中文当是世界上最难学、最丰富的语言），这也是踏入深山得自民间的一种收获。住宿后第二天再出发赶往目的地附近，确定具体采样地点。然后开挖采样坑，修整好采样剖面，接下来分层采取土壤样品。闽西龙岩的上杭、武平、漳平，闽南漳州的平和、云霄、诏安、东山、漳浦和龙海等地的山山水水，都留下了我们的足迹。特别是深山中遍布的密林，以及南靖和溪的热带雨林，也都展现给我们独特的风景。

某次，在与云端为邻的高山竹林里采样时，置身层层叠叠的竹叶下，青翠中透出的缕缕阳光清澈纯粹，幽静间弥漫的丝丝竹香沁人心脾，一时间竟联想到为何许多智者要选择隐居山林了。至此，伴着车旅劳顿和跋涉登高而来的辛苦，也颇觉得到了弥补。若不是深入这崇山峻岭之中，怎能接受这份大自然赋予的珍贵馈赠。收工下得山来，在疲惫和汗水加身中踏上返程时，走在乡村道路上不经意间回首一望，不禁驻足。远方夕阳芒洒竹峦，赤翠交织下似见雾霭，光影变幻中略蕴初黛，"烟光凝而暮山紫"或可为这动人景致的惟惟名状。在感叹这古句虽越千年而仍以其深美的意境在今日的自然景象中展现着不朽生命力的同时，也感悟着维护青山绿水似还有一层保护优秀传统文化的大自然载体的意义：倘若未来到处所见都是水泥森林般的楼宇，何以领略眼下的幻幻景致和古篇的笔笔隽美。

福建省土壤环境背景值调查项目完成后，获得福建省政府颁发的 1991 年科学技术进步二等奖；而以福建省的分项目为组成部分的专题成果"中国土壤环境背景值研究"，获得国家"七五"科技攻关重大成果奖。前述的红树林区沉积物重金属研究项目成果与土壤背景值项目成果一道，展现了早期厦大环境科学学科建设中的环科所倚仗其多学科高素质精干研究团队的实力，有能力在国际上向各国的同行展示中国科学家的探索发现，也有能力在国内承担国家级的重点攻关研究项目并获得优良的产出。

1992 年初，厦门大学成立厦门大学环境科学研究中心（环科中心），由海外留学归国的 3 位博士洪华生、袁东星和郑天凌分别担任主任和副主任。自此，厦大环科事业得到进一步的推动和深化，环境科学的研究与学科建设掀开了新的发展篇章。其中的一个里程碑式的进展是依托环科中心且后来发展成为国家重点实验室的国家教委开放研究实验室的设立。印象深刻的是，在洪华生教授等负责人的筹划下，卢昌义教授为实验室的最终获批成立做了许多必需的事务性工作，包括亲赴北京前往主管部门，详细全面地阐述和解释了成立该实验室的必要性和软硬件条件支撑下的可行性，乃至在竭力争取而获成功以后亲往订制实验室的铭牌，并用自行车驮回凌峰楼在大门前悬挂。

在极具事业心和责任心的各位负责人的引领下，环科中心的研究工作和社会服务工作得以向进一步的深度和广度拓展，我本人也负责和完成了海滩变化与保护、厦门港湾水动力泥沙运动及工程应用等方面的多项研究课题，并发表了相应的成果。值得铭记的是，对于我的工作，从申请基金项目和其他类型的项目，到执行课题时的人力资源的调配，环科中心的诸位负责人和同事都给予了多方面的鼎力支助。特别是在施行基金项目海滩循环研究和其他有关海滩变化的项目中，洪华生、袁东星和郑天凌等教授，都鼓励他们各自的研究生柯林、杨东宁、王斐加入我每月进行的海滩测量和沉积物采样工作，洪华生教授的博士生彭兴跃、王海黎，以及袁东星、郑天凌及卢昌义教授的硕士生林玉晖、鄢庆枇、崔胜辉等同学，也都多次参加过海滩剖面的测量和沉积物采样。图 3-2-2 至图 3-2-4 所示分别为海滩测量工作前部分老师和同学乘船准备到礁石上查看可能的仪器架设点的工作照，洪华生教授亲往海滩看望测量团队时的留影，以及我在厦门岛南部海滩循环过程的研究中使用全站仪进行海滩地形测量的工作照。卢昌义教授领导的生态研究室骨干人员之一郑逢中老师，是每次海滩测量及采样队伍中不可或缺的重要成员；林良牧、洪丽玉老师也是很多次的参加者。还有不少同学也多次参与了海滩上的工作，记得有蒋志迪、罗宁、蔡明宏、黄韬、王鹏、李树一、吕连港、叶林、丛兵、庄双勇、逄淑强、杨镇坤等，以及在当时建筑系负责人黄仁教授和张建霖副教授的支持下前来的贾锦璜老师和许峰、刘鑫、陈芳勇、李毅等同学。他们的力助是我负责的许多项目圆满完成并发表成果的珍贵保障。

图 3-2-2　乘船到礁石上查看可能的仪器架设点（1996 年 9 月）（黄建东摄）

（左起：王斐、郑逢中、林玉晖、杨东宁）

图 3-2-3　晨曦中洪华生（右）与正在进行海滩地形测量的黄建东（左）（1996年 12 月）（林玉晖摄）

图 3-2-4　作者进行海滩地形测量的工作照（1997 年 2 月）（郑逢中摄）

从事研究工作的同时，我也承担了环科中心的教学和社会服务工作，包括开设和讲授"微机在环境科学与管理中的应用"课程；参与卢昌义教授的"环境保护"课程教学，向学生讲授海岸地貌和海岸保护的知识并到海边现场施教；参与培训东南亚国家前来进修的学员；并负责与海滩和海湾有关的工程可行性研究及环境影响评价项目，如厦门环岛路的可行性研究中的海滩部分，马銮湾海堤开口的再论证项目等。在各个伙伴团队携手并肩的贡献下，环科中心成立后的几年，即进入一个科研教学和社会服务活动充实活跃并富于产出的蓬勃发展时期。

当年，我们的同事林庆扬老师在调往华侨大学工作前曾半开玩笑地说，我们这些人在厦大环境学科建设上的贡献，将来"如果不能写上一页的话，至少也应该写上一笔"。的确，我们把自己最好的年华和精力都奉献给了厦大的环境科学研究与学科建设事业。或许，我们的贡献和付出，我们的心血和辛劳，有可能正在乃至已经以各种原因和形式被遗忘；但我们的精华岁月，我们的激情与努力，汗水与艰辛，我们的所有奉献，都已经深深镌刻和浇铸进了厦门大学环境学科大厦的基石之中，成为不可磨灭的历史的一部分。广而视之，在茫茫宇宙中，在地球这颗微小的蓝色暗点上，在这粒我们生于斯，长于斯，且终将逝于斯的尘埃上，我们曾为利益其他的众生做过些许事情，夫复何求。

光阴荏苒，弹指间四十载过去。如今，厦门大学环境科学学科的发展在历年所有建设者的不懈努力与倾心奉献下，已呈枝繁叶茂、桃李芬芳的盛像。"待到山花烂漫时，她在丛中笑"，这也当是学科建设的早期奉献者们今日的心声。

黄建东，1982 年于杭州大学（现浙江大学西溪校区）获学士学位，1985 年于华东师范大学获硕士学位。1985 年就职于厦门大学环境科学研究所、环境科学研究中心。现在英国阿尔斯特大学计算机与工程及智能系统系从事研究工作。

我与厦门大学环境学科的情缘

◎ 蓝伟光

2021 年岁末，我所创办的新加坡三达国际集团暨在中国科创板上市的三达膜环境技术有限公司收到了中国科学院院士、厦门大学地学部主任戴民汉教授的一封信，商讨共建福建海洋创新实验室的可行性。

由此，让我的思绪回到了 33 年前在昆明召开的海洋环境科学会议上与戴院士的第一次见面，并让我回忆起当年投稿参加会议的情景及随后在《海洋学报》上发表的文章《海水中各种化学形态磷的测定方法》，进而让我产生了写下《我与厦门大学环境学科的情缘》之冲动，以此感谢我的导师、厦门大学环境科学研究所的创始人之一——杨孙楷教授（图 3-3-1），也以此纪念厦门大学环境学科创立 40 周年。

图 3-3-1　作者（右）向杨孙楷教授献花庆贺 80 大寿（2012 年 10 月）（杨坚供图）

1984 年，大学四年级的我，虽然自卑于自身的经济能力与家庭环境，为没有条件找到同在厦大上学的女生做女朋友而遗憾，却也为能与欣赏我的中学师妹通信来往而欣喜。彼时，她先于我一年毕业，分配回到我们的中学母校武平一中任教。面临大学毕业分配，我写信对她说，我已经联系好了武平县林产化工厂［即现在由新加坡三达国际集团独资控股的新洲（武平）林化有限公司的前身］，毕业时将向学校主动请求，分配至该厂工作，可以更贴近她的工作与生活。那个年代的男女交往非常含蓄，但想与她深入走下去直至谈婚论嫁的心思不言而喻。

未料她却回信诘问我，为什么胸无大志要分配回到闽粤赣边的小县城，而不去报考研究生，寻找更大的人生舞台与发展空间？她进一步对我解释说，其实她内心非常向往海边的世界，而不是一辈子窝在山区，过着一眼可以望到尽头的生活。

为此，她还暗示我道，在武平，追她的男孩很多，我毕业分配回武平，受于世俗的眼光与家庭的压力，她就可能不再有机会与我这个家里一穷二白的农村孩子继续交往了，故而希望我能在大海边的城市寻找立锥之地，她也可以因此摆脱家庭的束缚与缰绳，与我一起在外面闯荡。

爱情的力量是伟大的。既然她向往海边的世界并希望我去报考研究生，我这个当年为了到武平林产化工厂工作而专修有机高分子专业的厦大化学系本科生，毅然跨专业选择厦大海洋系海洋环境化学方向的吴瑜端教授作为报考时填报的研究生指导老师。

同样可能是因为爱情的力量，让我这个临阵磨刀的跨专业学生，在自学恶补了老师从未教过的海洋环境化学的基础理论与专业知识之后，竟然在研究生入学考试中获得比录取线高出一大截的佳绩。然而，因一些错综复杂的因素，我被推荐到别的专业就读。如此，研究生毕业时就无法保证在海边工作与生活，显然违背了我报考研究生的初衷与动力。

失之东隅、收之桑榆。我却因为参加海洋环境化学专业研究生考试而取得的好成绩，引起了早年的厦门大学化学系毕业生、时任厦门水产学院食品工程系主任兼海水化学教研室主任陈佳荣老师的注意，他建议我暂时放下研究生学习，先到厦门水产学院任教，并承诺把我正在武平一中任教的女朋友调入厦门水产学院。得知这一消息，我在权衡之后，决然放弃了当时炙手可热、来之不易的研究生入学资格，另有所图地到厦门水产学院做了一名化学老师。

记得 1985 年我到了厦门水产学院之后的第一份工作，是为同样从厦门大学化学系毕业的学姐杨咏老师做助教。不知是欣赏我的聪颖还是勤奋，她把我介绍给了其父亲、与吴瑜端教授及林鹏教授共同创办厦门大学环境科学研究所的杨孙楷教授。

杨孙楷教授 1932 年出生于福建省福州市，1955 年毕业于厦门大学化学系，1982 年 3 月与吴瑜端教授一起酝酿，由他执笔，致信厦门大学领导，建议校方成立"厦门大学环境科学研究所"。同年 9 月，环境科学研究所成立。此乃今年被定为厦门大学环境学科成立 40 年的缘由。

当时，杨孙楷教授在知晓我曾经报考吴瑜端教授研究生并取得优异成绩的经历后，非常欣赏我跨学科、转专业学习的勇气与能力。他向我介绍了环境科学这一新兴的交叉学科之历史、现状与光明前景，鼓励我在完成厦门水产学院教学本职工作的同时，与他一起从事海水环境化学的科学研究，并让我与他的研究生一起上课，学习环境化学与仪器分析的基本原理与专业技术。随后，他又安排我到他的实验室从事海洋环境分析的科研工作，并建议我利用在厦门水产学院任教的独特资源，开展环境化学与水产养殖交叉渗透的科研探索。

我仍记得1988年杨孙楷教授鼓励我以第一申请人的身份申报福建省自然科学基金与农业部（现为农业农村部）重点青年科学基金的情景。所申报的课题旨在研究生态环境与水产养殖的关系。为了增加通过评审、获得资助的可行性，杨孙楷教授带我向当时在厦门大学海洋系任教、后来担任环境科学研究中心主任的洪华生教授请教，并请她为我撰写推荐信。

感恩洪华生教授当年的大力支持与推荐肯定，让我为厦门水产学院创造了以助教身份先后获得两个重要项目立项的辉煌业绩。这两个项目累计数十万元的科研经费，在彼时的厦门水产学院，引起了极大的轰动。

令人欣喜的是，我这样一位经厦门大学环境学科奠基人之一杨孙楷教授正规指导的"编外研究生"，先后在《海洋学报》《海洋科学》《海洋环境科学》等国内知名的与海洋环境化学相关的杂志发表了十几篇彼时堪称高质量的研究文章。记得杨孙楷教授曾经表扬我说，他很高兴能与我结缘，非常欣赏我"举一反三、触类旁通"的科研能力，为我这位"编外研究生"所取得的不俗成绩而骄傲。

1990年，杨孙楷教授把我们合作撰写的文章投稿于北京举行的亚洲化学年会及夏威夷举行的国际环境会议，由此引起了新加坡国立大学化学系黄明强教授的关注。黄明强教授在认真研究我把生态环境与水产养殖交叉渗透而开展的科研工作之后，主动提出让我攻读新加坡国立大学的研究生，并特地邀请时任新加坡国立大学动物系副主任的陈旭明教授一起作为我的博士研究生指导老师。

我亦记得，当年没有经济基础、需要获得全额奖学金资助才可能出国留学的我，虽然获得了指导老师的青睐，被新加坡国立大学研究生院列入入围名单，但又恐中途生变或者因不能获得足够的奖学金而功亏一篑。于是，杨孙楷教授又特地领着我拜访他的老师，时任厦门大学副校长、中国科学院院士、德高望重的蔡启瑞先生，请他为我推荐加持。

蔡先生在详细了解我的科研业绩之后欣然允诺，亲自把我介绍给彼时正在厦门大学化学系进行学术交流与访问的时任新加坡国立大学副校长、知名化学家黄兴华教授。正是因为杨孙楷教授的努力与蔡启瑞院士的加持，我才有幸顺利通过新加坡国立大学的面试，获得全额奖学金资助，从而开启我漂洋过海下南洋的人生之旅。之后，我也才有机会出任新加坡厦门大学校友会会长至今。

1991年，我入学新加坡国立大学之后，延续了杨孙楷教授在厦门大学为我开启的海洋环境化学领域的研究工作，仅仅花了不到3年的时间，完成了获取博士学位所需的所有研究工作，并在国际知名的专业期刊发表了14篇论文。随后，我又以博士工作之外业余的水处理研究成果为"知本"，受邀加盟一家后来成为全球瞩目的海水淡化公司，任技术总监。

1996年，我从该公司辞职，回母校厦门大学任教并兼职创办三达膜科技（厦门）有限公司，由此成就了如今分别在新加坡主板上市的"三达生态城有限公司"与中国科创板上市的"三达膜环境技术股份有限公司"。

毫不夸张地说，正是厦门大学环境学科杨孙楷教授和其他教授们早年的引领与推进，才让我今天能够在中国乃至世界的环境技术领域拥有一席之地。故此，伟光我万分珍惜与杨孙楷教授的情谊暨与厦门大学环境学科的情缘。

蓝伟光，1985年毕业于厦门大学化学系，获学士学位。1995年毕业于新加坡国立大学化学系，获博士学位。曾就职于厦门水产学院与凯能高科技工程（新加坡）有限公司，现任新加坡三达国际集团董事长、新加坡厦门大学校友会会长等职务。

回忆"国家教委海洋生态环境开放研究实验室"成立的历史点滴

◎ 卢昌义

　　1992 年 4 月，厦门大学环境科学研究中心（环科中心）成立，提出了"面向海洋、内联外合、培养人才、服务社会"的宗旨，并制定了"一年建成硕士点，五年建成博士点，八年建成重点学科"的奋斗目标。我当时任环科中心的工会主席，后又任环科中心副主任，一直在中心的领导班子里，对中心的情况非常清楚。成立初期，不仅有经费紧缺问题，学科提升和发展更是个亟待解决的问题，如何把科研向全国拓展也摆到了议事日程。

　　环科中心成立伊始，洪华生老师就从学术扩展的角度考虑成立国家级的实验室。她多次与国家教委相关部门联系，申请建立"海洋生态环境国家教委开放研究实验室"（以下简称开放室）。我当年的工作笔记中记载："1993 年 4 月 13 日下午 4 点半开始中心汇报工作会，讨论去教委汇报。"在这个环科中心会议上，经讨论决定安排我去北京向国家教委汇报开放室的建设申请。教委分管的领导人陈清龙是福建人，对厦门大学的工作很重视和支持；申请成立的开放室涉及生态环境，我是环科中心生态室主任；恰好我过几天要去北京参加一个环评专业的培训班。综上，大家一致认为我去北京递交材料并做汇报最适合。

　　1993 年 4 月 18—29 日我去了一趟北京，除了参加培训班，便是按环科中心 4 月 13 日工作会议的安排，向国家教委有关部门的负责人当面提交申请材料，并做详细汇报。"4 月 18 日中午 1:00 中心派车往机场，3:00 起飞，5:30 到北京。"[①]"4 月 19 日上午与陈清龙通电话；陈清龙下午离京往重庆一周。"[②]"4 月 21 日上午给

---

　　① 摘自我的工作笔记。因本次出差属于公务，才由中心派车送我去机场。

　　② 摘自我的工作笔记。到北京第二天上午，我就与教委陈清龙联系，不巧他当天下午要去重庆出差一周，汇报的事情只能等他返京后再开展。

微云、华生投出一信，汇报这里情况。"① "4月24日下午结业典礼。"② "4月25日上午打黄的离开到教委（30元），住小白楼。"③ "4月27日晚上到陈清龙同志家座谈近二小时。"④ "4月29日4点离开往机场，近7时起飞往厦，9时许抵厦。"⑤ "4月30日下午在中心用30分钟汇报出差情况及体会。"⑥

之后，教委有关负责人数次到厦大调研，洪华生与我均抓住机会接待、汇报。1995年6月12日，教委有关领导又一次来调研，表达了这样的精神：可以考虑给我们挂牌建立开放研究实验室，但实验室没有任何科研经费的支持，一切靠我们自己去努力，而且 "只能做好，不能做坏"，做得不好会被 "黄牌警告"，甚至摘掉开放室的牌子。领导问我们敢不敢、愿不愿意做。洪华生当即答应下来了！在当时人员不足、经费困难的情况下，此举是何等勇气！1995年6月16日环科中心在洪华生的主持下开会，顶着可能受 "黄牌警告" 的压力，讨论正式向教委提出建立开放研究实验室的申请。我的工作笔记记载的相关活动细节有："1995年6月12日陈清龙到中心座谈。"⑦ "6月16日4点干部会讨论申报博士点、开放室问题。"⑧ "6月19日与陈清龙联系明天回北京。"⑨ "6月20日上午到逸夫楼拜会陈清龙，10点召开座谈会，冯文瑶来介绍。"⑩

1995年11月国家教委正式批准我校建立 "海洋生态环境国家教委开放研究实验室"，挂靠在环科中心。我的工作笔记中记载："1995年11月13日上午碰头会讨论课题、香港会、开放室。" 开放室由洪华生任主任，我当秘书。后续的一

---

① 摘自我的工作笔记。我写信向两位领导汇报情况，说明须延长在北京的时间以等待陈清龙返京。

② 摘自我的工作笔记。我的环评培训班结束。

③ 摘自我的工作笔记。第二天我即离开培训班的地点香山，转住到教委的招待所小白楼。

④ 摘自我的工作笔记。陈清龙返京，我当晚立即到他家提交申请材料，汇报工作，因为都是福建人，很谈得来，谈了近两小时。

⑤ 摘自我的工作笔记。完成任务后，我即离京返厦。

⑥ 摘自我的工作笔记。回厦门的第二天，我即向中心领导汇报到教委申请开放室的情况。

⑦ 陈清龙来厦大调研开放研究实验室的工作，专程来环科中心开座谈会。

⑧ 在洪华生主持下讨论申报博士点和开放室等工作。

⑨ 陈清龙来厦调研期间，一直由我协助接待和负责联络。

⑩ 陈清龙离厦当天上午，我又到他下榻的逸夫楼拜会他，并在那里参加了一个座谈会，当时化学系分析组的教委开放研究实验室秘书冯文瑶老师来汇报工作，冯文瑶是我高中的同学。

切准备，包括起草文件到制作牌匾，再到安排专家的迎来送往，都由我这个"光杆秘书"操办。记得当时用自行车把做好的开放实验室铜牌从制匾小作坊运到凌峰楼，怕路上摔坏，特地用家里的毯子包裹，一路扶着走，虽是深秋，仍然汗流浃背，印象很深刻。根据我的工作笔记记载，1995 年 12 月 22 日："开放室会议报到。"即邀请来参加揭牌仪式和出席会议的专家当天抵厦报到。

　　1995 年 12 月 23 日上午举行开放室的揭牌仪式（图 3-4-1）。我们把讲台桌拉到凌峰楼前，找了几块砖头为牌匾垫背，用红色的桌巾一蒙，揭牌仪式就这样开始了。苏纪兰院士、邹景忠教授、李永祺教授、厦门大学党委书记叶品樵、厦门大学校长林祖赓、厦门市副市长陈维钦、厦门市环境保护局局长吴子琳、福建海洋研究所所长阮五崎、海洋三所所长张金标、我校研究生院院长吴辉煌、实验办主任陈力文、资深教授李少菁、许天增、陈安、陈金泉，以及开放室部分骨干教师参加了开放室的揭牌仪式和学术讨论会（图 3-4-2）。学术讨论会由苏纪兰院士主持。开放室以"亚热带近海（含河口、港湾）生物 - 地球化学过程机制及其生态环境效应研究"为主攻方向，涵盖了"近海生物地球化学过程与全球变化""微型生物生态及其资源环境效应""有机污染及其生态毒理效应""海岸带

图 3-4-1　开放研究实验室揭牌仪式（1995 年 12 月 23 日）（卢昌义供图）

（第一排左起：卢昌义、吴子琳、王华东、洪华生、林祖赓、苏纪兰、陈维钦、叶品樵、冯士筰、邹景忠、张金标、郑微云、袁东星。第二排左 2 起：商少平、黄宗国、李永祺、李少菁、阮五崎。第二排左 7 起：吴辉煌、陈安、陈力文、陈金泉、张珞平。第三排左起：张勇、方俊金、彭荔红、胡明辉、许天增）

生态环境与可持续发展"4个主要研究内容，也即后来的研究发展的方向。开放室的建立，是我校海洋与环境学科建设发展的一个重要里程碑，亦为2005年获批建设近海海洋环境科学国家重点实验室奠定了坚实的基础。开放室成立之后，我与方金妹老师前前后后，张罗了好几届的开放室（重点室）的后勤工作，迎来送往，权当"狗仔队"拍照，写报道宣传，我自己从中也得到很好的锻炼。洪华生后来常说，现在的条件太好了，但艰苦岁月里走过的这些历程不能忘，要让年轻人知道，才懂得珍惜和奋斗。是的，只有不忘过去筚路蓝缕的艰辛，现在才能以更加拼搏奋斗的姿态努力工作，做美好生活的创造者、守护者，不负新时代的使命。

图 3-4-2　揭牌仪式之后随即召开的第一届学术讨论会（1995年12月23日）（卢昌义摄）

（左起：叶品樵、苏纪兰、林祖赓、洪华生、吴子琳）

厦大环科人与江老财的不解情缘

◎ 卢昌义

在回顾我校环境科学学科史期间，同事们提议我写一写江老财的故事。乍听起来也许会有疑问，江老财与厦门大学的环科历史有何干系？说来话长。

厦门珍稀海洋物种国家级自然保护区由白鹭自然保护区、文昌鱼自然保护区和中华白海豚自然保护区组成。其中，白鹭自然保护区是3类物种保护区中成立较早、景观较为丰富、宣教作用显著的重要保护区。1995年起，我带领由郑文教、郑逢中、江毓武、蔡立哲4位老师和宋晓军研究生先后参加的环科中心课题组，在白鹭保护区做了一些科考调查及规划方面的研究工作，成果还获得厦门市科技进步奖。野外工作期间，我与江老财有较多接触和工作交往。

江老财是厦门海沧贞庵村人，生于1932年。老人家虽仅一米七左右身高，但身材魁梧，长年的操劳在他那古铜色的脸上，深深地刻着一道道皱纹；两只大手长满了老茧；一双眼睛常常透着对白鹭的温情，充满了对大自然的爱心。他穿着极其朴素，腰间缠着的是一条粗棉绳做成的裤腰带（图3-5-1）。20世纪50年代，江老财离开家到大屿岛上护林，是岛上的护林员。起初，岛上有些白鹭，但到了20世纪80年代，因大范围的海涂围垦，白鹭飞走了。直到1995年前后，厦门海域经过整治，环境变好，白鹭才又陆续飞回大屿岛。1994年10月28日，《厦门晚报》曾刊登了记者何红英的报道——《白鹭归兮，何处栖息？》，文章认为大屿岛作为旅游开发景点，可能会影响到白鹭栖息，并呼吁尽快建立保护区。1995年5月，市环保局办公室的同事接到一老人打来的求助电话，反映大屿岛因距离陆地很近，离海沧嵩屿码头只有300

图 3-5-1　朴实善良的江老财（1995 年）（卢昌义摄）

余米，一些年轻人轻易即可上岛掏白鹭蛋，捕杀白鹭。这一"吹哨老人"就是江老财。后来，老人又摇着小舢板从大屿岛来到市区，向市长请愿，希望政府好好管一管，并呼吁全社会一起保护白鹭。当时的市人大代表吕孙续联合其他9位人大代表，提出了《建立大屿岛白鹭自然保护区》的议案。时任厦门市市长洪永世率领在厦的全国、福建省和部分市人大代表登上大屿岛进行调研，热心的社会各界人士也先后登岛考察。这为厦门大屿岛白鹭自然保护区的成立起到有力的推动作用。

1995年10月30日，福建省政府正式批准建立大屿–鸡屿白鹭自然保护区。白鹭在厦门市终于有了一个永久的家园，江老财也从普通护林员正式成为厦门市第一位白鹭保护区管理员。

1995年7月1日，我带领环科中心和测试中心党支部的师生党员们到大屿岛上开展生态考察活动。我们一上岸，就被江老财拦截了，说是要有环保局的批准证明才能登岛。我纳闷了：我们之间早就认识，我带人来，还不行吗？原来，当时保护区机构还未正式建立，江老财只是按环保局的要求执行。还好我们的活动事先已得到环保局的批准。我把批准证明掏出来（图3-5-2），据说他不识字，但也煞有介事地瞄了一下，估计是认到环保局的红印章，方才放行。江老财说，自新闻报道厦门白鹭的情况后，来大屿岛的人太多了。有的肩上扛着摄影机，自称是记者，要来采访报道，因为没有环保局批准的证明，都被他挡回去了。虽然我们差点吃"闭门羹"，但师生们都对江老财高度的工作责任心留下深深的第一印象。

图 3-5-2　江老财检查证件（1995年7月）（卢昌义供图）

（左起：洪华生、卢昌义、江老财）

验过环保局批准的证明，江老财热情地带我们小心翼翼地考察白鹭栖息地（图3-5-3左），还在他的住房前合影（图3-5-3右）。

图 3-5-3　江老财协助党员师生考察大屿岛（1995 年 7 月）（卢昌义摄）

（左：考察，前左江老财、前右洪华生。右：合影，前排左起袁东星、李云霞、船工、郑
微云、江老财、洪华生、洪丽玉、彭荔红；后排左起张勇、陈进才、郑天凌、李玉桂、林
良牧、徐富春、田泰山、郑元球、王海黎、徐立）

　　说起江老财的"住所"（图 3-5-4 左），其实是一间 20 世纪 50 年代渔民留下
的面积不到 4 平方米的简陋石屋。在之后较长时间的交往中，他还向我们"透露"
了他的另一间秘密"住所"（图 3-5-4 右），里面可以煮食物，门前一块建筑废弃
的大水泥板是让"客人"（指来访者）歇息、用餐的"露台"，如遇天气不好，则
可躲到后面的住所"客厅"。

图 3-5-4　江老财在大屿岛的两处住所（1995 年左、1997 年右）（卢昌义摄）

　　大屿岛上的日子很清苦，老人一个月回一次家，拿些吃的用的，但吃的多为
腌菜。在岛上，最大的苦难还不是吃住困难及蚊虫叮咬，而是孤独与寂寞。两个
管理员划分片区各自管理，赶上其中一个休息回家，另一人就得独守孤岛。连个
说话的人都没有，这不是一般人可以忍受的。江老财不论严寒酷暑，风里来雨里
去，对自己全然不顾，全身心扑在白鹭的保护工作上。项目组每次上岛调查，都
得到他老人家的配合和帮助（图 3-5-5）。

　　有一年春天，厦门久旱未雨，岛上更是缺水，出生不久的小白鹭飞不出大屿

岛饮水，有些被活活渴死。江老财看在眼里，痛在心头。看到缺水致死的白鹭，他默默地挖土掩埋。看到从树上掉下受伤的小白鹭，他设法包扎喂养。为了这些可爱的生灵，他尽一切所能救助。他把削去上部的矿泉水瓶捆绑在树枝上，往里装上淡水举到树顶供小白鹭饮用。他甚至还挖了一口池塘收集雨水。江老财一见到上岛采访的记者和环保局工作人员，

图 3-5-5　江老财与上岛调查的老师摄于工作后夜归的船上（1997 年 1 月）（卢昌义供图）

（前排左起：市环保局吴广齐、江老财、郑文教、卢昌义。后排左起：郑逢中、蔡立哲、市环保局陈剑榕、江毓武）

就急切地请求："救救这些白鹭，不然它们会被渴死的。"所有上岛的人都被老人赤诚的心感动了。

　　自从踏上大屿岛，江老财一直与白鹭相伴，就像对待自己的孩子一样，白鹭到哪，他就跟着到哪。1997 年 1 月，因大屿岛附近电力施工爆破作业，大屿岛白鹭受到惊吓，纷纷飞走。这可急坏了江老财。听说不少白鹭飞去了鸡屿，他准备去鸡屿。3 月 11 日，我正上大屿岛，看到他带了点日用品（图 3-5-6 左），孤身一人摇着小舢板（图 3-5-6 右），要去鸡屿岛守护，我迅速按下快门，留下这些珍贵的照片。

图 3-5-6　江老财简装独自上鸡屿岛（1997 年 3 月）（卢昌义摄）

　　鸡屿岛的环境更差，离他的家也更远。岛上蚊虫、蚂蚁很多，还有毒蛇、蜈蚣出没。老人年岁已高，市环保局白鹭保护区的同志一度将老人接回大屿岛，但不久，倔强的老人又去了鸡屿岛。2019 年 12 月，我承担白鹭保护区的科考任务，

在考察鸡屿岛时来到老人当年在该岛的住处（图3-5-7左），看到他留下的生活印记，禁不住为老人的艰苦辛劳而再次肃然起敬。该住所也是老人1997年11月逝世后，他儿子江清吉接替其工作在岛上生活的地方。时光悄悄流逝，14年来，每天独自伴随白鹭飞舞，江老财的儿子默默地驻守在岛上，从来没有打过退堂鼓。江清吉在自己住所门口的水泥桌上，刻写了他父亲生前常咏诵但无法书写的诗句（图3-5-7右）："走南闯北几十年 冬去春来白鹭天 一生来看为保护 白鹭子孙万万年"（纠正错别字之后）。

图3-5-7　江老财在鸡屿岛的住所（左）和刻在水泥桌上的生前常咏诵的诗句（右）（2019年12月）（卢昌义摄）

在大屿岛上，有一个珍贵的人文景观——"白鹭老人"江老财当年在岛上守护白鹭留下的足迹印记：江老财的故居和为纪念他老人家铸造的铜像（图3-5-8左）。铜像里的他一手拿着草帽，一手托着展翅的白鹭。在铜像旁边是江老财居住的石屋和摆渡的小船，还有刻有浙江著名骈体文大师王翼奇为老人撰写的碑记的石碑（图3-5-8右）。

图3-5-8　江老财故居（左，2016年8月）和碑记（右，2006年11月）（卢昌义供图）

江老财逝世前后，关于他的报道不少，但之后的报道就比较少了。我在20

世纪90年代间，因到保护区科考与江老财的接触颇多，许多场景至今历历在目。我手中为数不少的珍贵历史资料已保存了20多年，但鲜为人知。借助这次编写厦大环科史的机会，我把这些似乎不能列为环科历史的故事整理出来，告诉后人；让白鹭老人在大屿岛上演绎的感人至深的故事、谱写的厦门人民与自然和谐共处的优美旋律，在人间传颂；让人们理解，为什么厦门市要为一个最最普通的平民老百姓建立塑像，让历史永远铭记。"白鹭老人"的精神集中体现了厦门人民爱护自然、保护自然、不畏艰辛的崇高品德。这种精神丰富了厦门人民精神财富的宝库，在厦门市创建生态文明、精神文明的活动中，值得现代人尤其是年青一代更多地了解、学习和传承。

1997年6月5日世界环境日期间，白鹭自然保护区举行揭牌仪式，同时举行我的项目组参与策划的"向白鹭献爱心"大型活动。我们请江老财来到厦门大学的活动点，在这里留下一张永恒的纪念照片（图3-5-9）。不到半年，1997年11月，老人离开了他热爱的白鹭，在家中溘然长逝，享年65岁。白鹭老人用他对人朴实无华、对大自然执着奉献的一生，给我们留下宝贵的精神丰碑。江老财永远活在我们的心中！

图3-5-9　永远的怀念（1997年6月）（卢昌义供图）

（左起：洪华生、江老财、卢昌义）

"英雄三岛"拥军情

◎ 袁东星

"英雄三岛"指的是福建省东南沿海厦门市翔安区的大嶝岛、小嶝岛、角屿岛3个岛，因其面对金门岛的特殊地理位置，自1949年10月厦门解放以来，一代又一代守岛官兵在三岛戍守着祖国东南大门。1958年"八·二三"炮战中，三岛被国务院、中央军委授予"英雄三岛"称号。3个岛中最小的角屿岛为无居民居住的小岛，四面环海，面积约0.19平方公里，距离金门岛最近处仅一千多米。早期角屿岛的环境恶劣，没有道路，没有淡水水源，饮用水靠内陆船只运送，曾被喻为"海上上甘岭"。因此，多年来军队与地方政府不断对其投入建设，并吸引社会各界的不断捐赠与共建。

"英雄三岛"与厦门大学环科中心师生们的联系，缘于"厦门市金桥科教拥军促进会"。该促进会是企业家刘维灿老妈妈（1928—2018）于20世纪末创立的。刘老妈妈曾获得"福建省爱国拥军模范""福建省双拥先进个人""全国十大爱国拥军新闻人物"等多个爱国拥军方面的荣誉称号；2004年还获迟浩田上将接见，获赠其手书的"身在特区，心系国防"题匾。多年来，她借助金桥科教拥军促进会的平台，选择"英雄三岛"尤其是角屿岛作为重点拥军对象，筹钱为角屿岛修路修办公楼，赠送电脑、药品、食品、吉他，创办战士育才学校……她与"英雄三岛"的官兵结下了深厚的情谊，子弟兵称呼她从"拥军大姐"到"拥军妈妈"，再到"拥军奶奶"。目前，厦门市金桥科教拥军促进会的会长由厦门大学的袁东星教授接任。

早在1996年，袁东星就随同刘老妈妈，带着厦门大学环科中心的几位研究生踏上角屿岛。而后的多年间，在金桥科教拥军促进会的持续资助下，厦门大学的师生把到"英雄三岛"开展各种拥军的活动传承下来并发扬光大。头几年，师生们怀着好奇的热情登岛；而后，各项活动渐成规模，不减的热情中有更多的责任。每年的国庆节－中秋节期间，师生到角屿岛与官兵们联欢，送去各种节目和小礼物，共享双节之乐。同时接受官兵的队列训练，学习体验子弟兵们吃苦敬业、保家卫国的精神（图3-6-1）。春季，师生们会带着岛上急需的药品、电视、乐器、树苗、工具，

图3-6-1　接受队列训练（1998年10月）（袁东星摄）

（左1林玉晖、左2邓永智、左3杨东宁、左4李权龙、左5陈猛）

到岛上与官兵们一起植树、挂树名牌（图3-6-2），有时教战士们演奏乐器，有时也一起包起粽子。点点滴滴，演绎着军民鱼水情。角屿岛的官兵半开玩笑地说，每次听说学生们要来，事先激动向往半个月，联欢后，再深情回味半个月，这一个月里军心振奋，精神食粮很充实！

图3-6-2　与官兵们一起植树和挂牌（2014年4月）（芦敏供图）

（二）2001年活动纪实

很难得，2001年的国庆节和中秋节同一日。为了举办好2001年双节两天的上岛活动，厦门大学海洋与环境学院的师生早就着手准备。9月28日晚上，学生们在学校举行"祖国在我心中"演讲比赛，在34位参赛者中推出排名在前的几个，让他们准备参加角屿岛活动。9月29日晚上，从欢迎新生的晚会中，同样挑出好节目准备带走。

9月30日一早出发，刘维灿老妈妈和袁东星带队。60多名师生（其中有7名环科中心的研究生），加上5名福建省电视台记者，共有72人，堪称浩浩荡荡的队伍首先来到大嶝岛。首场联欢在大嶝岛9点整开始，为赶在涨潮时前往角屿岛，在大嶝岛的联欢时间限制为一个小时。记得那首独唱歌曲《为了谁》声情并茂，感人至深。

上午10点多，我们乘船去角屿岛。远远望见角屿岛码头时，喧天的锣鼓声便响起来了，官兵们敲锣打鼓，在码头上夹道热烈欢迎我们。连队首长上前拥抱刘老妈妈，战士献上岛上采集的野花。午饭后稍事休息，下午两点多便展开首个节目——学生和战士之间的篮球友谊赛。篮球赛是传统节目，每次登岛，只要时间允许就会开打。遗憾的是学生队从来就没有赢过，这一次仍然输球，但只输3分还是令学生们蛮开心的。其实学生们的球技不错，只是体能不如战士们，往往上半场还能持平甚至赢一两个球，而下半场就支撑不住了。天色还早，驰名全军的"角屿吉他连"为师生们演奏表演（图3-6-3）。粗犷奔放的吉他乐曲伴随着雄浑有力的歌声，在角屿岛上空回荡。

图3-6-3　角屿吉他连的表演（2001年9月）（袁东星摄）

匆匆吃过军营的晚饭，期待已久的联欢开始了。如若谁欲咬文嚼字谈"联欢"，在角屿岛就可见证年轻人激情澎湃的联合欢乐。晚上的时间很充裕，事先准备好的节目和临时拉出来的节目混着上演，学生们的节目和官兵们的节目轮流上台，完全超出预定的节目单；歌声、掌声、欢呼声不断，足足热闹了3个小时。

接着,举行厦门的传统习俗活动——博饼。这个活动更是令年轻人狂喜,尤其是从来没有玩过的,在自己获得"科举头衔"尤其是"状元"时,总是爆发出惊呼。为了让活动的气氛更佳,让战士们获得更多的奖品,历来这项活动对于师生们的要求是:主持并参加每一桌的博饼,但不能把奖品收为己有;博饼结束时,看看同桌哪些战士的"手气"不太好,把自己的奖品分发给他们。

当晚,不少男生彻夜未眠。他们在宿舍里与战士们聊天,战士们的年纪与学生们相仿,互动交流得十分融洽。也有男生参加站岗的,望海上明月,有几分浪漫;面对金门岛,又有几分凝重。中秋月圆,各家团圆,祖国山河尚未全圆。学生们思考着一个问题:都是同龄人,我考上了厦门大学在校园里读书,战士参军在沙场上磨砺打拼,我比他们优秀吗?我和他,为了谁?什么是爱国主义教育?来到军营,无需说教,这里便有最直观的爱国主义教育。

10月1日早晨八点半,在角屿岛的蓝天白云之下,千顷海浪之畔,举行了升国旗仪式,师生和官兵都参加了,刘老妈妈做了激情演讲(图3-6-4左)。接着便是"祖国在我心中"演讲表演,共有4个学生和3个战士上台宣讲。也许是触景生情,学生们讲得都比节前在校比赛时的好,战士们讲得也出乎意料得好。演讲结束后,师生们结队给岛上的程国财烈士墓献了花圈(图3-6-4右)。不过,这个花圈是战士们事先帮忙准备的。

图 3-6-4　刘维灿演讲(左)和向烈士墓献花圈(右)(2001 年 10 月)(袁东星摄)
(右:左起任峰、张军)

潮水的缘故,我们近午时必须返航。依依不舍,师生们穿过夹道欢送的战士群,从狭长的码头尾端上船。也许是天意,船突然有点小毛病,一时没有发动起来,于是感人的一幕出现了:船上船下开始对唱、拉唱、合唱,欢声雷动,码头上一片激情洋溢。船开了,官兵们涌向码头尾端,师生们在船舷挥手,大家齐声欢呼呐喊。船开远了,锣鼓声从耳边渐息,但还看得到码头上的一片军绿色……

（图 3-6-5）

大伙儿回到大嶝岛吃了午饭，活动结束。当天晚上倒还是来得及与亲友吃中秋夜餐和博饼，但总觉得无论吃的说的玩的，与在军营里的回忆相比，着实平淡无奇。

图 3-6-5　码头上依依不舍送别（2001 年 10 月）（袁东星供图）

（三）潮水和台风

角屿岛没有居民，只能乘专门的交通船前往。同时，由于码头和船的条件限制，只有在涨潮时水位到达一定高度时，船甲板才能与岛屿码头的地面基本平齐，上下岛才安全。因此，如果需要当天往返角屿岛，最好寻找天文大潮期，且需抓住涨潮和高平潮的时间空挡。每一次拥军活动后赶潮水返航，都是在经历惜别中的匆忙。有时为了在岛上多停留几分钟时光，就得跑步赶着上船。记得 2006 年 10 月 4 日那次上岛，回来时误了二十几分钟，潮水已然退下，船甲板落下码头地面约一米半。学生们手脚灵活，蹦跶蹦跶地跳下船，袁东星被扶着踩着凳子下船（图 3-6-6）。苦的是近 80 高龄的刘老妈妈。那时真叫快，两位战士矫健地跳下船站在船头，码头上两位战士架着刘老妈妈往下送，船头上两战士伸出手把刘老妈妈抱了下来，再做一个攀墙动作，跃回码头。

图 3-6-6　作者被扶持着下船
（2006 年 10 月）（卢昌义摄）

厦门的初秋处于台风易发的时期，每年组织国庆节 – 中秋节的登岛活动，确定行程时间时必定要多次、随时地查看中央气象台的台风预警和当地的天气预报。由于台风或大风而更改登岛日期是常事。2016 年，超强台风"莫兰蒂"捣乱，导致我们 4 次更改上角屿岛的日期。最后一次，师生们都已经乘车出发了，半路又得到通知，风太大，船不能开。因此，2016 年的拥军联欢活动临时改在大嶝岛进行。没能登上角屿岛，官兵们和师生们都极为遗憾。

（四）悠悠后续

这两年，由于军队的任务繁重，更因为新冠疫情影响，我们没能再上角屿岛活动，仅是在各个重要节日前按时送上慰问品。2019 年国庆节是厦门大学师生最近期的一次登岛。20 多名师生们带着丰富的节目和慰问品，到角屿岛与官兵们共度祖国 70 岁生日。当天，除了神圣的升国旗仪式，还有欢乐互动的表演。学生们准备了民乐齐奏、小提琴独奏、歌舞、脱口秀，官兵们表演了小品、相声、吉他弹唱等节目。学生们的第一个节目是《今天是你的生日，中国》，台上还没开唱几句，台下就开始跟着边唱边击掌打拍子。最后一支歌是合唱《我和我的祖国》，官兵们和师生们饱含深情引吭高歌，气氛十分热烈。此次活动的始末以及对带队教师黄建珍的采访，可参见《新京报》记者黄哲程的报道①。

"英雄三岛"，我们期待再见。即使近来未能踏上你的实地，你依然萦绕在我们的情海里。

---

① https://m.bjnews.com.cn/detail/157086559315474.html，下载日期：2022 年 7 月 3 日。

<h1 style="text-align:center">藻海绿波</h1>

——来自厦门赤潮监测网的报告（报告文学）

◎ 袁东星

1998 年春季，在"东亚海域海洋污染预防与管理厦门示范区项目"的推动下，厦门市成立了"赤潮监测网"，由厦门市政府领导，在厦的 6 家涉海单位（厦门市环境监测站、国家海洋局第三海洋研究所、福建海洋研究所、福建省水产研究所、厦门大学环科中心、厦门市港务局监测站）均为成员单位。赤潮监测网约定，一旦厦门海域疑似发生赤潮，监测网将启动应急监测，成员单位应尽快采集现场样品，分发样品并分项目测定，而后综合分析测定结果，向市政府递交赤潮报警/预警报告。

本文记载了赤潮监测网的第一次联合行动。除人名外，文中所述基本为纪实。

（一）同安湾里现赤潮

1998 年 5 月 20 日，星期三。早晨的太阳费了好大的劲，才从浓浓的云雾中挤出几丝光芒。天灰蒙蒙的，空气湿漉漉的。气温在数天前的连日暴雨后，逐日攀升。同安湾里，一艘小船犁开了平静的海面，轮机声打破了憋人的沉闷。福建省水产研究所的研究员老杜站在船头，深深地吸了口气。海面上没有他所熟悉的负离子的气息，有的只是闷热潮湿的感觉。"这种天气容易发生赤潮。"老杜嘟囔一句。他正在进行本季度的水产养殖区水质调查的常规采样。望着船尾奔腾的浪花，他想起十几天前，厦门市成立赤潮监测网的会上，6 个成员单位是那么干脆无条件地接受了赤潮监测的任务；除了得益于现有的海洋环境监测网的平台基础，春节以来广东、香港等地大面积毁灭性赤潮事件也给厦门带来了巨大压力和动力。

完成两个站位的作业后，老杜惊异地发现海水的颜色越来越深，几乎成墨绿色。"不对劲!"他心头一震,跳将起来,抓起了浮游植物采样筛网。几分钟的作业后,老杜眼前呈现了黑乎乎的悬浮液。掬起一捧,细细一看,就像是从蔬菜榨汁机流出的产物。凭着多年的经验,老杜很快判定,硅藻在这里过量繁殖了。虽然学术界对于赤潮有不同的定义,虽然眼前的硅藻是绿色而不是红色,但老杜深知其潜在的危险,宁愿把它称为赤潮。他把沾满了硅藻的手往工裤上擦了擦,钻进驾驶室抓起了手提电话机。

(二)监测站里忙调度

被称为"网眼"的厦门市环境监测站的办公室里,木生正满头大汗地打电话。

"吴局长吗……省水产所的老杜报告,同安湾发生硅藻赤潮……要应急监测……好,好,我这就去安排……"

"港务局监测站吗……要进行赤潮应急监测,能借用你们的采样快艇吗……哦,是这样的,现在刚好是退潮,我们的快艇搁浅在船坞里出不来了……"

"厦大环科中心……没错,11点在第一码头集合……"

"海洋三所?请转250……老卢……是的,是的,带上采样瓶……"

"福建海洋研究所……请找生物室的小张……对,越快越好……"

"……"

20分钟后,木生放下电话,擦了一把汗:"这些'网目'真是不错!纲举目张!"

(三)侦查快艇探情况

快艇飞驰,划开海面。波浪狠狠地抽打艇身,仿佛在抗议快艇的粗鲁。赤潮监测网各成员单位的头目们乘坐快艇,先行巡视。市环保局的吴局长站在快艇里,任凭艇体急晃,迟迟不愿坐下。作为全国环保先进城市厦门市的环保要员,他的心沉甸甸的。数月来广东、香港的赤潮已被新闻媒体炒得沸沸扬扬,厦门市民对赤潮这个专业名词已不陌生,许多人都说得出来,赤潮是海洋污染事件,会极大地危害旅游业、渔业和水产养殖业。要是同安湾真的发生赤潮,就标志着厦门的海洋污染达到了一定程度,这该如何向厦门市政府汇报,又该怎样向厦门的水产养殖业通报?!

快艇的速度慢下来了,靠上了一艘小舢板。一位脸上刻满沧桑的老渔民狐疑地望着从快艇里伸出头来的吴局长。"老人家,这海水是从什么时候开始变得这么黑的？"吴局长问。"两三天了。那，就是前几天大雨后开始的。""整个同安湾都这么黑吗？""往前直到同安溪都是这样的。从同安溪流下来的水发红，流入同安湾，水就发绿了。""见到或听说过死鱼、死蛤的吗？""没有。""老人家，请你告诉你们弟兄们，大家都注意一点，一有死鱼死蛤的，赶快向市环保局监测站报告……""哦，你是说，像电视上的那样？"老渔民一把抓住了吴局长的手："那可是几百万元的养殖业损失呀！""是呀……"

（四）现场监测加采样

木生和他的"网眼"官兵们，带着瓶瓶罐罐，坐在临时租来的大木船上。水温和盐度等的现场测定有条不紊地进行着。前方快艇探明的情况，连同吴局长的布置，一个个地从手提电话中传来："在25号站位和28号站位各采一个样。27号站水色正常，采个样做参照……"

厦大环科中心的博士生翔子和杨子在船上找了个角落躺下来，伸直饥饿疲惫的躯体。由于出发匆忙，船上只准备了矿泉水和一点面包。时已过午，这点水粮只够船上的十几号人填胃角。木生望着两个自由自在不受礼节约束的学生，肚子咕咕地叫起来。最糟糕的是，没有带啤酒！木生一出海采样便得喝啤酒。他称喝了啤酒可以减少晕船的感觉。没有人去考证这是否有科学根据，但许多人都有在海上喝啤酒的爱好。哈，吴局长的快艇上连水和面包都没有，也没有厕所，有他们好瞧的……木生想着，为自己庆幸起来。

太阳终于完全钻出雾纱了。热烘烘的，气温似乎一下子又提高了几度。"又要大繁殖了吧？该死的藻！"木生诅咒着。猛然，他望见不远处有一艘船驶来。是老杜的船！"靠上！靠上！"木生向船长喊道："上去问问情况！"不知谁在边上又加上一句："他们船上有啤酒！"

（五）实验室里精分析

入夜了。鹭岛的灯火五光十色，亮丽辉煌。谁能知道满城灯火中，有几盏灯是特殊的呢？各家酒店里杯光灯影，海鲜满桌。市民们可曾意识到来自厦门海湾水产品的潜在危险？

省水产研究所：司机阿二今天已往返码头数次了。清晨，送走常规采样的老杜；午饭前，送走应急采样的小李；下午，接回老杜；华灯初上，接回小李。这车子是怎么回事？争气点，这是最后一趟了，已经看到水产所的大门了……这车子是怎么回事？终于停下来了，就在大门外。"小李，对不起了，下车帮我把车先推进院子再说吧。""喔！阿二！我们连中饭都还没吃哪！"车上的小李等人一齐叫唤起来。

市环境监测站：环岛航行 6 个多小时后，木生回家胡乱扒了几口饭，又赶到实验室大楼。"三氮"分析实验室的灯早就亮了。木生巡视一番，满意地看到一瓶瓶水样摆上了实验台，分析工作已经开始。他长长地吁了口气。木生对今天监测网各成员单位包括他自己手下的紧张、快速、协作、有效的行动相当满意。"路线是个纲，纲举目张。"中学时代就背得滚瓜烂熟的"最高指示"又在耳边响起来。木生真想找个人说上一番，并唱上几段样板戏。

海洋三所监测室：总磷和活性磷的分析正在进行，电炉上，一口家用高压锅正在"吃吃"地冒气。消解总磷用的实验高压锅被带到湄洲湾去了——谁会料到今天要用呢！老卢只得把自家用的高压锅拎来了。"嫂子没意见？"小青年开玩笑地问。"嘿！"老卢摇摇头，"尽管我再三向她保证无毒，她还是坚持要我答应，用完之后当她的面再用洗洁精 5 遍！"实验室里顿时响起了一片笑声。活性磷的结果很快就报出来了，比常规浓度低了一个数量级！磷哪里去了？毫无疑问，被藻类吃掉了！"磷是限制因子，"老卢说，"厦门市非得推广无磷洗衣粉不可！"

厦门大学环科中心：真空泵哒哒地响着，玻璃纤维滤膜上留下一片墨绿色。丙酮浸没后，比色管里是一汪好看的草绿色。尽管颜色是这么美丽，翔子还是轻轻地叹了口气。他明白高浓度的叶绿素意味着藻类的高度繁殖。"老师！荧光值超标了！"一会儿，翔子的声音从荧光仪那里飘来。"用丙酮稀释！注意，定量稀释！"这边，杨子拿着溶解氧的数据走过来："看！藻类已过量繁殖，溶解氧值还比较高！""这证明藻类还处在增殖阶段。如果现在有营养盐尤其是磷的补充，藻类还会更多地长起来的！"（图 3-7-1）

福建海洋研究所生物

图 3-7-1 环科中心实验楼和参与监测的学生（1998 年）
（袁东星摄）

（左起：杨东宁、林玉晖、许鹏翔）

室：计数器揪心地响着，一下接一下，报告着藻类的数量。"小张！"晓梅从门外走来，"电话打过了，水产所的老杜和厦大的程老师都说是中心圆筛藻！""哦？"小张从显微镜上抬起头来，"可我仍然认为是星脐圆筛藻！""程老师可是权威呀！是我们老师的老师！""学术上的问题，师生之间也还是可以讨论的！"小张说完，又把头埋到显微镜上去了。

（六）赤潮报告交市府

数日后，一份来自厦门赤潮监测网的报告送到了厦门市副市长的案头：

今年春节以来，广东、香港海域发生大面积、大规模的赤潮，造成数亿元的经济损失。其间的教训引发一连串思考，给全国环保界、海洋界、水产界的管理和科研机构敲响了警钟。厦门市有关单位在东亚示范区厦门监测网的基础上成立了赤潮监测网，并于 5 月 12 日开始实施赤潮监测计划。至今已对厦门海域进行了 5 次监测。监测网成员单位将这 5 次监测得到的数据整理、分析、加以讨论，并对下一步的工作提出建议。归纳如下：

（1）近一个月来，厦门地区的气温多次反复，且伴有暴雨，又值春季作物早期管理施肥期，雨水将陆源的污染物大量带入海域，使厦门海域的营养盐尤其是磷的指标高居不下。

（2）海水中浮游植物的藻类种群变化大，演替频繁。有时在有些站位甚至难以找出优势种，说明海域中各种藻类在外界条件的变化下均有可能演替成为优势种。往年同期，厦门海域中多见的是骨条藻（*Skeletonema*）和角毛藻（*Chaetoceros*），今年则有其他优势藻出现。

（3）约从 5 月 17 日始，在同安湾发生区域性硅藻赤潮。此间海水呈墨绿色。浮游植物的优势种（96% 以上）为硅藻门的星脐圆筛藻（*Coscinodiscus asteromphalus*）。该藻是虾、贝等的重要饵料，其本身无毒。估计在 5 月 20 日至 22 日，该藻的数量达到高峰。从 5 月 24 日的监测结果看，同安湾藻类的数量已有所下降。

（4）厦门西港的典型站位 18 号站（宝珠屿东）的浮游植物量一直较高，溶解氧的水平正常，然而，氮、磷营养盐尤其是活性磷的含量偏高。这说明虽然较丰富的藻类在生长时已摄取了相当数量的磷，而海水中现有的磷仍不少，足以让浮游植物过量繁殖。

根据以上情况，监测网成员单位认为：

（1）今年是厄尔尼诺年，世界各地均发生气候反常现象，厦门地区也不例外。加之今年农历闰5月，气温回升较慢，这两个月内冷热反复较大。若在暴雨后连续数日晴天，气温骤增，则温度和营养盐条件将导致赤潮发生的潜在危险。

（2）虽然5月中下旬在同安湾发生的圆筛藻赤潮无毒，但当藻类过量繁殖时，可在夜间大量消耗溶解氧，引起海域中其他生物缺氧死亡。如果外界环境因素突变，硅藻死亡分解，将造成溶解氧降低并释放出有毒物质，亦可造成其他海洋生物死亡。另外，硅藻死亡分解后产生的有机质、氮、磷和微量元素等大量释放到水体中，可能诱发有毒赤潮。

（3）厦门海域的营养盐含量高，为赤潮的发生提供了化学因素。5月到6月之间，雨水多，气温变化大，雨后天晴气温上升快，为赤潮的发生提供了物理因素。今年厦门海域浮游植物的种群变化大，出现了往年少见的优势种，则又为赤潮发生添加了潜在的生物因素。因此，监测网成员单位认为，今年在厦门局部海域，继发生无毒赤潮之后，有发生有毒赤潮的危险。

（4）按监测计划，5月12日至6月6日，监测频率为3天一次。基于上述讨论和考虑，监测网建议在6月6日后继续监测一个月，但频率可适当放慢。同时，应组织和鼓励群众参与监视，积极报告海域异常现象，做到群测群防。

（5）监测网成员单位恳请厦门市政府和有关部门吸取广东等地的教训，重视厦门海域的污染管理，并从物力、财力上对赤潮监测网给予支持。

注：本文的初稿成于1998年6月，其中的大部分章节刊登于厦门大学化学系1977级分析班的专刊《上弦听涛——致入学40年》（加拿大 Timur Publishing House，ISBN 9781775152491）2019年版，第235～238页。本文删减和添加了部分章节和字句。

大盘鸡只是小菜，落汤鸡才是常态

——记在环科中心农业非点源污染研究团队中的成长

◎ 黄金良

记得 20 年前，我摇摆于就业与读博二者之间无法决断，最后遵从于内心的声音，放弃了就业，跟随洪华生老师继续深造。现在回想起来十分庆幸当初的选择！彼时，国内非点源污染研究方兴未艾，洪老师带领的团队开始关注流域农业非点源污染问题，地理背景出身的我也有了用武之地。

团队里水利专业背景的张玉珍师姐以九龙江五川流域为研究案例，开展农业非点源污染研究，完成了洪老师团队第一本有关农业非点源污染的博士论文。我比张玉珍晚一年入学，没少受师姐差遣，或在室内地理信息系统制图，或在野外暴雨中监测采样。农业非点源污染的驱动力是降水，暴雨径流监测数据的收集必不可少，但由于暴雨天气难以预测，加之暴雨地表径流难以监测，此项研究工作很具挑战性。2001—2002 年期间我不时会与师姐一起到南靖"守溪待雨"采样，人情练达的师姐会请我吃以当地农民养的土鸡为食材、以新疆大盘鸡做法烹调出的鸡肉，这是驱使我硬着头皮跟着师姐去采样的动力之一。天气预报有时是不准的，雨等不来也是常事，我们只好作罢，打道回府，这鸡肉就算是白吃了。但当雨来时，我们工作也毫不含糊，当"落汤鸡"也无怨言。记得有次半夜暴雨如注，师姐让我到另一个监测点采样。所雇的当地村民用摩托车载我只身到监测点位，雨天路滑，摩托车倒了，我从离河面近两米的河滩高地翻滚数圈，差一点掉进水里，所幸无大碍，仍能坚持采样到天亮。回想起 20 年前与玉珍师姐一起采样的往事，直呼没有什么是新疆大盘鸡解决不了的。

2003 年以后，玉珍师姐把场次暴雨监测数据收集够了，转到室内模型构建的阶段，洪老师又派她到加拿大交流半年，我也开始了自己的博士论文工作。显然那时课题组的科研条件更好了：其一，师姐留下的农业非点源污染研究范式让我内心有底；其二，当时洪老师从福建省科技厅拿到福建省科技重点攻关项目"九龙江流域农业非点源污染机理与控制研究"，有足够的经费支持；其三，课题组人手多了。记得当时做农业非点源污染研究的同门师弟师妹，连同张珞平、陈伟琪两位老师的研究生有将近 10 人，包括陈能汪、曾悦、王卫平、李永玉、黄云凤、刘建昌、陈惟财，他们各自围绕营养盐流失过程、畜禽养殖污染防控、信息系统开发、农药污染等开展流域农业非点源污染相关研究。我们在暴雨中采样时总是一起出动，分组对不同主导土地利用类型方式的小流域出口，开展场次暴雨径流水量水质过程监测。那些年的雨多在晚上下啊，而且一下就通宵，我们经常冒着大雨手忙脚乱到天亮。欣慰的是我们也得到宝贵的场次暴雨径流水量水质监测数据。我用这些数据校验了流域模型，量化了九龙江全流域农业非点源氮磷的来源与负荷，识别了污染的关键源区，并对管理方案进行模拟评估，对九龙江全流域农业非点源污染有了宏观的辨识。我将博士论文寄给素未谋面的中科院生态中心尹澄清研究员评阅，他给予了较高的评价，我顺利获得了博士学位。当初的博士论文选题，洪老师根据我本科与硕士的地理学背景，让我发挥所长，使我较快地找到科研的主攻方向。我常感念恩师的因材施教，这也成为我后来努力效仿的培养研究生的模式。

2004 年 9 月，我到清华大学环境科学与工程系做博士后研究，第一年我参加了由陈吉宁教授承担的亚洲开发银行资助项目"中国农业非点源污染研究"，记得时任系主任、现任北京市市长的陈老师说过："做非点源污染不能仅是 play data，要有第一手的监测数据。"听到这句话时，我脑海中不禁浮现出了雨夜中那些身影摇晃但一直前行的"落汤鸡"。晚我毕业两年的陈能汪博士也到浙江大学做师资博士后，工作很出色。但我们两人都在洪老师的召唤下于博士后出站后返回环科中心任教。师妹曾悦博士专注九龙江流域畜禽养殖污染，被戏称听猪叫就可辨雌雄，毕业后现在福州大学任教。农业非点源污染研究团队的第一个博士张玉珍，现已是全国人大代表、福建省环境科学研究院院长。篇幅所限，小伙伴们毕业后的发展无法一一列举。显然，20 年前被洪华生老师在环科中心开启的流域农业非点源污染研究方向所吸引的学子们，应了那句话："聚是一团火，散是满天星。"这不是凡尔赛，环科中心培养了专业人才，环科事业后续有人，洪华生老师带领的农业非点源污染研究团队开枝散叶是事实。

2007 年 3 月，我博士后出站后返回到环科中心，角色由学生变成了老师，但流域农业非点源污染研究仍是我主要研究方向，只不过研究更深入了些。比如，土地利用通过非点源污染的形式影响河流水质，我带领学生们深入探讨了流域土地利用与河流水质二者的关联，除了一直在研究的九龙江，也研究闽江、晋江、敖江乃至泰国的昭披耶河、美国的波多马克河，在尺度上也拓展到渤海湾、福建13个海湾等海湾陆源污染研究。考虑到非点源污染的产生与降雨直接相关，我们探讨了气候变异与土地利用变化交互作用下九龙江流域河流氮输出的响应机制。这些研究成果被我汇集到最近刚出版的专著《海岸带环境演变效应及其管理》中[1]。

我时常感念于恩师对我的接纳，无论是20年前的求学还是15年前的求职，常自觉于能力与资质上的不足，需"行行复行行"才可不负先生的"成人之美"。去年，也是厦大百年华诞之际，我很荣幸地收到了洪老师的自传《碧海生命乐章》并得到了她亲笔手写的赠言"不负韶华，砥砺前行"。我想，在这薪火相传的路上，我辈唯有自强不息、脚踏实地，将文章写在祖国大地上，将个人梦想融入建设"美丽中国"的新时代梦想当中，国家和个人的发展才会越来越好。（图3-8-1）

图3-8-1　厦大百年华诞之际部分返校毕业生和在校团队合影（2021年4月）（黄金良供图）

（前排左起：肖才荣、梁卉昕、黄亚玲、黄玲、林杰、黄金良、李青生、蔡隽韬、黄玥、唐莉。后排左起：林丽萍、叶浩东、王鹏、李浈、陈梓隆、苏敏、刘继辉、陈胜粤、黄博强、谢哲宇、方磊、王建）

厦门大学环境影响评价发展轶事

◎ 石晓枫

厦门大学环境科学研究中心（环科中心）的前身厦门大学环境科学研究所（环科所）成立后，前辈们不仅考虑到环境学科的发展，也结合当时国家环境保护的形势和刚建立起来的环境影响评价制度，不失时机地申请环境影响评价资质，充分利用厦门大学的学科优势积极参与地方经济发展和环境保护工作，建立环境影响评价平台，提高促进经济发展的参与意识、服务意识和贡献意识。

从环科所 1987 年获得福建省环境保护局的乙级资质，到环科中心 1994 年获得国家环境保护总局的甲级资质，时间不到 7 年，这在当时教育部直属的全国各重点高等院校中也不多见。在福建省也仅有福建省环境科学研究所、海洋三所和厦门大学 3 家甲级单位，可见环科中心在福建省内的影响力还是很大的。环科中心的领导和教师们极为重视这份来之不易的"资质证书"，先后制定了《环评工作各项规定》《环境影响评价工作暂行管理条例》等，开展了环评方法研究和省内的一些建设项目的环评工作。厦门大学环科中心的成立与发展，成就了自身环评业务的展开与扩大，尤其是为环境管理学科培养了很多研究生，成为福建省环境保护管理及环评领域中的骨干力量。忆往昔的发展经历，几段历历在目点点滴滴的环评故事值得追忆。

（一）在泉州市摆"环评地摊"

前人栽树后人乘凉，我作为"摘桃子"的后来人，2001 年初来到环科中心，准备加入环评团队。还没有正式报到，也没有在原单位办理调动手续，便开始了我的"见习"工作。记得当时海洋与环境学院的袁东星院长给我发了一封电子邮件，说是福建省环境保护局给省内各环评单位布置了一项工作，要求各单位组织人力支援泉州地区工商企业年检，为各企业办理环评手续；厦门大学环科中心因人手短缺，要我先帮助应急解决眼下困难。在原单位办理完请假手续并调整课程后，我于 4 月初来到厦门大学。入校时恰逢厦门大学建校 80 年庆典，还没来得及去欣赏校园美景，便按照省环保局分配的任务，孤身来到了晋江市。眼前的场景对我来说是这辈子仅有的一次难忘经历，也是全国各地都没有出现过且不可能再重现的。

全省近 20 家环评单位齐聚石狮市、南安市、晋江市，后被戏称为"摆环评地摊"。厦门大学被分到了晋江市。晋江市环保局租了一座仅完成框架尚未完成立面涂装的大楼二层大厅，作为各环评单位的集中场所。每个单位配有一张桌子几把凳子，桌上放上单位的桌牌供各企业经办人选择环评单位。考虑到泉州市外埠的环评单位较多，为接洽业务的公正和公平起见，我们商量后轮流接收环评业务。由于晋江市民营企业发达，工业门类居多，大到电子、印染、制革、机械，小到服装、家具、食品制造，各企业络绎不绝前来委托环评业务，各环评单位到手的"单"接踵而来。我因是自己一人，每接受一项任务后得跑现场、收集资料、编写报告，确实感到力不从心，也影响了接单数量。每每与其他兄弟单位比较接单量时我都不敢开口，但保证质量完成工作是必须坚持的原则。

有了这段经历，对我正式来厦门大学之前就熟悉省内环评单位及当地环保部门、了解当地的环评开展情况，提供了良好的条件。记得有一天下午，我们这个点的负责人接到晋江市环保局一位主管副局长的电话，说是点名要厦门大学的环评编制人员赶紧去局里，我当时一阵紧张，掂量着在环评过程中有什么差错要去挨批评，旁边的一家环评单位的领导还调侃说一定没有好事，晋江市环保局对环评文件编制要求很严格。我二话没说急忙赶到了环保局，敲开了这位主管副局长的门，没想到他很客气地问：你是厦门大学来的吗？并按照闽南人的待客之道，泡了一杯茶放在我面前，他这一举动立刻缓解了我紧张的情绪。接着他问道，厦门大学报来的环评文件是你编写的吗？在得到我肯定的回答后，他伸出拇指说，你写的环评报告表质量很好，我们的审批人员很认可，并询问厦门大学来了多少人，你在晋江市接的环评业务多不多等。我很抱歉地说仅有我一人，精力和交通条件有限，在保证质量的前提下不敢接受太多业务，他继续鼓励我说，晋江市经济发达，更需要像厦门大学这样的甲级环评单位提供技术支持。

经过这番交谈后，增强了我日后到厦门大学工作的信心。特别是在与各环评单位的接触过程中，大家多对厦门大学羡慕不已，对甲级环评单位给予尊重。没想到厦门大学作为一家甲级环评单位会有这么大的影响力，可惜我们的业务量却不如一家地市级的环科所。这段经历值得永久记忆，也为我日后加盟厦门大学环评团队，扩大厦门大学环评业务发展奠定了基础，也促进我努力去适应经济发达地区环评市场上的竞争环境。

泉州市"摆环评地摊"从 2001 年的 4 月初开始，历时 2 个多月后，福建省很快涌现出几家民营企业参与环评工作，打破了过去由省市地方环科院所、大专院校对环评的垄断地位，为环评走向市场化的改革做出尝试。这段经历使我了解到内陆省份与沿海省市在经济发展中存在的较大差距，了解到地域文化、自然环境背景的不同，也为我日后在福建省开展环评工作提供了一个了解省情的"窗口"，也预感进入环评市场后的压力。

（二）承接国家级培训班

记得我正式到厦门大学报到日正好是 2001 年 6 月 5 日，世界环境日。这个日子真可谓是作为一个环评人的最好纪念。负责办理报到的人事处工作人员正是现任环境与生态学院党委书记的张明智。没想到张书记调到环境与生态学院后，与我第一次见面时就特意提到这事，可见从事人事工作的人员记忆力都很好，也是他们的职业特点吧。正式入驻厦门大学后，袁东星院长给我的一个任务是要"保住"厦门大学环境影响评价的甲级资质，而我考虑得最多的事情，是如何扩大一家甲级环评的影响面，使厦门大学环评在福建省形成竞争能力。

事也碰巧，2001 年底我去福州出差，在省环保局开发监督处向分管全省环评单位的黄丹青主任汇报厦门大学环评发展计划，希望省环保局能给予厦门大学环评中心更多的支持和帮助。他问我能否向国家环境保护总局（现为生态环境部）申请办一期上岗培训班，并作为省环保局 2002 年的工作计划。我意识到这是推进厦门大学环评发展的良机，便愉快地接受了这项任务。随后，我找到了国家环境保护总局分管环评工作的综合处（该处为环保总局主管全国环评单位管理、发证、考核业务的部门）李新民处长（后任环保部污染防治司副司长、正司级巡视员）。李处长觉得高校承办全国性环评岗位培训班理所应当，且具备条件，他在看完已编制的 2002 年全国环评上岗证培训年度安排计划后，欣然同意于 2002 年 9 月初在厦门大学安排一期"全国环评上岗证书培训班"，并指派环保总局下属的环境工程评估中心负责具体事宜。没预料到通知发出后，全国各地报名参加的人数远超过原计划的一个班 80 人。我将这一情况汇报给李处长，他了解到厦门大学的食宿、教室等条件后，破例又增加了一个 90 人的班，即同时开办 2 个班。

我记得 1994 年环保总局首次制定环评机构人员须持证上岗制度时，有证的上岗人员寥寥无几，也没有举办过上岗培训班。当到这个班报到时，来自全国各地的环评同行、学员将厦大逸夫楼的前厅围得水泄不通，有些参加培训人员已是白发苍苍的老同志了，说明当时全国环评上岗人员还是奇缺的。在环科中心领导及很多老师们的支持下，包括彭荔红、林庆梅、李云霞等老师都尽全力负责会务工作。我的具体任务是负责接送培训班的讲课教师，包括四川大学的黄川友教授、兰州大学的袁九毅教授、环保总局环境工程评估中心赵光复研究员等。环保总局的李新民处长莅临厦门大学，做了开班讲课。众人都为美丽的厦门大学校园发出赞叹，赵光复研究员还拍了一组厦门大学校园风景的照片让我欣赏，其中分布在校园内的很多建筑我甚至还没见到过，看了他拍的照片后，真感到惭愧。

这次培训后，环保总局及省环保局的领导了解到了厦门大学环科中心积极促进环评事业发展的决心，很快批复了在甲级证书资质范围里增加火电行业的申请。当时省内 3 家甲级证书单位，唯有我们有火电行业资质。通过这次培训，我们打破了关起校门办学的思维方式，积极接触社会、走向社会，尽可能地宣传厦门大学环境学科的发展情况。

其间还有一件有趣的事情，在培训班即将结束前，海洋与环境学院的袁东星院长、环科中心主任戴民汉（现中科院院士）在逸夫楼设午宴送李处长一行，正逢中秋节，按照厦门市的习俗，服务人员端上了一个大月饼，袁老师声情并茂地介绍了博饼的来历后，大家高兴地摇动了手里的骰子，一试手气。没想到我在第二轮就得到了状元，这也是我来厦门之后唯一的一次。言笑之余，戴民汉主任向李处长介绍，石晓枫是我们环科中心引进的环评人员，李处长高兴地说，全国高校系统能通过引进方式壮大环评力量的还不多见，很类似足球市场的"转会制度"，这是今后环评市场的一个发展方向。

2005 年，国家开始实施环评工程师职业化制度改革，环评从业人员必须通过环评工程师考试。环保总局环境工程评估中心计划举办备考培训班，并与厦门大学环境影响评价中心合作在厦门市联手举办了全国首期环评工程师培训班。在景有海老师的帮助下，我们顺利地联系了国家会计学院作为培训地点。后来，环境工程评估中心的领导一致认为，这是环保总局历届培训班条件最好的地方，各地学员也对校园环境、教室、食宿等条件赞不绝口。

这两期培训班对厦门大学环境影响评价的发展起到了积极的推动作用，特别是宣传了厦门大学环科中心，得到了各级环保主管部门的认可，锻炼了环科中心教师接触社会的能力，尤其是一些在校的研究生主动参与培训会务活动，锻炼了他们为社会服务的能力，增加了他们的阅历。

2007 年底环保部环境工程评估中心在全国招募环评培训讲课教师，经过考核，我顺利地进入讲课师资队伍，先后承担了多期环评上岗、环评工程师考前辅导及环保部举办的规划环评培训的讲课任务（图3-9-1）。记得有一次我在兰州市讲课，课间休息时几个学员在议论这位老师口音完全是北方人，怎么会在厦门大学工作，易中天老师才是厦门大学的代表。听到这句话后我十分惭愧，应该向易老师学习，宣传厦门大学是我们义不容辞的责任。

图3-9-1　作者为环保部培训班的学员讲解环境影响预测方法（2008年）（石晓枫供图）

（三）通过环评否定福鼎市制革项目

在2002年培训班上结识了福建省内一些地方环保主管部门的领导后，2002年底我接到福鼎市环保局邀请参加环评的电话，说是当地政府拟从浙江省温州市的苍南县拟引进一些制革项目到福鼎市落户，选址在双岳溪垦区内。我立即赶到了福鼎市，按照计划有两项任务必须去做，一是踏勘选址现场，二是去浙江省苍南县实地了解当地制革业的生产情况。

双岳溪垦区是早年河口区的围垦区，有两段海堤将双岳溪河口与沙埕港海湾分隔，内侧形成了双岳溪滞洪区，滞洪区面积（含少部分河道部分）约1900亩的水面，水体相对封闭，仅靠每段海堤各设的水闸兼顾着挡潮、排洪作用。海堤外侧分布有两片沙埕港红树林保护区和大片滩涂及滩涂养殖区。我来到了苍南县水头镇参观该镇区的制革企业，这个镇区毛皮制革业很发达，主要分布在各村庄，且以家庭作坊式生产为主，虽然带动了制革行业下游的皮包、皮带、皮鞋等产业的发展，但没有形成产业集群效益。每个小企业都采用小型转鼓进行脱毛、初鞣、复鞣、染色及后整理。由于制革企业相对分散，无法实施集中供热，各家都采用小型燃煤常压锅炉供热，产生的制革废水、燃煤烟气没有得到有效的治理，导致当地的环境污染。

当地政府下决心对区域内的制革企业进行综合整治，为此，一些企业计划就近转移至福鼎市。初步统计当时计划搬迁至福鼎市的小转鼓有几百台。福鼎市政府商定将这个项目的环评任务委托给厦门大学环境影响评价中心承担。我作为这个项目的直接参与者，从苍南县回到福鼎后，将我的想法向福鼎市环保局领导做了汇报。我内心十分纠结，初来乍到，缺乏社会关系基础，能接个环评任务还有一笔可观的经费也不容易，但如果"拿人钱财，替人消灾"，可能对该区域造成不可估量的环境损失。经过思想斗争后，我做出了先对这个项目做个具有规划性质"初步环评"的决定，重点确定项目选址的环境可行性问题，经过专家论证后再确定下阶段的环评工作。虽然当时的环评管理制度中没有"初步环评"的管理要求且不能作为审批依据，却也是当时迫不得已而采取的一个可行的折中方案。

经过 10 余天的工作，我编写完成了这个项目的环境影响初评报告，针对制革生产过程的鞣革过程产生的含铬重金属废水的收集与排放问题，该区域的地表水和海洋环境的敏感性，特别是缺乏上位规划的支持和无法解决项目排水去向及可能造成的沙埕港海域的海洋生态影响，我直接给出否定项目选址及建设的结论。初稿完成后，我征求了环科中心杨孙楷教授的意见，他看完我写的报告后，给出的评语是"有理、有据、符合实际，该项目不能引进，该报告起到了环评的应有作用"。之后，报告上报福鼎市环保局后并呈报当地政府，最后，政府做出了停止该项目引进的决定。

这个环评过程，起到了环评严把项目准入关口和"防火墙"的作用。从泉州普安开发区制革企业几年后造成水污染事件来看，也应验了当时的环评结论是正确的。该报告在当年由福建省环保局和宁德市环保局作为总结环评作用的典型，省环保局专门调阅这份报告并存档。这项工作突显了环境影响评价在源头预防污染方面的重要性。

（四）调动有积极性的教师参与环评

2005 年国家实施对环评职业化改革以来，对持有环评资质的高校来说面临极大考验，我们作为甲级证书的持证单位，能参加"环评工程师"考试的人数实在太少了，难以满足甲级证书单位必须有 10 名环评工程师的基本要求，厦门大学的甲级环评资格怕是岌岌可危了。调动能参与环评工作的教师参加"环评工程师职业资格证书"考试，便成为当时的首要工作。厦大海发院及环评中心多次召开会议商讨如何鼓励教师们参与的积极性，学院领导也做了大量的工作，特别是洪华生老师亲力亲为做通了郁昂老师的工作，让其报名参加考试。经过 3 年的努力，有 10 名教师及助理人员通过了职业考试，"保级"成功。

环评职业化的实施也调动了教师们参与环评的积极性，环科中心之外其他院系的教师，包括生科院、海洋系的教师也都积极参与其中。恰逢那时国家基础设施建设和经济发展进入高潮期，各类建设项目接踵而来。海洋系的邓永智、蔡明刚、耿安朝、高爱国等接受的涉海工程项目环评不断，开辟了省内海洋环评的新局面，具有与福建省环科院、海洋三所竞争的能力。厦大的影响面也逐步扩大，尤其是通过海洋环评的发展，带动了海洋系海洋环境监测工作的展开，成为全省海洋环境监测的一支重要力量。

环科中心开启了我的免疫毒理学研究

◎ 王克坚

　　我来厦门大学工作已超过 20 年，其中约一半时间是在环科中心（环境科学研究中心）度过的。初来厦大面临的最重要问题就是专业方向转变的问题。从陆地下海再跨越到环境科学，相当于重新开始了一份未知的科研工作。起步阶段，感觉举步维艰。所幸的是，环科中心是一个积极向上、包容性强、有理想有奋斗目标的集体。在最初比较艰难的阶段，环科中心的老师们给予了热情关心和帮助，特别是学科带头人洪华生教授与时任中心和院领导的戴民汉教授、袁东星教授等也给予组织上的关怀和支持，这些在敬献给洪老师回国从教 36 周年的书中已有详述。

　　那时的环科中心，分子生物学相关仪器设备很少，洪老师、民汉主任等从学校支持环科中心的发展基金中抽出部分，倾斜支持了分子生物学实验室的建设。在大量学习、请教和充分思考的基础上，基于原来分子生物学和免疫学的技术优势，确定了我在环科中心的环境毒理学方向——免疫毒理学。第一个毒理学方向的硕士研究生刘日先，是洪老师带着我一起培养的，这个过程加深了我对毒理学研究的认知，这对新入门教师来说无疑起到宝贵的传帮带作用（图 3-10-1）。也很感谢其他从事毒理学方向的老师们如郑微云教授、王新红教授等通过各种方式给予的帮助和支持。洪老师作为环科的学科带头人，手头有多项工作安排，很忙碌，但还经常抽时间召集大

图 3-10-1　作者（右）与洪华生（左）合影（2006 年 6 月）（洪华生供图）

家一起研讨。记得有时候在厦大一条街的小店里，边吃午饭边商讨毒理学方向的发展。很怀念厦大一条街，小吃多种多样，还便宜。郑老师虽然退休了，但每次来环科都是关心问候，询问毒理学研究进展。那段时间，也经常应邀参加几位老师的研究生答辩，借机请教和学习了很多毒理学的知识。国重室启动建设后，聘请了香港大学王文雄教授为我校长江学者讲座教授，也是我院海洋学科的杰出校友，一起推动了毒理学方向的发展。后来，我主导生态毒理学方向与高坤山教授的生态生理方向交叉融合，联合申请并获批了教育部创新团队，为团队骨干教师提供了学科交叉机会，也拓宽了大家的研究思路。

在环科中心的 10 年，值得怀念的东西不少，以上只是回顾了与毒理学研究相关的人和事。记忆犹新的还有凌峰楼，不太大，傍依南普陀，工作时偶尔会听到寺里的诵经声；门前的那棵大榕树，一年四季郁郁葱葱，生机盎然，给人一种充满活力的感受。体会最深的是，环科中心是一个可以让我静心学习、思考和科研的安心之地，具有良好的自由学术氛围，宽松的学术研究环境，在这段时间里，不仅免疫毒理学的研究有较大进步，也促进了海洋生物技术的发展。

2011 年海洋与环境学院分成两个新学院时，环科中心归属环境与生态学院，而我到了海洋与地球学院工作。环科中心的发展史，体现了当时不富裕的办学条件下的一种集体创业精神，学科带头人领导的凝聚力和包容心，师生们的乐观上进，展现出了一种自强不息的精神风貌。有幸伴随着环境学科的快速发展走过了10 年的奋斗路程，值得一生回味。

王克坚，1999 年毕业于解放军军需大学（现吉林大学），获博士学位。曾就职于中国农业科学院特产研究所，从事经济动物的疫苗研制与免疫防制研究。2001 年就职于厦门大学环境科学研究中心，现任厦门大学海洋与地球学院教授。

三足鼎立系列赛（2006年4月—2007年5月）

◎ 林暮溪

（一）开场白

  偶尔，我会回忆起自己当年开学时去厦门的场景：呆呆地坐在绿皮火车靠窗座位上，看着窗外景色快速倒退，幻想着自己在车外，骑着骏马飞驰。跃马扬鞭，望快点到厦门……真是过隙白驹，我已经从厦大毕业近15年。

  2022年五一节前接到袁老师电话，说让我写个关于"三足鼎立系列赛"的回忆录。我挺为难的，不是不愿意写，而是时隔太久，很多情节实在记不得了。接着，袁老师传给我一个PPT。我看到这个神秘PPT的第一页，就猛然想起这是当年我自己做的，是关于三足鼎立系列赛的故事。很快我就被PPT里面的内容吸引了，越看嘴角向上翘起的幅度越大。

  "三足势力"指的是当年厦门大学环科中心的三大课题组（研究方向），各有10多个研究生，他们分别是：①环境化学组（简称环化组），领军老师袁东星教授，军师陈勇（本人，昵称林暮溪）；②海洋生物与地球化学组（简称海生地化组），领军老师戴民汉教授，军师曹知勉（昵称阿勉）；③环境工程组（简称环工组），领军老师欧阳通教授，军师刘耀兴。

  2006年3月（也许是2月），我研二，正利用课余时间以《三国志8》游戏为抓手，认真学习三国历史。那天，阳光是明媚的，袁老师（绰号：老板）说我们环化组要和海生地化组来一个系列的体育比赛，以实际行动响应不能读死书，要动起来！忽然间，感觉风云际会，大战将至！和海生地化组的系列比赛结束后，环工组也积极邀战，又展开了既激烈又妙趣横生的多场体育比赛，让人不禁联想魏蜀吴以体育马甲再现了！所以，这些体育比赛被命名为三足鼎立系列赛。

（二）环化组 vs. 海生地化组

  表3-11-1所列是环化组与海生地化组的赛事时间表。

表 3–11–1　环化组与海生地化组赛事

场　次	比赛项目	时　间
1	女子毽球	2006 年 4 月 15 日
2	篮球	2006 年 4 月 16 日
3	足球	2006 年 4 月 19 日
4	乒乓球	2006 年 5 月 22 日
5	羽毛球	2006 年 6 月 1 日
6	混合毽球	2006 年 6 月 1 日
7	游泳接力	2006 年 9 月 23 日

1. 第 1 场：女子毽球

最初是相当欢快的。海生地化组带着重在参与的精神，乐呵呵地来到了赛场，戴老师带头抽签挑选场地；本着友谊肯定第一的精神，和环化组开始了比赛……

过程也是相当欢快的，大家都感受到了快乐，看看这些场内外人员蜂蜜般的表情就知道了……更有场外人员也忍不住在比赛间歇期一试身手（图 3–11–1）。

图 3–11–1　毽球场内外的欢乐（2006 年 4 月）（林暮溪供图）

结果嘛，当然是我们环化组赢了。老板笑得很开心，组内各位也挺高兴！海生地化组戴老师风轻云淡地笑了，想着且看下回（图3-11-2）。

图3-11-2　友谊第一，比赛第二（2006年4月）（林暮溪供图）

（左戴民汉、右袁东星）

本着体育赛事精神，我们评出了每场比赛的MVP（most valuable player 的英文缩写，即最有价值选手）。估计大家都很好奇，具体是以什么标准评的？如今的我只能确定是从获胜方队伍中选出，其余标准不明。我认为…估计…猜测…是数位硕士同学投票决定的。这场比赛的MVP是孙倩。那绰号老是让我想起一首歌，"我是一只鱼……"我记得一点，这张MVP（图3-11-3）的背景是她亲自敲定的。

2. 第2场：篮球

海生地化组依然乐呵呵地来到了赛场，本着友谊肯定第一……但，戴老师可不想当第二！海生地化组的各选手虎躯抖擞。

图3-11-3　女子毽球赛的MVP——
孙倩

男选手们的比赛一直很胶着，比分交替领先。气氛越来越 high！（图3-11-4）

图 3-11-4　环化组与海生地化组的篮球赛（2006 年 4 月）（袁东星供图）

中场休息时，女生进行了投篮比赛。这个环节可不是添头，而是实打实的正赛一部分，每投进一颗将为本队添一分。环化女生表现出色，是她们为比赛奠定了胜局！比赛结束后，环化组各位都十分兴奋！

这场比赛，MVP 是马剑（绰号：小马哥）（图 3-11-5），他的发挥让人叹为观止！当爱情在球场旁边的时候，平时可进可不进的球基本进了，平时基本进不了的，也进了……充满智慧的小马哥从此抓住了这个规律，人生如跳投！

图 3-11-5　篮球赛的 MVP——马剑

3. 第 3 场：足球

这场比赛说什么好呢……我想，海生地化组来之前就领悟了奥林匹克精神的真正意义，他们竭尽了全力！然…环化组凭实力碾压获胜（图 3-11-6）。

图 3-11-6　环化组与海生地化组的足球赛（2006 年 4 月）（林暮溪供图）

MVP 是陈猛师兄（图 3-11-7），本着将球场耕为水稻田的精神，执着深耕，实力雄厚，老辣老辣！

至此，海生地化组三战尽墨。正所谓屡败屡战，积极争胜不单是对某事的态度，而且应该是种融入自身的人生观。这份精神由戴老师清晰无误地传递给了海生地化组各位。组内包括军师阿勉等人纷纷积极行动起来，背兵法的背兵法、探听情报的探情报、练习的练习。经过一个月的备战，终于再次开赛。

4. 第 4 场：乒乓球

这场比赛引起了双方高度重视！海生地化组若失败，大比分计肯定输，会使后面的比赛无关胜负！老板和戴老师两位领军人物齐齐到场。一个月的悉心准备是有效果的！这场比赛海生地化组优势很大，毫无悬念地胜出（图 3-11-8）！终于扳回了一局！环化组和海生地化组总比分 3：1。

图 3-11-7　足球赛的
MVP——陈猛

图 3-11-8　环化组与海生地化组的乒乓球赛（2006 年 5 月）（林暮溪供图）

本场比赛的MVP是鸟叔！请"00后"师弟师妹师侄们注意，不是韩国那个鸟叔！是胡师兄。为什么叫这个，参见图3-11-9。

图 3-11-9　乒乓球赛的 MVP——胡融刚

5. 第 5 场：羽毛球

环化组出现应变失误，没有根据场

图 3-11-10　羽毛球赛的 MVP——陈蔚芳

上情况调整战术，负于海生地化组。本场 MVP 是陈蔚芳同学（图 3-11-10）。为什么是这张背景图呢，我依稀记得不是因为她勇猛如熊，而是因为她去过北极科考。

连续两场获胜，海生地化组十分高兴，洋溢着欢快的气氛。都懂，生于忧患……

6. 第 6 场：混合毽球

势在必得的海生地化组心态十分微妙，发挥失常。于是乎，被环化组拿下。

MVP 属于孙广大（图 3-11-11），体育方面他是无愧的多面手。这场比赛没有他的精彩表现，将难以获胜！大家都知道，广大已不幸逝世。做此回忆录时，除了回忆带来感慨和欢乐，也有深深的遗憾和伤感。再次沉痛哀悼！愿广大在天堂安心，愿生者顺变奋然。

图 3-11-11　混合毽球赛的 MVP——孙广大

7. 第 7 场：游泳接力

按总比分来判，环化组已经获胜，游泳接力这场比赛胜负无关总输赢。而且，赛前都知道，从实力看，这场胜负是没有悬念的。重点让大家看看我们的游泳场，悬空设计，距离海的直线距离约 400 米，可谓难得一见的海景游泳馆，必须得赞（图 3-11-12）！

老板御驾亲征为环化组与海生地化组的比赛画上了完美句号，顺便拿下了本场比赛的 MVP。这场的 MVP 我记得是大家讨论后一致投票的！至于为什么，参见图 3-11-13。

总比分，5∶2，环化组胜出！

图 3-11-12 厦门大学思明校区露天游泳池（2006 年 9 月）（林暮溪供图）

（远处那一片蓝色是海）

MVP

袁老师

绰号：老板

御驾亲征，大涨环化组气势！而且是在游完千米后参加的比赛，游泳功力非同小可！

图 3-11-13 游泳接力赛 MVP——袁老师

（三）环化组 vs. 环工组

三国嘛，此时此刻，大家都懂，另外一组该出现了。

那个值得记忆的日子是 2006 年 11 月 13 日。当日教师聚会时，欧阳老师对老板说，邀请环化组与环工组"玩一玩"，殷殷战意溢于言表，战否、战否……于是，"第三足"环工组闪亮登场。大战号角再次响彻学院。至于他们为什么没有约战海生地化组，想必是有着强者的自信吧。

环化组与环工组有着深深的渊源。环化组里有数位大将一直外披环化外套内穿环工 T 恤，甚至有的硕士期间就是师从欧阳老师。当然，这可不是暗示赛中有《风起陇西》似的谍战情节，环化组与环工组从来都是正面刚！

不过，那时环化组与环工组的实验室间直线距离可达 500 米，许多学生之间彼此熟悉程度不如与海生地化组。因此，对于环化组多位选手及军师本人来说，环工组是有点神秘的，只是听到了诸多体育方面小道消息，总体而言，对方似乎实力雄厚。表 3-11-2 所列是环化组与环工组的赛事时间表。

表 3-11-2　环化组 vs. 环工组赛事

场　次	比赛项目	时　　间
1	篮球	2006 年 11 月 19 日
2	环湖接力跑	2007 年 1 月 2 日
3	足球	2007 年 3 月 17 日
4	乒乓球	2007 年 4 月
5	排球	2007 年 5 月 26 日

1. 第 1 场：篮球

好吧，此处应该漏写了 100 字。环化组赢了。事实上，这场篮球比赛相当的艰苦，主要是体力付出很多！（图 3-11-14）

图 3-11-14　环化组与环工组的篮球赛（2006 年 11 月）（林暮溪供图）

图 3-11-15 篮球赛的 MVP——张敏

作为本场比赛的 MVP（图 3-11-15），张敏有很多话想说，但是他都忘了。赛后环工组纷纷表示："张敏的篮球比足球厉害多了！"这里，我只想说，张敏在篮球场上的时间比足球场上少很多。

2. 第 2 场：环湖接力跑

这场比赛，惊动了学院！

赛道环绕着厦门大学的经典地标芙蓉湖，景色美丽，元旦期间的天气凉爽，适合竞技。此赛除了环化组和环工组的研究生，还有环境科学专业的 04 级本科生组队参加，且班主任万振文老师亲自上场！实际参赛队伍是 3 支，每队共 8 人，其中至少 3 人是女生。（图 3-11-16）

按历史以及国际经验，接力赛是十分考验排兵布阵的，这场比赛尤其如此。为了这场比赛，双方都排兵布阵良久！我依稀记得里面有很多脑力风暴和刺探军情，但遗憾的是记不清细节，希望各位同门能够想起来补充完善。

参见图 3-11-17，大家可知道比赛是十分激烈和精彩的！环化组的最终成绩是 29 分 10 秒，仅比环工快 30 秒！所有参与者都感受到了运动和竞技的乐趣！

图 3-11-16 领队老师和接力赛运动员（2007 年 1 月）（林暮溪供图）

图3-11-17　环芙蓉湖接力赛（2007年1月）（林暮溪供图）

（右上：左2万振文）

MVP竟然是她?！芦敏（图3-11-18）！说实话，秀气的敏敏根本看不出来擅长跑步！她不单是MVP，还是黑马！硕士环工、博士环化的她，用实力成绩诠释了竞争与友谊。

3. 第3场：足球

这是强队的对抗！比赛很激烈，但环工组更技高一筹！中间的花絮，看到了flying boy & girl，

图3-11-18　环芙蓉湖接力赛的MVP——芦敏

我不厚道地笑了！（图 3-11-19）

图 3-11-19　环化组与环工组的足球赛（2007 年 3 月）（林暮溪供图）

本场比赛的 MVP，是不出所料的他，刘耀兴（图 3-11-20）。关于他的绰号，现在可以解答了——"毒药"。这么让人浮想联翩的绰号，希望当事人亲自补充它的由来。

图 3-11-20　足球赛的 MVP——刘耀兴

4. 第 4 场：乒乓球

比赛激烈得难以形容，比分交替领先。一般我用了"难以形容"的词，就表示观战的我相当满意 ^_^（图 3-11-21）。

图 3-11-21　环化组与环工组的乒乓球赛（2007年4月）（林暮溪供图）

MVP 是一对混双选手：郭娟和刘锡尧（图 3-11-22）。他们发挥出色、配合默契，赛前观摩国乒比赛，探讨战术，彼此鼓励……我编不下去了，郭师妹、刘师弟，你们自己来写。不管如何，他俩拿下了关键局，为环化组奠定了胜局。

5. 第5场：排球

一来就上图，让大家感受热点。环工组形势极为严峻，技艺高超的欧阳老师和景老师亲自出马！环化组则有龙哥出马压阵！（图 3-11-23）

图 3-11-22　乒乓球赛的 MVP——郭娟、刘锡尧

图 3-11-23　大将出马（2007年5月）（林暮溪供图）

（左：跃者李权龙。中：景有海。右：左起欧阳通、陈光程、袁东星）

本场比赛的 MVP 我们都特别服气，他就是江湖人称龙哥的李权龙（图 3-11-24）！比赛结束时，他环顾四周，想必心中傲娇的浮现起 BGM（背景音乐）："绝招 好武功 问世间多少个能上高峰 成功 威风 男儿有多少真的是英雄谁是大英雄 龙哥龙哥……"

图 3-11-24　排球赛的 MVP——李权龙

至此，环化组对环工组总比分 4：1。对于这个总比分，环工组沉默了，主动放弃了后面的比赛，爽快认输。好吧，这句是我扯淡的，但后面真没比赛了。

此后至我毕业，没有再进行三足鼎立比赛了。不知道毕业后有没有。但不管如何，这一系列的比赛对环化、海生地化和环工，都有着亮丽的色彩！这些赛事给我们带来了运动与欢乐，也带来了集体荣誉精神。

感谢老板让我写这个回忆录！开始我有畏难情绪，因为记不清楚。但一旦动笔，发现自己的回忆开始滔滔不绝起来，究其原因，是因为那段岁月，那些情谊，那些人！愿各位前程似锦、身体健康、幸福快乐！

林暮溪，本名陈勇，2004 年至 2007 年在厦门大学海洋与环境学院环境科学研究中心就读，获硕士学位。毕业后就职于四川省成都生态环境监测中心站，现任中心实验室主任，正高级工程师。

泉涌青春

——2006 年 "Spring" 的工作和游乐片段

◎ 袁东星（整理）

（一）引 子

"Spring" ——芙蓉泉，是环科中心环境化学组的昵称，成员自称为 Springer。以下节选并略修订了在把电子邮件群当成微信群用的 2006 年，Springers 交流工作、学习和生活的点滴及感悟，从中可领略这个朝气蓬勃、工作娱乐两不误集体的风采。

第一部分记载的是第一次执行厦门嵩屿电厂附近海域监测任务的故事和讨论。这是一个企业委托项目，每年出海监测两次，至 2022 年仍在实施。每次出海的航期一天，主要任务是现场测定常规物理参数，并采集海上站点和厂区排水井的水样，带回实验室测定多个化学参数，用于评估燃煤电厂烟气脱硫海水排海后对附近海域生态环境的影响。第二部分记载的是 2006 年五一节的集体游乐活动——攀登厦门周边的云洞岩。

按文中出现的顺序，主要人物有：郭娟（现为南海环境监测中心高级工程师）、袁东星（老师）、马剑（现为环境与生态学院教授）、张敏（现为桂林电子科技大学教授、八桂青年学者）、刘锡尧（现为宁德师范学院高级工程师）、李猛（现为深圳大学教授、杰青）、陈勇（现为四川省成都生态环境监测中心站正高级工程师）、章臻（现为海洋与地球学院工程师）、毛同学（林北辰，袁东星的儿子，其时为中学生，现为集美大学副教授）。

（二）2006 年 4 月 23 日嵩屿电厂海域监测备忘录

邮件首发：Date: Tue, 25 Apr 2006 20:26:41

郭娟（嵩屿电厂海域监测航次首席）

Springers 大家好！

在大家的帮助和配合下，这次的出海任务已按原计划顺利完成，而且目前各组的数据我也已经拿到了大部分，在此我先谢谢大家 ^_^。

之所以要写这个备忘录，一是为了感谢我们组的所有人特别是老师，二是为了总结一下这次出海的经验。

老师为了这次出海很早前就开始帮我联系一些事情了，包括借一些仪器、送检样品的安排……出海的前一天下午老师感冒了，可是第二天还是坚持去了，在船上也是几乎没有休息。

庆梅老师为了这次出海也一直在忙，包括订购药品等一些很烦琐的事情；龙哥（李权龙）也是，我有问题他总是很耐心地帮我解决。

还有实验室的其他老师、师兄师姐师弟师妹，还有孙倩（没办法归到师兄师姐或是师弟师妹的行列，她与我同时入学），大家在采样的前后都一直在忙，很多人都是在自己也要做实验的情况下抽出时间来忙，而且不时地会给我一些很好的建议和经验，这些我都记在心里，感激也留在心里，在这里我只能对大家很诚恳地说一声谢谢！（图3-12-1）

图3-12-1　搭乘海洋1号采样（2006年4月）（袁东星摄）

（左图左起：李猛、马剑、郭娟。右图左起：郭娟、张敏）

我想说的还有，这次出海我自己学到很多，最重要的是证实了我不晕船（而且不是一般的不晕），所以以下回我一定会独当一面！

至于经验，也写出来和大家一起分享：

先把这次出海丢掉的物品清单写出来：①死锤：丢得最莫名其妙，因为完全是按规范锁死了的，丢了之后因为有老师的智慧加上李猛师兄的超强技术，我们才用一根竹竿完成了后续的采样工作！②余氯计配套的一个瓶子：掉到海里了。③两个塑料桶：丢得最让人郁闷的东西，因为是在岸上厂区里采水样时丢的，原因是系在上面的绳子太细了，而且丢桶时最戏剧性的一幕是：有为在反复模仿了老师的打水技术后，很开心地说自己终于可以打满一桶水了，说完后又立马补充道：但愿绳子不要断掉，谁知绳子很不给面子，我们还没反应过来它就断了……

所以，我体会最深的是，出门后什么事情都可能发生，很多事情都是无法预测的，不亲临现场，根本无法对整个过程有深刻的体会。

另外这次最重要的一个经验就是，以后出海一定要带个漏斗！这次因为没考虑到这一点，只好在现场用矿泉水瓶做了一个。

暂时先写这么多，不知不觉已经一大篇了，最后还是以一声感谢结尾吧！

袁东星（老师）

郭娟写了一大篇，我由于嗓子不太好，就写一点吧。也许真的是年纪大了，毛病多了起来。不过我还是认为我出海是挺起作用的，对吧？那天中午我要是与你们去厂区取水样，桶肯定就不会掉下去了。我的包里有绳子，而且我知道那水怎么打。

的确要感谢大家的通力合作。这种项目是很能锻炼人的，锻炼人的组织能力、团队精神、理论联系实际的能力、实践动手能力、应变能力和适应环境能力，等等。锻炼我们的队伍，这也是我当初努力接下这个项目的主要原因之一。

郭娟的文中有两点小毛病：使锤，信使的意思，不是"死锤"，南方人的发音不准，给北方人造成误会。另外，孙倩为什么不是你的师姐呢？按照芙蓉泉的规定，同年入门的，按年纪排序。

马剑

北方人不会误会，但是记成了矢量的矢，另外一个问题，使锤的英文怎么说？由郭娟回答，不得谷歌。

张敏

郭娟小朋友，你这个"死锤"要考虑清楚哦，没有真正理解这个锤子的功能！直接导致老师说南方人发音不标准给造成的错误！这个后果很严重哦！嘿嘿。

郭娟

使锤：沿钢丝绳下滑可撞击采水器上的活塞使采水器阀门闭合，从而将水密封在采水器中。

使锤：英文译为 messenger。

^_^，上面是我查到的结果，不知道对不对，特别是那个英文，还要请大家多多指教！

PS：又长见识了：）

刘锡尧

Springers 大家好！

作为一名新手，我也参加了此次的出海，一切还算顺利。在此，我将自己的一点体会与大家分享。

（1）首先，我很负责任地告诉大家，我晕船了5555……总共6个站点，我到第3个站点就感觉有点不对劲了，到第4个站点就手脚不稳了，到第5个站点就"哗啦哗啦……"了，最后一个站点我是趴在船舷上熬过去的。个人以为，我晕船是避免不了的，但我想早晨不喝那冰冻牛奶、吃含生辣椒的面包，就没那么难受了，看来下回出海还是得注意点早晨的饮食。注：郭娟师姐不要拍我啊，总之呢，谢谢你的早餐。

（2）出海的时候丢点东西是难以避免的，我是亲眼看到测余氯的小瓶子是怎么掉到海里去的，也不是完全因为操作不小心掉的。除了小心谨慎，多准备点工具、器皿、试剂是必要的。

（3）在船上工作的时候，除了对自己负责的项目要相当清楚，对他人负责的项目、工作也要了解清楚，一旦他人晕了，自己可以代替完成任务。呵呵，就像我，在我晕船的时候，水样、沉积样的采集都是韩燕、郭娟代劳的，在此深表感谢！我当时晕了，已经记不清了，说不定当时还有好多人帮我采样呢，在这里，还是先谢一下，省得等会儿被他们拍。

（4）分工协作很重要。记得下午大家配合得不错，李猛、马剑用绞车采水，我和张敏还有郭娟接水，老师用桶采水，群腾接老师打上来的水，然后去测余氯和 pH，韩燕负责找采样瓶，等水装好后又把瓶子运回去。整个流水线作业，井井有条，大家都比较轻松。

最后，我希望下次出海的时候能够动手把绞车采水、采沉积物的操作学会，等李猛师兄毕业了，我可以代替他完成任务。

李猛

锡尧的帖子足足发了两天两夜哦，弄得大家一直在等他的精心之作！我也可以负责任地告诉大家，锡尧这个还是打了好长好长的草稿，不信的人可以找他要原稿看看！不过我记得原稿好像更长些，不知道为什么到了正式的帖就变短了呢？锡尧要给个说法哦！不过，大家努力哦，下次看看哪个接班比较好，张敏也说要接班的，你们两个PK吧！我们聘请老师来做总裁判，我和马剑做副裁判吧！呵呵，后继有人哦！

张敏

锡尧是个好同志，看帖也回帖，而且回得相当……的不错。美中不足是回帖时间相当……的长，这个速度当水王那是相当……的难啊。

顶李猛的帖，啥时候比赛一把吧，我要好好挑助手呢 ^_^

陈勇

真的？那每个字的含金量可就很高了！

很遗憾这次没有能去。恰逢工程师来安装仪器，所以老师就很顺手地把我安排成陆上人员了。下次我一定得去了，也希望能出点力！至于你们说要拉绞车，还是等先做到不晕后再说吧 ^_^ 我的经验是：休息要好，早餐一定要吃温和易消化的食品，这样会好很多。（其实，我也只上过两次，第一次晕，第二次没事。经验也很少。）

张敏

中央三令五申不许欺负锡尧，所以我也就不拍锡尧板砖了。不过下次出海，谁是猛爷（李猛）接班人，谁干小马哥（马剑）的活，还是要PK一下的，不能没有区别。

窃以为出海是否晕船与早餐吃的怎样相关性不大，吃的再好该晕的还是要晕的。再者，晕船其实不丢人，套用《天下无贼》里公安对刘若英说的一句话："等孩子长大了告诉他，他爹晕船，这不丢人。"

我极力鼓吹"晕船不丢人"说的重要原因就是：我也晕船…… 不过我还是看得到所有站位的。

下次出海希望能学会老师的打水技术，能学会猛爷的"使竹"（bamboo messenger）技术…… 还有自己争气点，晚点晕船。

就 JY 这么多了。

刘锡尧

没错，本来草稿是写了挺多的，但里面大部分是关于出海前的订购试剂、器皿、配制溶液、做预实验以及出海准备的，而这里只谈到了出海，所以分量自然少了很多。

我看我们两个要把小马哥和猛爷的活都得体验、实践一下，要不，我们两个晕人，有一个晕了还有一个可以干活，没人晕更好，两个都晕就不好办了。555，以我现在的水平，还是先把小马哥的活学会吧，再学猛爷的活。

李猛

锡尧小孩子不懂事！小马哥的活和我的活是同等的，是一整个采水过程中不可分割的两部分！

张敏

俗话说：革命不分工种。

组织派你干小马哥的活，你就得干好，组织派你接替猛爷，你也得干好。

小马哥苦口婆心地教导我们：你们啊 SIMPLE！

果然没错啊 ^_^

陈勇

这次出海我未能去，现在越来越感到遗憾了！

没有欣赏到郭娟、韩燕的神勇，也没有看到锡尧、张敏两位未来打水人的表现，还没有看到有位给水"送"桶，真的错过好多啊。

感觉这次一切都这么紧紧有条，真的不容易！有老板的指导，又有首席郭娟小朋友的细心处理，和大家的鼎力支持……

嗯，感受太多，不说了，好好做实验！

张敏

勇哥：不是"紧紧有条"，是"井井有条"。

给水"送"桶有我一份，我盲目模仿老师打水的姿势，把第二个桶送给了电厂。

章臻

这个这个，看到这个帖我不得不出来顶顶锡尧了 ^_^

锡尧小朋友在出海那天晚上没有预见性去准备好第二天的早餐，所以一大早就饿着肚子来了，而我呢，又刚好多买了一个面包，所以就给他了。嗯，对于这个面包我要多描述一下，是后勤最近推出的新产品，看起来那个诱人啊，因此我禁不住诱惑就买了，所以说我也没尝过，更没想到它里边竟然有辣椒！！所以锡尧的晕船完全是与这个面包有很大的关系，嗯，因此我赌锡尧和张敏的 PK 是锡尧胜～～～～（张敏表拍我啊，这个这个，完全是因为心里有愧才顶锡尧啊 ^_^）

PS：下回送别人面包我自己一定要先尝尝……

刘锡尧

这两天看到帖子里有把我叫成"小孩子"的，也有叫成"小朋友"的。拜托各位大哥大姐，都二三十岁的人了，还叫"小孩子""小朋友"的，多丢人啊。有时候暗地里、偶尔叫叫也就罢了，叫成习惯可不好哦。在此，我郑重声明：不好再叫我"小孩子""小朋友"之类的了，否则，呵呵，我很生气，后果很严重。

袁东星（老师）

话说，芙蓉泉代有人才出呀！在这么热闹的泉水中，当然不会晕船了。

官官小朋友和群腾需把精彩的芙蓉泉水花采撷到大事记里去，留给"90后"们看。

那些口说不许欺负刘锡尧的，只怕是最能折腾锡尧的。锡尧呀锡尧，谁让你的名字朗朗上口呢？至于小孩子小朋友，只好十年媳妇熬成婆啦。

马剑

老师还说要模仿我们的口气，还是被看出来了。哪个"80后"的会说"采撷"呢？唉，有文学功底的人要湮没于平庸之中，难啊！

毛同学（林北辰）

恩，这个，我是毛同学～～～

今天～帮～妈妈～发照片～～～～

顺便～做～一下～广告哈～～～～

《南极大冒险》这部电影真的很不错，有时间一定要去看哈～～～～～～～

（三）2006年5月1日游记

邮件首发：Date: Wed, 3 May 2006 16:55:07

陈勇

何必呢，何苦呢，老师竟然让我这种数年不愿意写文章的人写我们宝贵的五一游记！这文章注定会成为硕大的砖头一个，抛入平静的湖水中，引来大家的"讨论"和"讨伐"，希望能出现点好现象——湖水不但起了涟漪，而且飞出无数玉砖^_^

2006年5月1日，目的地：云洞岩。

晴，但是闷热，极度的闷热。这种天气爬山，注定对某些人是种浩劫。

前往云洞岩的途中，我就在想，到底是什么样的地方啊，真的会像图片上那么好吗？慢慢地，云洞岩终于印入了眼帘。一直觉得福建的山很特别，总是有大块大块的石岩裸漏在一片茂密的山林之中。四川的山是荒芜的或者完全被绿色覆盖的，贵州的山是陡峭的，湖北基本没山……福建这样的山，让人觉得石头已经是一种艺术品，甚至弥漫着淡淡的仙气。云洞岩正是这样山的典范，云洞岩的裸漏的山石就仿佛一尊坐佛，那漫山的绿色山林，就是他的宝座。

一路上欢声笑语不断，景点我就不多说了，重点说说人吧。

刚上山时，最耀眼的人物无疑是"传说已久"的奎奎（梁英的儿子）和"攀岩小朋友"锡尧。锡尧的大包一下子吸引了大家的眼球。他那有路不走，有石爬石的风格，也让大家为之侧目，更何况他背上还有 20 多斤的食物（稍微有个闪失，那可怎么办啊……我们的食物……）! 另外，就是奎奎，不用说了，那无尽的活力，可让梁英吃尽了苦头（图 3-12-2）。最让我觉得有趣的是，他一直叫老师"姑奶奶"，哈哈哈哈! 他的可爱，引来了无数人关注，尤其是芦敏、郭娟她们，以及放言要把他弄哭的李猛（苦奈一直无机会和胆量下手）。中间他还有好些趣事，欢迎大家补充。

图 3-12-2　梁英一家（2006 年 5 月）（袁东星摄）

上山中……最投入的应该是郭娟小朋友了吧! 为什么呢，嘿嘿，郭娟小朋友那"红里透白"的小脸蛋，大家想必都有点印象吧。这是怎样的脸色呢？ 这是视登山为一种挑战，视登山为一种战斗的脸色啊! 她在战斗着啊……看看关羽，脸多红啊，他可不是什么害羞的货色，而是征服者啊!（图 3-12-3）（哈哈哈哈，郭娟莫拍我）

图 3-12-3　郭娟（左）和刘锡尧（右）（袁东星摄）

下山了，不用说，大家都知道这个焦点人物是谁了。仕玺，不用躲了，你那块头，在哪里都是那么醒目，你能躲到哪里去呢。你能在这次爬山的浩劫中挺过来，我真的挺佩服的！最恐怖的，无疑是在"一线天"那里，连我这种身材的人，都觉得太狭窄，可想而知，你能一点点挪过来，是多么的不容易（图3-12-4）。老师后来爆料，说你在最艰难的时候对后面的人说了句"如果我被夹住了，你们要记得给我喂饭哦"……最后，你在一片掌声中走出了"一线天"，身上是从盐水中泡过的衣服，身后是孙倩那崇拜的眼神……

图3-12-4 差点过不了"一线天"的陈仕玺（袁东星供图）

但是，从耀眼情况来说，大家都是流星或者是彗星（一会飞出视野了），老师却是恒星！从上山到下山，老师一直精力充沛，给人照相、带路、指点江山……就差点飞上飞下了，让人不禁以为真的出了仙 ^_^。由衷的佩服！我记得每次休息的时候，都是我们说要休息才停一会的，老师从来没有说过要休息！

其他的耀眼人物，就由大家补充吧！

中午吃饭，不用说，狼吞虎咽地解决了。本人没有尝出什么味道，因为吃得太快（汗……）据说，鱼汤不错。

一天结束，大家都挺累的了，但是玩得蛮高兴的。谢谢老师了！

袁东星（老师）

陈勇迫不及待地叫嚷："老师你要顶一下呀！"于是我就先顶啦，本来也不善于拍的嘛。感觉上，陈勇本人是"塑料体"的（毛同学语录），在山水间经常有些"衰"的念头；但是芙蓉泉一大写手，纸上绝对是先声夺人，气贯长虹的。

其实到今天我下楼梯还是有感觉的，那天沿着铁索下山，太狠了。

今天是郭娟生日呀！你们还要顶一下！

张敏

顶啊！郭娟生日快乐！小勇同学今天发飙了，弄的信箱发水灾了！

章臻

Springers 大家好！

先向郭娟师姐道声：生日快乐！（五月份长尾巴的相当地多哦，大伙留意一下门上的图片。）

作为这两天活动的参加者，俺也跟上一帖。

一号的登山之旅，一个字：累。上山时，人太多，特别挤。下山时，走了条有挑战性的路，人是少了，但路险了，特别是那个叫"一线天"的狭缝，让大伙榨出了一身汗。

刘锡尧

勇哥好不容易写出了这么长而且是高影响因子的文章，不顶不行啊。

不过，嗯，实在是不好意思，得拍你一个先了，"云洞岩的裸漏的山石"，不是"漏"，而是"露"。

还有，我得谢谢你，帮我背了好长一段时间的包。其实呢，我记得自己没有背多久啊，大部分时间都是你还有广大、张敏背的。呵呵，我包没背多久，东西倒吃了不少，我吃了 2 个芒果、1 个苹果、2 个桃、2 个枇杷、4 个果冻、1 个鸡腿，还有将近半只烤鸡。老师在出发前一天晚上都说过了，章臻买的 3 个烤鸡和10 个鸡腿还不够我塞牙缝。吃了这么多东西，当然有体力蹦蹦跳跳了，所以呢，这山还是不在话下的，回来后也不觉得会累。

马剑

今天本来想早早过来做实验，但是看到 Spring 上热闹的样子，忍不住写一点儿东西。五一去了江西，没有和大家游玩甚是遗憾，未能见识到山之陡峭，景之优美，人之欢笑，那不是遗憾，那是相当的遗憾啊。

最近毛同学也上来发帖或者顶帖，甚至搞出老师折磨你们的考题方式，让Spring 的泉水更加涌涌而出，厉害啊。

该干活儿了！

乘风踏浪的科考航次

——记 2006 年创新研究群体首个冬季航次

◎ 许艳苹

2006 年 11 月 25 日，伴随着一声长的鸣笛声，"东方红 2"号起锚，离开厦门港，开往中国南海执行"海洋生物地球化学过程与机制"创新研究群体的首个冬季航次。这是我第一次登上科考船远赴中国南海，随着船离开陆地越来越远，心中满怀期待与憧憬。

这一年，我是一名二年级的硕士研究生，从一年级开始就跟着师兄师姐们乘坐小渔船在河口航次中历练。我负责的调查参数是海洋化学的营养盐参数，包含活性磷酸盐、硝酸盐、亚硝酸盐、硅酸盐 4 大项。大半年前，我们在实验室利用由袁东星教授团队自主研制的流动注射 –C18 小柱富集的方法测定低浓度（10 ～ 500 nmol/L）活性磷酸盐，这也是该方法和仪器的第一次"海试"，当年还是博士研究生的马剑也参加了航次。常规浓度现场测定所采用的仪器则是 Tri–223 营养盐分析仪。

11 月 26 日，我们抵达了第一个作业站位。对于需要现场测定调查参数的科考队员们，开船后的这一天里需要调试仪器，做工作曲线，以确保样品采集后能尽快完成测定。图 3-13-1

图 3-13-1　作者在船上实验室（2006 年 11 月）（许艳苹供图）

显示的是现场作业第二天，我们正在实验室准备工作曲线，左侧就是 Tri-223 营养盐分析仪。仪器有时候也会晕船，开船前做的工作曲线的斜率在开船后会有略微偏差，因此只要有时间就得尽可能多做工作曲线进行校正。

冬季航次的海况很差，随着船舱外面的海水变得湛蓝湛蓝，我们进入开阔外海，海面上不时有涌，船体随着涌摇晃得厉害。初次登船的科考队员们开始出现不同程度晕船的不适感，船上的广播通知科考队员们回到实验室再次加固实验台面的仪器。不但初次出海的队员们晕船，连老队员们也开始晕船，科考队员们凭借着对科研的热爱和顽强毅力，一边对抗晕船的不适感一边完成作业任务，有的队员边呕吐边测样，有的队员只能靠吃馒头维持体力。

11 月 30 日，我们到达了东南亚时间序列站（South East Asian Time-series Station，SEATS），海况原因，CTD 采水器只能下放到 100 米。SEATS 站是我们每次南海调查必做的站位，也是我们航次计划中的重点站位，计划进行 72 小时的时间序列观测。附近的两个站位，CTD 采水器都只能下放到 25 米。因为当年的超强台风"榴莲"在吕宋东南部登陆，首席科学家戴民汉老师召开会议，对航次计划做出了调整，先开往南海西部作业。

12 月 1—9 日，我们在南海西南部做了 16 个大面站的作业，对位于中南半岛东南海域的冷涡（中心 111.3°E，11°N）进行了十字断面观测。因为风浪大，CTD 采水器的布放和回收都安排了男科考队员到甲板值班。图 3-13-2 所示是队员们

图 3-13-2　回收 CTD 采水器的作业情景（2006 年 12 月）（许艳苹供图）

在甲板拉绳子协助布放和回收 CTD 采水器的工作现场。因为第 23 号热带风暴"尤特"在菲律宾马尼拉东南洋面生成，9 日，"东方红 2"号开回珠江口桂山岛避风。

12 月 15 日晚上 8:52，"东方红 2"号抵达吕宋海区即本航次的主要研究区域开展作业。根据岸基团队提供的遥感海表温度、Chl-a 和海面高度等资料，制订了观测断面和作业站位计划。但是受强冷空气和新台风"谭美"影响，海上出现大风大浪（风力东北风 8 级以上，巨浪 4～5 米）；16 日，"东方红 2"号被迫结束现场作业，前去避风。

12 月 18 日下午 5:10，"东方红 2"号顺利到达菲律宾的库里毛港抛锚避风，离海岸大约 1.6 海里，风力约 6 级。傍晚的夜幕下，可以隐隐看到岸边的灯光。

避风过后，20 日又在南海预设海域下放 CTD 采水器，做了剖面观测。随后海况再次变差无法作业，只能返航。23 日我们顺利返回厦门，大多数调查队员离船。27 日，"东方红 2"号回到青岛，走航观测项目结束，航次结束。

航次调查中 CTD 共投放 113 次，作业 44 个站点，覆盖 9 个断面，包含南海北部陆架/陆坡、北部海盆、南海西部上升流海域和吕宋西北上升流区域。

这个航次我们一路乘风踏浪，经历了 3 个台风，先后避风了 3 次，见识了台风掠过时能够让船体左右摇晃超过 30 度的巨浪，体验了避风时岸边的宁静。坐在甲板上能够真实地感受到船体的高低起伏，躺在船舱里能感受到船体的左右剧烈摇晃；避风期间近距离地看潮起潮落。海上生活，当时我们称之为"共产主义"，管吃管喝管住，不锁门不带钥匙不带钱包，吃饭听铃声；但手机完全没有信号，信息获取来源是餐厅里的电视和黑板上的通知，要找人须通过船上的广播。

每每想起那个时代的海上生活，怀念之余也对之抱着深深的敬意和感激。

许艳苹，2005 年至 2009 年在厦门大学环境科学研究中心就读，获硕士学位。2009 年 7 月就职于厦门大学近海海洋环境科学国家重点实验室，现任该重点实验室工程师。

海阔凭鱼跃，天高任鸟飞

——2007 年 8 月创新研究群体航次剪影

◎ 张　瑶

　　2007 年夏季，戴民汉教授任首席科学家，带领"海洋生物地球化学过程与机制"创新研究群体（以下简称创新研究群体）部分成员和学生搭乘"东方红 2"号科考船，执行创新研究群体的第二个航次。在经历了 2006 年冬季航次的多个台风洗礼和历练后，2007 年的这个航次是一个完整且完美的涡动力过程与生物地球化学交叉研究的航次典范。航次于 8 月 14 日正式开始，历时 30 天，行程 4000 余海里，于 9 月 13 日胜利地完成了所有科考任务，其间共进行了 90 多个大面站和两个时间序列站的综合调查。此次夏季航次的海况之好、站点之密、数据之多是当时前所未有的。航次前 10 天，经过大量辛苦的工作和通宵研究，创新研究群体终于在南海西南部海盆区捕捉到两个中尺度的气旋冷涡，其中心分别位于 111.83°E，14.25°N 和 111.03°E，12.03°N。通过横切冷涡断面上的不同生物地球化学参数的比较研究，观测到无机碳、营养盐、生物群落结构及颗粒物输出等响应。针对冷涡进行如此全面的生物地球化学研究，在国内当时尚属首次。该航次同时还配备了各种当时新型的仪器及设备，如船载式低浓度营养盐自动分析系统、营养盐原位分析仪，以及国内第一台用于短寿命镭同位素分析的仪器（RaDeCC）。

　　该航次对南海进行了多学科综合考察，重点探讨南海上升流区的生态系统结构与碳循环的关系。通过与 2006 年 11—12 月首次冬季航次的数据进行时空对比，夏季航次更为深入地研究了在自然变化和人类活动影响下的海洋生态系统对环境变化的响应和反馈。在整个调查期间，创新研究群体的每一位成员都提出了在各自领域需要研究和解决的课题，并注重和其他成员所关注的问题进行交叉研究，实现了海洋生物地球化学、海洋生态学、微生物海洋学、物理海洋学、大气科学等不同学科的优势互补、延伸融合，并尝试应用一些新方法和新技术。

2007 年夏季航次大事记：

2007 年 8 月 12 日下午，"东方红 2"号抵达三亚码头。

2007 年 8 月 14 日上午 7 点，"东方红 2"号驶离三亚码头。

2007 年 8 月 14—22 日，发现一个冷涡，其中心位于 111.83°E，14.25°N。

2007 年 8 月 23—27 日，在时间序列站实施每 3 小时连续观测，并投放大体积泵。

2007 年 8 月 28 日，阶段性航次小结。

2007 年 8 月 29 日，三亚港短暂休整。

2007 年 9 月 2 日，完成冷涡十字断面调查工作。

2007 年 9 月 3—5 日，发现第二个冷涡，其中心位于 111.03°E，12.03°N。

2007 年 9 月 9 日，结束最后一个大面站的调查工作。

2007 年 9 月 10 日，抵达 SEATS 站。

2007 年 9 月 11 日零时，于 SEATS 站正式开始 25 小时连续观测工作，并投放大体积泵。

2007 年 9 月 13 日上午 6 点，完成所有调查工作启程返航。

2007 年 9 月 14 日，抵达厦门国际旅游码头。

本文整理了当年航次中留下的各类现场图片。一张张熟悉的面孔，带来无尽的感动和美好的回忆。这个航次，开启了当年很多参航的厦门大学环境科学研究中心学生的科研历程。

下面，就用历史照片（图 3-14-1 ～图 3-14-10）来还原这个航次过程吧！

图 3-14-1　厦门出发（2007 年 8 月 11 日）

图 3-14-2　抵达三亚（2007 年 8 月 12 日）

图 3-14-3 航次小结（2007 年 8 月 28 日）

图 3-14-4 三亚补给（2007 年 8 月 29 日）

图 3-14-5　抵达厦门（2007 年 9 月 14 日）

图 3-14-6　"纤夫"的爱

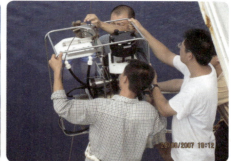

图 3-14-7　团结就是力量

图 3-14-8　甲板采样

图 3-14-9　第一现场

图 3-14-10　船载设备样本分析

注：本文插图均为张瑶提供。

张　瑶，2000年至2006年在厦门大学环境科学研究中心就读，获博士学位。2007年至2008年在荷兰皇家海洋研究所从事博士后研究。2006年就职于厦门大学海洋与环境学院，现任海洋与地球学院南强特聘教授、厦门大学近海海洋环境科学国家重点实验室副主任。

那一年，随风出海

——创新研究群体 2007 年南海夏季航次回忆随笔

◎ 刘　颖

　　那一年，是 2007 年。就在那年 8 月 11 日，在那炙热的夏风和那一片蝉鸣声中，我跟随厦门大学"海洋生物地球化学过程与机制"创新研究群体乘着大巴车从厦门出发，8 月 12 日抵达三亚（图 3-15-1）。我们在码头做完所有的准备工作后，满怀信心和期待地登上此次的科考船——"东方红 2"号，开启为期一整个月的科考航行。直到 2022 年的今天，我似乎仍然能看到那片浩瀚深邃的中国南海，仍然能闻到伴随着朵朵浪花泛起的鲜活咸腥，仍然能感受到那时与科研工作者们战风斗浪的惊心动魄。

　　2007 年 8 月 14 日上午 7 点，"东方红 2"号在清晨的薄雾中载着我们缓缓驶离码头，浪花轻轻地拍打着舷窗，似乎也在向我们挥手告别（图 3-15-2）。在航次开始前的一两天，海水静谧如画，海风温柔拂面，朝霞旖旎多姿，几乎每个人的脸上都洋溢着对中国南海那片神秘世界的热切向往之情，当然也包括我在内。而那些经验老到的水手们和身经百战的科学家们，他们的目光却一直充满着冷静与睿智，浑身上下都散发着饱经沧桑的淡定从容，因为他们非常清楚地知道，我们这些"航海新秀"们绝对想不到接下来的这个月将会面对怎样的困难和挑战。

图 3-15-1　"东方红 2"号停泊三亚码头　　　　图 3-15-2　"东方红 2"号启航

果然大家很快就遇见了此行的第一关卡——"航海晕动病"，也就是晕船。科考船在茫茫海面上行驶还没两天，七级风浪就向我们猛烈袭来（图3-15-3）。随着船身毫无规律的摇晃，好几位"航海新秀"纷纷晕倒，不吃不喝狂吐不止，我也是其中一员。上船前的我对自己有着迷之信心，狂妄地断定自己绝不会晕船，但

图 3-15-3　狂风肆虐的海面

是大海还是决定让我领教一下晕动病的厉害，我想这一定是为了让我学会做人的谦卑。要知道在航海圈有句广为流传的晕船顺口溜——"一言不发，二目无神，三餐不进，四肢无力，五脏六腑，七上八下，久久（九九）不停，十分难受。"[1]不知道这顺口溜来自何人，但可想而知作者当年一定是有过切肤之痛，因为凡是有晕船经验的人都知道，那真实感受绝对是有过之而无不及。

那时最流行的问候语不是经典的那句"你吃了吗？"而是"你晕船了吗？"。大家心照不宣地用这5个字来蕴含人与人之间无穷的温情与关怀。接下来发生的这一幕我记得特别清楚。在第二天的午餐后，断断续续抱着垃圾桶吐了一天半的我，终于吐干净胃里所有的食物，想出去喘口气。结果我刚踏上甲板就接到了一项足以让我颤抖的任务——我这个轻症晕船病号要作为后勤人员去照顾那些比我吐得更厉害的重症晕船病友们。也许是出于对蓝天白云日月星辰的热爱，也许是出于对重度晕船病友们的同情，我只得向水手们挨个讨教解决晕船的办法，逐个尝试一轮后选择了"企鹅步伐法"。我用心模仿那摇摇摆摆的步伐，再伴随着波浪前后左右上下轻轻摆动，居然很快适应"摇篮"般摇摇晃晃的船舱，从晕船的醉生梦死中幸存了下来。

不幸的是，其他病友们并没有我这么幸运。他们有的双手掩面静默发呆，有的面色苍白上吐下泻，有的全身无力卧床不起……对于我这位刚吐过一顿饭的后勤人员而言，难度最大的事情并不是跑上跑下给他们打饭送菜，而是要想尽办法让他们在阵阵难以散去的呕吐物酸臭味中还能咽下一口口饭菜。说一句不夸张的

---

① 　新华网：《晕船是种怎样的体验》，http://m.xinhuanet.com/mil/2017-03-01/c_129499099.htm，下载日期：2022 年 7 月 3 日。

话，给晕船人员"劝饭"的工作一般人还真做不来。众所周知，人们在呕吐后，从喉咙到胃里都会有特别强烈的灼烧感，看到任何食物的第一意识都是无比抗拒的，因为在那个时候不吃东西反而会有短暂的轻松感，以及一种如释重负飘飘欲仙的解脱感。但是如果不及时给他们补充能量，他们的身体就很容易失水或产生电解质紊乱，他们的思维和意识也会随之变得凌乱不堪。正因如此，在"劝饭"的治疗过程中，总会有一些奇奇怪怪的可可爱爱的关于在逆境中如何生存下去的深刻对话。病友甲说："这种日子太难熬了，我现在就要跳海游回去！"我说："你不吃饭没有力气游回去啊，还是先吃点吧。"病友乙则若有所思地自言自语道："你说我今天万一挺不过去了，能不能让直升机来接我？"我真诚而犹豫地回答道："直升机过来可能很贵吧。"病友乙怒怼道："我家全部的钱都给它行不行！"我只好后退一步答应道："行！但飞机飞过来可能也要好几天啊，还是先吃点吧。"在我看来，以上这两种情况算是非常乐观的，还有一位病友丙在翻江倒海地吐完后，双眼长久地盯着舷窗，紧接着长叹一口气，再咬牙切齿地对着不停翻滚的海浪发起毒誓："只要我有一口气活着回去，立马转专业！"病友丙这种铁了心完全不给对话机会的情况，堪称航海"劝饭"界的最高难度等级。无论别人说什么也如石沉大海，最后只能依靠同病相怜的朴素友谊，以及高等动物的求生本能存活下来。不管怎样，病友们就这样反反复复地吃，再反反复复地吐，周而复始。总结成一句话："吐是为了吃，吃是为了吐。"终于有一天病友们吃进去的比吐出来的多，逐渐恢复到了正常的体力和理智，居然开始自我炫耀和互相鼓励——"你看我吐成那样也都活过来了，你这妥妥的。"再过了两三天，海况也好转起来，告别了晕船的病友们纷纷变得愉快振奋起来，不再考虑游泳、直升机和转专业这些问题，而是带着一股"我真的还想再活五百年"的豪迈气质，拿着一个个采样水瓶一次次踏上甲板，走进实验室打开电脑，用坚定的信念面对并承担起各种艰难的科研任务，并通过"拉缆绳"这一特有的方式"锻炼身体"（图3-15-4）。每次想起这些片段，我就会有一种特别由衷的感慨——大自然的力量不可小觑，但人类的意志力也可以无比顽强。

后勤工作告一段落，我有了更多时间，每天用数以百计的照片记录航次工作，用平实的文字报道航次的进展成果，

图3-15-4　船上"锻炼"——"拉缆绳"

充实忙碌的海上生活也让我大开眼界。在日出时分，一轮金黄色的太阳正在那湛蓝的海水尽头冉冉升起，月亮和星辰还在深蓝的天空悬着久久不肯隐去，传说中的"日月同辉"就在我的眼前真实地上演（图3-15-5）。而在日落时分，艳丽的日光透过云朵把整个海面都映成火红的舞台，火烧云在舞台上方的半空中时而呈现那万马奔腾的场景，时而显露那象征着胜利火炬般的形态……任何丰富的文字都无法表现出那壮阔瑰丽海景的亿万分之一（图3-15-6）。在无边无际的大海中，每分每秒的美妙变幻都让人感叹不虚此行——何止是不虚此行，简直是不虚此生。在海上只要你能留心观察，每天都会有不一样的乐趣：不知名的小鸟飞过来做客，长着翅膀却怎么也飞不上天的飞鱼（图3-15-7），小螃蟹趴在漂浮的人字拖上享受着日光浴（图3-15-8），一碰就会气得鼓成圆球的蓝色刺豚，也有前一秒被钓上来后一秒就被做成宵夜的大鱿鱼（图3-15-9）。

图 3-15-5　海上美景——"日月同辉"

图 3-15-6　海上美景——"爱心火烧云"

图 3-15-7　四只小飞鱼

图 3-15-8　小螃蟹和它的"坐骑"

图 3-15-9　美味大鱿鱼的最后影像

海上的乐趣是非凡独特的，海上的天气也是瞬息万变的，从岁月静好到惊天骇浪的风格转换仿佛就在一瞬间，经常会出现东边日出西边雨的壮观景象。刚才还是烈日当头，没过一会儿就下起瓢泼大雨，接着又变成碧海蓝天，活像一出免费放映的精彩水幕电影。然而这样的天气给甲板工作带来了不少的麻烦，导致海上的工作变得无法预料和艰苦卓绝。风平浪静时，大家要执行超高强度的密集采样工作，夜以继日不眠不休；风号浪吼时，大家要在狭小摇晃的船舱里争分夺秒地整理文件分析数据。尤其困难的是连续站和大面站的工作，大家几乎每隔2～

3小时就要去甲板，可雨水让铁质甲板变得异常湿滑，非常容易滑倒跌落，很多时候需要工作至凌晨（图3-15-10）。无论烈日当空还是骤雨狂风，大家不仅要专注完成自己的科研任务，要时刻关注自己和他人的生命安全，还要仔细地确保各类仪器和珍贵水样的安然无恙（图3-15-11）。尽管如此，在船上的每个人都在自己的岗位上坚持着求真务实的科研精神，在恶劣环境下仍然不容许自己有半点马虎。就是在那里，我亲眼看见平时装扮时尚的年轻女生，为了节约宝贵的时间不顾外表，穿着海南椰子印花睡衣，心无旁骛地操控仪器；我亲眼看见学生们齐心协力排除万难，最终成功采到数千米深的海水样品后的欢欣雀跃；我亲眼看见首席科学家冒着烈日或狂风在甲板上和学生们一起用粗壮的绳索对抗狂风稳住缆绳，然后再肩并肩地围成一圈扶住不停摇摆的采水器

图 3-15-10　凌晨 3 点的甲板

图 3-15-11　王大志（左前）等人在安装大体积泵

（图 3-15-12）……在这个航行在中国南海的大集体里的每个人都不分彼此，不计得失，勇于承担，互帮互助，在每一天都能默契地合作，无私地奉献。回想起来，正是那种团结一致、同舟共济的卓越精神才是成就那一次圆满的科考航行的关键因素。

2007 年 9 月 14 日下午 2 点，"东方红 2"号驶入白城海域，海洋楼和嘉庚主楼缓缓映入眼帘（图 3-15-13），这时才真切地理解校主陈嘉庚先生心中的伟大宏图——"外国的轮船来往厦门港的时候，能从海上一眼就看到一所壮观的学府"。几十分钟后，随着一声悠长的汽笛声，"东方红 2"号平安地停靠在了厦门港。在初秋的微风里，我站在船舷边向码头张望，发现了许多熟悉而喜悦的面庞，原来是各个课题组的同学专程过来迎接我们此次的胜利

图 3-15-12　齐心协力"拉缆绳"
（右前戴民汉、正面者朱钰）

图 3-15-13　在"东方红 2"号上看厦大

归来。我小心翼翼地顺着船身的台阶走到了陆地。我的双脚虽然已经踏在坚实的水泥地上，可我的身体仍然不受控制地左右摆动，脑袋变得晕乎乎的，似乎陆地又变成了一个大型"摇篮"，轻轻地连续地摇晃着。我很快意识到，这就是前两天水手们说的"登陆不适综合征"。

这个令人不适的"综合征"很快就自动消失了，但它让我想明白了一件事。我们和所有的陆地生物都是大海的孩子，海洋为她的孩子们准备了比海水里更舒适的地方——陆地，更准确地说陆地才是人类的"摇篮"。只是我们在这些"摇篮"上生活得太久太久，以至于几乎忘记了我们最初都来源于海洋这位无私的母亲。还好有这一群群年轻的和那一群群曾经年轻的热爱海洋的科研工作者们，正是他们毫无怨言地将自己的所有青春和毕生所学都奉献给海洋；正是他

们孜孜不倦地提醒着全人类，请感谢我们的海洋；也正是他们竭尽全力地向全世界呼吁，请和我们一起保护我们这位伟大的母亲——海洋。

谨以此文献给"海洋生物地球化学过程与机制"创新研究群体2007年南海夏季航次全体成员（图3–15–14）。

图3–15–14 "海洋地球化学生物过程与机制创新研究群体"2007年南海夏季航次全体成员合影
（马剑供图）

［第一排左起：林建荣、祁昌实、郭心顺（中国海洋大学船管中心）、吴娜娜、欧丹云、黄春晓、郭香会、刘颖、丁玲。第一排左11起：林华、刘茜、刘洋、李刚、陈蔚芳。第二排左起：曹知勉（站立者）、孟菲菲、孙蕾、吴璟瑜、朱佳、许艳苹、江宗培、杜翠芬、戴民汉、苏建强、陈炳章、陈喜涵、何青、阮小燕、丁昌玲、杨世民（中国海洋大学船管中心）。第三排左起：杨进宇、李骞、周宽波、谢聿原（下蹲者）、李雪丁、徐松立、陈佳宁、相卫国、王蕴、翟惟东、胡安谊、王侠、王大志、郭东晖、郑楠、陈国和、黄勇明、韩爱琴、张永雨、魏国妹、马剑、朱钰。第四、五排左起：邵青岭、陈纪新、蔡海源、刘进文、王慧、汪文琦、司靖宇（后）、黄志达（前）、陈闯、郑小伟、王磊、陈经刚（中国海洋大学）、孙振宇。第四、五排左15起：刘广平、洪宁、蓝文陆、高光、张敏］

注：除图3–15–14外，本文的插图照片均为刘颖拍摄。

刘　颖，1998年至2002年在中南大学外国语学院就读，获学士学位。曾在厦门亿联网络公司工作。2007年8月至9月，作为创新研究群体夏季航次的行政助理随团队出海。

我在厦大的实验平台

◎ 高坤山

光阴似箭，转眼 15 年过去了。

15 年前，我从汕头大学调入我国海洋科学的摇篮——厦门大学，加盟海洋与环境学院。当时，在思明校区曾呈奎楼建设海洋光生物学实验室，从开始筹划到建成，用了约两年的时间，学校、学院和近海海洋环境科学国家重点实验室给予了充分的支持。实验室建成后，具备了研究环境变化生物学与海洋光生物学的条件，我的研究工作在原学校和厦大之间实现了平稳过渡。

我在厦大工作的体会颇多，这里的各类学术会议与交流活动活跃频繁，特别是国际性学术交流。国家重点实验室的国际合作交流框架，推动了我与南美、北美、澳洲及欧洲学者之间更多更广泛的交流，同时也让学生们从硕士期间就开始参加各种国际交流与合作研究，提高了视野，拓宽了思路。开创、务实，不论是学术还是行政部门的这种良好工作氛围，让我能专心科研。

在我的许多科研工作中，最想与大家分享的是近海中尺度实验的心得。我于 1990 年就开始探讨 CO_2 升高与海洋酸化对藻类效应的问题，进入厦大后，这方面的研究得到了提升。在国家重点实验室的支持下，自 2010 年末开始筹建，在厦门五缘湾海域先后获得了海域使用权并通过了环评，终于在 2012 年底建成了"厦门大学海洋酸化影响研究中尺度试验平台"，把研究首次放大到多重环境震荡下的中水量体系。这类中尺度酸化效应实验吸引了国内外众多学者和研究生的参与，并得到国内外领域研究者的广泛关注。回想平台建设，感慨颇多，特别要致谢的是卢昌义老师、袁东星院长、戴民汉院长、吴立武书记等领导在平台建设上给予的诸多帮助。

2013 年 4 月，我们开展了首次中尺度海洋酸化生态效应实验（校内校外多个实验室参与）。因为平台位于厦门五缘湾中，船是必需的交通工具，实验装备和生活物资都需要船来运输。实验装备的运输、安装、调试；9 个 4 吨水的培养袋材料选择、结构功能、安装方式；培养袋内原位海水的生化指标、生物类别的选定与各类条件控制；人员的工作流程、测定的参数……经过多次预实验，做到了

既对周边海洋环境无污染，又可以有效地开展酸化效应研究。（图 3-16-1）

图 3-16-1　厦门大学五缘湾海洋酸化影响研究平台（左）与培养系统（右）（2013 年）
（高坤山供图）

自 2013 年以来参加该平台实验的实验室达 20 个，参加人次 240，每次实验持续 5 ～ 7 周时间，其间学生与老师往返平台与学校，每天晚上有两位研究生在平台值班过夜，守护并监控实验系统的稳定性。每次实验之前，我们都提前发布初步实验方案，召开实验设计研讨会，吸收并筛选其他实验室加盟人员；实验结束后，及时召开数据汇总与讨论会，推动实验结果的发表。每次实验都会产生数篇不同实验室联合发表的论文，显示了学生、老师间的协同合作度与学科交叉性。2015 年在 *Nature Communications* 发表的论文，利用该平台揭示了海洋酸化的食物链效应。在这种中尺度实验运作与平台维护中，我的团队付出了许多辛劳。多少次风雨中漂泊在风浪翻涌的海上平台，都会感到人类的脆弱，但看到雨后湛蓝深邃的海洋与绚烂的夕阳，我们便一次次坚定了对海洋探索的信心。

加入厦大之后，与老师们的互动多了，和国内外同仁的交流多了，当然科研成果也多了。回首往昔，时间飞逝。2021 年末，我收到厦大人事处邮件，告知我已在厦大工作了 5387 天。感谢给予支持与关照的老师和同仁们！感谢厦大！（图 3-16-2）

图 3-16-2　作者在五缘湾实验期间
（2014 年 12 月）（高坤山供图）

　　高坤山，1989 年毕业于日本京都大学，获博士学位。毕业后先后就职于日本关西环境中心 / 关西电力研究所（博士后）、美国夏威夷大学（博士后）、汕头大学（副教授、教授）及中国科学院水生生物研究所（研究员）。2007 年起就职于厦门大学海洋与环境学院和近海海洋环境科学国家重点实验室（教授），现任海洋与地球学院教授。

2007 年海洋国重代表团访美拾忆

◎ 王大志

　　应袁东星老师的邀约，让我写一篇与厦门大学环境科学研究中心（环科中心）有关的事或人，我的思绪一下子拉回到 25 年前的厦门大学。我是 1997 年 10 月从厦门大学生物系毕业后来到环科中心洪华生老师课题组从事博士后研究工作的。弹指一挥间，在环科中心学习工作已经 25 年了。回首过去的点滴，其间有成功的喜悦，也有失败的痛苦，但更多的是欣慰。环科中心在老一辈环科人的努力奋斗下，已茁壮成长，枝繁叶茂，在科学研究、人才培养、学科建设等方面都取得了累累硕果，值得我们去回顾走过的每一步路，回忆经历的每一瞬间。众多事件中，我印象最深的是 2007 年我们组团去美国访问的经历，历经艰险，点点滴滴，历历在目。

　　事情源于 2006 年 9 月，经我们的好朋友、时任美国国家科学基金委北京办事处 William Chang（章以本）博士的牵线搭桥，美国得克萨斯农工大学（Texas A&M）的科研事务副校长 Richard Ewing 博士和国际交流副校长 Emily Ashworth 博士带队访问厦门大学，讨论双方在海洋工程与海洋科学领域的潜在合作（图 3-17-1）。最终双方在教师交流、技术人员培训、学生交流、暑期学校等事项上达成了共识。Ewing 博士也向厦大方发出了回访的诚挚邀请。当时的环科中心正处于一个快速发展期，急需拓展对外的合作交流，追赶国际海洋科学研究先进水平，大家都在为环科中心的发展同心同力。此事得到了学校、院系领导和老师们的高度重视，经过半年多的筹划和组织，回访于 2007 年成行，除访问得克萨斯农工大学外，代表团还趁此机会访问蒙特利湾海洋研究所和斯克里普斯海洋研究所等国际知名的海洋研究机构（图 3-17-2），了解国际海洋发展最新动向。

图 3-17-1　美国得克萨斯农工大学代表团访问厦门大学（2006 年 9 月）（施薇供图）

（左起：Julie Barker、Emily Ashworth、John Niedwecki、Richard Ewing、戴民汉、黄培强、曹文清、陈志伟、章以本、Randy Kluver）

图 3-17-2　戴民汉带领厦门大学代表团访问美国蒙特利湾海洋研究所（2007 年 5 月）（施薇供图）

（左起：黄邦钦、施薇、戴民汉、Francisco Chavez、高坤山、王大志、刘敬圃、徐景平）

代表团由戴民汉老师带队，成员有焦念志、高坤山、黄邦钦、商少凌、施薇和我。2007年5月6日我们乘飞机从厦门出发，途经上海、东京后，抵达了美国的达拉斯机场进行中转。抵达机场后，大家都有序地等待领取行李。但迟迟未能看到我的行李，等到所有的行李都被领走后也未见我的行李。一种不祥的预感在心中升起——我的行李可能丢失了。经和机场地勤人员沟通交流后，他们认为我的行李可能被错误地转到其他机场了，他们承诺会帮忙寻找并寄给我。为了不耽搁团队的行程和安排，我们继续转乘飞机到邻近的得克萨斯农工大学的大学城（College Station）机场。一到达所住宾馆，我就请对方接待人员送我去附近的沃尔玛，购买了箱子和换洗衣服等，基本生活得以保障。接下来的一天，与朱崇实校长带领的院长访问团一行汇合（其中袁东星老师作为海洋与环境学院院长，随校长出行访问），参访了得克萨斯农工大学地球科学学院、近海实验室、海岸技术研究中心、国际海洋探索计划项目、地球化学与环境研究组等，进行了密集的会议研讨，过得很充实，很快乐，也很富有成效，加深了双方的了解，达成一些合作的意向；但接下来发生的一件事让我终生难忘。

5月8号，朱校长一行先行前往休斯敦，得克萨斯农工大学则安排我们去他们在加尔维斯敦（Galveston）海边的校区进行访问交流，特地为我们安排了一部12座的Van（中巴车），并请正在该校从事博士后研究的厦大化学系校友陈明树博士帮忙开车。一大早，我们一行7人吃完早餐后就上车向加尔维斯敦出发。我和高坤山老师坐在一起，焦念志老师一个人坐在我们的后一排。一路上大家畅谈得很愉快，不知不觉中已经开上了高速。焦老师由于腰的问题不能久坐，说要躺下休息一会儿，刚说完不到两分钟，就听砰的一声，我们的车在换道的时候撞上了前面一部车。我们赶紧彼此问候，还好大家都没有大问题。我的额头撞到了前排的座位椅上，焦老师则跌到了座椅下，由于戴着眼镜，磕破了眉角，但没有大碍。由于在高速上，为了安全，我们赶忙下车。Van的油箱被撞破了，向外漏油，随时有爆炸的危险。我们赶紧撤离至与车距离很远的安全地带。开车的陈博士没有受伤，他立即报警并与学校取得联系。等待期间大家彼此安慰，庆幸没有大的问题。一个多小时后，学校派来了另一部车将我们接到了住的地方，并给焦老师眉角上的伤做了处理。大家此时惊魂未定，心境全无，决定取消当天的行程，待在宾馆里休息。经过一晚的休整，大家又恢复了情绪和精神。5月9号早上我们又踏上了新的旅途，按照事先规划的行程各自分头行动：焦念志去佐治亚大学和马里兰大学访问，商少凌去西雅图的华盛顿大学访问，戴民汉、高坤山、黄邦钦、施薇和我去蒙特利湾海洋研究所访问，后高坤山、黄邦钦、施薇和我还访问了斯克里普斯海洋研究所。通过此次访问，我们和国际同行进行了广泛深入交流，看到了差距，同时了解到很多新的前沿学科方向，也为国重室日后的快速发展奠定了基础。

事过多年，现在想来还是非常后怕。当时车上载的可都是厦门大学海洋环境学科的精英，这个访问团中后来出了两位中国科学院院士（焦念志、戴民汉）、两位国家杰青（黄邦钦、王大志），现在都是各自领域的翘楚和学术带头人。后来据袁东星老师回忆，当天她和朱崇实校长得知车祸消息，着实吓坏了，她对朱校长说，如果这一车人出了大问题，厦门大学的海洋环境学科要倒退十几二十年！

正如中国人常说的一句话"祸兮福所倚，福兮祸所伏"，创业不易，守业更难。希望我们年轻的一代环科人能继承老一辈科学家开拓、进取、奉献、吃苦的精神，将环境学科建设得更强、更好，早日进入国家"双一流"建设学科的行列，为国家、为人民培养更多优秀的人才，为中华民族之复兴贡献一己之力。

最后，特别感谢施薇提供了珍贵的照片和资料，并一起回忆过往的事。这些资料记录了老一辈环科人为发展我国的海洋事业所做的忘我贡献和无私付出，他们值得我们尊重和学习！

雨夜偶感

——我们的实验室，我们的风采

◎ 孙鲁闽

　　明天应该是个晴天了吧。窗台上那一株作为我家那位小学生种植作业的向日葵幼苗，在最近雨水频顾、乍暖还寒的天气的刺激下，就像该同学本人近期的考试成绩，展现着时而蓬勃时而衰微的生命力，逗弄着一小群成年观众们反复踌躇于迈出美好幻境迎接现实的门口。

　　深夜往往是完成白天工作欠账的良机。在显示器反光的掩护下，被最后期限（deadline，DDL）鞭笞着前进往往能带给一位中年深度拖延症患者能像正常人一样工作片刻的疗愈时刻。五一节的夜有点意思，有位期待许久的微信好友忽然发来信息："老师，我通过了浙大博士生复试。"紧接着是这一句："但是听前辈说，进组新生要表演节目，怎么办?!"

　　望着这个被溢出屏幕的幸福感环绕下的有轻微"社恐"的年轻人的惊惧，一种似曾相识的滋味支配着我回了这样一行：

　　"你知道吗，曾经有一种东西叫实验室风采大赛。"

　　敲击键盘时我一定笑出了表情。

　　应该有十多年了，在海洋与环境学院的硕博连读让我有机会经历了最初的3次，也可能是最精彩的3次实验室风采大赛。要知道，在那个最开始的年代，iPad刚刚发布，博尔特还在跑步，袁老师还是院长，我还是个拥有许多头发的新人，大家对彩排的投入暂时超过了彼时对科研的专注，对在那一晚舞台上的精彩期待不亚于翘望期刊编辑以字母A开头一锤定音的回信。

　　关于实验室风采大赛的创意是如何提出的我已然毫无记忆。是的，海洋与环境学院的实验风采大赛就这么自然而然地举办了，2009年4月28日、2010年5月3日、2012年4月26日，4年3届，届届成功圆满，顺顺当当。时过境迁，这些年有限的经历令我渐渐明白，不是每一颗饱满的向日葵种子都有机会破土而出，更别说向阳摇曳。当初欣欣向荣的理所当然，不知其中有多少的努力耕耘，才有如此天时、地利与人和。

演出是有趣的。杨波师兄的悠扬口琴，锡尧师兄的进场空翻，方芳指尖如飞的插枪入盒，朱勇、张锐的惊艳开嗓，宋伟主席带领建斌、家俊一袭实验白袍，手持分液漏斗极具张力的"洗刷刷"——那声"放气"成为风采大赛中永远的经典（图 3-18-1 左上）。集体出演更是不容错过：温馨和煦的女声小组唱《心愿》——当芦敏、雪凤等师姐牵起丽倩、园珍、姗姗、玉静等师妹们的手，伴随旋律歌唱的时候，流淌而出的不只是乐音，还有家人般的亲切与温情（图 3-18-1 右上）。风情万种的草裙摇——随着方芳、珊珊、林利和福秀在台下喝彩声中上场，曼妙绰约的舞姿，含着自信快乐的微笑，让课题组青春蓬勃生命力充满了整个夜晚。当然，台上张锐、家俊、程予和舒元 4 位"扎眼"的男性伴舞，他们勤勤恳恳的一招一式，莫名的反差喜感同样使人印象深刻（图 3-18-1 左下）。对了，还有 5 人业余街舞"Nobody"中那跟不上节奏的踢踏脚步——我亲爱的锡尧师兄对不起，您这个画面实在太挥之不去——忍俊不禁中透着可爱，略显出戏的表演反而得到了观众们意料之外的热情回应（图 3-18-1 右下）。

图 3-18-1　精彩瞬间 I（陈耀瑾供图）

[左上："洗刷刷"，左起宋伟、林建斌、洪家俊，2009 年。右上：女声小组唱彩排，左起邱宁宁、陈雯雯、林福华、彭园珍、王雪凤、李林曦、林姗姗、尹丽倩、芦敏、丁玉静、陈耀瑾、吴晓云，2009 年。左下：草裙舞，前排左起洪家俊、陈林利、林方芳、柳程予；后排左起黄舒元、林珊珊、卢福秀（被遮挡）、张锐，2012 年。右下：舞蹈彩排，左起冯思超、刘锡尧、陈耀瑾、牛洋、洪家俊，2010 年]

　　当一帧一帧的画面在脑海中划过，总能找到让自己内心波澜的片段（图3-18-2）。就连想想可能会稍显平淡的宣讲，也能让张敏师兄通过貌似一板一眼的娓娓道来，在不经意间发挥成声情并茂的课题组纳新广告。至于宋伟主席版的介绍，那抑扬顿挫和举手投足间更是释放出舍我其谁、不容置喙的厚重与凌厉。风采大赛中最显功力的要数语言类节目，这种通常可以搞成翻车现场的"速冻"时刻却在耀瑾与思超两口子巧妙的语言组织、鲜明对比的方音应用和桥段设计下，让抖出的包袱始终不断，笑声此起彼伏。更不用说那旁人难以企及令人赞叹的默契，仅仅一个眼神交流，就能让场下一片前仰后合。

图 3-18-2　精彩瞬间 II（陈耀瑾供图）

（左上，舞蹈，左起马晓霞、戴燕中、彭园珍、曲盟超、孙倩、张敏，另有林福华、宋伟、邱宁宁、林建斌在张敏右边未入镜，2010 年。右上：集体舞，前排右起陈茜茜、王玉磊、冯丽凤、林姗姗、王凤珍、章蕾，2012 年。左下："千手观音"彩排，2010 年。右下："千手观音"上场，左起孙鲁闽、陈耀瑾、秦学飞、顾晨凯、林建斌、林方芳、冯思超，2010 年）

　　观众们是有趣的。上台是演员，下台是观众。不同课题组整齐划一、各具审美趣味的组服，订制的巨大应援手板，整齐划一的加油口号，略显浮夸的起哄和喝彩，不一而足。尽管想不起当时他们在喊什么，笑什么，但快乐的气氛是脑海中这些画面的最好注脚（图 3-18-3）。

图 3-18-3　观众阵容（袁东星供图）

［左上：环化组阵容，2012 年。右上：海洋碳循环组阵容，2010 年。左下：全程加油，2012 年。右下：戴民汉老师（前中）坐镇，2012 年］

老师们是有趣的。原来有些平时看上去严肃古板的导师，看节目的时候也会随之开怀、激动、手舞足蹈。特别是坊间公认海环四大男神之首戴民汉教授的闪亮出场（图 3-18-3 右下图中间者），更是给那一晚抹上了特别的亮色。最记得袁老师台下指挥合唱队形时热情洋溢并全神贯注的样子。她果决坚定地随着旋律挥动手臂，台上歌唱的小伙伴一边战战兢兢地进行表情管理，一边小心翼翼地跟上袁老师的节奏摇摆身体，混在其中的我至今能清楚地感受到那阵大脑轻微宕机，身体僵硬的状态。

比赛现场，师生之间在欢笑声中又一次认识了彼此，平日里围着课题组实验室打转的海环人，一下子真正共聚在了大家庭里，浸染在毕业、文章、实验、组会等林林总总事务中的研究生们难得地暂时卸下了沉重。一场实验室风采大赛，有人从中愉悦了心情，有人从中找到了伙伴，有人从中获得了信息，有人从中发现了差距，大家都从中振奋了精神。记得有一届比赛结束退场时，依稀听得身后有愤愤地发言："……这次他们……我们下届一定要……"无论后来如何，一个对未来的期许，总胜过许多戛然而止的结局。（图 3-18-4）

时光巨轮缓缓驶过一个又一个人生港湾，舷窗外的风景走马变换，唯有共

图3-18-4 3次捧起风采大赛奖状（袁东星供图）

（上：2009年。中：2010年。下：2012年）

同的记忆才能拨动心中那根倜傥少年的心弦。即便是年轻的后辈,在风采大赛的怀旧视频中也能找到导师和自己相似年华的影子。记得那位本科与研究生都在我手下干活的学生张某看罢我12年前"千手观音"C位全程扑克脸的表演视频(图3-18-2右下)后目瞪口呆了半晌:"老师,这是你吗?蛤,不,我不是指头发……"尽管他神态窘迫,我依旧面无表情,但一瞬间我与他之间似乎也拉近了不少距离。

"祝你好运吧,年轻人。"郑重发完这最后一句,我缓缓合上电脑,不禁又瞥见那株清瘦的向日葵幼苗。每天在叶片的蜷缩和舒展之间,因娇弱而弯曲的幼茎好像又向上探长了一些。

一株向日葵不能永远迎接每天升起的太阳,但永远会有向日葵骄傲地面向那耀眼的方向。

孙鲁闽,2008年至2013年在厦门大学海洋与环境学院环境科学研究中心就读,获博士学位。毕业后就职于厦门大学嘉庚学院环境科学与工程学院,现任教授。

我那点令人骄傲的科学家气质

◎ 林方芳

那天，我和老妈坐在电视机前看关于袁隆平院士的纪录片，我突然灵光一闪，问道："妈妈，我小时候的理想是当个科学家吧？"她说："才不是，你说你想当空姐。"我大跌眼镜，怎么能是空姐呢？这和我后来的"科研道路"一点也不相关啊。就这么地，我忆起了 2010 年读研究生时，第一次来到环科中心实验室的情景。

那栋楼叫海洋楼，一间间实验室排列紧凑，里面的空间被各种仪器和瓶瓶罐罐占满，师兄师姐们挤在大办公室的格子里。这完全不像影片中科学家们做实验的场景那样高大上！我有点小失落，在心里默默放弃了拍照留念的想法。

第一天，师兄教我洗瓶子，先用洗洁精洗一遍，再灌满盐酸溶液放入 60 度烘箱过夜，还要用纯水再洗一遍，晾干装袋。很明显，一波瓶子至少要两天，我连洗了一个月，洗了几百上千个！在这一个月里，我还学会了"滚钢瓶"，就是那种里面装着压缩气体、几乎有我高的钢瓶，用一只手把持着带有减压阀的上方，另一只手扶持着圆柱体下方，滚动式地慢慢向前推进；还学会了分辨不同规格、材质的管子；学会了到哪家供应商订购各种实验耗材……有时候，我不禁在想，我这来的是实验室吗？确定不是加工厂？师兄师姐鼓励我，罗马不是一天建成的，什么事都得从小事做起，我们都是这么过来的！说罢，指指办公室墙上贴着的格言："合抱之木，生于毫末；九层之台，起于累土；千里之行，始于足下。"我把这句话记在了心里。

终于，我确定了各种环境样品中汞分析方法的硕士论文研究方向，拥有了自己的主打仪器和方法，准备用它们来实战一番了。那是一个风和日丽的清晨，我们出发来到了泉州深沪湾，登上一艘小船。在船上我们采集水样和沉积物，而船长捞上来的虾兵蟹将就是我的生物样。一个上午，我们满载而归，然而工作才刚刚开始。第一步是要把那些海洋生物们分门别类，清洗处理好，装袋贴标签，再冻干称重。可分类这一步就把我难住了，于是，我向学院海洋生物专业的林元烧老师请教。林老师搬出了几本厚厚的海洋生物分类图册，详细地教我如何分辨和查找每一个物种。

原来区分鲟和蟹，可以数一数它们壳边上的凸起数量，我们餐桌上的多宝鱼属于斑鲆，还有好多不同种类的鲷、鲲、鲻、鳊，这些字都和我生平第一次见面，需要查了字典才认识呢！除了鱼虾蟹，还有各种蛤、螺和海星。我按照林老师教我的方法，对照书本，一个个把它们的大名记好了。心里不禁感慨大海物产之丰富，真是让人大长见识！更让人感慨的，是这些海洋生物学家们，用自己的智慧和耐心把这些庞杂的生物分门别类，仔细地归整得那么清楚，还配上了彩色的图片！

不过，别以为这就大功告成了，这只是样品预处理这个大步骤当中的一个小步骤，做完了这一步，后面还有好多步！光把这些小生物们料理好，就得花我整整一个星期，而且还得留一些备用的样品，万一实验搞砸了呢？原来做实验可是一项持久战。当面对琐碎繁杂枯燥的细节以及耗时长结果又不可预知的重复劳动时，更考验的是我的耐心、信心和意志力！

有时候师兄师姐也需要帮助。有一次，孙鲁闽师兄计划在嵩屿电厂的废水排海口做一次24小时的连续监测，我和珊珊一同去。我们在选定的良辰吉日顶着晨雾出发了。租来的小渔船迎着海风，一路徐行。一阵阵波涛涌过来，船也随着上下起伏。我拧开采样瓶盖，盯着那小小的瓶口，试图把水样倒进去。忽然就感到一阵眩晕，水一下子就倒在了外边。师兄劝我快休息一下，眺望远处的海平面。我缓缓起身，定了定神，往远处望去。只见一艘巨大的集装箱货轮驶过来，它身下涌起的波浪比刚才我们遭遇的还要大个两三倍。顿时，眩晕的感觉又上来了！

于是，珊珊和师兄承担了主要的采样工作，我就负责在不那么晕的时候给大家做饭，打下手。我在船舱的桌子上切肉，切一会儿想吐了，就到甲板上吐一会儿，吐完了再继续切。吃饭也是一样，吃完了吐一会儿，饿了再吃一点。终于挨到晚上空闲的时候，船长用收音机听广播，师兄拿出简易的钓竿，珊珊拿着手机听歌。我在晕乎乎的感觉中进入了梦乡，错过了满天的繁星。恰似"醉后不知天在水，满船清梦压星河"！

是啊，船很小，但我的梦很大。梦里，我是船上的首席科学家，带领团队排除万难，在浩瀚的海洋里为科研事业奋勇拼搏。就像袁隆平院士一样，他的"禾下乘凉梦"也很大，他想让全国甚至全世界的人民都吃上杂交水稻。为了这个梦，他从一粒种子、一亩稻田开始，寒来暑往，坚持不懈，无论遇到什么困难、什么挑战，都不忘初心，迎难而上，一步步把梦境变成了现实。真是"东风不语英雄泪，笑看稻香万里浪"。想想他老人家都是如此，我这小小的晕船又算什么呢！睡醒了，继续加油干！

次日清晨，我们顺利完成了实验任务。扬起头，海空中布满温柔的朝霞，平静的海面波光粼粼，远处有三两海鸥悠然盘旋。归途中，忽然从海面上跃起几只大小不一的白海豚，身上飞溅的水珠反射着太阳的光芒。它们好像也在为我们庆祝这次小小的胜利，这真是再美妙不过的惊喜了！

硕士毕业以后，我就离开了实验室，步入了职场。每当在装订文件、汇总数据的时候，我总能想起实验室墙上贴的那句格言；在家里总习惯把各种干货分门别类、晒干后贴上标签；闻香水的时候招招手，放少许盐的时候轻拍手腕；在工作、生活中遇到困难的时候，总能想起那小船上的梦！其实，生活和科研一样，都是很具体的。梦想照进现实的高光时刻也许不一定会有，可日复一日、兢兢业业的认真努力必将融入了血液、写进了岁月，而这是最让人感到踏实和满足的啊！我妈不止一次对我说，你还有点科学家气质嘛。我心想，那可不，我可是认真地在环科中心实验室炼过3年的好学生呢！关于这一点，我不仅喜欢，还有点骄傲，也许这件事可以让我骄傲一辈子。（图3-19-1）

图3-19-1 毕业时刻的作者（左）与
孙鲁闽（右）（2013年6月）（袁东星摄）

林方芳，2010年至2013年在厦门大学海洋与环境学院环境科学研究中心就读，获硕士学位。毕业后就职于厦门市生态环境保护综合执法支队。

环科中心逸事

◎ 袁东星

（一）质控考核的人和事

1993 年 8 月，环科中心申请甲级环评资格证书。当时，要获得甲级环评证书的持证资格，所在单位必须能够自行对环境样品进行常规分析测定，且必须通过有关部门的质量控制考核，即"质控考核"。1993 年 7 月，我刚从德国进修回来，便同李玉桂老师、张珞平老师一起，负责起组建分析测试队伍、迎接考核等事项。

每个分析项目均有负责人员：化学需氧量测定——郑逢中；溶解氧测定——林鸣红；五日生化需氧量测定——薛雄志；亚硝氮测定——徐立；总磷测定——黄邦钦；水和沉积物中硫化物的测定——林庆梅；pH 测定——吴兵；悬浮物测定——黄建东；铜、铅、铬、镉测定（原子吸收光谱法）——庄峙厦；挥发酚测定——林良牧；氟离子测定——李权龙（可能还有一些其他的项目，可惜没有留下记录）。各位人员还根据国标法和自己的实践经验，编制了环科中心的《环境样品分析方法》。

铵氮分析先是在凌峰楼一楼实验室进行的。奇怪的是，测定空白老是降不下来。几番查找原因，从实验用水查到试剂空白，均未发现主要的问题所在。直到有天晚上某民工被撞见在楼外该实验室的外墙根撒尿，于是真相大白。当时的校园管理没有那么严格，凌峰楼附近亦时有改建和装修施工，民工不少。想想还真是没有办法避免这类事情再次发生，于是只好换个实验室。后来，我们把铵氮分析实验移到 4 楼郑天凌老师的实验室去做，那里是凌峰楼的最高处，空气洁净些。换实验室后，铵氮分析结果果然良好。那之后的数十年，铵氮分析的空白如果过高，我想到第一个要排查的就是：边上有没有厕所。

环境样品分析工作和质控考核的准备持续了半年多。1994 年 4 月 12 日至 18 日，国家环保局派人前来环科中心进行全面考察。当场给了 pH、铜、铅、化学需氧量等 7 个密码样品，要求在 4 天内交出测试数据。（参见本书《学院派建设实录——厦门大学的环境影响评价平台》）这可真是实打实的大考。记得吴兵的 pH

项目，看上去最简单实际上却是最"危险"的，因为pH测定的准确性很大程度上依赖于仪器的稳定性，仪器"抽风"的话，测定人员的功夫再好也不顶用。这是最快出数据的项目，报数据时吴兵紧张得说不出话来，得知合格时又高兴得差点跳起来。最后，各项目均通过了国家环保局的考核，众人皆大欢喜。

（二）青年有心

早期环科中心的老师不多，学生也不多，有事一起做，聚餐一起吃。师生之间密切接触的程度，现今的学生们可能难以想象。

1995年11月，经国务院批准后，教育部启动"211工程"建设，对各申报高校进行全面评估。大家可能记不清1996年写报告整材料的事，但肯定忘不了那三番五次打扫卫生的情景。环科中心的师生们一起打理楼前榕树下的草地，粉刷办公室和实验室的外墙，为凌峰楼的楼梯扶手刷上银灰色漆。一般是郑微云书记安排活儿，大伙儿二话没说就开始干。因为我和李权龙个子小且灵活性好，总是我俩爬到最高处去擦窗玻璃。

1996年春，博士生彭兴跃邀请我当研究生足球队（主要成员来自环科中心和海洋系）的领队。我吃惊得合不拢嘴，我？不懂球的女教师当学生男子足球队的领队？他安慰我说，什么事也不必操心，只要露面就行了。于是我在球场露面，顺便带上好吃的小零食，有生以来第一次观看了全场足球赛。5月份小组出线的那一场关键球输得很惨，但彭兴跃等人很快发现对方违规暗藏"外援"。于是，作为领队的我又露面去"谈判"。当我走进男生宿舍，坐在桌子两边的男孩子们像听到口令似的全体起立，我又惊呆了。"谈判"结果是对方按规定受罚，我们队一路踢下去，最终获得学校"足协杯"的亚军（图3-20-1）。几场球赛下来，我收获了"大师""老六""院士"等人的友谊，还成就了1997年陈猛的拜师入门。

1999年12月31日，杨孙楷老师来参加环化组学生们的年终聚会。听取了一年来的工作学习汇报后，杨老师很生动地为大家拆解、讲解"情"字。这可不是算卦的拆字解字，也不是歌曲中唱的那种"情为何物"，杨老师说的是："青年有心，一年十二个月都有心。"认真看看想想，那可不，竖心旁与青（年）相伴，十二月竖着写即为青（字）。学生们一阵赞叹，师生情尽在其中。

图 3-20-1　足球队领奖台上（1996 年 6 月）（袁东星摄）

（左 2 崔胜辉、左 5 彭兴跃、左 7 王大志、左 8 陈猛）

（三）环科中心 19 周年庆

2011 年 3 月 31 日，从学校传来一则消息：海洋与环境学院要分为海洋与地球学院和环境与生态学院两个学院了！大多数老师对"分院"一事觉得突然："该不是愚人节的玩笑吧？"但显然不是玩笑，这是学科发展的部署。接着，环科中心的老师们意识到，日后可能要分开在两个不同的学院上班了，必须要有个仪式；4 月 6 日是环科中心 19 周年生日，必须要有个庆祝仪式。

不需要多少时间准备，不需要什么经费支持，需要的是热情和行动。庆典定于 4 月 15 日举行，分为两个部分：一是在海洋楼 B 栋的中庭聚餐，每个课题组或实验室自备至少一个菜，带来分享；二是在海洋楼 A 栋的中庭联欢，每个课题组或自行组合出个节目。晚会主持人？陈猛和商少凌最合适啦。舞台布景？把用过的旧布景反过来，再剪贴上自己的字就成了。

下午，已经有人在中庭包饺子煮饺子了（图 3-20-2 左上）。下午 5 点，中庭里摆出了桌子，桌子上摆着满满的各色食物。当年的照片太多在此不能逐一展示，但看看部分桌牌上标的食物名称和作者（图 3-20-2 右上），再看看开吃后的热闹景象（图 3-20-2 左下和右下），就知道这其中多么有诱惑力了。

图 3-20-2　自给自足的聚餐（2011 年 4 月）

（左上：饺子组，施薇摄。右上：部分菜名和作者，施薇摄。左下：逐一品尝，卢昌义摄。右下：盛宴全景，陈能汪摄）

　　吃饱喝足后，庆祝晚会开始，主持人闪亮登场（图 3-20-3 左上）。环科中心已经退休的前辈杨孙楷和郑微云也到了现场。洪华生致辞，张珞平、陈荣和我讲解老照片；卢昌义展示幻灯片秀；插播出差在外的同事们的贺词。接着，众人为环科中心切开生日蛋糕（图 3-20-3 右上）。表演的节目堪称精彩，每个人都是观众，也都是演员。环工组、环管组、环生组、环化组、POPs 组等课题组和国重办公室都上台表演小组唱或小组舞蹈。独唱的有陈猛、李青鸿；两人唱的有张红疆和李春园、陈催娟和吴立武、陈荣和陈猛；卢昌义拉着我也上去唱了一曲。令人惊艳的是张炜炜的独舞（图 3-20-3 左下），绝对想不到平时文静的炜炜有这么奔放的舞姿。最后，晚会在众人"友谊地久天长"的合唱声中结束（图 3-20-3 右下）。

　　2012 年 9 月，环科中心和环境科学与工程系搬迁到翔安校区，入驻环境与生态学院大楼，自此迈上了新的征途。

图 3-20-3　庆祝环科中心成立 19 周年晚会（2011 年 4 月）

（左上：晚会全景，陈能汪摄。右上：切生日蛋糕，施薇摄。左下：张炜炜独舞，陈能汪摄。右下：大合唱，卢昌义摄）

（四）献上一束白菊花

在环科中心的岁月里，大多数同仁们燃烧着激情，焕发着生命之光。但是，亦有陈敬虔、郑元球、林鸣红、张天福、曹守镜、郑天凌等老师，由于病痛先行天国。他们都是那么的平凡，甚至平凡到我的脑海里搜不出关于他们的"可歌可泣"事件。然而，就是这样一些平凡的人，默默无闻地辅助其他人的成功，过完踏实的人生。在此，让我献上一束白菊花，表达对他们深深的思念。

1. 陈敬虔

陈敬虔，一位温和清秀、心地善良的女教师。洪华生 1984 年回国后白手起家建设实验室，条件极其艰苦；陈敬虔 1986 年自愿来到洪华生课题组做科研辅助工作。她勤勤恳恳地帮助整理实验室内务，不厌其烦地处理报账等杂事，是实验室的好管家，是关心大家的好姐姐。

1996 年初陈敬虔被查出乳腺癌，住院治疗。三八妇女节前夕，我们到医院看望她，送给她一小束红玫瑰。1996 年 3 月 9 日，陈敬虔去世。床头桌上的那束红玫瑰，枯萎了。

2. 郑元球

郑元球较真。1992 年环科中心成立之际，我与郑天凌到环科所与环科所人员座谈，郑元球摸出一个小本子，对着那上头的记录，一、二、三、四地问了我七八个尖锐却不失现实的问题。

为编本书检索早期资料时，我还看到这么一篇报道：《郑元球副教授关心家乡建设》[①]："不久前，学校收到仙游县大济乡溪车村的来信，赞扬校环境科学研究所郑元球副教授关心家乡建设的事迹。信中写道：郑元球副教授以雷锋为榜样，利用回家的短暂时间，上山考察林业、果园建设，下地观察农作物生长情况，提出了宝贵意见；还了解小学修建和教学情况，并捐资 1000 元为兴修校舍用。"

1996 年春节后，郑元球出现轻微中风症状，一边的手脚有些麻木。医院决定开颅手术治疗。3 月初手术的前一天，他还坐在病床上与我们谈笑风生，说：你们看我现在不是好好的吗！就是手脚有点不方便而已。手术怕什么，大不了去马克思那里报到！谁知一语成谶，第二天手术后郑元球就没有醒来过。

3 月 9 日陈敬虔刚去世，卢昌义就打电话给我，说郑元球也不行了。3 月 10 日早晨，郑元球去世。校园的布告栏上，陈敬虔和郑元球的两份讣告并排贴着。

3. 林鸣红

林鸣红是我最不舍的一个小姐妹。她娇小、秀丽、文静、勤快。1982 年至 1985 年我出国留学前，就与她同在实验中心的红外光谱室工作，1992 年环科中心成立后又与她共事。

质控考核时，她负责溶解氧的测定。大多数时间，她负责环科中心资料室的管理。除了登记借出和归还，她还用牛皮纸包书皮，修补破旧图书。我至今都还记得，她用细嫩的小手整理一大沓厚重图书的情景。

1997 年夏天，林鸣红患乳腺癌。手术后治疗一年后病情好转，1998 年 9 月开始上班。2001 年 7 月的一天中午，她对我说腰很酸很酸，后来只好打的回家。到医院检查，说是癌症转移了。她在病床上挣扎了 8 个月，每天向往着病好起来，羡慕别人上班。2002 年 3 月 11 日林鸣红去世，时年不满 42 岁。怀着悲痛的心情，我写下一首小诗：

[①] 载于《厦门大学报》第 243 期，1990 年 11 月 30 日，LIB-009-0613-0059。

与君相识二十秋，同将青春换欢愁。勤勉敬业任劳怨，诚恳谦和尽温柔。昨岁桃花趋相映，今春人面向何求？愿以心泪汇黄泉，送君安渡冥河流。

4. 张天福

张天福是环科中心的水电工，勤恳、随和。我们尊称他为"天福塞"。"塞"这个发音在闽南语中是"师傅"的意思。凌峰楼里一旦有水电问题，他随叫随到，快速解决。

他的家庭经济条件不太好。环科中心刚成立时，我与他谈过，如果他能兼做一个小项目，每月可以拿20元补贴，他很高兴地说：每月有20元就很不错了！可惜后来那个项目没有拉成，对此我一直有些愧疚。1994年春节除夕，我看见他买了两只螃蟹，因知道他家有三口人，便问他两只螃蟹如何分吃。他有些不好意思地说，平时舍不得买螃蟹，过年买两只，儿子吃一只，他和夫人各半只。我听后只有感慨！

没等到退休，张天福因病于2003年11月去世。

5. 曹守镜

1982年至1985年，我从化学系毕业后就在厦大的实验中心任助理工程师，在曹守镜主持的红外光谱实验室工作。1992年成立环科中心时，曹守镜选择加入环科中心。我的红外光谱知识，很大部分得益于他的传授。他用红外光谱仪分析碳酸钙的不同晶形，判断是方解石还是文石。这启发我后来在样品分析中，用红外光谱法甄别掺入葡萄糖的肌醇。肌醇是一种鱼饲料添加剂，但是比葡萄糖贵得多，用当时国家标准的衍生－称重法，是分不清掺假的肌醇的。

曹守镜颇有一些经营头脑，在打印机、复印机还是奢侈货的20世纪90年代初，他兼管环科中心的文印室，勤快地为各位老师提供打印服务，把一笔笔账目整理得井井有条。在家里，他是家务一把手。他的夫人身体不太好，家务事大多是他做的。

曹守镜于1997年6月退休，后因病于2006年2月去世。

6. 郑天凌

郑天凌在环科中心成立初始就担任副主任，1998年2月至1999年12月，担任环科中心主任。

郑天凌在法国留学过，对葡萄酒情有独钟。他写得一手好字，有时也会为环科中心写大字标语。他生就一副好脾气，不地道的我们有时会寻他的乐子。他有一对双胞胎儿子，这在严格执行独生子女政策的 20 世纪 90 年代，是非常令人羡慕的。为了找一点平衡，我调侃他说：多胞胎是返祖现象。他无可奈何地用手指着我说："你，你，你……"

郑天凌勤勉、细致地负责环科中心的事务。他心地善良，对同事嘘寒问暖，待学生如同朋友。他曾与洪华生一起指导环科中心第一位留学生——来自摩洛哥的硕士研究生默哈默德。当你看到他认真地听学生解释实验时，总会感叹他一点架子也没有。郑天凌长期从事微生物生态的研究，取得不少成果，得到同行的认可。

2000 年，郑天凌调到生命科学学院，2015 年 6 月退休，2017 年 7 月因病去世。

<h1>寄　语</h1>

2021 年 7 月 11 日，袁东星代表我们一批厦门大学环境科学研究中心的老教师，向老师和系友们发出了《关于编写厦门大学环境科学发展史的倡议书》，"希冀借助此书，将我校环境科学蓬勃发展那段激情燃烧的岁月记载下来，将融入我们生命中骨子里的'环科精神'展示出来，将珍藏在我们心底的环科所和环科中心的故事呈现出来，以铭记历史，传播后人"。一年后的今天，我们终将这部名为《春潺入海——厦门大学环境科学的成长》，汇集了老师与系友们 44 篇回忆的书稿提交至出版社。

历史总在蓬勃与变幻间发展。若沿"我是谁？我从哪里来？我要到哪里去？"之灵魂三问，循着书中篇篇导读，去追问这个似乎沉默了 10 年，但仍在厦门大学机构列表中的"厦门大学环境科学研究中心"之存在依据、价值和意义，至存在的终极目标，确也是一件趣事。

1962 年，美国海洋生物学家蕾切尔·卡逊出版了《寂静的春天》，描述了滴滴涕使用对野生生物的影响，环境科学自此就一直在公众以及政府的关注下奋力前行。于是，有了 1972 年在斯德哥尔摩召开的联合国人类环境会议和《只有一个地球》一书（就在"批判极'左'思潮"还是"反对右倾回潮"旋涡中的中国大陆，也迅速翻译出版了该书的中文版）。1978 年全国科学大会召开，标志着中国"科学的春天"的到来。触发于寂静春天，澎湃于科学春天，厦门大学环境科学在祖国大地上，由点点春雨、涓涓细流，终汇成江河，奔涌入海。《春潺入海——厦门大学环境科学的成长》一书，就像一部从流域、河口到海洋的春天交响曲。

20 世纪 70 年代，厦门大学海洋学系、化学系和生物学系就开展了环境科学研究。1978 年 8 月，环境保护分析仪器和方法研究室成立。1978 年 11 月，厦门大学成立环境科学协作组。1982 年 9 月，厦门大学环境科学研究所成立。1992 年 4 月，扩建更名为厦门大学环境科学研究中心。1995 年 11 月，厦门大学海洋生态环境国家教委开放研究实验室获批（1999年更名为厦门大学海洋环境科学教育部重点实验室）。1997年1月，厦门海岸带可持续发展培训中心揭牌。2000年5月，教育部、福建省海洋环境科学联合重点实验室成立。2000年9月，厦门大学环境科学与工程系第一届23名本科生入学。2005年3月，近海海洋环境科学国家重点实验室（厦门大学）获批。2005年9月，厦门大学海洋与海岸带发展研究院成立。

凌峰楼内，演武场畔，三代厦门大学环科人，四十年环境学科发展史。从活跃于斯的季欧、吴瑜端、杨孙楷、林鹏、洪华生、袁东星、卢昌义、张珞平、戴民汉和焦念志等学术带头人，从诞生于斯的"海洋生物地球化学过程与机制"创新研究群体、"海洋环境生理与毒理学研究"创新团队，从奉献于斯的一批批教师、工程技术人员和行政人员，到成长于斯的一届届研究生和本科生们……富有"团结奋斗"精神的厦门大学环科人，前赴后继，谱写出环境科学南方之强的"建设篇"。

从1987年的全国土壤环境背景值调查研究的福建省与厦门市任务、1987年的梅花山自然保护区科考，从1993年的香港维多利亚湾和厦门西港污染沉积物的变化过程研究、1999年开始的九龙江五川流域农业非点源污染研究，从2002年立项的台湾海峡海洋立体监测系统福建示范区，2006—2007年的北部湾水体环境调查与研究任务，2009—2011年的厦门九龙江北溪饮用水源安全保障科技支撑平台，2008年立项的中国近海碳收支、调控机理及生态效应研究，到2010年启动的台湾海峡共享航次项目、2012年建成的厦门大学海洋酸化影响研究中尺度试验平台、2014年发起的九龙江口—厦门湾长期观测计划……只问耕耘的厦门大学环科人，几十年如一日，坚持野外科学基础观测研究，力保公众与政府的环境观念与发展决策可以建立在准确可靠的科学认识之上。

这是一个直面国家需求而聚集起厦门大学海洋学、化学和生物学等优势学科力量的学科交叉平台。从1983年吴瑜端泪推筼筜湖"纳潮排污"方案，1985年林鹏提出红树林具有高生产力、高归还率、高分解率的"三高特性"理论，从1995年洪华生力证城市污染是香港维多利亚港持久性有机污染物的主要来源，2007年袁东星海试成功第一代船载痕量活性磷、硝氮、亚硝氮、铵氮分析系统，到2010年焦念志和WG134科学工作组共同提出海洋储碳新机制——海洋微型生物碳泵、2013年戴民汉形成大洋主控型边缘海碳循环理论框架……崇尚"创新开拓"精神的厦门大学环科人，砥砺前行，汇聚起厦门大学对环境科学，特别是对海洋生物地球化学这个交叉学科方向的"贡献篇"。

这是一个不断向厦门大学传统基础学科贡献新能量的反应堆。为振兴厦门大学海洋学科，这里曾涌现过厦门大学海洋与环境学院至海洋与地球学院的5任院长、近海海洋环境科学国家重点实验室的两任主任、福建台湾海峡海洋生态系统国家野外科学观测研究站的首任站长；这里培育出聚焦海洋碳循环问题的两位中国科学院院士、4位杰出青年基金项目获得者；这里还一直是厦门大学海洋环境监测仪器和环境分析仪器的国产化热点。为发展厦门大学生态学科，这里曾走出红树林湿地生态学的中国工程院院士，今天又驰援滨海湿地生态学、海陆界面生态学、海岸带可持续生态学和修复生态学四大重点方向建设。

更重要的是，这一批激情燃烧的学人密切关注区域人地关系的健康发展。从1987年的福建省湄洲湾开发区环境规划综合研究、1995年的厦门经济发展的生态与社会经济影响评价，从1996年的保护甘文尾红树林湿地建议、2005年的福建省海湾数值模拟与环境研究项目、2006年的福建九龙江流域综合规划环境影响评价，到2007年环境事件后的厦门市城市总体规划（2010—2020）环境影响评价，被称为"学院派"的厦门大学环科人，一直在公众和政府的注目下，义无反顾地推进环境生态的科学管理新思维。

如今，"团结奋斗、创新开拓"的环科精神依存。"厦门大学环境科学研究中心"应是在等待，等待着下一个多学科交叉与国际合作的开放氛围，等待着下一批"睁眼看世界"的学界风云人物。

李岚

2022 年 7 月

附　录

附录一　厦门大学环境科学大事记

1972—1975 年

厦门大学海洋学系始建海洋环境化学组，参加江、浙、沪两省一市的长江口污染调查及江、浙、闽、沪三省一市的沿海环境污染调查。

1978 年

8 月，化学系建立"环境保护分析仪器和方法研究室"，季欧任负责人。

11 月，中共厦门大学党委召开了全校理科科研协作会议，成立"环境科学协作组"。

1980 年

9 月，生物学系林鹏向教育部建议我国必须争取参加国际红树林委员会，并建议把国内有关单位组织起来，成立"中国红树林委员会"。

1982 年

3 月，杨孙楷和吴瑜端向学校递交了《关于成立环境科学研究所的建议》。

7 月，学校指派的环境科学研究所筹备组递交《关于成立"厦门大学环境科学研究所"的请示报告》。

9 月 29 日，厦门大学发出《关于批发"（成立）环境科学研究所的请示报告"》，同意成立"厦门大学环境科学研究所"；研究所由吴瑜端、杨孙楷、林鹏负责。（该日是厦门大学环境学科创建纪念日。）

1983 年

6 月，吴瑜端等提出厦门筼筜湖整治的"纳潮排污"建议。（根据 1985—1988 年筼筜湖纳潮排污试验期间持续开展的筼筜湖纳潮排污海域同步跟踪监测和湖内环境监测结果，最终确立了筼筜湖纳潮排污的科学方案。)

1985 年

"环境科学研究所楼"竣工交付使用。

林鹏、卢昌义等人发表了系列研究论文，明确了红树林具有高生产力、高归还率、高分解率的"三高特性"理论。

1987 年

厦门大学环境科学研究所与海洋学系参加北京大学唐孝炎牵头的国家"七五"重点课题"我国沿海新经济开发区环境的综合研究——福建省湄洲湾开发区环境规划综合研究"。

4 月，厦门大学成为福建省第一批获准环境影响评价证书单位，并于 1989 年 10 月获福建省环境保护厅核发的《建设项目环境影响评价证书（乙级）》。

6 月，厦门大学环境科学研究所参加国家"七五"攻关课题"全国土壤环境背景值调查研究"的"福建省土壤环境背景值研究"和"厦门市土壤环境背景值研究"。

9 月，厦门大学环境科学研究所与生物学系承担福建省"七五"重点课题"闽西梅花山自然保护区及其毗邻地区综合科考"的生态考察任务。

1992 年

4 月，厦门大学环境科学研究所扩建更名为"厦门大学环境科学研究中心"，迁址凌峰楼，洪华生任主任。

1993 年

环境科学研究中心获批环境海洋学（1997 年学科专业目录调整为环境科学）硕士点。

1994 年

厦门大学获国家环境保护局核发的《建设项目环境影响评价证书（甲级）》。

吴瑜端、洪华生、袁东星等参加"东亚海域海洋污染预防与管理厦门示范区项目"；洪华生任首届厦门海洋专家组组长。

1995 年

环境科学研究中心获批环境海洋学（1997 年学科专业目录调整为环境科学）

博士点。

11 月，获批建立"海洋生态环境国家教委开放研究实验室"（1999 年更名为"海洋环境科学教育部重点实验室"），洪华生任主任。

1996 年

4 月，组建"厦门大学海洋与环境学院"，洪华生任院长。

1997 年

1 月，厦门市政府与厦门大学共建"厦门海岸带可持续发展培训中心"（2001 年由国家海洋局、厦门市政府与厦门大学共建"厦门海岸带可持续发展国际培训中心"），洪华生任常务副主任。

2000 年

成立"环境科学与工程系"，招收环境科学本科生，获批环境工程硕士点。

5 月，以厦门大学海洋环境科学教育部重点实验室和福建海洋研究所为依托，教育部和福建省共建"海洋环境科学联合重点实验室"（2011 年更名为"福建省海陆界面生态环境重点实验室"），洪华生任主任。

2001 年

林鹏当选中国工程院院士。

2002 年

5 月，"台湾海峡及毗邻海域海洋动力环境实时立体监测系统"福建示范区立项，洪华生任首席科学家。

2003 年

获批环境科学与工程一级学科博士点、博士后流动站。

获批"厦门大学和美国旧金山大学联合培养环境管理硕士项目"。

2004 年

获批"海洋环境科学教育部创新团队"。

2005 年

环境工程获批福建省重点学科。

3 月，"近海海洋环境科学国家重点实验室（厦门大学）"获批建设，12 月挂牌成立，戴民汉任主任。

9月，"厦门大学海洋与海岸带发展研究院"成立，洪华生任首席科学家。

12月，获批国家基金委"海洋生物地球化学过程与机制"创新研究群体。

2006 年

11月，海洋与海岸带发展研究院获批"海洋事务国际硕士学位项目"。

年底，厦门大学海洋与环境学院与瑞典隆德大学工学院签署第一期合作协议，合作开展面向本科生的"凌峰暑期科研训练"。

2007 年

2月，焦念志主持的"海洋初级生产力结构与微型生物生态过程"研究成果获 2006 年度国家自然科学奖二等奖。

8月，"海洋楼二期"竣工交付使用，原凌峰楼人员设备整体迁入。

9月，袁东星主持研制的第一代"船载痕量活性磷、硝氮、亚硝氮、铵氮分析系统"海试成功。

12月，环境科学获批国家二级学科重点学科。

2008 年

9月，"中国近海碳收支、调控机理及生态效应研究"立项，戴民汉任首席科学家。

2009 年

12月，获批"海洋环境生理和毒理学教育部创新团队"。

戴民汉主持的"低纬度近海碳的源汇格局与调控机理"研究成果获教育部自然科学奖一等奖。

海洋与环境学院实验教学中心获批建设"海洋环境科学国家级实验教学示范中心"（2012 年通过验收）。

2010 年

4月，近海海洋环境科学国家重点实验室（厦门大学）获评"优秀国家重点实验室"。

7月，焦念志和 WG134 科学工作组在 *Nature Reviews Microbiology* 上发表了重要观点论文《惰性溶解有机质的微型生物生产：全球海洋中的长期碳储存》。

2011 年

3 月，整合厦门大学环境学科和生态学科，组建"厦门大学环境与生态学院"。

11 月，焦念志当选中国科学院院士。

2012 年

厦门大学环境与生态学科进入 ESI 全球排名前 1%。

9 月，翔安校区环境与生态学院大楼竣工交付使用，迁址翔安校区。

附录二　历任党政领导

1. 厦门大学环境科学研究中心（1992 年 4 月起）与环境科学与工程系（2000 年 10 月—2013 年 2 月）历任行政领导

1992 年 4 月—1996 年 9 月	主任：洪华生
	副主任：袁东星、郑天凌、卢昌义（1995 年 9 月起）
1996 年 9 月—1998 年 2 月	主任：郑微云
	副主任：郑天凌、卢昌义
1998 年 2 月—1999 年 12 月	主任：郑天凌
	副主任：黄邦钦
1999 年 12 月—2004 年 5 月	主任：戴民汉
	副主任：黄邦钦
2004 年 5 月—2008 年 6 月	主任：黄邦钦
	副主任：王克坚（2004 年 5 月—2005 年 12 月）、陈猛（2005 年 12 月起）
2008 年 6 月—2013 年 2 月	主任：王大志
	副主任：陈荣
2013 年 2 月—至今	主任：史大林
	副主任：陈猛

2. 厦门大学环境科学研究中心直属党支部（1992 年 4 月—2000 年 5 月）与厦门大学海洋与环境学院环科中心党支部（2000 年 5 月—2011 年 3 月）历任党支部书记

1992 年 4 月—2000 年 5 月	厦门大学环境科学研究中心直属党支部书记：郑微云
2000 年 5 月—2008 年 10 月	厦门大学海洋与环境学院环科中心党支部书记：蔡立哲
2008 年 10 月—2011 年 3 月	厦门大学海洋与环境学院环科中心第一党支部书记：蔡立哲
	厦门大学海洋与环境学院环科中心第二党支部书记：陈荣